유럽시장연구

유럽시장연구

경영 · 사회도서 47

유럽시장연구

방 용 태

배재대학교 출판부

유럽시장연구

인쇄일 2016년 9월 1일
발행일 2016년 9월 5일

저 자 방 용 태
발행인 김 영 호
발행처 배재대학교 출판부
주 소 ㊙ 302-735 대전광역시 서구 배재로 155-40(도마동)
전 화 (042) 520-5657
팩 스 (042) 520-5548
홈페이지 library.pcu.ac.kr/press

ISBN 978-89-6332-110-3
정가 ₩ 15,000원

머리말 _

2008년의 첫 안식년을 미국에서 아들과 보냈다면, 이번 2015년의 두 번째 안식년은 아내와 함께 유럽에서 보내게 되었다. 선진대륙을 가봐야 하지 않을까 하는 생각이 미국에 이어 유럽을 두드리게 만들었다. 차이점이라면, 미국에는 1년 간 객원교수(visiting professor)로 장기 체류한 반면, 이번 유럽 방문은 단기 체류에 그쳤다는 점이다.

무엇을 유럽시장연구에 담을까 하는 고민은, 유럽이 하나의 EU라는 조직에 포함된 국가만 치더라도 자그마치 28개 국가에 달하는데, 개별 시장을 분석 단위(unit of analysis)로 하게 되면, 자료 입수와 정리에 소요되는 시간적 투자 면에서 도저히 본인의 능력을 벗어난 일이라서 엄두가 나지 않는다는 점이다. 그렇다면 EU 전체를 하나의 연구 대상으로 삼아야 하는데, 이 경우도 어렵기는 마찬가지이다. 즉, 전체를 아우르는 공통분모를 발견하여 각각을 척도 삼아 유럽 대륙을 언급해야 하는데, 이런 거대 프로젝트도 한 개인 연구자로서는 수행하기가 지극히 버겁다는 점이다.

결국 도달한 곳은, 유럽 시장에 대한 '일관성' 없는 '편파적' 소개를 할 수밖에 없다는 점이었다. 연구자의 관심 영역에 관한 자료에만 초점을 맞추어 유럽 시장을 대상으로 정리한 한 권의 책자를 출간하는 것으로 자위하자는 것이다. 가장 본인의 흥미를 당기는 연구 주제가 마케팅이고, 시장 창출은 소비자들과 엮어 나가는 작업이라고 정의한다면, 이야기의 핵심은 유럽 소비자들의 소비 행동(consumer behavior)일 수밖에 없을 것이다. 이러한 미시(micro) 차원의 소재를 다루고 나서, 중급(mezzo) 차원의 산업 동향을 몇 가지 업종에 국한하여 다루는 것이 좋다는 생각이다. 거시(macro) 차원의 제도에 관한 자료는 입수는 가능하였으나 본인의 관심 밖의 영역이기에 다른 연구자들에게 넘기기로 하였다. 끝으로 EU 전체의 이야기에 그치지 않고, 회원국 중 특정 국가를 소개하면 부분과 전체를 아우르는 모습이 되지 않을까 싶어서, 영어와 일본어에 이어 제3 외국어로 1년 넘게 게으른 속도로 학습하고 있는 스페인을 선정하였다.

모든 독자를 만족시키겠다는 생각은 어느 독자도 만족시키지 못한다는 점을, 마케팅 연구에서 모든 소비자 세그먼트를 공략하려는 무차별 전략(undifferentiated strategy)

이 제한된 자원과 역량(limited resources and competencies)을 지닌 기업에게는 현명한 선택지가 될 수 없다는 사실에 입각하여, 본 책자의 범위 설정에 반영하였다.

이번에 두 번째 안식년의 기회를 준 배재대학교에 감사를 드리며, 본 책자를 안식년 중의 연구 성과물로 발간할 수 있게 된 점을 개인적으로 기쁘게 생각한다.

2016년 2학기 복귀를 하면서

배재대학교 기업컨설팅학과 방 용 태

목차 _

序章.

그리스 신화에서 유로파(Europa)는 페니키아의 왕 티레(Tyre)의 딸이었는데, 그녀에 반한 제우스가 흰 황소로 변신하여 그녀를 등에 태우고 바다로 달아났다. 제우스는 유로파를 크레타 섬으로 데려가 자신의 정체를 드러낸 뒤에 그녀를 크레타의 첫 번째 여왕으로 만들었다. 유로파의 음성학적 어원은 'ereb('어두운' 이란 뜻)에서 찾을 수 있다. 페니키아에서 보면 유럽 대륙은 서쪽에 위치하는데, 서쪽은 태양이 지는 곳이다. 고대 그리스와 로마의 예술에서는 유로파의 납치가 소재로 자주 쓰인다. 라틴어와 그리스어의 철자(알파벳)를 사용하는 게르만어와 슬라브어에서는 유럽대륙을 유로파라고 부른다(Suder, 2011: 7).

고대 그리스에서는 12라는 숫자는 조화의 상징이었다. 완벽과 단일을 대변하는 12라는 숫자는 12개의 금빛 별들이 원을 그리고 있는 유럽기(European flag)가 곧 유럽인들 간의 이상적인 조화를 나타낸다. 또한 이집트의 여신 이시스(Isis)는 풍요와 연민을 상징하는데, 초승달에 서서 12개의 별이 그녀의 머리를 둘러싸고 있는 모습으로 그려진다. 유럽기의 12개 별들은 회원국 숫자에 의존하는 것이 아니라서, 1986년 제작된 이래 회원국 숫자의 확대에도 불구하고 그대로 있다. 유럽연합의 유일한 휘장은 유럽기뿐이며, 다른 EU 산하의 기관들은 유럽기 휘장에 자신들의 휘장을 덧붙일 따름이다(Suder, 2011: 7). 유럽의 공식 찬가(anthem)는 베토벤의 9번 교향곡에 나오는 환희의 찬가(The Hymn of Joy)이다. 1985년에 채택된 이 찬가는 유럽이 추구하는 이상, 곧 자유와 평화, 연대(solidarity)를 표현하는데, "다양 속의 단결(United in diversity)"이라는 EU의 좌우명을 상징적으로 대변한다. 물론 EU 회원국들의 개별 국가를 대신하는 것은 아니다.

1950년 5월 9일에 프랑스의 외무부 장관 로베르 슈만(Robert Schuman)이 2차 대전 후의 유럽의 미래와 국가 간 평화에 근본이 되는 조직화된 유럽의 창설을 제창한 일은 유럽 통합의 이정표로서 중요하다는 점이 인정되어 유럽의 날(Europe Day)로 지정되었다. 이로써 유럽의 날은 단일 통화 'euro', 유럽기, 유럽찬가와 더불어 EU[1]의 정체성의 공유를 보여주는 식별인 셈이다(Suder, 2011: 8).

경제 면에서 유럽은 전체 기업의 99%가 중소기업(종업원 250 명 미만, 5천만 유로 미만의 매출)으로 이루어져 있다(Suder, 2011: 10). 세계 183개국을 대상으로 한 기업 환경 조사에서 최상과 최하 국가가 항목별로 나왔는데(세계은행의 2010년 *Economic Rankings*), 사업 경영은 싱가포르 vs 중앙아프리카 공화국, 창업은 뉴질랜드 vs 기니-비사우, 건축 허가는 홍콩 vs 에리트레아, 근로자 채용은 미국 vs 볼리비아, 지적재산권

1) EEC/EU의 회원국 가입 순서를 보면, 1952년의 창립 회원국은 벨기에, 프랑스, 서독, 이탈리아, 룩셈부르크, 네덜란드의 6개국이고, 1973년에 덴마크, 아일랜드, 영국, 1981년에 그리스, 1986년에 스페인과 포르투갈, 1995년에 오스트리아, 핀란드, 스웨덴, 2004년에 키프로스, 체코, 에스토니아, 헝가리, 라트비아, 리투아니아, 몰타, 폴란드, 슬로바키아, 슬로베니아, 2007년에 불가리아와 루마니아, 2013년 크로아티아로 총 28개국이다. 그러나 금년 상반기에 영국의 EU 탈퇴가 국민투표로 가결됨으로써, 향후 회원국 수는 27개국으로 줄어들 것이다.

등록은 사우디아라비아 vs 몰디브, 신용 획득은 말레이시아 vs 팔라우, 투자자 보호는 뉴질랜드 vs 아프가니스탄, 납세는 몰디브 vs 벨라루스, 무역은 싱가포르 vs 아프가니스탄, 계약 이행은 룩셈부르크 vs 동티모르, 폐업은 일본 vs 부룬디이다. 위의 사업 환경 항목별 순위를 OECD의 27개 회원국에 국한한 조사 결과에 의하면, 사업 경영은 뉴질랜드 vs 그리스, 창업은 뉴질랜드 vs 스페인, 건축 허가는 뉴질랜드 vs 포르투갈, 근로자 채용은 미국 vs 포르투갈, 지적재산권 등록은 뉴질랜드 vs 벨기에, 신용 획득은 영국 vs 룩셈부르크, 투자자 보호는 뉴질랜드 vs 스위스, 납세는 아일랜드 vs 이탈리아, 무역은 핀란드 vs 슬로바키아, 계약 이행은 룩셈부르크 vs 이탈리아, 폐업은 일본 vs 체코이다.

유로화의 도입은 2002년 1월 1일이었는데, 당시 15개 EU 회원국 중 덴마크, 영국, 스웨덴을 제외한 12개국이 새로운 통화로 채택하였다. 1992년 2월 7일에 네덜란드의 마스트리히트에서 체결된 마스트리히트조약(Treaty of Maastricht)에 의하면, EU 회원국이 유로존에 가입을 허가받기 위해서는 다음의 조건들을 충족해야 한다(Suder, 2011: 219). 첫째, 해당 국가의 물가상승률이 가장 물가상승률이 낮은 3개 회원국의 평균치보다 1.5%포인트를 초과하여 상회해서는 안 되고, 둘째, 해당 국가의 재정적자가 GDP의 3%를 초과해서는 안 되며 국가부채가 GDP의 60%를 초과해서는 안 된다. 셋째, 해당 국가의 장기 이자율이 가장 이자율이 낮은 3개 회원국 평균의 2%포인트를 초과하여 상회해서는 안 되고, 넷째, 해당 국가의 통화는 다른 모든 회원국의 통화에 대하여 유로존 가입 최소 2년 전까지는 평가절하해서는 안 된다. 유로존에 가입하면 환리스크에서 벗어난다는 점이 가장 큰 혜택일 것이다. 이는 곧 국가위험도를 낮춤으로써 단일 유럽시장을 해외 투자가들에게 보다 매력적인 투자처로 소구할 수 있게 해 준다. 특히 부상하고 있는 동유럽 시장은 개발도상국의 저비용 효과를 제공하면서 동시에 단일 유로화의 안정성까지 제공하여 매력적인 투자대상국이 되고 있다.

EU 28개 국가 중에서 2010년 기준으로 개인소득세는 불가리아가 10.0%로 가장 낮은 반면 스웨덴이 56.4%로 가장 높다. 이 밖에도 벨기에(53.7%), 네덜란드(52.0%), 덴마크(51.5%), 오스트리아(50.0%), 영국(50.0%)의 순으로 높고, 체코(15.0%), 리투아니아(15.0%), 루마니아(16.0%), 슬로바키아(19.0%)의 순으로 낮다. 법인소득세의 경우에는 불가리아와 키프러스가 10.0%로 가장 낮은 반면, 몰타(35.0%)가 가장 높다. 이 밖에 프랑스(34.4%), 벨기에(34.0%), 이탈리아(31.4%), 스페인(30.0%)의 순으로 높으며, 반면에 아일랜드(12.5%), 라트비아와 리투아니아(각 15.0%), 루마니아(16.0%), 아일랜드(18.0%), 슬로바키아(19.0%)의 순으로 낮다. 개인소득세의 경우, 불가리아가 2000년 40.0%에서 2010년 10.0%로 30% 포인트의 인하를 보여 가장 적극적이었던 반면에 영국은 오히려 40.0%에서 50.0%로 10% 포인트를 인상하였다. 법인소득세의 경우, 불가리아가 같은 기간에 32.5%에서 10.0%로 22.5% 포인트 인하를 단행하여 기업 활동을 지원한 반면에 헝가리는 19.6%에서 20.6%로 오히려 1% 포인트 인상을 하였다(Suder, 2011: 227, 원전: Eurostat/TAXUD).

유럽 시장이 단일화된 점이 유럽 소비자들의 표준화를 가져와서 마케팅을 보다 용이하게 해 줄 수 있을까 하는 점에 대해서는 그렇지 않을 것이라는 쪽으로 답이 기울 것으로 본다. 가령, 유럽 소비자들은 저가항공사 이용에 대해서는 유사한 행동을 보이지만, 기내 음식의 이용에 대해서는 상이한 행동을 보인다. 독일과 네덜란드 승객들은 자기가 먹을 음식을 갖고 탑승하거나 혹은 구매한다면 음식의 양과 질에 대하여 상당한 기대를 갖는다. 반면, 프랑스와 스페인 승객들은 기내 음식의 유료 구입에 대하여 아무렇지 않게 생각한다(Suder, G. 2011: 253). 시장 세분화의 궁극적인 기준은 고객들이 제품/서비스에 대하여 추구하는 편익(benefits)이다.

1장. 유럽 시장의 소비자

1. 소비자 욕구의 진화

1) 욕구 이론

심리학에서는 동기부여(motivation)를 행동을 활성화시키는 내적 상태 내지 조건이라고 정의를 내린다. 이러한 동기부여의 원천에는 내면적인 것(intrinsic: 심리적, 정신적, 영적)과 외면적인 것(extrinsic)이 있다. 이러한 동기부여의 원천을 욕구(need)라고 칭한다(Coletti and Aichner, 2011: 1). 인간의 욕구를 규명하려는 많은 이론 중 가장 알려진 것이 매슬로의 욕구단계설(Maslow, A. 1943. A theory of human motivation. *Psychological Review,* 50(4), 370-396)이다. 그가 말한 욕구의 계층화(needs hierarchy)를 보면, 생리 욕구(영양, 섹스, 신체의 안락), 안전 욕구(신체, 자원, 도덕성, 가족, 재산의 안전), 소속 욕구(belonging: 가족, 타인과의 관계), 존경 욕구(esteem: 타인의 인정)의 네 가지는 결핍의 욕구(deficiency needs)이고 마지막 다섯 번째 단계가 성장의 욕구(growth needs)이다. 그런데 매슬로는 이후의 연구(Maslow. A. and Lowery, R. 1998. *Toward a psychology of being.* Wiley, New York)에서 성장의 욕구를 인지 욕구(cognitive: 지식, 이해), 심미 욕구(aesthetic: 미, 균형, 형태), 자아실현 욕구(self-actualization: 자기충만, 개인의 성장), 초월 욕구(transcendence: 타인의 자아실현 돕기, 미지의 세계와 관계 맺기)로 세분화하였다.

매슬로와 유사한 동기부여 이론에 앨더퍼의 존재-관계-성장이론(Alderfer, C. 1972. *Existence, relatedness and growth.* Free Press, New York)이 있다. 존재 욕구는 매슬로의 생리 욕구와 안전 욕구에 상응하고, 관계 욕구는 매슬로의 소속 욕구와 존경 욕구에 견줄 수 있으며, 성장 욕구는 매슬로의 인지 욕구와 심미 욕구에 해당한다고 볼 수 있다. 그러나 앨더퍼는 매슬로와는 달리, 인간의 욕구는 계층을 이루지 않으며, 각각의 욕구가 갖는 중요도는 개인에 따라 다르다는 것이다. 또한 하나의 욕구가 충족되지 않게 되면, 인간은 보다 충족이 용이한 다른 욕구로 회귀한다고 말하고 있다. 이를 두고 앨더퍼는 '좌절-회귀(frustration-regression)'의 원칙으로 명명하였다.

매슬로와 앨더퍼의 동기부여 이론에 내향과 외향의 축을 결합하면 다음과 같은 인간 욕구의 분류가 가능하다.

<표1> 인간 욕구의 유형

욕구 수준	내향성(introversion)	외향성(extroversion)
성장	자아실현	초월
관계	소속	존경
존재	생리	안전

자료: Huitt, W. 2001. Motivation to learn: an overview. *Educational Psychology Interactive*, Valdosta State University, Valdosta, Georgia

이상의 이론적, 개념적 소개에 이어서 소비자 행동에 대한 실증 연구의 결과를 기술해 보자. 맞춤형 제품 시장의 가능성과 걸림돌을 고객 관점에서 규명하기 위하여 2008년도에 561명의 16세 이상 유럽인들을 대상으로 한 설문 조사의 결과는 다음과 같다(Coletti and Aichner, 2011: 42-49). 응답자의 92%는 인터넷에 접근가능하다(가정에서 78%, 직장에서 75%, 반면 공공장소와 모바일폰을 이용한 접근은 각각 13%, 15%에 그침).

온라인 구매의 주된 이유는 가격으로 밝혀졌다(65% 수긍). 따라서 맞춤형 대량생산의 웹사이트는 가격을 통제할 능력을 구비해야 한다. 가격 다음으로는 제품의 입수가능성(availability)이 52%로 나왔다. 그러나 온라인 구매를 하고 있지 않은 응답자 중에는 겨우 19%만이 입수가능성을 중시하였다. 맞춤형 상품을 원하느냐는 질문에는 대다수(82%)가 의도를 표시하였다. 맞춤형 상품의 주문부터 배송완료까지 소요시간에 대해서는 최근 마지막으로 인터넷 구매한 응답자의 16%와 마지막으로 재래 점포에서 구매한 응답자의 21%가 7일을 최대기한으로 하였다.

신발, 의류, 스포츠용품, 컴퓨터, 식기, 장난감, 선물의 7개 품목을 대상으로 기존 구매 브랜드에서 맞춤형 제품 브랜드로 구매 전환할 의사가 있는지에 대한 질문에서는 가격과 품질이 동일하다면 브랜드 전환을 할 용의가 있다는 답변이 품목에 따라 50%(식기, 장난감) ~ 74%(선물)에 달하였다.

2) 소비자 욕구와 맞춤형 제품

이러한 소비자의 욕구를 충족시키기 위한 기업의 다양한 제품 공급 노력은 미국 시장의 자료를 통하여 간접적으로 엿볼 수 있을 것이다. 미국시장에서 제품의 다양성이 어느 정도 늘어났는지를 1970년과 1998년을 대비해서 보면 다음 <표2>와 같다. 그런데 제품의 다양성이 증가할수록 소비자는 소매점의 매대 위에 놓인 상품 가운데 자신이 선호하는 제품을 선택하기가 어려워진다.

< 표2 > 미국시장에서 제품 다양성의 변화: 제품 모델 수의 변화를 기준으로

제품 종류	1970년	1998년
자동차	140	260
신문	339	790
TV 스크린(크기 기준)	5	15
영화(극장 상영)	267	458
조식 시리얼	160	340
우유	4	19
구강 세척제	15	66
운동화	5	285
생수	16	50
타이츠	5	90

자료: Cox, M. and Alm, R. 1998. *The right stuff: America's move to mass customization*. FRB of Dallas.

잠재적 구매자에게 제공하는 제품의 다양성이 증가하였다고 그것이 곧장 맞춤형 대량생산(mass customization)을 의미하는 것은 아니다. 이에 덧붙여 고객이 개별적으로 제품을 맞춤형으로 할 수 있을 때 비로서 맞춤형 대량생산이 가능해졌다고 말할 수 있다. 맞춤형 제품이란 디자인, 제조(fabrication), 조립, 유통의 4단계 과정 중 최소한 한 가지 이상에서 고객의 사양에 맞추어 활동이 이루어질 때 성립한다(Coletti and Aichner, 2011: 16). 가령, 맞춤형 유통은 아마존과 같은 온라인 서적판매의 경우를 꼽을 수 있다. 고객은 발송 형태(항공, 특급, 일반우편), 포장 형태(선물용 포장, 일반 포장), 보험가입 여부 등의 상세한 내용에 대해 본인이 선택, 특정화할 수 있다. 맞춤형 조립의 예로는 Dell 컴퓨터를 꼽을 수 있다. 부품은 이미 델이 제조하여 놓은 상태에서 고객은 각 부품의 사양(CPU, 메모리, 하드용량, OS, 그래픽 등)을 선택하여 조립을 요구할 수 있다. 이들에 비하여 맞춤형 제조는 기업의 기술적 한계로 인하여 매우 제한적인 수준에 머물러 있다. 위의 4단계 과정 모두에서 맞춤형이 이루어지는 완벽한 맞춤형 대량생산은 산업용 기계류, 건축회사, 의류 공장 등에서 이루어지고 있다. 서비스에 위의 4단계 과정을 적용시키는 일이 가능할지 모르겠지만, 맞춤형 대량생산의 기본은 적용가능하다고 본다. 서비스 가운데 맞춤형 대량생산이 적용되는 대표적 사례가 보험계약이다. 자동차보험이든 화재보험이든 이들 약관은 고도로 표준화되어 있으면서도 피보험자의 인적 사항과 선호도 등을 반영한 모듈화된 계약서를 발행하게 된다.

① 역량(competencies)

맞춤형 대량생산을 가능케 해주는 역량에는 고객통합(customer integration), 제품 모듈화(product modularity), 제품 다양성의 관리(product variant management), 규모경제(economies of scale), 구조와 과정의 유연성 관리(management of flexible organization and process), IT 기술의 지원 등이 있다.

고객 통합은 가장 기본적으로 요구되는 첫 번째 역량으로서, 기업의 활동 과정에 참여한다는 점에서, 기업은 고객의 욕구를 심도 있게 이해할 수 있어야 한다. 제품의 모듈화를 이룰 수 있게 되면 과도한 복잡성에 현혹되지 않으면서 많은 선택의 수를 고객에게 제공할 수 있다. 기업은 모듈화를 통하여 주문이 이루어질 때 비로소 생산을 개시함으로써 재고비용을 줄일 수 있게 된다. 제품의 다양성 관리는 고객의 발길을 돌리게 만들 정도로 제품의 폭이 홍수를 이루지 않도록 하는 능력을 말한다. 규모의 경제는 대량생산의 이점을 맞춤형에 반영하는 능력이다. 조직구조와 과정의 유연성은 규모경제와 정반대의 개념으로서, 표준화가 주문형 생산을 저해하지 않는 범위 내에 머물도록 하는 능력이다.

개별 맞춤형 작업의 자동화를 이루어주는 IT기술을 적용하는 능력은 작업의 연쇄 과정 전반에 대한 이해가 있어야 가능하다(Coletti and Aichner, 2011: 18).

② 경과와 실행(transition and implementation)

대량생산 체제는 생산량이 많고 주문이 비교적 안정적이라서 특수 목적의 고수익 기계와 같은 효율성에 의존하지만, 대량 맞춤형 생산체제는 제품의 다양성으로 규모의 범위를 구현할 수 있는 다목적 기계류와 같은 유연성에 대한 의존도가 크다. 그렇기 때문에 경직된 고생산성 기계류에 대한 과거의 투자는 대량 맞춤형 생산을 추구하는데 매몰비용(sunk cost)으로서 장애가 된다. 의사결정자들은 위험 회피 내지는 책임 부담으로 인하여 이런 상황을 모면하려고 한다. 그럼에도 불구하고 맞춤형 대량생산 체제를 채택하는 기업들은, 이익 획득(profit-taker), 시장진입 도구(vehicle for market entry), 진입장벽과 차별화 구축(build entry barrier and differentiation), 업계의 상징성(symbol to industry and market), 학습 도구(vehicle for learning) 등의 목적을 염두에 두고 실행에 옮긴다.

3) 맞춤형 대량생산

맞춤형 대량생산의 관건 중 하나가 추가소요시간(extra time)이다. 대량생산방식이건 수공업방식이건 간에 표준화제품은 곧바로 소비자가 구입, 사용하기 때문에 추가로 대기시간이 발생하는 일에 대하여 고객이 어떻게 반응할지 모른다. 소비자가 자신이 원하는 형태의 주문형 제품을 선택하는데 걸리는 시간은 물론, 기업 측이 특수 맞춤형 상품을 제작하는데 소요되는 시간을 고려하면, 맞춤형 대량생산은 제품의 용도에 따라 가능, 불가능으로 나눠질 수 있다. 즉 곧바로 사용해야 하는 제품인지 아닌지가 분수령이 될 수 있다(Coletti and Aichner, 2011: 28). 따라서 맞춤형 대량생산의 실질적 정의(working definition)는, 기업과 고객 간의 어떤 형태의 상호작용을 통하여 대량생산과 유사한 정도의 생산비와 판매가격을 지닌 맞춤형 제품으로 가치를 창출하는 기업 전략을 말한다.

웹사이트를 통하여 잠재고객과 대화하면서 제품에 관한 필요 정보를 제공하고 고객의 기호를 자동으로 수집하는 일은 이상적인 e맞춤형 대량생산방식이다. 온라인을 통한 고객과의 접점(interface)이 갖추어야 할 특성은 사용 편이성(easy to use), 완벽성(complete), 우수한 디폴트의 선택안(good default choices) 등이다(Coletti and Aichner, 2011: 29).

사용 편이성이란, 비전문가인 고객이 맞춤형 제품을 주문하는데 짜증을 느껴서 너무 힘들다고 여긴 나머지 사이트에서 빠져나가지 않도록 하는 일이다. 완벽성이란, 이용자에게 모든 가능성을 제공하며, 각각의 가능성은 최종 결과에 어떤 영향을 미칠지를 선명히 보여주어야 한다는 것이다. 고객이 선택변수 하나하나를 바꿀 때마다 제품 특징이 변하는 모습을 보여주게 되면 완벽성이 이루어진다고 말할 수 있다. 우수한 디폴트의 선택안이란, 수준 높은 맞춤형을 필요로 하지 않거나 또는 모든 가능한 선택안을 검토할 능력이나 시간이 없는 고객들의 의사결정 시간을 촉진시켜 줄 만큼 정밀한 선택안을 내장시키는 일을 말한다. 그러기 위해서는 고객프로파일링기법을 통하여 방대한 고객 기호와 선택에 대한 자료에 입각한 디폴트 수립이 요구된다.

레고블록은 모든 부품이 사전 제조되고 고객의 가담은 조립단계에서만 발생한다는 점에서 실질적 맞춤형 대량생산의 좋은 예가 된다. 레고 자동차의 경우 크기의 다양성 제공을 통하여 맞춤형이 개시된다. 그 다음으로 6개 부품(핸들, 시트, 선루프, 도어, 전조등, 타이어)에 대하여 각각 8가지 색상 선택이 이루어진다. 이렇게 차량 크기와 부품 색상의 다양성을 조합하게 되면 786,432개의 선택안이 나온다. 웹사이트에서 이런 조합 가운데 하나를 고객이 선택하면 최종 차량의 모습이 나오고, 이를 승인한 뒤 결제와 배송 정보가 나온다.

4) 맞춤형 대량생산 기업의 사례

① www.boarddesigner.com

오스트리아의 스포츠용품업체 Gaspo Sportartikel GmbH는 1963년에 설립되었고 맞춤형 대량생산을 2002년에 개시하였다. 이 회사는 고객들에게 23가지의 맞춤형 스노

보드, 스키보드, 스케이트보드를 제공하고 있다. 고객은 선택한 제품에 자신의 그림을 업로드하거나 또는 제공된 그림도구를 이용할 수도 있다. 맞춤형 스노보드의 가격은 239-299유로 정도인데, 이는 대량생산형 제품과 별반 차이가 없다. 이 회사의 맞춤형 대량생산은 보드의 길이와 모델만을 맞춤식으로 할 수 있는 초보적 수준이라고 볼 수 있다.

② www.edelwiser.com

또 다른 오스트리아 기업인 Edelwiser ski(Einzelfirma Nocola Werdenigg)는 2004년 설립 당시부터 맞춤형 대량생산 체제를 가동하고 있다. 5가지의 맞춤형 스키를 고객에게 제공하는데, 고객은 스키와 스키부츠의 디자인을 자신이 선택한 그래픽 또는 자신이 그린 그림으로 할 수 있고 색상도 선택가능하다. 고객의 지위, 즉 신규 초보 고객(greenhorn), 기존 고객의 추천을 통한 신규 고객(newbie), 기존고객(member) 여하에 따라서 490-690유로의 범위가 있는데, 이는 대량생산 제품과 동일한 수준이다.

③ www.mymms.com

Mars, Inc.는 1911년 설립된 다국적 제과업체로서 2006년에 맞춤형 대량생산을 채택하였다. M&M캔디에는 17가지 색상이 있고, 고객들은 캔디 한쪽 위에 자신이 만든 메시지 혹은 업로드된 로고를 입힐 수 있다. 600g짜리 맞춤형 캔디의 가격은 11.99달러(메시지 추가), 12.99달러(메시지+사진)인데 이는 대량생산 캔디와 동일 수준이다. 물론 캔디는 25가지 색상으로 미리 생산, 재고 상태에 있다. 고객의 맞춤형 주문이 오면 이 재고품에 메시지나 그림을 추가하면 되기 때문에 맞춤형의 수준은 초보적이다.

④ www.dell.com

델은 나스닥에 상장된 다국적 컴퓨터 제조/판매업체[2]인데, 1984년 설립된 이후 1996년에 맞춤형 대량생산을 도입하였다. 개인용, 중소기업용, 공공기관용, 대기업용별

2) 2013년 10월에 공동창업자들은 약 240억 달러에 달하는 자사주의 공개매입을 통하여 상장폐지를 단행하였다.

로 다양한 맞춤형 컴퓨터를 제공하는데, 고객은 자신의 니즈에 맞추어 메모리, 하드드라이브, 광드라이브, 프로세서 등을 선택할 수 있다. 400-1200달러의 가격대는 대량생산형 컴퓨터와 동일하다. 부품은 사전 생산되며 추후 고객의 선택에 맞추어 자동적으로 조립된다.

⑤ www.mini.com

Mini는 브리티시모터사가 1959-2000년까지 생산했던 자동차 브랜드이었는데, 독일의 BMW가 2001년에 구형 디자인에 신형 엔진과 기술을 탑재하여 재출시하였다. 이 브랜드는 1000만 가지 이상의 다양한 선택안을 자랑하는데, 차체와 엔진을 기본사양으로 하는 선택안부터 개별 부품의 색상과 새로운 기술적 기능의 탑재에 이르기까지 다양한 폭을 보인다. 따라서 가격대도 18,000-40,000달러의 폭을 지니고 대기시간도 2-3개월이다. 대량생산 자동차의 경우에는 대기시간 없이 곧바로 구입, 운전이 가능하고 딜러와의 가격할인도 가능하지만, 맞춤형 대량생산 자동차의 경우에는 이런 점에서 불편하다.

⑥ www.myjones.com

Jones soda Co.은 1987년 설립되어 1999년에 맞춤형 대량생산 제품을 전개한 미국의 음료생산업체이다. 고객은 12병짜리 한 팩을 구입하면서 8가지 상이한 향을 선택할 수 있다. 또한 사진을 업로드하면서 출처를 밝히는 식으로 디자인을 할 수도 있다. 병 뒤에는 최대 280자의 문구를 7줄까지 적을 수 있다. 그러나 여러 향을 한 병에 혼합할 수는 없다. 결국 라벨을 고객 마음대로 할 수 있다는 점이 이 맞춤형 소다의 특징이다. 맞춤형 소다의 한 팩 가격은 29.99달러로서 대량생산 소다의 18.99달러보다 약 60% 높은 수준이다.

⑦ www.mytwinn.com

My Twinn Inc.는 1994년 설립되어 1997년에 맞춤형 인형을 제작한 미국기업이다. 고객은 4가지 여자인형과 한 가지 남자인형에 대하여 맞춤형을 할 수 있다. 맞춤형의 선택사항은 인형의 머리 길이(귀, 턱, 어깨선, 등, 등 중간, 등 아래까지), 머리 스타일(묶은 머리=ponytail, 땋은 머리=pigtail, 한쪽 가르마, 양쪽 가르마), 머릿결, 피부색(매우 하얀, 하얀, 올리브, 연갈색, 갈색), 눈색(9가지), 머리색(10가지)이며, 이에 추가하여 고객은 자신이 손으로 그린 얼굴을 업로드하고, 인형의 이름까지 지을 수 있다. 맞춤형 인형의 가격은 129달러, 대량생산 인형은 60달러이다.

⑧ www.mykswiss.com

K-Swiss, Inc는 1966년 설립되어 2005년에 맞춤형 대량생산을 개시한 나스닥 상장의 미국 신발제조업체이다. 3종류의 남성화와 2종류의 여성화에 대하여 고객은 맞춤형 제품을 주문할 수 있는데, 운동화의 3-6개 부분(신발바닥, 신발창, 신발 선(stripe), 끈, overlay, shield)에 대하여 19가지 색상을 선택하고, 1-8개의 글자 내지 숫자로 된 글귀를 추가할 수도 있다. 맞춤형 신발 가격은 66-95달러로서, 대량생산 신발보다 5달러 높다. K-Swiss는 기업의 상징성을 강조하기 위한 목적으로 맞춤형 대량생산을 채택하고 있다.

맞춤형 제품생산의 성공은 가격과 대기시간의 두 요소에 크게 영향을 받는다. 대기 시간에 대해서는 짧게는 1일(13%)부터 길게는 7일(21%)까지 다양하다. 온라인 구매를 지금까지 해본 경험도 없고 앞으로도 할 의사가 없는 소비자 중 19%는 해당 상품을 점포에서 구입할 수 없다면 온라인 구매를 할 것이라고 한다. 점포에서 맞춤형 제품을 구입하려면 고객이 주문을 하고 나서 한 번 더 매장에 와야 하기 때문에 시간과 비용의 추가 지출이 발생하는 문제점을 해결해야 하는데, 이는 점주가 디지털 장비를 갖추어야 하는 점과 맞물려 있다. 이에 비하여 온라인으로 맞춤형 주문을 하게 되면 점포를 거치는데 소요되는 시간의 절감으로 고객의 대기시간도 단축되는 이점을 보여준다. 따라서 이상의 논의에서 알 수 있듯이 맞춤형 제품생산의 전략은 시장점유율을 유지 내지 확대하려는 기존기업은 물론 신규 진입을 하려는 기업에게도 기본이 되는 것이다.

2. 소비 행동

글로벌화가 가져온 두 가지 상반되는 현상이 있다. 하나는, 동일 국가 내의 소비자행동에서 보이는 동질성(homogeneity)은 줄어든 반면, 다른 하나는, 상이한 국가 간에 있는 소비자 행동의 공통성(commonalities)은 늘어났다는 점이다(Santos et al., 2013: xiv). 그런 점에 비추어 보면, 유럽시장이 EU로 단일 시장이 되었다고 보는 시각이 있는가 하면, 다른 한편으로는 여전히 유럽 각국 시장은 독특한 정체성을 보유하고 있어서 단일 지역이 아니라 다수 지역으로 접근해야 한다는 시각도 있다(Santos et. al., 2013: xv).

문화란 무엇인가 라는 점에 대해서는 자그마치 164개의 정의가 있다고 하지만, 그 중 가장 폭넓게 받아들여지고 있는 것은 홉스테드(Hofstede)[3]가 내린, "문화는 하나의 그룹에 속한 구성원들을 다른 그룹의 구성원들과 구분시켜주는, 집단적인 정신 프로그래밍이다(collective programming of mind)."이다. 문화는 국제마케팅 분야에서 소비를 포함한 인간의 다양한 행동을 설명하는 가장 으뜸가는 결정인자이다. 한편, 소비자는 문화의 생산자이기도 하기 때문에, 소비문화는 단순히 선행 지수일 뿐 아니라, 소비자 행동에 의해 변형도 이루어진다는 점에서, 소비자와 소비문화 간에는 지속적인 호혜 및 공생(reciprocal and symbiotic) 관계가 존재한다(Santos et al., 2013: xvi). 아울러 개인주의와 자아의 강화가 현 시대의 소비문화와 관련하여 가장 유의미한 현상이라는 점에 비추어 보면, 하위 문화 간의 이질성에 주목해야 할 것이다. 이러한 하위문화 내지 개인문화를 분석 단위로 하는 것이 곧 미시분석이다. 개인은 문화의 영향을 수용할 수도 있고, 선별할 수도 있고, 거부할 수도 있기에 단순히 문화를 수동적으로 수용하는 존재에 그치지 않고 문화의 변화를 건축하는 존재이기도 하다. 이들 개인이 문화를 수용, 선별, 거부, 건축하려는 동기부여 요인들을 이해하는 작업이 문화의 변화를 이해하는데 선결 요건인 셈이다(Santos et al., 2013: xvii).

3) Hofstede, G. 1984. Culture's Consequences: International Differences in Work-related Values. Sage, Newbury Park, CA.

1) 쇼핑 스타일

유럽에서는 문화와 국가는 대체로 이질적이어서 유럽인의 11-14%는 소수민족 집단에 속한다(Santos et. al, 2013: 167). 18개 제품에 대한 조사에서 겨우 5개 제품에 대해서만 유럽 국가 간 소비자 태도의 유사성이 나왔다는 점은, 유럽 국가 간에는 다양한 제품 품목에 걸쳐서 소비와 소유, 사용 측면에서 근본적인 차이가 있음을 말해주고 있다. 이하 30개 유럽 국가의 5,207명의 소비자를 대상으로 한 조사 결과를 언급하기로 한다[4].

시골에 사는 사람은 도시에 사는 사람과 비교할 때, 상품의 공급이나 소비의 기회 면에서 차이가 나기 때문에, 소비 행태에서 차이가 날 수 있다. 또한 사람들이 유사한 제품을 선호하고 소비한다는 점에서 소비문화가 글로벌화하고 있다고 말할 수 있지만, 사람들의 구매행동과 소비는 그들이 살고 있는 사회의 인프라에 크게 의존한다고 볼 수 있다. 따라서 구매 환경은 소비자의 구매 문화의 조건을 설정하는데 여과 기능을 한다고 말할 수 있다.

소비자의 쇼핑스타일이라고 하는 것은, 쇼핑을 지향하는 소비자의 마음가짐(mindset), 쇼핑 스타일을 보여주는 소비자의 실행(practice), 쇼핑 환경이라고 하는 소비자 맥락(consumer context)의 3가지로 구성된 것을 의미한다(Santos et. al, 2013: 171-173). 첫째, 소비자의 마음가짐은 시장에서 소비자가 보여주는 행동과 관련된 태도, 신념, 가치, 규범 등을 포함한다. 둘째, 소비자의 실행은 필요, 선호와 관련한 상품이나 서비스를 획득하는 일반적인 접근으로서 정보 출처, 점포, 점포의 속성 등을 그 예로 들 수 있다. 소비자의 모든 행동(가령, 커피 마시기, 가족 식사, 체육관에서의 운동, 다이어트, 주말 장보

---

4) 조사에서 얻은 데이터에 대한 분석은, 모든 질문항목을 상대로 배리맥스 회전법을 이용한 요인분석을 하였는데, 이 때 KMO(Kaiser-Meyer-Olkin)의 값이 0.770이 나와서 데이터에 요인분석을 적용하는 일이 적합하다는 판정을 얻었다. 배리맥스 회전에 의한 주성분분석은 6개의 요인을 추출하였는데, 이들은 책임, 품질, 쇼핑의 즐거움, 사회적 활동으로서의 쇼핑, 온라인쇼핑, 가격으로 명명되었고, 분산의 47.9%를 설명하고 있다. 0.3 미만의 계수값은 분석 대상에서 제외하였고, 크론바하 알파 값 0.7 이상을 충족한 요인은 '책임' 뿐이었다. 그럼에도 불구하고 6개의 요인들은 동일한 차원에 적재되었기 때문에 모두 분석에 포함시키기로 하였다. 단, '가격'은 알파 값이 0.320으로 너무 낮아서 분석에서 제외하였다. 각 요인을 구성하는 항목들의 평균값을 구하여 요인의 합산점수(composite scores)로 하였다.

러 가기 등)을 감싸는 의식(rituals)과, 실행에서 보여주는 소비자의 선호 방식도 여기에 포함하는데, 가령, 능동적인 소비, 수동적인 소비, 신속한 소비, 완만한 소비 등으로 그 예를 들 수 있다. 셋째, 소비자 맥락은 소비자가 선호하는 소비, 구매의 발생 상황을 말하는데, 소매점, 가정, 사무실, 온라인, 사회적 공간, 개인적 공간 등을 열거할 수 있다.

쇼핑 스타일에 관한 분석 결과를 보면, 소비자들의 드러내지 않는 쇼핑행동(covert behavior)을 분석하기 위해서 9개의 질문 항목에 대한 교차분석(cross tabulations)과 카이자승(chi-square) 검증을 하였다. 첫 번째 항목인 "나는 쇼핑하러 가기 전에 계획을 짜는 것을 좋아한다." 라는 질문에, 헝가리(69.7%)와 에스토니아(69.1%)가 두드러지게 높은 응답을 보인 반면, 네덜란드(36.1%)와 리히텐슈타인(31.1%)은 저조한 동의의 응답을 보였다. 두 번째 항목인 "나는 뭔가를 사기 전에 되도록 많은 정보를 얻으려고 애쓴다."라는 질문에, 영국(61.2%)과 스페인(60.1%)이 그렇다고 응답한 반면, 불가리아(34.8%), 오스트리아(34.8%), 라트비아(31.5%)는 저조한 반응을 보였다. 세 번째 항목인 "나는 무엇인가를 사기 전에 여러 가지를 비교해보는 걸 좋아한다." 라는 질문에, 영국(74.4%)과 에스토니아(72.2%)가 높은 반응을, 리히텐슈타인(48.1%)과 불가리아(32.6%)는 낮은 반응을 보였다. 네 번째 항목인 "나는 언제나 최고의 상품을 구매한다는 점을 확인하기 위해서 노력한다." 라는 질문에, 터키(78.1%)와 포르투갈(64.0%)이 높은 응답을 보인 반면, 핀란드(24.2%)와 덴마크(23.6%)는 낮은 응답을 보였다. 다섯 번째 항목인, "나는 나중에 후회할 만한 무심한 구매를 종종 한다." 라는 질문에, 노르웨이(28.6%)가 가장 높은 응답을, 네덜란드(5.6%)가 가장 낮은 응답을 각각 보였다. 여섯 번째 항목인, "가끔 나는 즉흥적으로 물건을 산다."라는 질문에, 오스트리아(66.9%)와 노르웨이(66.3%)가 가장 높은 응답을 보였고, 스페인(27.5%)과 이탈리아(27.5%)는 가장 낮은 응답을 보였다. 일곱 번째 항목인, "자주 나는 깊이 생각하지 않고 물건을 산다." 라는 질문에, 키프로스(34.4%)와 터키(33.7%)가 그나마 상대적으로 높은 비중을 보였고, 슬로베니아(11.8%)와 영국(8.4%)은 가장 낮은 비중을 나타냈다. 여덟 번째 항목인, "여러 점포 중 어디에서 구매를 할까 선택하기가 가끔 어렵다." 라는 질문에, 스페인(52.2%)과 터키(49.4%)가 그렇다고 대답한 비율이 가장 높은 반면, 프랑스(17.6%)와 덴마크(15.2%)가 가장 낮았다. 마지막의 아홉 번째 항목인, "상품 정보가 너무 많아서 구매 결정을 내리기가 힘들다." 라는 항목에, 터키(56.7%)와 스페인(51.7%)이 그렇다는 응답이 가장 높았고, 폴란드(15.7%)와 덴마크(14.0%)는 가장 낮았다.

그 다음으로는 소비자들의 겉으로 드러내는 쇼핑행동(overt behavior)을 분석하기 위해서 14개의 질문 항목에 대한 교차분석(cross tabulations)과 카이자승(chi-square) 검증을 하였다. 첫 번째 항목인 "여러 점포에 들르는 일은 내게는 시간 낭비이다." 라는 질문에, 키프로스(34.0%)와 아이슬란드(30.7%)가 두드러지게 높은 응답을 보인 반면, 네덜란드(16.1%)와 리히텐슈타인(11.1%)은 저조한 동의의 응답을 보였다. 두 번째 항목인 "나는 쇼핑을 되도록 빨리 끝낸다." 라는 질문에, 아이슬란드(55.9%)와 에스토니아(47.2%)가 두드러지게 높은 응답을 보인 반면, 불가리아(25.8%)와 키프로스(24.4%)는 저조한 동의의 응답을 보였다. 세 번째 항목인 "나는 시간을 들여 세심하게 쇼핑하러 다니는 것을 좋아한다." 라는 질문에, 그리스(55.6%)와 아일랜드(51.7%), 리투아니아(51.7%)가 두드러지게 높은 응답을 보인 반면, 아이슬란드(26.3%)와 리히텐슈타인(21.7%)은 저조한 동의의 응답을 보였다. 네 번째 항목인 "나는 첫 번째로 발견한 브랜드를 곧바로 구입한다." 라는 질문에, 터키(27.0%)와 핀란드(20.8%), 네덜란드(20.8%)가 두드러지게 높은 응답을 보인 반면, 독일(8.2%)과 그리스(7.3%)는 저조한 동의의 응답을 보였다. 다섯 번째 항목인 "내가 좋아하는 브랜드를 발견하면 그것을 고수한다." 라는 질문에, 포르투갈(60.1%)과 체코(55.6%)가 두드러지게 높은 응답을 보인 반면, 프랑스(25.3%)와 노르웨이(24.2%)는 저조한 동의의 응답을 보였다. 여섯 번째 항목인 "나는 언제나 가는 점포에 들러 쇼핑한다." 라는 질문에, 헝가리(62.9%)와 벨기에(50.0%)가 두드러지게 높은 응답을 보인 반면, 영국(24.2%)과 체코(23.6%)는 저조한 동의의 응답을 보였다. 일곱 번째 항목인 "나는 계속해서 반복 구매하는 애용 브랜드가 있다." 라는 질문에, 헝가리(57.3%)와 리히텐슈타인(53.8%)이 두드러지게 높은 응답을 보인 반면, 슬로베니아(27.0%)와 체코(23.0%)는 저조한 동의의 응답을 보였다. 여덟 번째 항목인 "나는 가장 최신 유행의 옷을 입기를 좋아한다." 라는 질문에, 키프로스(24.7%)와 스페인(24.7%)이 두드러지게 높은 응답을 보인 반면, 핀란드(3.4%)와 영국(2.2%)은 저조한 동의의 응답을 보였다. 아홉 번째 항목인 "나는 신상품에 언제나 끌린다." 라는 질문에, 스웨덴(42.7%)과 체코(33.1%)가 두드러지게 높은 응답을 보인 반면, 독일(14.3%)

과 오스트리아(10.7%)는 저조한 동의의 응답을 보였다. 열 번째 항목인 "다양성을 위해서 나는 여러 점포에 들러 여러 브랜드를 고른다." 라는 질문에, 체코(41.0%)와 아일랜드(39.0%)가 두드러지게 높은 응답을 보인 반면, 헝가리(9.0%)와 폴란드(8.4%)는 저조한 동의의 응답을 보였다. 열 한 번 째 항목인 "나는 변화를 주기 위해서 정기적으로 구매 브랜드를 교체한다." 라는 질문에, 스웨덴(20.8%)이 가장 높은 응답을 보인 반면, 슬로바키아(2.2%)가 가장 저조한 동의의 응답을 보였다. 열 두 번 째 항목인 "나는 자신을 독립적으로 구매 결정을 내리는 사람이라고 생각한다." 라는 질문에, 핀란드(71.9%)와 슬로베니아(61.8%)가 가장 높은 응답을 보인 반면, 그리스(36.0%)와 키프로스(29.4%)가 가장 저조한 동의의 응답을 보였다. 열 세 번 째 항목인 "나는 구매하기 전에 다른 사람들의 의견을 검토하기를 좋아한다." 라는 질문에, 슬로바키아(46.6%)가 가장 높은 응답을 보인 반면, 네덜란드(8.3%)가 가장 저조한 동의의 응답을 보였다. 마지막으로 열 네 번 째 항목인 "나는 뭘 살지, 사지 않을지를 스스로 결정한다." 라는 질문에, 핀란드(84.3%)와 아일랜드(82.0%)가 가장 높은 응답을 보인 반면, 포르투갈(29.8%)이 가장 저조한 동의의 응답을 보였다.

현재 유럽의 많은 국가에서 제품에 대한 책임 있는 선택(가령, 유기농 식품, 공정 무역 제품 등)은 비싼 가격의 지불을 요한다. 본 연구 결과에 따르면, 일반 소비자들 사이에서 책임 있는 쇼핑이 장려되기 위해서는 경쟁력 있는 수준에서 가격이 책정되어야 한다는 점을 보여주고 있다. 또한 여가 활동으로서의 쇼핑은 질이 낮은 소비문화라고 여겨져 왔으나, 본 연구는 품질을 중시하는 소비자들이 쇼핑을 즐기면서 하나의 사교 활동으로 본다는 대조적인 결과를 보여주고 있다. 따라서 질 높은 상품을 제공하는 기업들은 쾌락적 측면과 사회적 측면을 판매에 부여함으로써 득을 볼 수 있을 것이다. 그런데 흥미로운 점은, 쇼핑을 즐기고 이를 사교적 활동으로 보는 일은 온라인 쇼핑과 부(-)의 상관관계를 지닌 것으로 나왔다. 따라서 온라인 쇼핑업체들은 구매의 기능적 효용(가격, 품질 등)을 강조할 필요가 있다. 온라인 구매자들이 가격에 민감하다는 점을 고려하면 더욱 그러하다. 반면에 쾌락적 성격의 상품을 온라인에서 판매하는 업체들로서는 사회적 측면을 쇼핑에 부여하는 방안을 강구하는데 신경을 써야 할 것이다.

불가리아, 에스토니아, 라트비아, 리히텐슈타인, 네덜란드, 스웨덴, 폴란드, 스페인을 제외한 나머지 22개 유럽국가의 소비자들은 가능한 한 세일 가격에 구매를 하는 것으로 밝혀졌다. 에스토니아의 경우에는 조사 대상 소비자의 70.2%가 세일 가격에 구매하는 일에 아니라고 답한 반면, 영국 소비자의 81.5%는 그렇다고 답했다는 점은 흥미롭다. 그 이유는, 에스토니아가 EU 국가 중에서 최빈국의 하나인 반면, 영국은 나은 경제 상황에 속한 국가이기 때문이다. 체코, 에스토니아, 헝가리, 라트비아를 제외한 모든 유럽 국가의 소비자들은 구매에 만족하지 못할 경우, 불만을 제기할 것이라고 답하였다. 특히 터키 소비자의 77.5%는 불만을 제기할 것이라고 답하였다. 브랜드에 대한 태도는 서유럽과 동유럽의 소비자 간에 차이를 보이고 있다. 동유럽 소비자들의 대다수는 보다 유명한 브랜드를 구입한다고 답한 반면, 서유럽 소비자들은 구매 시에 브랜드를 고려하지만 더 유명한 브랜드를 선호하지는 않는다고 답하였다. 브랜드는 거기서 거기라는 인식은 아이슬란드와 루마니아 소비자가 가장 동의하는 반면, 리히텐슈타인과 스웨덴 소비자들은 그렇지 않다고 보고 있다.

북유럽 국가와 네덜란드는 일주일에 여러 번 친구나 친척, 동료를 만나고, 문화/예술 활동에 자주 참가하기 때문에, 문화 활동의 지출비가 유럽에서 가장 높다. 동유럽은 한 달에 한번 이하로 친구나 친척, 동료를 만나고, 문화/예술 활동에 정기적으로 참가하지는 않는다. 저조한 참가의 이유로는 비용과 낮은 수준의 질, 선택의 제한 등을 꼽고 있다. 풀서비스 레스토랑보다는 셀프서비스의 카페테리아를 더 이용한다. 남유럽의 경우에는, 스페인과 포르투갈에서는 거의 매일 친구나 친척, 동료를 만나지만, 그리스와 키프로스에서는 한 달에 한번 이하로 만난다. 문화/예술 활동에 정기적으로 참가하지는 않는데, 그 이유로는 관심, 정보, 지식, 문화적 배경의 부족을 꼽고 있다. 문화 활동의 지출비는 낮지만, 그 중에서 관광과 카페/바, 풀서비스 레스토랑을 이용하는 비중은 유럽평균보다 높다.

2) 식료품 소비 행동

유럽의 조사 대상국들을 구매 점포와 소비 장소의 두 가지 차원에서 언급하면 아래와 같다. 먼저 소매점 업태별 구매 상황을 보면,

군집 1: 오스트리아, 벨기에, 덴마크, 독일, 그리스, 이탈리아, 네덜란드, 노르웨이. 포르투갈, 스페인, 스웨덴의 11개 국가가 여기에 속한다. 식료품에 대한 지출 규모는 유럽 평균치를 밑돌고, 중간 규모의 소매점에 대한 방문 빈도는 유럽 평균치를 웃돈다. 구매 점포를 유형별로 보면, 슈퍼마켓, 할인점, 전문점(식료품, 음료, 담배)에서 지출하는 규모는 유럽 평균치보다 높지만, 하이퍼마켓, 소형 식료 소매점, 기타 식료 소매점에서 지출하는 규모는 유럽 평균치보다 낮다.

군집 2: 불가리아, 아일랜드, 터키의 3개 국가가 여기에 속한다. 식료품에 대한 지출 규모는 유럽 평균치를 웃돌고, 소규모의 소매점에 대한 방문 빈도는 유럽 평균치의 2배에 달한다. 소매점 전체 매출 중 하이퍼마켓의 비중은 4%로서 유럽 평균치인 18%에 한참 처진다.

군집 3: 체코, 핀란드, 프랑스, 헝가리, 슬로바키아, 영국의 6개 국가가 여기에 속한다. 구매 점포의 유형 중 하이퍼마켓에서 지출하는 비중이 압도적으로 높다는 점이 이 군집에 속하는 국가들의 두드러진 특징이다.

군집 4: 루마니아 1개 국가만이 여기에 속한다. 전체 소비 가운데 식료품이 차지하는 비중이 유럽 평균치의 2배에 달한다. 또한 기타 식료품 소매점포와 소규모 식료품 소매점포를 통한 지출이 가장 높은 비중을 차지한다는 점도 독특한 특징이다.

< 표3 > 4개 국가 군집 간 소매점 업태별 지출 비중의 비교

업태	군집1(11국)	군집2(3개국	군집3(6개국	군집4(1개국	전체
하이퍼마켓	13.7%	4.3%	33.9%	15.4%	18.2%
슈퍼마켓	40.4%	30.5%	22.5%	11.1%	32.5%
할인점	16.7%	4.6%	7.5%	6.1%	11.8%
소규모 식료품점	12.7%	43.9%	19.9%	24.3%	19.8%
전문점(식품,음료)	12.7%	15.1%	8.8%	9.2%	11.8%
기타 식료품 소매	3.7%	1.6%	7.3%	33.9%	5.9%
식료품지출 비중	12.5%	17.0%	14.2%	34.2%	15.4%

자료: Santos et al., 2013: 39.

그 다음으로 식료품의 소비 장소별 이용 상황을 보면,

군집 1: 스페인, 이탈리아, 그리스, 벨기에, 오스트리아가 여기에 속하는데, 매장 수와 매출 규모의 두 가지 기준 모두에서 카페/바와 풀서비스 레스토랑의 비중이 유럽 평균보다 높다.

군집 2: 영국과 아일랜드가 여기에 속하는데, 패스트푸드점과 길거리음식점(street stalls/kiosks)의 매출 비중이 유럽 평균치보다 높다.

군집 3: 프랑스, 포르투갈, 네덜란드, 독일, 체코, 헝가리, 덴마크, 노르웨이, 스웨덴이 여기에 속하는데, 유럽 평균에 속하는 양상을 보이고 있다.

군집 4: 터키, 불가리아, 루마니아, 슬로바키아, 폴란드, 핀란드가 여기에 속하는데, 매장 수와 매출 규모의 두 가지 기준 모두에서 풀서비스 레스토랑의 비중이 유럽 평균보다 낮으며, 셀프서비스 카페테리아의 비중은 유럽평균보다 높다.

3) 음료 소비 스타일

WHO에 따르면, EU시장은 1인당 연간 음주량이 세계 평균치의 2.5배를 웃도는 11리터로서, 세계에서 가장 술을 많이 마시는 지역이다. 그 중에서도 그리스, 아일랜드, 영국이 상위 3개 음주국가에 속한다. 흥미로운 점은, 음주 소비량이 높은 순위에 속한 국가들은 생수 소비량 면에서는 순위가 낮다는 점이다(Santos et. al, 2013: 233). 음주의 종류별 구성비를 보면, 맥주 44%, 와인 34%, 증류주 23%로 되어 있다. 술 소비 패턴의 변화로는 체코, 아일랜드, 덴마크, 벨기에, 영국처럼 전통적인 맥주 소비국가에서조차 맥주에서 와인으로 소비 비중이 점점 이동하고 있다는 점이다. 반면, 전통적인 와인생산국인 프랑스와 이탈리아에서는 다소나마 맥주 소비의 증가가 엿보인다.

와인 구매에서 두드러진 특징은, 다수(69.4%)의 소비자가 전문점에서 구매한다는 점이다. 이는 품질 및 브랜드 이미지에 대하여 높은 수준의 지식을 소비자가 갖추고 있음을 의미한다. 이어서 레스토랑(55.1%), 하이퍼마켓/슈퍼마켓(47.3%), 편의점(45.1%)의 순으로 되어 있다. 반면, 맥주의 경우에는 압도적 소비자(약 83%)가 자판기에서 구입을 하는 것으로 나왔다. 그 다음으로 바(49.4%), 편의점(36.2%), 하이퍼마켓/슈퍼마켓(34.5%)의 순이다. 한편 음주 장소에 관해서는 음료의 종류별로 차이를 보이는데, 와인은 63.6%의 소비자가 레스토랑에서 마시기도 하지만 56.5%의 소비자가 가정에서도 마신다고 한다. 반면, 맥주는 50.2%의 소비자가 바에서 마시는 것으로 나왔다. 음료 구매에 지출하는 비용(1인당 1주일 단위)을 유럽국별로 순위를 매기면, 알코올음료의 경우에는 덴마크(34.4유로), 아일랜드(28.5유로), 그리스(25.2유로), 터키(22.7유로)의 순으로 되어 있고, 비 알코올음료의 경우에는 헝가리(16.2유로), 터키(15.4유로), 슬로바키아(15.2유로), 독일(14.9유로)의 순으로 나왔다.

< 표4 > 유럽 국가들의 음료 소비 패턴

순위	생수	와인	맥주	술(hot drink	청량음료
리히텐슈타인	65.1%	9.4%	14.2%	10.4%	0.9%
프랑스	59.7%	13.8%	11.6%	7.2%	7.7%
아이슬란드	56.7%	9.6%	19.7%	8.4%	5.6%
스페인	55.9%	10.7%	18.6%	9.0%	5.6%
오스트리아	53.7%	10.2%	11.9%	15.3%	9.0%
이탈리아	50.3%	15.4%	10.3%	21.7%	2.3%
터키	50.0%	8.0%	9.8%	18.4%	13.8%
슬로바키아	49.2%	5.6%	10.2%	28.8%	6.2%
노르웨이	47.8%	12.4%	11.2%	21.9%	6.7%
체코	46.1%	11.2%	11.2%	24.7%	6.7%
독일	45.6%	7.7%	11.0%	24.2%	11.5%
라트비아	45.5%	9.0%	15.7%	23.0%	6.7%
슬로베니아	44.6%	15.4%	9.1%	27.4%	3.4%
핀란드	44.4%	16.3%	6.7%	25.8%	6.7%
포르투갈	42.5%	17.2%	14.4%	14.9%	10.9%
에스토니아	41.5%	15.8%	22.2%	17.0%	3.5%
리투아니아	40.4%	12.4%	14.6%	23.6%	9.0%
벨기에	37.1%	18.9%	13.7%	22.3%	8.0%
몰타	33.3%	14.1%	18.1%	23.7%	10.7%
덴마크	33.1%	25.8%	10.1%	20.8%	10.1%
스웨덴	32.8%	14.1%	22.0%	17.5%	13.6%
폴란드	31.8%	7.4%	9.7%	36.9%	14.2%
네덜란드	30.9%	12.4%	22.5%	24.7%	9.6%
불가리아	28.7%	26.4%	16.1%	18.4%	10.3%
루마니아	28.2%	13.0%	20.3%	26.0%	12.4%

헝가리	25.6%	15.3%	22.2%	26.7%	10.2%
영국	20.5%	27.8%	15.9%	26.1%	9.7%
키프로스	15.8%	15.2%	24.1%	27.8%	17.1%
아일랜드	15.3%	34.7%	23.3%	17.0%	9.7%
그리스	13.6%	31.8%	25.0%	17.0%	12.5%
전체	39.3%	15.3%	15.5%	21.0%	8.9%

원전: Anderson, p. and Baumberg, B. 2006. Alcohol in Europe: A Public Health Perspective. A Report for the European Commission. Retrieved from http://ec.europa.eu/health/ph_determinants/life_style/alcohol/documents/alcohol_europe.pdf.

인용: Santos et. al, 2013, p. 234.

< 표5 > 유럽 소비자들의 알코올음료의 음용 장소

장소	와인	맥주	증류주	프리믹스	사이다
레스토랑	63.6%	24.7%	4.3%	5.4%	2.0%
가정	56.5%	28.7%	6.4%	4.5%	3.9%
직장	51.3%	33.3%	2.6%	7.7%	5.1%
이동/여행 중	45.6%	34.8%	5.6%	8.2%	5.9%
바	15.7%	50.2%	12.9%	17.2%	3.8%
기타	34.0%	31.7%	9.3%	18.0%	7.0%
전체	48.4%	32.4%	7.3%	8.1%	3.8%

주) 프리믹스는 혼합주, 사이다는 사과주스가 들어간 술을 말함.

인용: Santos et. al, 2013, p. 235.

3. 브랜드 자리매김

Toro 브랜드는 1839년에 폴 리베르(Paul Rieber)와 고틀리브(Gottlieb Rieber)가 노르웨이의 베르겐에 식초공장을 설립한 때로 거슬러 올라간다. 이후 리베르앤손(Rieber and Son)그룹은 국제적 식품그룹으로 성장하여 25개의 브랜드, 국내 1,200명과 해외 2,400명의 직원을 고용하고 있으며, 노르웨이와 스웨덴, 네덜란드, 폴란드, 체코, 러시아에 생산 공장을 갖추고 있다. 토로 브랜드는 간편식품(convenience food)[5] 분야의 브랜드로서 1946년에 상표 등록된 뒤 1948년에 Toro Kjøttbuljong 이라는 소고기 수프 제품을 첫 출시하였다. 1964년에는 Bergen Fish Soup를 출시하여 이후 장수 인기상품이 되었다. 이들 두 제품의 성공에 힘입어 토로 브랜드는 건조 분말[6] 형태의 수프와 소스, 스튜, 찜 요리, 파스타, 향신료로서 자리를 굳혀 갔다. 물론 건조 분말 형태가 아닌 즉석 소스와 같은 다양한 제품도 제공하고 있다.

1940년대와 50년대, 60년대에 각각 맥도널드와 KFC, 피자헛 등의 패스트푸드 레스토랑이 출현하면서 가정에서 손수 만드는 음식의 간편한 대안으로 자리잡게 된 것처럼, 여러 종류의 간편 음식(냉동피자, 빵, 파스타, 인스턴트 커피 등)의 상업화는 가정식과 패스트푸드점의 타당한 대안으로 등장하였다. 아울러 조리 관련 장치와 기구(냉장고, 에스프레소 메이커, 제빵기기, 믹서 등)가 시장에 도입되면서 레스토랑에서 먹거나 즉석 조리식품으로 구매할 수도 있는 음식들을 수제로 먹을 수 있게 되었다. 여기에 TV의 조리 프로그램과 음식 관련 잡지의 신규 등장, 최근의 인터넷, 음식 채팅 그룹의 가세 등으로 조리의 지식 기반이 확충되고 수제 조리의 동기부여를 위한 지지적 기반이 성립되어 소비자들이 음식의 생산에 적극적으로 관여할 수 있게 되었다. 간편 음식의 등장은 주부에게는 조리에 들어가는 시간과 노력을 절감시켜주는 의미를 지니고, 학생이나 1인 가정에게는 레스토랑이나 카페테리아에서 먹는 것보다 경제적인 대안으로 의미를 지닌다.

그럼에도 간편 식품에 대한 비판 또한 늘어나고 있다. 가령 플라스틱 용기의 사용이 환경에 미치는 문제에 대한 비판이 있다. 보건 관련 단체들은 간편 식품에 들어가는 많

---

5) 간편식품이란 해동이나 가열 등과 같은 손쉽고 신속한 방법을 준비하여 튀기거나 젓는 방식으로 조리를 하여 먹는 포장식품을 말한다. 출처: www.thefreedictionary.com

6) 건조식품은 영국의 여성상인인 Dubois가 성결교회 목사이자 약제사인 William Cookworthy와 협력으로 1756년에 영국해군(Royal Navy)과 휴대용 분말 수프(portable soup)의 납품 계약 체결에 성공한 때가 그 원조로 꼽힌다. 한편 통조림 식품(canning food)은 1809년에 프랑스인 니콜라스 아페르(Nicolas Appert)에 의해 개발되었는데, 나폴레옹 보나파르트(Napoleon Bonaparte)가 군대를 위한 식품 보전 방법을 개발하는 자에게 상금을 수여한다는 경연대회를 개최하였다. 아페르는 제품 개발의 공식 인정을 받기 5년 전인 1804년에 Massy 라는 지역에 통조림 공장을 설립하였다. 그는 또한 1831년에 소고기 수프를 발명한 것으로 인정받았다. 즉석 소고기 수프는 1904년 스위스의 Maggi가 처음으로 상용화하였다. 2차 대전 이후에는 많은 식품제조사들이 놀고 있는 생산 시설의 활용을 위하여 통조림 식품, 냉동 건조식품 등의 생산에 가담하였다. 출처: Rudolph et. al. 2012, p. 180.

은 양의 소금과 지방, 첨가제, 보존료 등이 비만 등의 건강 문제를 야기할 수 있다는 점에 주목하였다. 입증되지는 않았지만 MSG의 중독 또한 문제로 지적되었다. 1986년에는 이탈리아의 와인과 음식의 유산을 보호하려는 취지에서 슬로푸드협회(Arcigola association)이 결성되어 로마의 관광지인 스페인 계단 근처에 맥도널드의 개점을 반대하는 운동을 전개하기도 하였다. 이 운동은 국제적 반향을 일으켜 132개 국가의 10만 회원이 가입하는 성과로까지 이어졌다. 가족 농장과 유기 재배를 보전하고 윤리적 구매를 장려하는 프로그램의 로비 활동을 전개함과 동시에 패스트푸드의 위험성을 알리는 맛 교육도 실시하고 있다.

노르웨이 사람들은 다른 유럽인들에 비하여 부엌에서 음식 준비에 쓰는 시간이 적다. 주중에 30분 이상을 부엌에서 쓰는 비율은 40%에 미치지 못하고, 주말의 경우에는 50-60%를 유지하고 있다. 특히 주중 부엌 사용 시간은 꾸준히 줄어들고 있다(Rudolph et. al., 2012: 182). 그럼에도 보퀴즈토르(Bocuse d'Or: 격년 개최의 국제요리경연대회) 등의 국제 경연대회에서 노르웨이 조리사들이 수상을 하면서 요리에 관심이 있다는 노르웨이인은 60% 정도에 달한다. 노르웨이인들은 1년에 평균 280-290일을 집에서 저녁 식사를 하고, 레스토랑은 10-12번 가는 것에 그친다. TV를 보면서 식사를 하는 횟수는 20-24세의 연령대가 60세 이상의 연령대보다 4배 많다. 요리에 관한 정보를 잡지에서 구하는 비율은 줄어든 반면 인터넷에 대한 의존도는 늘어가고 있다. 비만의 증가로 지방과 설탕의 섭취에 대한 주의가 높아지고 있다. 특히 여성들 사이에서는 야채의 인기가 늘어가고 있는 한편으로, 생태 기능을 살린 제품에 대하여 프리미엄 가격을 지불하겠다는 의사 표시는 불과 59-60% 정도로 줄어들고 있다. 닭고기와 칠면조 고기 같은 흰살고기의 인기가 높아진 점도 주목할 만하다. 가령, 치킨 필레(filet)의 소비는 1999-2009년 동안에 4배의 증가를 보였다. 수프의 수요는 감소한 반면, 오트밀 죽의 수요는 늘었고, 집에서 손수 만들어 먹는 피자의 인기 또한 늘어나서 연간 15회 정도를 해먹는데, 무엇보다도 피자를 만드는 기구와 크러스트를 즉석으로 이용할 수 있게 된 점이 크게 작용하였다. 신선한 간편 식품의 구입은 늘어나고 급속냉동 식품의 인기는 떨어졌다. 쌀과 건조 파스타의 이용 빈도가 늘어난 것은 아시아 음식과 이탈리아 음식의 인기 증가를 반영한 것이다.

노르웨이 소비자들은 자국 식품 브랜드에 대한 충성도가 높아서, 독일의 식품 소매체인점포인 Lidl은 노르웨이 시장 진입 후 4년이 채 되지도 않은 2008년 3월에 50개의 점포를 노르웨이 업체인 Rema 1000 그룹에 매각하고 철수하였다. Rieber & Son 사는 노르웨이가 EU 가맹국이 아니어서 수입품에 높은 관세가 부과되기 때문에, 외국의 자회사로부터 농산물을 조달하는 일은 시너지 창출에 기여하지 못한다는 점을 잘 알고 있다. 제품 개발과 브랜드 구축에 지속적인 혁신을 보이고 있는 이 기업은 라자냐 믹스를 노르웨이 시장에 최초로 도입하였고, 오리엔탈 찜 요리를 1975년에 소개하였다. 시장에 대한 지식과 철저한 품질 관리 덕분에 노르웨이 시장에 출시하는 신제품의 생존율은 65%로서 상당히 높은 수치를 자랑한다. 또한 연간 매출액의 30%는 과거 10년 동안에 출시된 상품들이 차지한다.

토로 브랜드의 자리매김에는 소비자들이 스스로 음식을 만드는 일을 자아의 표현, 맞춤형 만들기 등의 심리적 측면을 강조하고 있다는 점을 반영하여야 한다. 그렇기에 가열만 하면 되므로 소비자의 행위를 별로 요하지 않는 상품에서부터 소비자의 노력과 개개인의 조정을 요하는 다단계 조리 식품까지 넓은 상품 구색을 갖추고 있다. 여기에서 한발 더 나아가, 몇 분이면 조리가 끝나는 간식(in-between meals)과 토요일 저녁의 가족 식사(피자, 타코스, fajita 등)라고 하는 두 상품 카테고리로까지 영역을 확장하고 있다. 간편 간식은 작은 플라스틱 컵에 담겨 있는 수프나 스파게티를 물과 섞어서 전자레인지에 대펴서 먹는 것처럼 2-3분 만에 음식 마련이 끝나는 카테고리이다. 이 카테고리에서는 핫도그와 빵, 과일 등에 이르기까지 광범한 품목에서 다양한 경쟁자들과 직면한다. 토로 브랜드의 강점은 간편성과 저가격, 환언하자면 가격 대비 편익의 가치가 뛰어나다는 점이다. 그러나 맛과 품질 면에서는 경쟁 브랜드에 밀린다. 인수한 브랜드 Mr. Lee(MBC TV의 예전 프로그램 '글로벌성공시대'에 소개된 인물)의 경우에는 간편성, 신바람, 젊음, 재미를 연상시키면서 이 카테고리에서 자리매김의 개선을 가져왔다. 토요일 저녁 가족식사의 카테고리에서는 '현대성'과 '신바람'(modern and exciting) 이라는 차원에서는 경쟁사인 산타마리아와 대등한 자리매김을 하고 있지만, '품질' 이라고 하는 차원에서는 다소 뒤처진다. 그 이유는, 토로 브랜드가 '간편성', '경제성'을 연상시키기 때문일 것이다. 토로 브랜드가 부실한 내용물(소금과 보존제)을 담고 있다는 소비자 인식은 부정적으로 작용한다. 결국, 토로 브랜드가 취급하는 다양한 상품 카테고리는 브랜드의 모호성(opacity), 즉 브랜드의 의미가 혼탁해져서 브랜드의 자산가치를 떨어뜨리는 문제의 해결이 관건이다. 경쟁 브랜드와의 차별화를 가져오는 점(points-of-differentiation)과 경쟁 브랜드와의 대등성을 확보하는 점(points-and-parity)를 구분하여 관리해야 한다. 가령, 식재료의 품질이라는 차원에서는 차별화를 가져오고, 가격 차원에서는 대등성을 확보하는 일을 고려하는 식이다.

사실 시장에서 구입하는 상품(가령, 고기류, 주방기기 등)은 소비자가 가치(영양, 심리-사회적 편익, 기분전환 등) 창조를 위하여 사용하는 중간재에 불과하다. 소비자들은 자신의 역량(요리 솜씨, 건강 지식 등)과 도구(조리 기기), 원재료(감자 등), 여기에 간혹 전문가의 서비스(요리 교실)를 활용하여 음식을 만들어낸다. 소비자가 자신의 소비를 위하여 상품을 생산한다는 의미에서 프로슈머(prosumer)이고 임시직 종업원이라고 표현할 수 있다. 이러한 생산과 소비의 겸용(prosumption) 이라고 하는 소비자 행위가 일어나는 이유는, 첫째, 전문적 서비스의 이용보다 비용이 저렴하기 때문이다. 집에서 만들어 먹는 음식이 레스토랑에서 사먹는 음식보다 가격이 저렴하다. 둘째는 소비자 자신의 취향과 기호에 맞는 음식을 만든다고 하는 맞춤형이 가능하다는 점이다. 셋째는 자긍심, 정체성, 자아 충실 등과 같은 경험을 누리려 한다는 것이다. 넷째는 조리 결과가 잘 되든 못 되는 상관없이 단순히 요리하는 것 자체를 즐긴다는 점이다. 다섯째는 스스로 요리를 함으로써 식자재의 투명성과 진정성을 입증할 수 있다는 점이다(Rudolph et. al., 2012: 186).

4. 소매업체의 PL 상품

전 세계 소매업 상품 매출에서 차지하는 PL[7] 상품의 비중은 14.9%이고 북미 지역이 17%이지만, 유럽은 35%로서 가장 높은 비중을 차지하는 대륙이다. 조사기관 Nielsen

7) Private Label(PL)과 Private Brand(PB)는 같은 의미로서 혼용되고 있다. 여기에 Store Brand(SB)도 가세하여 같은 의미를 담고 있다.

의 보고에 따르면, 유럽 지역 내에서도 스위스가 46%로서 PL의 비중이 가장 높으며 뒤를 이어 영국 44%, 독일 32%, 스페인 29%, 벨기에 28%, 프랑스 26%, 네덜란드 24%, 덴마크 22%의 순이며, 서유럽 가운데는 이탈리아가 14%로서 가장 낮다. 중.동유럽 국가의 소비자들도 PL 구매에 관심을 높이고 있어서 슬로바키아 22%, 체코 18%, 헝가리 17%, 폴란드 12%의 비중을 PL이 점하고 있다. 유럽이 미국에 비하여 PL의 지배력이 높은 이유에 대해서는, 첫째 소매업의 집중도 차원에서 유럽이 높다는 점을 꼽을 수 있다. 집중도가 높다 보니 업체가 규모 경제를 발휘하여 브랜드 자산의 가치를 구축하고, 소비자는 높은 가치를 지닌 브랜드의 소매점이 자체 상표의 상품을 판매할 경우, 높은 시용(試用)율과 충성도를 보이게 된다. 위에서 소개한 유럽 각국의 시장집중도를 보면, 덴마크 89%~스페인 60%의 정도를 보이고 있다. 둘째, 할인점의 위세가 유럽 시장에서 기승을 부림으로써, 가격 대비 효용의 가치를 중시하는 브랜드의 출현을 가져왔다는 점이다. 셋째, 유럽 소매업체들의 PL 개발이 세련되었다는 점이다. 광범한 카테고리에 걸쳐서 폭넓은 소비자 세그먼트에 대하여 PL이 먹혀들게 되었다. 한편, 제품 카테고리별로 PL의 점유율에 차이가 나는 이유는, 첫째, 소수의 제조업체 브랜드가 지배하는 카테고리에서는 제품 혁신이 높아서 기업의 자산 가치(brand equity)와 브랜드에 대한 투자가 상당하여 PL이 자리 잡을 여지가 좁다는 점이 작용하고 있는데, 청량음료, 시리얼, 기저귀 카테고리가 그 예이다. 둘째, 해당 카테고리가 소비자에게 주는 시사점이 클수록 PL이 파고들 틈은 좁을 수밖에 없다. 향수와 화장품이 그 대표적 카테고리에 속한다. 따라서 역으로 말한다면 PL의 점유율이 가장 높은 카테고리는 냉동식품, 우유, 화장지 등이다.

< 표6 > 유럽 4개국의 제품 카테고리별 PL 지배력

	프랑스	독일	네덜란드	이탈리아
냉동야채	65%	38%	50%	54%
화장실 휴지	60%	55%	53%	23%
종이 타월	56%	24%	60%	33%
우유	40%	54%	57%	13%
천연치즈	35%	n.a.	42%	17%

빵	30%	9%	43%	26%
시리얼	20%	13%	21%	6%
커피	15%	6%	26%	5%
세제	10%	6%	15%	6%
탄산음료	7%	5%	14%	5%

자료: Rudolph et. al., 2012, pp. 163-164.

유럽 시장에서 PL의 변천사를 살펴보면, 1970년대에는 하드 할인점(hard discounter)[8] 에 의하여 PL이 소개되었으나 커다란 호응은 얻지 못하였다. 가격은 NB에 비하여 40% 정도 저렴하였지만, 품질이 상당이 낮았고 포장도 가다듬지 않은 상품이었다. 1980년대에 들어와서 PL은 소매점이 제조업체에 대항하기 위한 방어 전략으로 다루어졌다. 차입매수(LBO: Leveraged Buy-Out) 전략에 의하여 제조업체의 독과점 세력이 강해지면서 NB 상품의 가격 인상이 속출하였다. 1990년대에는 유통업체의 이문을 높이고, 제조업체 브랜드가 취약성을 보이는 신제품을 시장에 도입하고, 다른 소매업체와의 차별화를 위한 목적으로 PB의 채택이 늘어났다. me-too 제품으로 시작된 PB 상품 전략이 품질이 개선되면서 NB와 맞먹거나 심지어 압도하는 수준의 품질을 자랑하는 프리미엄 브랜드로까지 발전하게 된 것이다. 품질에 타협하지 않으면서도 낮은 가격을 제시할 수 있도록, 상품조달과 공급망 관리의 효율성을 높인 결과, 고객 가치의 혁신을 도모하게 된 것이다. 점포 브랜드의 상품을 전략적으로 관리하면서 가격의 세분화마저 도입하고 있다(Rudolph et. al., 2012: 156). 영국의 테스코는 과자에서 소시지에 이르기까지의 유기농 제품을 'Tesco organics'로, 글루텐이나 밀, 우유가 첨가되지 않은 제품을 'Tesco Free from'으로, 지방과 설탕, 나트륨 함량을 줄인 제품을 'Tesco Healthy Living'으로, 탄수화물을 낮춘 제품을 'Tesco Carb Control'로, 인증받은 'Tesco Fair Trade' 제품과 'Tesco Kids' 등의 하위 PB를 소비자에게 제공하고 있다. 또한 프리미

8) 매장 면적 120-240평 정도에, 고객의 셀프 서비스 방식에 의하여 식품을 판매하는 소매점을 가리킨다. 출처: http://www.insee.fr/en/methodes/default.asp?page=definitions/maxidiscompte.htm 하드 할인점의 취급 상품 중 90-95%가 PB인데 비하여, 소프트 할인점은 NB와 PB의 구성이 비슷하고 상품 수가 더 많다. 출처: http://www.freepatentsonline. com/ article/ International-Journal-Strategic-Management/312508200.html

엄급 PL로서 'Tesco Finest'를 추가하고 있다. 유럽의 하드 할인점을 선도하고 있는 업체는 독일의 Aldi와 Lidl인데, 알디의 경우에는 PL 상품이 전체 매출의 95%를 점하고 있다. 원래 하드 할인점은 가격을 주무기로 내세우기에 경기 불황기에 소비자에게 강한 호소력을 발휘하지만, 경기가 회복되고 나서도 할인점의 PL에 대한 구매가 지속된다는 점이 흥미롭다. 53개국의 28,000명의 응답자를 대상으로 한 2010년의 닐슨 조사에서도, 경기 불황기에는 PL 상품의 구입을 늘렸다는 응답자가 50%를 차지하였고, 경기가 회복하더라도 PL 상품의 구입을 계속할 것이라는 응답자도 91%에 달하였다. 이처럼 높은 소비자 호응을 보이는 PL의 장점은 무엇일까? 첫째는 PB가 NB보다 소매업체에게 높은 마진을 제공한다는 점이다. 마케팅 비용을 일체 투입하지 않을 경우에 PB는 NB에 비하여 30% 낮은 비용 구조를 지닌다. 둘째는 해당 점포에 가야만 구입할 수 있기 때문에 점포 내방객을 늘리고 고객 충성도를 강화시킨다는 점이다. 셋째는 다른 소매점포와의 차별화의 요인으로 작용하여 업체 이미지 강화에 기여한다는 점이다. 넷째는 제조업체에 대한 소매점포의 협상력을 강화시켜 준다는 점이다(Rudolph et. al., 2012: 156).

PL에는 몇 가지 유형이 있다. 첫째는 단일 라인의 1-tier 유형인데, 가격과 품질 면에서 고-중-저 수준의 한 가지 제품을 제공하는 것이다. 가격과 품질의 수준 선택은 업체의 전략에 따라 다르다. 이러한 단일 라인의 전략을 취하는 업체로는 유럽 전역에서 활약하는 Aldi와 Lidl, 스페인 시장의 Mercadona, 포르투갈 시장의 Pingo Doce, 루마니아 시장의 Mega Image(벨기에의 Delhaize 업체가 인수)가 있다. 둘째는 2-tier 유형인데, 1980년대에 아주 흔한 형태로서 핵심을 이루는 PL과, 공격적인 저가격을 제시하는 까르푸의 'Les Produits Blancs'(=백색가전제품) PL, 내지는 까르푸에 맞서고 알디의 국제화에 맞서기 위한 Delhaize의 'Derby' PL 등이 있다. 셋째는 3-tier 유형인데, 테스코가 1990년대에 개시한 것이다. 중간 가격대의 PL의 상하로 2개의 PL을 제공하는 것이다. 테스코는 Value-Tesco range-Finest를, 프랑스의 Système U는 Bien vU-produits U-Saveurs U를, 이탈리아의 Esselunga는 Fidel-Esselunga-Top Esselunga를 선보이고 있다. 마지막으로 다수의 multi-tier 유형은 4개 이상의 다수 PL을 제공하는 것으로서, 프랑스의 까르푸와 르클레르크(Leclerc), 그리스의 Alfa Beta

Delhaize 등이 전통 지역 식료품에 대하여 행사하고 있다. PL 전략을 취하지 않는 업체는 영국의 할인점 Kwik Save가 있었으나 망하였으며, 이와는 정반대로 전적으로 PL에만 의존한다는 점에서 영국업체 막스앤스펜서는 독특하다. PL의 라인 수를 줄일수록 납품업체에 대한 구매력의 강화, 처리 비용의 절감, 재고 수준 낮추기 등의 장점이 있고, PL의 라인 수를 늘릴수록 차별화와 혁신, 충성도, 마진 등이 제고되는 장점이 있다. PL의 브랜드 명칭에 대한 선택안에도 기업마다 차이를 보이는데, 모든 PL 제품에 대하여 단일 브랜드를 채택하는 monobranding은 프랑스의 두 업체인 까르푸와 Cora가 국내외 시장에서 공히 적용하고 있고, 카테고리별로 브랜드를 달리하는 brand per category는 스페인의 Mercadona가 식료품 카테고리에는 Hacendado, 홈케어 카테고리에는 Bosque Verde, 미용 카테고리에는 Deliplus를 채택하고 있으며, 벨기에의 Delhaize는 식품에는 Delhaize, 비식품 카테고리에는 Care를 사용하는 예를 들 수 있다. 다른 유럽국가의 소매업체 브랜드를 수입해서 판매하는 형태도 있는데, 벨기에의 Delhaize는 영국의 Sainsbury의 PL, 이탈리아의 Esselunga의 PL, 그리스의 Alfa Beta의 PL을 각각 수입하여 자국 시장의 점포에서 판매하고 있다. PL 상품을 납품업체로부터 구매하지 않고 자체 공장에서 생산하는 특이한 소매업체로는 Migros Switzerland가 있는데, 이 업체는 요구르트, 치즈, 초콜릿, 과자, 세제 등의 카테고리에서 자체 생산을 한다. PL 상품의 가격은 제조업체의 NB 상품에 비하여 많게는 51%(영국)~적게는 21%(이탈리아)의 낮은 수준을 보이고 있으며, 이들이 취하는 가격정책 가운데 EDLP는 가격 촉진을 실시하지 않는 것이고, EDFP(everyday fair prices)는 마찬가지로 가격 촉진을 실시하지 않으면서 가격 수준은 EDLP보다 다소 높으며, High-Low는 가격 촉진을 실시하는 정책이다.

유럽 주요 시장의 PL 상황을 살펴보면, 가장 PL의 지배력이 높은(46%) 스위스의 경우에는 Migros와 Coop Switzerland라는 두 소매업체의 막강한 파워가 작용하고 있다. 여기에 Aldi와 같은 하드 할인점 업체가 신규로 진입하면서 PL의 점유율은 한층 높아지고 있다. 영국의 경우에는 44%의 PL 점유율을 보이는데, 그 신장세 또한 가파르다. 질 좋은 PL의 개발에 영국의 소매업체들은 누구보다 앞서 나아가고 있다. Marks & Spencer, 세인즈베리(Sainsbury), 테스코는 PL에 대하여 막대한 투자를 투입해오고 있을 뿐 아니라, 소규모 업체인 Waitrose도 PL의 혁신을 주도적으로 하여 아시아 시장에 수출까지 하고 있다. 세인즈베리 이용객에 대한 조사에서, 응답자의 53%는 NB의 영향력이 줄어들고 있다고 보고 있고, 73%의 응답자는 PL 대체품에 만족한다고 하였다. 독일의 경우에는 32%의 PL 지배율을 보이고 있는데, 이는 하드할인점포에 의한 것이다. Aldi가 20%의 지배율로서 압도적인 선두주자이고, Lidl 역시 자사 매출의 50%를 PL에 의존하고 있다. 이 밖에 Rewe와 Edeka도 중간대 가격의 PL에서 중요한 역할을 하고 있다. 스페인의 경우에는 Mercadona(매출의 절반이 PL)가 지배하는 소매업이 상당한 집중도를 보이고 있다. PB와 NB의 가격 차이는 38%에 달한다. 이 밖에 Alcampo, Caprabo, El Corte Ingles 등도 PL의 제품 라인을 확장하고 있다. 네덜란드는 Albert Heijn이 30%를 웃도는 시장점유율을 보유한 가운데 매우 특이한 소매업의 성격을 지니고 있는데, 그것은 진국 단위가 아니라 지방 단위의 소매업자들이 다수 존재하면서 이들이 구매 집단의 회원이라는 점이다. 지방 단위의 소매업자(regional retailers) 가운데 Jumbo, Dirk Van den Broek, Sperwer, Jan Linders, Deen, Plus, Poiesz 등이 세력을 뻗치고 있으며, 구매 집단 중에는 Superunie가 15개 회원업체를 거느리고 있는 가장 막강한 집단이다. 회원업체들은 구매집단이 만든 PL를 사용하는데, 이들 지방단위 소매업체들이 전국단위의 소매업체로 발전함에 따라 서로 경쟁하는 처지에 놓임으로써, 자체 PL의 출시를 개시하고 있다는 점이 변화의 추세이다. 벨기에에는 까르푸(Carrefour), 델하이제(Delhaize), 콜루잇(Colruyt)이라고 하는 3총사가 소매시장을 지배하고 있는데, 앞의 2개 회사는 특히 PL의 비중이 매우 높은 반면, 콜루잇은 브랜드 상품을 저가에 판매하는데 보다 노력을 경주하고 있다. 프랑스는 하이퍼마켓 공화국이라 불리는 나라이니만큼 PL이 26%의 비중을 차지하면서 성장세를 지속하고 있다. 특이한 점은, 까르푸, 오샹(Auchan), 르클레르(Leclerc), 인터마르쉐(Intermarché) 등 대부분의 소매업체가 동일 제조업체로부터 PL을 납품받아서 매우 유사한 상품을 판매하기 때문에 다른 국가들에 비하여 소매업체의 PL 간에 차별화가 적다는 점이다. 이탈리아의 경우에는 PL의 점유율이 14%로 낮지만 두 자릿수의 성장을 보이고 있다. 이는 소매업체 간 차별화를 이루기 위한 목적에서 추진되고 있다. PL의 선두주자는 엣세룽가(Esselunga)인데, 이 업체의 제품은 우수한 품질을 갖추고 있고, 그 중 일부는 자체 공장에서 제조된다.

이탈리아에서는 저가 PL에 대한 욕구가 강력하지 않고, 소매업의 집중도와 경쟁도 치열하지 않으며, 하드할인점의 존재감도 다른 나라들보다 약하다.

시장조사기관 닐슨(Nielsen)이 2010년에 조사한 바에 따르면[9], 글로벌 소비자의 37%는 PB가 NB의 훌륭한 대체가 될 수 있다고 보며, 29%는 PB의 품질이 NB만큼 좋다고 보고, 35%는 일부 PB의 품질이 NB보다 낫다고 말하였고, 40%는 가격 대비 효용면에서 PB의 가치가 지극히 우수하다고 응답하였다. PB 상품의 구매자들은 대가족의 구성원을 지닌 가정이고, 살림에 쪼들리는 가정이라기보다는 어느 정도 살림의 여유도 있고 교육 수준도 있는 가정으로 밝혀졌다. 그렇다면 PB 상품을 생산하는 제조업체의 동기는 무엇일까? 첫째는 잉여 생산 설비를 활용하려는데 있다. 고정비 절감에도 도움이 되고 생산의 규모 경제 달성으로 원가 절감에도 기여할 수 있다. 둘째는 소매업체와의 양호한 관계 구축에 있다. 관계 구축이 용이하지 않을 때 PB 상품을 납품함으로써 접촉을 개선시킬 수 있다. 셋째는 경쟁자의 시장진입을 저지하는데 있다. 경쟁사가 소매업체에 PB 상품을 납품하게 놔두느니 차라리 자사가 납품을 하는 게 낫다는 판단이 작용한다. 그러나 이런 동기에서 작용한 PB 상품의 생산은 위험 요소도 안고 있다. 첫째는 시장점유율의 상실이다. PB가 지나친 성공을 거둘 경우에 자사의 NB 상품이 타격을 입을 수 있다. 둘째는 자사의 부서 간 갈등이 발생할 수 있다. NB 상품의 담당부서와 PB 상품의 담당 부서 간 사내 경쟁을 관리하기란 쉽지 않은 일이다. 셋째는 가격 전쟁의 발발이다. PB가 NB에 비해 높은 성과를 보이게 되면 NB 상품의 가격 인하가 불가피해질 수 있고, 이는 가격 전쟁의 단초로 작용할 위험이 있다(Rudolph, 2012: 165). 소매업체와의 관계가 장기적 성격으로 발전하거나 또는 거래처가 늘어나게 되면서 제조업체 중에는 PB 상품의 생산에 특화하는 경우가 늘어나게 되었다. 소매업체가 PB 상품을 조달하는 방식에는 몇 가지 접근법이 있다. 첫째는 상당수의 제품에 대하여 자체 공장을 소유하는 방식인데, 스위스의 Migros가 이에 해당한다. 둘째는 독점적 계약을 맺고 생산 공장에 대한 엄격한 통제를 하는 방식인데, 영국의 막스앤스펜서가 이에 해당한다. 셋째는 장기 거래 관계를 맺고 납품업체에 대한 감사를 실시하는 방식인데, 스페인의 메르카도

9) ACNielsen. 2010. The rise of value conscious shopper: A Nielsen Global Private Label Report. March

나가 이에 해당한다. 넷째는 단기 거래에 갱신을 이루는 방식인데, Aldi와 Lidl은 매년 계약의 협상을 벌이고 신규 납품업체를 추가로 선정하기도 한다. 다섯째는 장기거래와 단기거래의 방식을 혼합하는 접근법으로서, 까르푸와 델하이제(Delhaize)는 다수의 납품업체와 장기거래 관계를 맺으면서 동시에 저가 상품에 대해서는 1년 단위의 협상을 체결한다.

1) 델하이제의 사례

델하이제의 두 형제와 그들의 처남인 Vieujant가 벨기에 남부의 샤를루아(Charleroi)라는 지역에 1867년 델하이제 프레르 사(Delhaize Frères & Cie)를 창업하였다. 1880년에 100개의 점포에 달하자 본사와 배송센터, 공장을 브뤼셀의 몰렌비크(molenbeek) 지역에 세웠다. 2차 대전 이전에 이미 자국 내에 744개의 직영점과 1,500개의 가맹점을 갖추었다. 1957년에는 미국에서의 슈퍼마켓 탄생에 영감을 받아 유럽 최초의 슈퍼마켓 점포를 개점하였으나, 1974년에 이르러 80개 점포로 확대한 이후에는 신규 점포를 제한하는 새로운 법규의 제정으로 더 이상의 확장이 어려워지자 미국시장으로 눈을 돌려 북캐롤라이나 주의 소규모 소매업체인 Food Town Stores를 매수하여 Food Lion으로 개명한 뒤 빠른 성장세를 구가하였다. 1980년에는 포르투갈의 핑구도시(Pingo Doce)와 합작을 체결하였으나 1992년에 종결하였다. 1990년대에 델하이제는 유럽과 아시아 시장에서 역동적인 성장을 보였는데, 1991년 체코, 1992년 그리스, 1994년 프랑스, 1998년 슬로바키아, 2000년 루마니아, 1997년에 태국과 인도네시아, 1999년 싱가포르로 진출하였다. 2000년에는 미국의 동부 뉴잉글랜드 지역을 본거지로 한 슈퍼마켓 Hannaford가 델하이제 그룹에 가담하였고, 이후 Harvey's, Victory's(2004년 Hannaford에 인수됨)와 같은 미국의 지방단위의 소매점들도 가담하였다. 오늘날 델하이제 그룹은 3개 대륙 6개국 시장에서 활약하는 국제소매업체로 발전하였고, 브뤼셀의 Euronext 증권시장과 뉴욕의 증권시장(NYSE)에 상장되어 있다. 현재의 CEO는 창업자의 증손자인 쥴(Jules Vieujant)이 맡고 있으며, 그의 가문이 약 20%의 지분을 소유하고 있다.

2013년 재무제표를 보면(회사 웹사이트:http://www.delhaizegroup.com/en/Investor

Center/FinancialInformation/ KeyFigures.aspx) 총 점포 수 3,380개, 총 수입 211억 유로, 순이익 2억 2,600만 유로의 실적을 거두었다. 각국 시장 중에는 미국이 1,360개의 점포로 가장 많은데 상호명은 Food Lion이 대다수이고 일부 Hannaford 브랜드의 점포가 있다. 이어서 본사(100명 미만의 직원)가 있는 벨기에(및 룩셈부르크)에 852개 점포가 영업 중에 있다. 루마니아에는 296개의 점포가 Mega Image 상호로 운영 중에 있으며, 그리스에서는 알파베타바시오풀러스(Alfa Beta Vassilopoulos)라는 상호로 281개 점포가 영업을 하고 있다. 가장 최근의 대형 인수는 세르비아의 Delta Maxi Group인데, 그 덕분에 세르비아 시장에서 381개 점포를 확보하고 있다.

델하이제 그룹은 국제적 유통업체라고는 하지만, 테스코나 까르푸처럼 전 유럽 시장을 아우르는 소매업체들과는 달리 상이한 상호를 지닌 점포를 운영, 유지한다는 점에서 독특하다. 가령, 미국시장에서 Harvey's 상호의 점포가 동남부 지역에 58개 점포로 유지되고 있다. 심지어 Food Lion, Lion Super Indo(인도네시아 시장의 상호), Mega Image의 점포에는 상호명 옆에 사자의 심볼을 넣기도 하는데, 이는 자사의 많은 PB 상품에 사자 상이 새겨져 있는 점과 관련이 있다. 창업 미션이 소비자와 직접 연계하는 일이었기 때문에, PB 정책은 회사의 근간을 이루었다. 1880년대에 이미 커피, 과자, 초콜릿을 콩고로부터, 햄을 미국에서 수입하여 판매하였고, 스폰지, 비누, 솔, 주류를 자체의 PB로 판매하였다. 델하이제라는 브랜드가 아니라 제품 카테고리별로 여러 상이한 브랜드를 사용했는데, 통조림 야채는 Panier d'Or, 커피는 Mariana, 통조림 생선은 Silver King, 통조림 과일은 Del Rio라는 브랜드를 각각 사용하였고, 경제 위기로 소비자의 구매력이 현저히 약화되자 저가 상품에 Derby라는 브랜드를 출시하였다. 그러나 1950년대 말에 델하이제가 슈퍼마켓 사업을 개시하면서 델하이제 브랜드의 증가와 다른 브랜드의 축소가 이어졌다. 이는 이문과 고객충성도의 향상을 위한 노림수이었다. 1970년대 말에는 하드 할인업체인 Aldi의 시장 침투에 맞서기 위하여 저가 PB인 Derby를 재출시하게 되었다. 단순하고 볼품없는 포장에 그만그만한 품질의 상품이었다.

반면에 막스앤스펜서, 세인스버리, 테스코, 웨이트로즈 등의 경쟁업체는 지금까지 PB 상품의 혁신에 선두를 유지하고 있다. 1990년대 초반 델하이제는 과일과 야채에 초점을 맞춘 유기농 식품 분야에서 선두에 자리잡았다. 1998년의 Delhaize Bio 브랜드는 금방 벨기에 시장에서 유명한 PB가 되었다. 기존에 경쟁사 침투에 맞서서 방어적 자세로 재출시한 Derby를 대신하여 보다 공격적 저가 브랜드로 '365' PB를 출시하였고, 건강과 미용 상품 분야에서는 Delhaize Care 브랜드를 출시하였다. 또한 이 시기에는 유럽 구매 동맹이 속속 탄생하였는데, Agenor, Coopernic, EMD, AMS 등이 그 예이다. 델하이제는 2000-2008년 기간에는 EMD에 속하였고 이후에는 AMS로 소속을 바꾸었는데, 여기에 속한 다른 업체들로는 스위스의 Migros, 네덜란드의 Ahold, 스웨덴의 ICA, 영국의 Morrison's, 덴마크의 Dansk, 이탈리아의 Esselunga, 프랑스의 Système U, 포르투갈의 Jeronimo Martins 등이 있다.

2008년 말 이후 델하이제는 PB에 대한 새로운 정의를 내렸다. PB는 델하이제 브랜드 파워를 높이고 차별화하는 것, 고객 충성도를 제고하는 것, 판매와 이윤을 극대화하는 것, 제품 구색과 가격 책정, 이문 등에서 소매업체의 독립성을 제고하는 것이라는 정의가 바로 그것이다. 이를 위하여 사내 팀과 사외 감사단에 의하여 제품 품질에 대한 감사를 실시하고, 공급업체 선별에 엄격한 절차를 적용하였다. 상품 공급은 전 세계의 최고 업체들로부터 이루어졌고, NB상품보다 최소한 15% 저렴한 가격으로 책정되었으며, 비교할 만한 NB가 없는 경우에는 적정 가격으로 매겼다. 델하이제의 PB가 갖는 점유율은 제품 카테고리에 따라 상이한데, 신선 야채, 과일, 육류가 99%로 가장 높으며, 냉동 감자 45%, 신선 유제품 15%, 건강 및 미용제품 5% 등이다. 점유율의 품목 간 차이는 PB에 대한 소비자의 중독 정도, 델하이제 브랜드에 대한 신뢰도, 공급업체의 마케팅 노력 등에 기인한다. 공급업체가 행하는 마케팅 노력은 점포 내 시식(tasting)과 특별 전시, 전국 일간지에 주 단위의 광고, DM, Delhaize News, IntraNews 등과 같은 소식지를 통한 모든 협력업체에 대한 공지 등으로 이루어진다. 공급업체와의 장기 계약은 철저한 투명성에 입각하여 이루어지되, '델하이제 365'와 같은 PB의 경우에는 AMS 구매동맹을 통한 조달이 원칙이다.

5. 복고풍 브랜드

체코에는 Kofola라는 브랜드의 청량음료가 있다. 1962년에 체코의 제약회사 Galena Opava가 코포(Kofo) 시럽을 비알콜성 음료 생산업체들에게 배포하기 시작한 것이 브랜드 역사의 시초이다. 1989년 말 공산정권의 붕괴를 가져온 무혈혁명(velvet revolution) 이후 코폴라 브랜드는 공산정권 시절의 다른 브랜드들과 마찬가지로 시장점유율을 글로벌 기업인 코카콜라, 펩시에게 빼앗기면서 자취를 감추었다. 코폴라가 다시 시장에 등장한 것은 산타 나뽀예(Santa nápoje)라는 신설 기업이 2000년에 생산을 재개하면서부터이다. 2002년도에는 체코와 슬로바키아에서 TV광고가 시작되었고 곧이어 옛 명성을 되찾으면서 중부유럽에서는 글로벌기업들과 어깨를 나란히 하는 기업으로 발전하게 되었다(Rudolph et. al., 2012: 113).

서유럽과 미국의 다국적 브랜드를 10년 이상 애호하던 중·동유럽의 소비자들이 자국 브랜드로 회귀하게 된 점은 바로 그들의 향수를 불러일으킨 노스탤지어 브랜드 관리 덕분이라고 볼 수 있다. 물론 노스탤지어 브랜딩(또는 복고 브랜딩: retro branding)은 1990년대에 서유럽과 미국에서도 일어난 현상이다. 지속적인 혁신과 추세 주도가 성공의 열쇠인 시대에 이러한 복고브랜딩이 인기를 얻는 이유는, 테러, 실직, 지구온난화 등으로 불안과 걱정이 산적해가는 시대에 사는 인간들에게 안락과 안도감을 가져다주고 그 때가 좋았다는 회상을 안겨주기 때문이다.[10] 향수를 일으키는 유형에는 개인적인 것(personal)과 공동체적인 것(communal)의 두 가지가 있다. 개인적인 향수는 개인의 경험에 기인하는 것으로서, 개인은 나이가 들면서 지난날을 돌이켜보게 된다. 공동체적 향수는 사회 차원에서 획을 긋는 변화를 가리킨다. 오랜 역사를 구축해 온 브랜드는 이전의 시기(epochs) 뿐 아니라 이전의 자아마저 상기시켜준다. 그런데 옛것을 구닥다리라고 보는 젊은 세대들에게까지 이러한 향수/복고 브랜드가 호응을 얻는 이유는, '오래된(old)' 것은 '고전적인(classic)' 것이고, 고전적이라 함은 곧 '멋진(cool)' 것으로 받아들여지기 때문이다. 폭스바겐의 New Beetle, BMW의 Mini, 피아트의 New Fiat 500, 크

10) Lamb, N. 2009. Nostalgia brands, a retro re-hash or recession comfort blanket?, www.creativebrandmarketing.co.uk. (March 12 2009)

라이슬러의 New Chrysler PT Cruiser, 나이키의 retro sneakers 등이 그 예이다. 이러한 복고 브랜드는 단순히 옛 것을 재현하는 것이 아니라, 성능, 기능, 취향 면에서 현대적 표준에 맞게 업데이트된 것이다. 신제품이 옛 브랜드명을 입게 되면, 표적 고객들은 과거에 해당 브랜드가 존재한 사실을 기억하여(brand awareness) 이미 브랜드 가치를 알고 있기 때문에 성공 가능성이 한층 높아진다. 즉 과거에 해당 브랜드가 누렸던 가치와 연상됨으로써(associations) 누리는 브랜드의 대물림의 가치, 곧 브랜드 유산(brand heritage)이 바로 복고 브랜드, 향수 브랜드의 핵심을 이루며, 기업이 해당 브랜드를 재도입하게 만드는 동기부여의 역할을 한다(Rudolph et. al., 2012: 115).

중부 유럽에서 옛 브랜드의 재건을 추구하는 동향을 제대로 이해하기 위해서는, 공산주의 시절의 브랜드의 역할과 1990년대 초반 이후 소비자 행동 및 자국 브랜드에 대한 소비자 인지가 어떻게 변화했는가를 살펴볼 필요가 있다. 공산주의 시절에 브랜드와 브랜드 생산 공장은 국가 소유이었기 때문에, 브랜드는 지적재산으로 간주되지 않았고 특정 제품의 신원을 확인하는 역할에 그쳤다. 따라서 여러 공장에서 동일한 브랜드 명칭으로 동일 제품 내지 다소 차이가 나는 제품을 생산하였다. 그 시절에는 경쟁이란 것이 없었기 때문에 브랜드는 제품의 차별화에 기여하지 못하였고, 일부 브랜드는 특정 제품 카테고리 내에서 독점적 지위를 누렸기 때문에, 해당 카테고리를 대변하는 공통 명칭으로 사용되기도 하였다. 가령, 'Jar' 라는 브랜드는 체코에서는 세제 카테고리를 대변하는 브랜드이었고, 현재 이 명칭을 사용하는 P&G도 마케팅에서 덕을 보고 있다. 그러다가 철의 장막(iron curtain)이 걷히면서 상황은 급변하였다. 제품 선택에 제약을 받는데 신물이 난 체코 소비자들은 서유럽과 미국의 기업들이 갖고 들어온 브랜드가 지닌 엄청난 상품 구색에 현혹되고 말았다. 그 결과, 품질에서 열악한 현지국 브랜드는 과거, 열등과 같은 이미지와 연관되면서 시장에서 퇴출당하거나 또는 민영화 과정에서 해외 기업에 인수되어 재무 투자와 마케팅 기법의 덕을 보면서 시장 지위를 회복하기도 하였다(가령, 폴란드의 자동차 브랜드 Škoda는 독일의 폭스바겐이 인수하여 지위를 회복함). 체코의 10대 브랜드 가운데 체코 기업이 소유한 것은 Kofola(음료부문, Kofola Holding 소유)뿐이고, 체코 정부가 소유한 것은 Budweiser Budvar(맥주부문)뿐이고, 나머지는 모두 외국기업이 소유하고 있다. 이들 외국기업 소유의 브랜드 중 Škoda와 Bat'a(신발부문,

Bata Shoes 소유), Pilsner Urquell(맥주부문, SAB Miller 소유)을 제외하고는 외국시장에 마케팅을 거의 하고 있지 않아서 글로벌 브랜드로 발전할 가능성은 낮다(Rudolph et. al., 2012: 119).

그런데 1990년대 말부터 현지국 브랜드와 외국 브랜드에 대한 체코 소비자들의 태도에 약간의 변화 조짐이 일어나기 시작했다. 무엇보다도 외국 브랜드가 기대만큼의 부가가치를 소비자에게 제공하지 못하였다는 점인데, 특히 젊은 층 소비자들은 자신을 다수의 국제 브랜드 구매 소비자들과 차별화할 수 있는 방법을 모색하였다. 다른 소비자 중에는 자국내 일자리를 보호하고 자국 기업을 지원하기 위하여 국산 브랜드를 탐색하였다. 국산 브랜드를 생산하던 전통 기업들도 수년간 비용절감과 인원 삭감을 하다가, 다국적 기업이 지배하는 시장에서 승부수를 던질 목적으로 과거의 브랜드를 새로운 자리매김과 업데이트된 마케팅 전략을 갖고 부활시키는 선택안을 채택하였다. 이러한 변화가 90년대 말에 중부유럽에서 옛 브랜드의 부활을 가져왔고, 21세기에 붐을 이루었다.

독일의 경우 127개의 이전 동독시절 브랜드가 시장환경의 극적인 변화 속에서 살아남아 현재 독일 시장에서 존재감을 보이고 있다. 이들 브랜드가 베를린 장벽이 무너지기 전부터 소비자들 간에 알려졌다는 점이 이들 브랜드를 소유한 소비자의 80%가 주된 성공 요인으로 꼽았다(Rudolph et. al., 2012: 121). 그러나 향수를 불러일으킨다는 점만으로는 장기적 성공을 보장할 수 없으며, 품질과 혁신이 각각 54.3%와 30.9%의 소유자들의 지지를 받았다. 발포성 와인 제조업체인 로트케프헨(Rotkäppchen)은 베를린 장벽 붕괴 후에 소매업체들이 제품 취급을 거절하면서 동독 지역에서 하룻밤에 유통망을 상실하고 말았다. 이에 전 직원들이 차에 와인을 실고 독일 전역을 돌아다니면서 직접 소비자들과 접촉하는 노력을 기울였다. 시장 환경의 변화에 이처럼 유연하게 대응한 점이 브랜드의 복귀에 크게 기여하였다. 그 결과, 1990년대 전반부를 공식 유통망 없이도 버텨낼 수 있었고, 동독 시절의 브랜드 가운데 가장 소비량이 많은 브랜드로 자리 잡게 되었다. 구 동독지역 소비자의 48.3%가 최근 3개월 간 해당 브랜드를 구입하였는데, 구세대 소비자는 물론이거니와 부모/조부모로부터 브랜드에 관하여 이야기를 듣고 친숙성을 가지게 된 신세대 소비자들도 복귀 추세에 맞추어 구입하고 있다. 그 덕분에 수년 뒤에는 서독의 경쟁사인 멈(Mumm)에 대한 적대적 인수를 가능케 하였다. 그러나 구동독 지역 소비자의 50% 정도가 이 브랜드의 와인을 구입하는 반면, 구서독 지역 소비자의 불과 9.5%만이 구매함으로써 전국브랜드로 발전시켜야 하는 과제는 여전히 남아 있다. 마찬가지로 동독 시절 세제 브랜드인 Spee는 동독지역 소비자의 31.6%가 구매하지만 서독지역 소비자의 7.8%만이 애용하고 있으며, 동독시절의 인기 브랜드인 Vita Cola도 동독지역 소비자의 14.1%가 구입하는 반면, 서독지역 소비자는 불과 1.1%만이 소비하고 있다. 이처럼 동독시절의 브랜드가 독일의 서부지역보다 동부지역에서 높은 성과를 보이는 이유는 소비자의 선호와 브랜드 인지도뿐 아니라 마케팅 커뮤니케이션 전략에서도 엿볼 수 있다. 서독 브랜드가 매스미디어를 커뮤니케이션 수단으로 주로 활용하는데 비하여, 동독 브랜드는 개인적 접촉이나 구매시점(Point of Purchase)의 촉진과 같은 개인적 커뮤니케이션 도구를 보다 선호한다.

체코의 경우에는 공산정권 시절의 브랜드 가운데 외국기업이 인수하지 않은 것들은 시장경제 체제로 전환하면서 어려움을 겪었다. 브랜드 관리에 투자할 재력도 부족하였고, 마케팅 지식과 경험도 턱없이 모자랐다. 따라서 외국기업이 인수한 국산브랜드로 남거나 글로벌 브랜드와의 경쟁에서 밀려나 시장에서 퇴출당하거나 또는 비용절감으로 근근히 연명할 뿐이었다. 앞서 언급된 Kofola의 사례를 보면, 이 브랜드를 인수한 산타나뽀예는 2002년에 약 840만 유로를 투자하였는데, TV광고의 캠페인은 "그녀를 사랑한다면 다른 것은 중요하지 않다(If you love her, nothing else matters)" 이었다. 이 캠페인은 구세대 소비자들에게는 자신들이 예전에 알고 있던 브랜드가 복귀하였다는 사실을 알려주는 효과를 가져왔고, 신세대에게는 패션성과 친밀성을 지닌 것으로 소개되었다. Kofola는 단지 형편없는 옛날 브랜드로 돌아온 것이 아니라, 권위 있는 TV광고를 할 정도로 야망에 찬 기업이라는 이미지를 소비자들에게 인식시키는데 성공을 거두었다. TV는 체코에서는 과거에도 현재에도 가장 영향력이 강한 권위를 갖춘 광고 매체이다. Kofola는 2007년에 체코의 가장 존경받는 100대 기업에 오르는 기염을 토하였고(8위), 2008년에는 3위로 상승하고, 2009년에는 4위를 차지하였다. 아울러 2007년에는 영국의 Economist지가 선정하는 유럽 경제에 가장 기여도가 높은 500대 유럽기업에 174위를 차지하였다. 현재 Kofola는 체코와 슬로바키아 시장에서는 높은 성공을 보이고 있고, 폴란드 시장에서도 비교적 좋은 성과를 보이고 있지만, 헝가리 시장에서는 아직 뚜렷한 성과를 내지 못하고 있다는 점에서, 브랜드의 국제화는 여전히 풀어야 할 숙제로 남아 있다.

6. 소수민족 마케팅

1) 유럽 이민의 유입

각국 경제가 글로벌화의 진전으로 상호연관성이 커지면서 문화, 시장, 소비자 간의 상호작용도 가속하고 있다. 따라서 소비자의 문화적 관습과 선호를 알고 있는 마케팅 관리자는 중요한 경쟁우위를 확보한 셈이다[11]. 유럽시장의 경우에는 이민자 집단이라고 하는 소비자 계층이 새로운 다양성을 제시한다. 이민의 흐름은 경제, 정치, 사회의 요소 간 결합에 의해 촉진되는데, 이들 요소는 이민자의 본국에서 기인하는 배출요소(push factors)일 수도 있고 또는 이민자 수용국에서 기인하는 흡입요소(pull factors)일 수도 있다. EU[12]의 경제적 번영과 정치적 안정은 흡입요소로 중요한 역할을 한다. 2차 대전 이후의 초기 서유럽으로의 이민은 서유럽의 노동력 부족에 기인하였다. 2006년 한 해에만 EU에 들어온 이민자는 약 350만 명에 달하였다(Rudolph et al.(eds.), 2012: 16). 이러한 이민자 집단을 하나의 시장 세그먼트로 간주하기 위해서는, 세그먼트에 속한 소비자 집단이 기업의 마케팅 전략에 동질적 반응을 보여야 하며, 기업에게 수익을 가져다

11) Penaloza, L. 1995. Immigrant consumers: Marketing and public policy considerations in the global economy. *Journal of Public Policy & Marketing*, 14(1), 83-94.

12) EU 가입국은 총 28개 국가이고, 가장 최근에 가입한 국가는 2013년7월의 크로아티아(Croatia)이다. 가입년도 순으로 보면, 1952년 창립 멤버(벨기에, 프랑스, 독일, 이탈리아, 룩셈부르크, 네덜란드), 1973년(덴마크, 아일랜드, 영국), 1981년(그리스), 1986년(스페인, 포르투갈), 1995년(오스트리아, 핀란드, 스웨덴), 2004년(키프로스, 체코, 에스토니아, 헝가리, 라트비아, 리투아니아, 몰타, 폴란드, 슬로바키아, 슬로베니아), 2007년(불가리아, 루마니아)의 순이다. 가입국 가운데 유로화를 사용하지 않고 자국통화를 쓰는 나라는 불가리아, 크로아티아, 체코, 덴마크, 헝가리, 폴란드, 루마니아, 스웨덴, 영국의 9개국이다. 유럽의회(European Parliament)의 투표권 수는 독일이 89표로 가장 많고, 키프로스, 에스토니아, 룩셈부르크, 몰타가 각각 6표로 가장 적다.
출처: http://en.wikipedia.org/ wiki/ Member_state_of_the_European_Union

줄 정도의 규모를 지녀야 한다. 다행히도 인터넷을 비롯한 IT기술의 발달 덕분에, 예전에는 상대적 규모의 미흡으로 수익성이 보장되지 않았던 세그먼트를 표적으로 삼을 수 있게 되었다.

세계은행의 보고에 따르면, 세계 이민자의 추세는 2005년 1억 9,100만 명에서 2010년에 2억 1,580만 명으로 증가하였고, 이런 추세가 지속된다면 2050년에는 4억 500만 명에 달할 것으로 예측하고 있다.13) 이런 추세는 기업의 마케팅에 기회이자 도전으로 받아들여진다. 유럽은 세계 이민자의 약 1/3을 받아들이는 지역인데, EU 가맹국 국민들의 역내 이동 규정의 완화와 다수 회원국의 지속적 경제발전 덕분이다. 주요국의 인구에서 차지하는 자국내 이민자의 비율을 보면, 오스트리아 15.6%, 스웨덴 14.1%, 미국 13.5%, 독일 13.1%, 프랑스 10.7%, 영국 10.4% 등이 두 자릿수를 보이고 있다(2010년 기준).

국제 이민의 특징을 보면, 가장 두드러진 동기는 경제적 기회에 접근하려는 것이다. 선진국의 자국 노동력은 6억 명 정도에서 정체 상태를 보이는 반면, 개도국은 2005년 24억 명에서 2020년에는 30억 명으로 불어날 전망이다14). 따라서 개도국의 젊은 노동력은 치열한 취업 전쟁을 치러야 하는 본국 상황에서 벗어나 머나먼 선진국으로 일자리를 찾아 이민을 갈 수밖에 없다. 연령 기준으로 이민자 계층을 표적 시장으로 설정할 때 수명주기별 가치(life stage value)를 고려해야 할 것이다. 즉, 개도국에서 선진국으로 가는 이민자가 주로 젊은 노동력 계층인 반면, 선진국에서 개도국으로 가는 이민자는 주로 정년퇴임을 한 노년층이라는 점은, 이들 계층 간에 소비 욕구와 선호가 다르다는 점을 염두에 두어야 한다. 아울러 노동력의 이민은 그들이 이민 수용국에서 벌어들이는 소득의 상당 부분을 본국으로 송금한다는 점에서, 수용국 시장의 기업은 이들의 소비규모를 평가절하할 필요도 있다.

OECD의 2010년 통계(OECD Multilingual Summaries: International Migration Outlook, SOPEMI, 2010)에 따르면, 오스트리아, 체코, 남부유럽의 인구 증가의 90%는

---

13) World Bank. 2011. Migration and remittances factbook 2011, 2nd ed., Washington, DC.

14) 유엔 산하 국제이주기구(International Organization for Migration), World migration report 2010: The future of migration. Executive Summary.

이민자 유입에 의한 것이라고 한다. 2000년 이후 EU는 연평균 150-200만 명의 이민자를 받아들이고 있다. 그러나 이 중에 60만 명 정도는 계절적, 일시적인 노동 공급을 위해 유입되는 인력이라는 점을 고려해야 한다. 자국 인구 중 이민자가 차지하는 비중이 상위군에 속하는 나라는 룩셈부르크, 리히텐슈타인, 스위스, 아일랜드, 키프러스의 순이고, 이민자의 절대 수가 가장 많은 국가는 독일, 프랑스, 영국, 스페인, 이탈리아의 순이다(IOM, 2010). 반면에 인구 유출이 가장 많은 유럽 국가는 불가리아, 폴란드, 루마니아, 터키, 우크라이나이다. 이 가운데 흥미로운 국가는 폴란드인데, 폴란드로 유입되는 이민자 가운데 75%는 폴란드 국적을 지니고 있다는 점이다. 유학생 중에 학위 취득 후에 자국으로 돌아가지 않고 유럽에 남는 비율은 15-35% 정도인 걸로 추정된다(OECD, 2010).

유럽으로의 이민자 가운데 비유럽 출신은 2008년의 경우 신규 이민자의 90%를 차지하고 있는데, 그 중 모로코에서 온 비중이 9%(6만4천 명), 터키가 7%(5만 명)의 비율을 차지하였다. 모로코인들은 주로 프랑스, 이탈리아, 스페인으로 가고, 터키인들은 독일과 프랑스로 갔다. 이민자 수용국 중에 가장 엄격한 정책을 펼치는 나라가 프랑스인데, 프랑스는 이민자 가족 전체가 프랑스 사회에 통합될 수 있는 능력에 초점을 맞추고 있다. EU 국가별 누적 이민자 수를 상위 순서로 보면, 독일 783만 명, 프랑스 560만 명, 영국 450만 명, 이탈리아 202만 명, 스페인 191만 명, 스위스 145만 명, 네덜란드 142만 명, 벨기에 102만 명, 스웨덴 93만 명, 오스트리아 92만 명, 포르투갈 58만 명, 덴마크 32만 명, 노르웨이 30만 명, 룩셈부르크 13만 명, 핀란드 11만 명의 순이다(OECD. 2011. StatExtracts: Demography and Population, Migration Statistics).

2) 문화변용과 민족마케팅

인간이 개인 및 집단 차원에서 새로운 문화와 맥락에서 자신을 적응, 관리해나가는 과정을 의미하는 문화변용(acculturation)에는 동화(同化: assimilation), 통합(integration), 거절(rejection, 또는 분리=separation이라고도 함), 탈문화(deculturation, 또는 주변화=marginalization이라고도 함)의 네 가지 유형이 있다[15]. 동화는 인간이 수용국(host country)의 새로운 문화에 완벽하게 자신을 수용, 몰두하기 위하여, 본국 문화를 저버리는 경우를 말한다. 이민자들이 수용국의 사회 제도 안에서 자신을 어떻게 지각하는지를 이해하게 되면, 기업은 이들 이민자(소수민족)를 표적으로 삼은 마케팅 믹스를 어느 정도 조정해야 하는지 도움을 얻게 된다. 통합은 인간이 본국 문화를 유지하면서 동시에 수용국의 새로운 문화를 수용, 상호작용할 의사가 있음을 보여주는 의식적인 노력을 하게 될 때 발생한다. 표면상으로는 동화를 보이는 인상을 주지만 내면적으로는 통합을 하고 있는 개인들이 있다는 점을 간파하는 일이 중요하다. 거절은 인간이 본국 문화를 보전하기 위하여 수용국 문화를 철회 내지 회피하는 일을 말한다. 경우에 따라서는 수용국 국민들과 완전히 상호작용을 피하려 애쓰기도 한다. 탈문화는 인간이 개인적 또는 사회적 이유 때문에 본국 문화를 유지할 수 없다는 점을 깨닫게 될 때, 수용국 문화로부터 철수하는 경우이다. 탈문화는 개인에게는 심리적, 정신적으로 부담스러울 수 있다.

유럽시장에 들어온 이민자 집단을 대상으로 한 민족마케팅의 전개가 여의치 않은 이유 중의 하나는, 같은 유럽 대륙의 이웃나라로 이민을 가는 경우, TV, 라디오, 인공위성, 인터넷TV 등 다양한 미디어를 통하여 본국의 방송을 시청할 수 있기에 이들에 맞는 광고를 갖고 접근하기가 힘들다는 점이다.

① Bankamiz의 사례

독일에는 약 23만 명의 터키이민자들이 거주하고 있는데, 이는 두 번째로 많은 외국인 민족인 셈이다. 더군다나 이들 터키이민자들은 특정 지역에 밀집 거주를 하고 있어서 100개의 지점이 이들을 고객으로 포섭할 수 있다(반면, 같은 수의 러시아이민자라면 600개의 지점이 필요). 이들의 총구매력은 160억 유로에 달하고, 가족의 보다 나은 삶의 질을 원하기 때문에, 단기적 미래 시점까지는 적어도 독일에 계속 체류할 것으로 보인다(Rudolph et al.(eds.), 2012: 34). 이들 가운데 터키 신문(Hürriyet, Sabah, Milliyet 등)을 구독하는 비율은 30%이고 터키TV(TV avrupa, Show TV, Euroshow

---

15) Berry, J. and Sam, D. 1980. Acculturation and adaptation. In J. Berry, M. Segall and Kagitcibasi, C. (eds.), *Handbook of Cross-Cultural Psychology: Social Behavior and Applications,* Vol. 3, 2nd ed. Boston.

등) 시청자는 40%에 불과하다. 어찌했든, 터키이민자의 신규고객 유치 비용은 독일인 고객 유치비용보다 낮은 것으로 Deutsche Bank는 추산하고 있다. 관건은 도이치뱅크가 터키인 고객들에게 근접성의 감각을 갖고 신뢰를 구축하느냐에 달려 있다. 그 결과, 신설 조직을 만들기로 하였는데, 그것이 바로 Bankamiz(터키어로 'our bank','the bank of us'의 뜻)이다. 브랜드 인지도의 제고를 위하여 채택된 촉진 전략은 '한 잔의 차' 이었다. 차는 터키인들이 즐기는 음료로서, 친근과 호의를 상징하는 터키문화의 일부라는 점이 작용하였다. 차 잔에는 도이치뱅크의 로고가 측면에 새겨졌다. 모든 점포에서는 차와 터키식 패스트리를 고객에게 제공하여 터키 가정의 분위기를 조성하였다. 고객의 욕구를 보다 잘 파악하여 보다 나은 금융 서비스를 제공할 목적으로 터키어에 능통한 직원들을 선발하였으며, 도이치뱅크의 독일 내 전 ATM의 절반 정도에 터키어 입력 메뉴를 설치하였다. 2006년에 도이치뱅크의 13개 점포에서 22명의 터키어 능통 직원으로 시작하여, 2010년에는 59개 점포, 120명의 직원으로 확대되어 7만 5천 명의 터키인 고객을 유치하였다.

〈터키인들의 부적(protective talisman)으로 유명한 Nazar Boncuğu〉

Bankamiz의 제품 포트폴리오에는 Bankamiz Account(Bankamiz Konto), Bankamiz Private Credit(Bankamiz PrivatKredit), Bankamiz Fixed Interest Savings(Bankamiz FestinzinsSparen)의 세 가지가 있다. Bankamiz Account는 수시 입출금의 통장으로 기능한다. 수수료를 지불하면 기본계정에서 프리미엄 계정으로 상향된다. 기본계정과 프리미엄계정 모두 연 5회까지 무료 송금서비스가 제공되고, 24/365의 전화상담서비스가 독일어와 터키어로 실시되며, 독일 내의 7천 개 ATM은 물론 32개국의 제휴 은행을 통하여 3만 5천 개의 해외 ATM도 이용가능하다. 긴급 상황에서는 120개 국가에서 1,500 유로의 현금을 융통할 수 있다.

신용카드에는 터키인이 좋아하는 터키 문양을 새길 수 있다. Bankamiz Private Credit은 5천~5만 유로의 대출 한도에서 12-72개월의 분할 상환이 가능하며, 가구나 자동차의 구매, 결혼식 거행, 휴가 등의 경비에 충당할 수 있다. 18세 초과의 독일 거주 터키인이라면 누구나 대출 가능하며, 독일 고객 대상의 대출과 크게 다르지 않다. 신청 당일에 대출이 이루어지고, 6개월 간 무이자 상환이 주어지고, 1년 치 중에 1개월 치는 상환 연기가 가능하다. 고객이 실직하여 상환 능력이 없게 될 경우에 대비한 보험이 추가된다. Bankamiz Fixed Interest Savings는 2,500 유로 이상의 예금을 넣는 고정금리의 정기예금 통장으로서, 6개월-8년의 기간 중 고객이 선택 가능하다. 예치기간이 길수록 이자가 높은 것은 당연하며, 중도 인출을 원할 경우에는 3개월 전에 은행에 통지해야 한다. Bankamiz Home Loan Savings는 매력적인 이자율을 제공하는 7-10년 만기의 정기예금 통장이다. 7년이 경과하고 나면 고객은 주택이나 차량의 구입, 결혼식 비용 등으로 통장을 사용할 수 있는데, 가령 주택을 구입할 경우에는 저리의 주택담보 대출이 가능하고 정부 보조금도 신청할 수 있다. Bankamiz Retirement Funds는 정부의 공적 연금만으로는 현 수준의 생활을 유지하기 힘든 미래에 대비하여 고객이 60-67세의 기간에 연금액의 최고 30%를 인출할 수 있으며, 사망이나 불구, 실업이 발생할 경우에는 가족에게 승계된다.

Bankamiz의 사업에 대한 광고 캠페인은 국제마케팅의 전문업체인 Cumin(베를린과 이스탄불에 지사를 둔 2002년 설립 업체)이 2007년에 기획하였는데, 관건은 표적 고객들로부터 신뢰를 얻는 일이었다. TV광고는 독일에 20-30년 체류하고 있는 터키 가정을 소개하였는데, 독일어가 유창하지 못한 아버지가 젊은 딸과 도이치뱅크 지점을 찾아와 직원의 설명을 딸이 아버지에게 통역해주는 상황이었다. 몇 년 뒤에 딸은 대학을 졸업하고 가족은 새 집으로 이사하는 장면이 이어지고, 맨 끝에는 딸이 Bankamiz 사업부에서 일하면서 고객을 대하는 모습이 보였다. 이 TV광고가 보여주는 모습은, 1960년대 후반-70년대 초반에 일자리를 찾아 독일로 이민을 와서 그 이민 2세가 대학 교육을 마치는데 성공하고 가족 전체가 점차 독일 사회에 통합되는 것이다. TV 광고의 효과가 좋아서 극장판 광고 버전이 추가 제작되었고, 인쇄물, 전단지(리플릿), DM(Direct Mail)까지 독일어와 터키어로 만들어졌다. 다양한 광고 수단을 6주 간 전개하고 나서 표적 고객의 70%가 Bankamiz 라는 브랜드를 인지하게 되었고, 신뢰 수준도 향상하였다. 앞서 언급한 것처럼, 도이치뱅크는 고객에게 자신이 선호하는 부적을 신용카드에 담을 수 있게 한 최초의 은행이다. 터키인 고객들에게 가장 인기 있는 부적은 터키국가대표 축구팀이다. "언제나 11명의 영웅을 당신과 함께 대동한다"는 인식을 주는 이 부적은 특히 유럽축구연맹의 '2008 UEFA European Football Championship' 기간 중에 선풍적 인기를 끌었다. 이 밖에 터키의 유명 관광기념물이나 가족사진도 선택 가능하다. 2008 유럽챔피언스리그 기간 중에 톡톡히 효과를 본 촉진 수단으로는, 기간 중 신규 계좌 개설 고객에게 터키축구대표팀의 운동복 상의를 선물로 주고, 터키축구리그의 유료TV채널인 LIG-TV의 수신료를 75유로 할인해주는 것이었다. 아울러 터키의 이슬람 종교와 관련한 라마단(금식기간), Kurban Nayram(희생축일) 등의 행사 시에는 축하카드를 고객들에게 발송한다. 기타 어린이날(Çocuk Bayrami), 공화국의 날(Cumhuriyet Bayrami), 아타투르크의 날(초대 대통령이 된 Atatürk; 이 날은 스포츠 행사도 열려서 Gençlik ve Spor Bayrami=Youth and Sports Day라고도 함) 등의 전통축제일에도 적극적으로 터키지역 사회에 지원을 한다.

② KFC 프랑스 사례

KFC의 창업은 1930년에 Colonel Harland Sanders(할랜드 샌더스 대령)가 켄터키에 'Sanders Court & Café' 라는 상호의 점포를 처음 연 때로 올라간다. 그리고 1952년에 첫 프랜차이즈 가맹점으로 피트 하먼(Pete Harman)이 유타 주의 솔트레이크 시에 점포를 개설하였다. 현재 KFC는 전 세계 109개 국가에 15,000여 점포를 운영 중에 있다. KFC는 총체적 음식 솔루션을 제공하는 패밀리 레스토랑으로 자리매김을 하고 있어서, 그 경쟁 상대는 패스트푸드 체인점뿐 아니라 풀서비스 레스토랑까지 포함된다. KFC는 다양성을 주요 사내외 활동의 하나로 꼽고 있다. 미국 내 직영점에서 근무하는 직원(associate) 중 30%만이 백인(caucasian)이고 나머지는 히스패닉, 흑인, 아시아계로 구성되어 있고, 외부로부터 스카웃한 관리자(external management hires)의 64%와 내부승진 관리자의 41%가 소수민족+ 여성의 비율이다[16]. KFC는 이후 소유권이 Heublein, Inc.(현재의 RJR Nabisco, Inc.), Reynolds, PepsiCo로 바뀌었으며, PepsiCo는 1997년에 KFC, Taco Bell, Pizza Hut을 Tricon Global Restaurants, Inc.로 통합하여 스핀오프시켰다. 다시 2002년에는 사명을 YUM! Brands, Inc.로 개칭하였다. YUM! Brands가 전략 개발을 위하여 고려해야 할 요소로는 첫째, 회사의 핵심 브랜드인 KFC가 미국 시장에서 성과가 저조하다는 점(신제품 도입이 성장 동력을 유지하는데 실패하고, 마케팅 지원의 결여로 기존 제품의 매출마저 기대에 미달), 둘째, 건강식 메뉴의 도입이 기존의 핵심제품인 프라이드 치킨의 단골을 이탈시키는 부작용을 낳고 있다는 점이다.

프랑스에서 패스트푸드 시장은 맥도널드와 현지기업인 Quick이 지배하고 있어서 경쟁의 치열함은 덜하다. 프랑스인들은 외식을 즐기는데, 점심시간을 30분 정도로 줄이면서 개인 운영의 레스토랑에 비하여 패스트푸드점의 약진이 눈에 띄기 시작하였다. 그런데 패스트푸드점을 이용하는 프랑스 고객들은 샌드위치와 같은 단품보다는 디저트까지 갖춘 풀 메뉴를 선호하여 객 단가가 6-8유로에 달하고, 프랑스 내 점포의 연간 평균 매출액은 400만 유로로서, 다른 지역의 평균 매장 매출액의 3배에 달한다[17]. KFC는 프랑스 시장의 침투가 아직 충분히 이루어지지 않아서 잠재력이 높다고 보고, 짭짤한 수익원인 무슬림 고객을 표적으로 삼고 집중적 노력을 기울이고 있다.

무슬림들은 신앙의 신조로서 5가지를 따른다.[18] 샤하다(Shahada)는 이슬람의 기본

16) YUM!Brands. 2011. YUM! Global Diversity, http://www.yum. com/ responsibility/diversity.asp

17) Wall Street Journal. 2010. KFC seeks secret recipe for France, http://online.wsj.com/article/SB10001424052748703866704575223892236926372.html

18) Islam Guide. 2011. A Brief Illustrated Guide to Understanding Islam, http://

신조인 신앙 고백, 살라트(Salat)는 하루 5회 실시하는 기도 예배, 자카트(Zakat)는 빈자에게 보시하는 일, 사움(Sawm)은 라마단 기간(이슬람력 9월) 동안에 해 뜰 무렵부터 해 질녘까지의 금식, 하지(Hajj)는 형편이 허락되는 신자가 평생 한 번 메카 성지를 순례하는 일을 가리킨다. 또한 이슬람 신자들에게는 해서는 안 되는 금기 활동인 하람(haram; 아랍어로는 haraam)이 있는데, 음주 행위와 금지식품(돼지)의 소비 등이 있다. 이밖에 동물의 사체(死體), 맹금류(birds of prey: 독수리, 매, 올빼미 등), 귀가 없는 들짐승, 피, 부적절하게 도살된 동물 등을 먹어서도 안 된다. 보다 구체적으로는 동물의 목정맥과 목동맥을 예리한 칼로 잘라서 최대한 피를 흘리도록 해야 한다. 식품과 관련된 샤리아 법(Sharia law)은 가공, 포장, 보관, 운송, 거래 중에 깨끗하지 않은(오염된) 첨가물을 포함해서는 안 된다고 명시하고 있다. 변성 콜라겐인 젤라틴, 효소, 유화제, 향료 등을 포함한 식품도 이들 성분의 출처를 알 수 없기 때문에 의심받는 식품(mashbooh)으로 분류된다. 이상의 까다로운 조건을 충족한 식품을 이슬람에서는 할랄(Halal)이라고 명한다. 그런데 전 세계 100여 개 평가 기관이 통일된 기준을 갖고 있는 것이 아니어서 기업에게는 어려움을 가중시킨다. 그나마 미국 시장에는 Islamic Food and Nutrition Council of America(IFANCA: 미국이슬람식품영향협의회)라고 하는 거대 조직이 있어서 사정이 나은 편이다.

무슬림 소비자를 표적으로 삼는 샤리아법 준수 제품/서비스 시장 규모는 2조 달러에 달하기 때문에,[19] 이를 놓친다는 일은 1990년대 히스패닉 시장을 상실하는 것과 마찬가지이다. 할랄 식품 시장만 해도 5,600억 달러에 달하는데, 이는 세계 5대 소매 식품유통업체의 300억 달러 규모와 세계 6-10대 식품유통업체의 150억 달러 규모와 비교하면 가히 그 파괴력을 짐작할 수 있다. 맥도널드는 특히 아시아 시장에서 무슬림 소비자를 표적으로 삼는데 선구적 역할을 하였는데, 싱가포르 맥도널드의 경우 할랄 인증을 받고 나서 연간 800만 명의 무슬림 소비자의 유입을 거두었다. 유럽 국가별 무슬림의 숫자

---

www.islam-guide.com

19) A.T. Kearney. 2007. Addressing the Muslim market, http://www.atkearney.at/content/misc/wrapper.php/id/49972/area/allgemeines/name/pdf_addressingmuslimmarket_s_12033391824717.pdf

와 해당국 인구에서 차지하는 비중을 보면, 프랑스 470만 명(7.5%), 독일 412만 명(5.0%), 영국 287만 명(4.6%), 이탈리아 158만 명(2.6%), 스페인 102만 명(2.3%), 네덜란드 91만 명(5.5%), 벨기에 63만 명(6.0%), 그리스 52만 명(4.7%), 오스트리아 47만 명(5.7%), 스웨덴 45만 명(4.9%), 스위스 43만 명(5.7%), 덴마크 22만 명(4.1%), 노르웨이 14만 명(3.0%) 등 17개 유럽국가에 총 1,826만 명(4.5%)이 거주하고 있다.[20]

7. 노인 마케팅

2008년 17%에 달하였던 65세 이상의 인구가 2020년에는 유럽 인구의 20%로 늘어날 것이라는 전망에 반하여 현재 신제품 개발은 그 표적을 50세 미만의 인구로 삼고 있다. 특히 80세 이상 인구는 같은 기간 동안에 2,180만 명에서 2,900만 명으로 33%의 증가가 예상되어 전체 인구의 3.7% 증가를 압도하고 있다.[21] 그런데 나이가 들수록 사회와 격리되는 성향이 높아져서, 외출을 덜 하게 되고 주위 환경과도 덜 연계되어 있다는 느낌을 갖게 된다. 특히 60-74세의 노인층은 다수가 걷는데 문제를 못 느끼고 매일 혹은 자주 장을 보며, 어니든시 산다는 비율도 80%를 웃도는 반면, 80세 이상 노인층의 절반 이상은 걷는데 불편을 느껴서 가끔씩 장을 보거나 전혀 하지 않으며, 불과 34%만이 어디든지 간다고 한다(Rudolph et al., 2012: 59). 노년층의 정보원은 새로운 상대보다는 오랫동안 관계를 가져오고 있는 가족이나 친구, 지인이지만, 다른 한편으로는 소비자를 상대로 한 사기의 대상 중 80% 이상이 65세 이상의 노인이기도 하다. 이는 인지능력의 저하, 정보 탐색 열의의 감소, 전문가로 자처하는 이에게 의사결정을 위임하려는 성향 등에 기인한다.[22] 신기술을 이용한 제품의 구매 비율을 12세-59세 계층, 60대 계층, 70대 이상 계층의 3개 집단 순으로 보면, 휴대폰은 83%-75%-48%, 컴퓨터

20) The Pew Forum on Religion and Public Life. 2009. The future of the global muslim population, http://pewforum.org/The-Future-of-the-Global-Muslim-Population.aspx
21) http://www.ec.europa.eu/eurostat
22) Yoon, C. et al. 2005. Cognition, persuasion and decision making in older consumers. *Marketing Letters*, 16(3/4), 429-441.

76%-61%-28%, 인터넷 71%-57%-24%, 문자 메시지는 73%-38%-19%로 나타난다(Rudolph et al., 2012: 62).

바질텔레콤은 프랑스의 프로방스 근처에서 이브 모렐(Yves Morel), 장프랑소와 피에르(Jean-François Peyre), 장루크 그랑클레망(Jean-Luc Grand-Clément)의 3인이 2005년에 창업한 회사로서, 2009년에 이르러 노인 소비자 계층을 표적으로 한 휴대폰 및 이동통신서비스 사업에 전념하였다. 프랑스에는 25개의 가상이동망통신사업자(MVNO: Mobile Virtual Network Operator= MNO의 주파수를 빌려서 독자적인 이동통신서비스를 제공하는 업체)가 있는데, 그 중 지명도가 가장 높은 업체는 Virgin Mobile이다. 프랑스에는 Orange, SFR, Bouygues(부이그) 등의 이동망통신사업자가 있는데, 바질텔레콤은 그 중 Orange사의 망을 이용하고 있다.

바질텔레콤의 통신서비스는 하나의 커다란 버튼이 있는 휴대폰으로 통화 기능은 물론 노인층과 장애자 계층에 유용한 기능을 추가 제공하고 있다. 추가 제공 서비스를 이용하기 위하여 커다란 버튼을 누르면, 교환수가 이용자가 선택한 사람과 이용자를 연결시켜 준다. 물론 선택한 사람은 사전에 등록된 연락처 명부에서 골라도 된다. 또는 이용자가 전화번호를 불러줄 수도 있고, 전화번호부에서 찾아달라고 부탁할 수도 있다. 긴급통화 서비스는 커다란 버튼을 5초간 누르면 되는데, 교환수는 친척이나 도움을 줄만한 이웃, 친구에게 연락한다. 이용자가 교환수에게 전화하여 연락처로 연결되는데 걸리는 총 소요 시간은 35초이다. 버튼을 두 번 누르면 배터리의 충전상태와 수신의 질적 상태도 표시된다. 이처럼 신뢰성과 편의성이 뛰어난 원버튼 기능은 이용자에 따라서는 짜증스런 것으로 받아들여질 수 있다. “난 그런 기능을 사용해야 할 만큼 늙은이가 아니라오.” 라는 답변을 95세의 노파가 이 회사 텔레마케터에게 말했다는 일화도 있다. 단말기의 무게가 75g에 불과하여 목걸이로 매달고 다닐 수 있다는 점도 노인층에게는 편익의 하나라고 볼 수 있다.

바질텔레콤이 제공하는 이용 패키지에는 3종류가 있다. 바질프레스티지(Bazile Prestige)는 단말기를 59.90유로에 구입하고, 24시간 내내 교환수에 연결되는 서비스를 12개월간 이용 약정을 하고, 월 20분 통화 시간에 20유로를 지불하면서 추가 통화 시간에 대해서는 분당 60센트를 과금하거나 또는 60분 통화 시간에 35유로를 지불하면서 추가 통화 시간에 대해서는 분당 45센트를 과금하는 서비스 체계를 갖추고 있다. 바질클라시크(Bazile Classique)는 바질프레스티지와 동일 서비스를 제공하지만 단말기 판매를 포함하지 않는 대신, Doro라고 하는 별도의 휴대폰을 이용할 수 있다. 세 번째 패키지는 단말기 구입과 교환수 서비스를 바질프레스티지와 같은 조건으로 이용하되, 일반 통화는 이용자가 별도의 SIM 카드를 사용하여 다른 이동통신사로부터 통신 요금의 청구를 받게 되는 것이다. 월간 설정 통화 시간을 다 이용하지 않고 남길 경우에는 다음 달로 이월되는 편익이 노년층에게는 무시할 수 없는 매력이라고 여겨진다. 아울러 2005년 7월에 제정된 보를로 법(Borloo law) 덕분에 장애인 사용자들은 납부이용료의 50%(최대 월 20유로)를 세금 감면 받을 수 있다.

바질텔레콤의 경쟁자로는 이동망통신사업자, 가상이동망통신사업자, 단말기제조사 등이 있다. 단말기제조사 중 스웨덴의 Doro는 노년층 이용자들을 위한 인체공학적 단말기 11종을 판매하고 있는데, 단말기 앞면에는 7개의 커다란 버튼이 있고 뒷면에는 긴급통화 버튼이 달려 있으며(모델명 Handle Plus 334 GSM: 판매가 129유로), 문자메시지, FM 라디오, 손전등의 간단한 기능을 갖추고 있고, 가격대는 109-169유로이다. Celyatis, Facil&Co. 등의 노인제품 전용 소매점포에 제품을 유통시키고 있고, Orange와 같은 이동망통신사업자와 제휴하여 판매도 하고 있으며, 2010년부터는 단말기 구매자가 바젤텔레콤의 서비스도 이용할 수 있게 하고 있다. 오스트리아에 본사를 둔 엠포리아(Emporia)는 노년층 이용자를 표적으로 한 4기종의 단말기를 제조, 판매하고 있는데, 130-180유로의 가격대를 형성하고, 가상이동망통신사업자인 Prixtel과 제휴하여 판매도 행하고 있다. 이동망통신사업자 중에 Orange는 자사 소매점에 노년층과 장애인 전용 단말기를 판매하고 있고, 표준약정 요금에 7유로를 추가하면 언제든지 교환수에 연결되는 서비스를 받을 수 있고, 30분 통화에 13유로를 지불하는 서비스를 제공한다. 또 다른 이동망통신사업자인 SFR은 e-Care목걸이 장치를 통하여 이용자가 쓰러지면 경고를 보내주는 서비스, 약의 복용 시간을 알려주는 e-Rappel 서비스를 제공하고 있다. Bouygues사는 휴대폰 화면에 쓰인 문자를 읽어주는 음성소프트웨어인 Mobile Speak이라는 서비스를 제공하고 있다. 이동단말기뿐 아니라 고정전화기 제조업체도 커다란 버튼, 긴급 버튼, 연락망 대상자 사진, 음성확대기 등의 기능을 지닌 전화기를 판매하고 있다. Doro사의 경우,

10-200 유로 가격대의 10종의 노년층 대상 제품을 선보이고 있다.

바질텔레콤의 유통은 오프라인과 온라인 모두에서 이루어지고 있는데, 오프라인의 경우에는 물량의 40%를 보청기판매업체(가령, Audika), 의료기기대여업체, 맹인전용제품판매업체에, 나머지 60%를 안경점, 휴대폰판매점, 약국과 거래하고 있다. 회사 매출의 60%는 디렉트 메일, 텔레마케팅과 같은 DM에서 나오며, 나머지 40%는 휴대폰 매장과 전자제품 매장, Audika와 같은 노인용품전용매장에서 이루어지고 있다. 그러나 Orange와 같은 휴대폰 매장을 통한 판매는 신통치 않은데, 그 이유는 매장의 점원들이 젊은 사람들이라서 노인 고객을 접대하는데 익숙하지 않고, 노인 고객에 적합한 서비스를 제공하지 않기 때문이다.

바질텔레콤의 촉진 활동은 2009년의 경우 35만 유로의 예산이 책정되었는데, 노트르땅(Notre Temps), 쁠랑드비(Pleine Vie)와 같은 잡지, 프랑스디망쉬(France Dimanche)와 같은 신문 등에 20만 유로를 지출하였고, TV광고는 최소금액이 25만 유로이었기에 당시에는 활용하지 못하였다. 이듬해에는 라디오 광고를 시험적으로 해보았는데, 원래 예산액 35만 유로에 5만 유로가 추가된 RTL(프랑스 최대의 라디오방송사) 광고를 통하여 1일 평균 30통의 문의 전화가 왔다. 또한 2만5천 유로를 투입한 디렉트 마케팅 중에는 구글의 adwords 광고를 이용하는 것이 있는데, 클릭 당 0.7유로가 드는 이 광고는 하루에 100-160번의 클릭이 이루어졌다. 촉진 캠페인의 결과, 200여 건의 이용계약이 성사되었다. Bazil Classique 패키지에 초점을 맞춘 TV광고는 30초짜리 스폿광고를 300회 실시하는데 25만 유로가 들어갔다. 그 결과, 시청자들로부터 1,700건의 문의 전화가 왔고, 500여 건의 이용계약이 체결되었다. 한편 30만 명의 자원봉사자가 등록된 Unadev라고 하는 시각장애인협회의 60세 이상 회원들 중에 관심을 보여 요청하는 회원들에게 분기별 발간되는 협회 뉴스레터에 제품 소개의 전단을 보내기도 하였다. 2천 유로가 채 들어가지 않은 이 마케팅 활동에서는 0.1%의 반응률이 나와서 건수로는 150건의 문의가 왔다. TV홈쇼핑을 처음 했을 때는 불과 20건의 성사가 이루어져서 성과는 신통치 않았다. 그 밖의 촉진활동으로는 www.lemarchedu-grandage.com과 같은 사이트에 온라인 에디토리얼(online editorial) 전개, 이메일링, 버스메일링(bus mailing: b2b형태의 대량메일링으로서, 가령 10-20개 정도의 상이한 촉진메일을 발송. 바질텔레콤의 경우에는

15,000의 예상업체 중 172 군데에서 반응이 왔음), 노년층 대상 전시회 참가 등이 있다. 아울러 의료전문가, 의료언론, 시각장애인협회(AVH, Unadev 등), 관련 정부기관인 장애인연금(Mdph) 등에도 화보(press dossiers)를 보냈고, 노인학자나 제약사들이 운영하는 노년층 웹사이트(www.orientationretraite.fr, www.clubseniors.com 등)에도 광고를 하였다. 바질텔레콤은 창업기업으로서 경비 절감을 위하여 아직 마케팅조사는 의뢰하고 있지 않은데, 노년소비자 계층을 전문으로 상대하는 마케팅조사기관이 초점집단을 활용한 시장조사를 할 경우 보통 8,000 유로의 비용을 지불하게 된다.

바질텔레콤의 판매 실적을 보면, 2009년도에는 4천 개의 기대치에 비하여 실제로는 1,550개가 판매되었고, 2010년도에는 손익분기점인 1만 개의 판매를 기대하였으나 4천 대의 판매에 머물렀다. 2009년도에 단말기의 제조비용은 85유로인데, 이는 일반 휴대폰 단말기의 공장도가격 30유로보다 훨씬 높다. 그러나 2010년 말에는 판매량 증가로 50 유로로 낮출 수 있었다. 콜센터(전화교환수)의 운영비는 2010년 말에 이르러 고객 1인당 월 3.50유로가 소요되며, 통신비용에는 MVNE(Mobile Virtual Network Enabler: MVNO(가상이동망통신사업자)와 MNO(이동망통신사업자) 간의 서비스중개업을 하는 업체)에 지불하는 중개료와 이동망통신사업자인 Orange에 지불하는 통화료가 포함된다. 콜센터 운영비와 통신비에 19.6%의 부가세를 합한 시간당 한계비용(marginal cost per hour)은 2009년에 비하여 2010년에는 15%의 절감을 이루었다. 바질텔레콤은 신규 고객의 유치를 위하여 다양한 마케팅 수단을 활용하기 때문에 마케팅비용이 높다. 2009년에는 고객1인당 평균 유치비용으로 250유로가 소요되었는데, 총액으로는 28만 유로에 달하였다. 이 가운데 65%는 소매점에 대한 보상비(리베이트, 촉진지원, 리스팅 등)이었고, 나머지 35%는 직판활동비(전화통신비)이었다. 판매담당 인력은 총 5명인데, 이 가운데 4명은 텔레마케팅을 전담하고 1명이 소매점 담당이다. 향후 바질텔레콤은 브랜드 관리를 위하여 대형 보험회사와의 공동마케팅 전략을 전개하고 있다. 이런 가운데 바질텔레콤은 공공 에이전시, 소매유통업체, 개인(친구, 친척, 이웃 등의 인적 네트워크) 중에 어느 쪽에 우선순위를 두어 고객 충성도 향상을 통한 신규 고객의 유치를 이루어야 할지를 선택해야 하는 과제를 안고 있다. 과제를 풀어나가는데 고민해야 할 구체적 이슈로는, 고객의 수명주기 가치(life-time value)를 평가하여 투자수익률을 산출하는 일, 자사의 SWOT 분석을 하는 일, 국제화 전략을 수립하는 일(단말기시장 진입 또는 단말기와 서비스시장 모두 진입) 등이 있다.

8. 중.동유럽 마케팅

중.동유럽 10개국(폴란드, 슬로베니아, 헝가리, 슬로바키아, 체코, 라트비아, 리투아니아, 에스토니아, 루마니아, 불가리아) 중 최소 1개국 시장에 제품 마케팅의 책임을 지고 있는 독일의 소비재 제조업체의 국제마케팅 관리자들을 대상으로 조사한 결과를 보면, 마케팅 믹스의 표준화에 관하여 다음과 같은 사실들이 규명되었다.

4P의 표준화 항목으로, 제품은 특성, 디자인, 브랜드 명칭, 포장, 판매전후 서비스, 품질, 보증, 라벨링을, 촉진은 광고 메시지, 광고 내용물, 영업, 홍보, 판촉 수단을, 유통은 유통망의 길이, 소매업태, 유통 범위, 중간상의 역할을, 가격은 유통업자에 대한 판매가, 최종 소비자에 대한 판매가, 이문 폭, 판매 조건을 담았다.

제품전략의 표준화가 4P 가운데 가장 높은 값을 보여주었고, 그 뒤를 이어 촉진과 유통이, 가장 낮은 표준화는 가격 전략이 보여주었다. 제품의 표준화가 4P 중에서 가장 높게 나온 이유로는, 연구개발과 생산의 규모경제가 주는 잠재적 편익, 신제품의 급속한 시장 확산, 단일의 생산 통제 및 품질 표준을 통한 조정의 용이성 등에 있는 것으로 판단된다. 제품 중에서도 실제 제품(actual product)의 표준화가 강화 제품(augmented product= 판매 전후의 서비스)보다 높았고, 품질과 포장의 표준화도 높았다. 실제 제품의 구성 요소 중에서 라벨링의 표준화가 상대적으로 낮게 나온 것은, 언어 장벽의 문제가 작용한 것으로 보인다.

촉진의 표준화는 글로벌 차원에서 일관된 이미지와 브랜드 정체성, 해외여행 구매자들에게 줄 수 있는 혼란의 최소화 등을 노리고 있다. 촉진의 하위 구성요소 중에서는 광고 메시지와 광고 내용물의 표준화가 가장 높았고, 홍보가 가장 낮게 나왔다. 이는 홍보가 문화, 사회, 정치, 경제, 인프라 등의 제반 요인에 영향을 받기 때문이다.

유통의 표준화가 가장 높게 나온 하위 요소는 소매업의 업태이다. 유통 전략에서는 현지 소매업체를 이용하는 독일기업과 국제 소매업체를 이용하는 독일기업이 각각 54.7%와 45.3%로 양분됨에도 불구하고 소매업태 차원에서 양자 간에 유사성을 보이고 있다. 이는 국제 소매업체들이 소매업태 및 점포관리 기법 면에서 현대성을 현지 시장에 보급하는 변화의 산파역을 하고 있기 때문으로 풀이된다. 중간상의 역할은 유통의 하위 요소 중에서 가장 표준화의 정도가 낮은 것으로 나왔다.

가격의 표준화가 가장 낮게 나온 것은, 특히 현지국의 경제 발전도가 낮을 경우에 현지 소비자들의 구매력이 낮고 가격 민감도가 높다는 점에 기인한다. 최종 사용자의 가격 수준과 이문 폭은 현지시장의 요구에 맞추기 위하여 적응된다.

4P 전체와 관련해서는, 제품수명주기가 본국과 현지국 간에 동일 단계에 있을수록 표준화가 높았고, 내구성 소비재가 비내구성 소비재보다 높은 표준화를 보여주었다. 제품에 대한 소비자 평가 기준과 소비자 선호 측면은 본국시장과 현지국시장 간에 유사성을 보인 반면, 제품의 소비 패턴과 구매 습관, 가격 민감도는 이질성을 보이고 있다.

독일 기업들이 이질적인 중.동유럽의 여러 시장에 단일의 마케팅 접근법을 취하는 이유는, 지리적 근접성, 계획경제에서 시장경제로의 과도기, 시장 발달의 단계, 생활 수준 등과 더불어 규모경제와 범위경제를 활용하려는 점을 고려하기 때문이다[23]. 이러한 마케팅 지향적 관점 이외에도 기업의 목표와 가치, 국제화에 대한 전략적 지향성, 조직구조와 가치 활동의 배치, 수익성 및 위험에 대한 고려 등이 설명 변수로 작용하고 있다. 특정 시장에 맞춤식으로 제품 개발을 하고 마케팅 프로그램을 가동하는데 소요되는 높은 초기 투자비를 감당하기가 꺼려지는 것이다. 그보다는 현재의 브랜드와 제품기술, 경험 등과 같은 자산, 자원을 지렛대로 활용하여 비록 소수이지만 유복한 현지 소비자들을 상대하겠다는 것이 주된 목표인 셈이다. 중국과 인도, 브라질, 멕시코와 같은 신흥국 시장은 엄청난 시장규모로 현지화, 차별화 전략을 구사할 잠재력이 높지만, 중.동유럽 시장의 경우에는 폴란드와 루마니아를 제외하고는 차별화된 마케팅 전략의 실행에 필요한 투자를 정당화할 만큼 시장 규모가 크지 않다. 게다가 이들 지역의 국가들이 EU에 편입

---

23) Schuh, A. 2007. Regionalization in Central and Eastern Europe: Searching for regiocentric orientations in MNC strategies. *Journal of East-West Business*, 13(2/3), 143-166.

되고 있다는 점도 서유럽 방식의 전략을 표준화하는데 작용하고 있다.

물론 상기의 주장에 반하는 논리도 유효하다. 실제로 많은 기업들이 현지국의 저소득 소비자 계층에 맞는 제품과 서비스를 제공하는데 관심을 보이고 있다. 프랑스의 다농은 중.동유럽 시장 중에서 가장 규모가 큰 루마니아에서는 'Casa Buna(=Good House)', 폴란드에서는 'Mleczny Start(=Milk Start)'라고 하는 비타민과 미네랄이 풍부한 저가 유제품을 개발하여, 영양 결핍을 겪고 있는 저소득 계층을 표적으로 한 마케팅 전략을 전개하고 있다(중국, 방글라데시, 남아공 시장에서도 실시 중) (Codita, 2011: 210-211).

환경 요인이 마케팅 믹스의 표준화에 미치는 영향에 대해서는, 본국과 현지국 간의 거시 환경의 유사성이 제품, 촉진, 유통의 표준화에 긍정적으로 작용하고 있다는 점이 입증되었다. 이에 반하여 가격 전략에서는 미시 환경 요인이 보다 표준화에 관련되어 있는 것으로 여겨진다. 즉, 소비자 특성의 유사성이 가격의 표준화에 긍정적으로 작용한다. 물론 소비자 특성의 유사성은 제품과 촉진의 표준화에도 긍정적으로 작용한다. 반면, 소비자 특성은 유통의 표준화에는 유의한 영향을 미치지 못한 것으로 판명되었는데, 이는 마케팅의 하부구조가 보다 관련성을 지닌다고 해석된다.

예상과는 반대로, 원산지 효과는 제품, 가격, 유통의 표준화에 부정적인 영향을 미치는 것으로 밝혀졌다. 촉진의 표준화는 광고의 목적이 설득이 아니라 정보와 기억 가능성을 염두에 둘 때 적절한 것으로 나왔다. 마케팅 하부구조의 유사성은 유통과 촉진의 표준화에 가장 중대한 영향을 발휘하고 있다. 그러나 예상과는 달리, 마케팅 하부구조는 가격의 표준화에는 부정적인 영향을 미친다. 그 이유는, 하부구조의 유사성이 초래하는 비용 절감이 소비자에게 전가되어 판매가격이 낮아짐으로써, 현지 소비자의 낮은 구매력을 수용하는 것에 있다고 여겨진다.

제품 관련 요소로서 내구소비재와 비내구소비재를 구분하였는데, 내구소비재가 비내구소비재에 비하여 제품과 촉진의 두 마케팅 믹스 및 합산한 전체마케팅믹스의 표준화와 긍정적 관계를 보이는 것으로 규명되었다. 아울러 제품수명주기가 본국과 현지국 간에 유사할수록 표준화의 정도가 높은 것도 입증되었다.

조직 요소가 표준화에 미치는 영향에 대해서는, 기업 규모, 시장진입 유형, 경영자의 국제화 지향성이 모두 마케팅믹스의 표준화에 영향을 미치지 못하는 것으로 밝혀졌다.

중소기업은 적응에 필요한 재정적 자원이 부족하기 때문에 표준화를 하지만, 대기업은 표준화를 통한 브랜드 인지의 지렛대 효과를 고려한다는 다른 이유에서 마찬가지로 표준화를 추구하는 것으로 판단되어, 기업 규모가 표준화에 영향을 미치지 못한다는 결과에 대한 해석으로 볼 수 있다. 시장진입 유형이 표준화에 작용을 가하지 못하는 점은, 본 조사의 표본이 간접진입 방식에 편중되어 있다는 점(78%)이 유의한 검증을 방해한 것으로 추측된다. 기존 연구에서는 직접투자 방식의 시장진입이 수출이라는 간접진입 방식보다 제품과 촉진, 유통의 표준화를 높이는 것으로 나왔다[24]. 경영자의 국제화 지향성이 표준화에 미치는 영향에 대해서는 자국중심적(ethno-centric) 지향성에 비하여 다른 지향성들이 표준화의 성향을 높여준다고 하였지만, 본 연구에서는 이를 지지하지 않고 있다. "Think global, Act local' 이라는 명제는 협력적 중앙집권화를 상징하는데, 자회사들이 전략과 전술 개발의 초기 단계에는 적극 관여하지만, 최종 결정은 본사가 내리는 것을 말한다. 독일 기업 입장에서 중.동유럽 시장은 이익을 만들어낼 기회로 여기므로, 합리적 분석보다는 직관에 입각하여 행동을 취할 것이다. 즉 테스트 시장으로 받아들여지기에 투자는 최소한으로 유지하는 것이다.

제품문화 특수성(product cultural specificity)이라는 개념은 문헌검토를 통한 연역적 도출과 전문가 인터뷰 및 초점집단 토론을 통한 귀납적 도출의 쌍방향에 의해 조작화되었다. 이 개념은, 문화로부터 자유롭다는 방향과 문화에 구속된다는 방향 간의 연속체로 정의되는데, 특정 기업의 제품에 대한 글로벌 소비 패턴의 문화 간 분산의 정도를 가리킨다. 이는 제품의 국제적 수용과 채택에 미치는 부정적 영향을 말해준다.

마케팅 믹스의 표준화가 마케팅 성과에 미치는 영향에 대한 결론은, 가격을 제외한 나머지 3P의 표준화가 성과에 긍정적으로 작용한다는 것이다. 이는 적응을 통해 얻어지는 편익보다도 표준화를 통한 규모경제의 편익이 더 커다란 논리적 근거로 작용함으로 보여주는 결과이다(Codita, 2011: 227). 그러나 시간의 경과와 더불어 중.동유럽 시장의 상위소득층을 표적으로 삼은 표준화 전략은 적은 세그먼트를 놓고 경쟁이 치열해지면서, 제품의 현지화(적응) 전략을 통한 시장 규모의 확대를 요구하게 될 것이다. 중소기업

---

24) Vrontis, D., Kitchen, P. 2005. Entry modes and international marketing decision making. *International Journal of Business Studies*, 13(1), 87-110.

에게는 비용과 자원을 고려하면 적응은 채택하기 어려운 선택안일 수 있지만, 중.동유럽 각국별로가 아니라 전체 시장을 대상으로 하거나 또는 거시경제, 마케팅 하부구조, 경쟁 환경, 소비자행동 등의 측면에서 유사성을 보이는 군집끼리 묶어서 적응을 보이는 타협안도 고려해볼 수 있다. 대기업의 경우에는 상층 소비자를 표적으로 한 표준화 제품과, 중하층 소비자를 표적으로 한 적응 제품을 동시에 제공하는 다층 제품전략(multi-tier product strategy)을 채택하면 최적의 시장접근이 될 것이다.

9. 기업의 시장관리

1) 일본 자동차 업체의 시장 관리

4행정사이클(4-stroke cycle: 흡입-압축-연소-배기의 1사이클을 피스톤의 4행정으로 완료)의 가솔린 엔진자동차를 1885년에 발명한 이가 칼벤즈(Karl Benz)이고, 1892년에는 루돌프 디젤이 자신의 이름을 딴 디젤 엔진의 특허를 취득하였으며, 1926년에 다임러벤츠사가 설립되어 메르세데스벤츠 브랜드의 차량을 생산한 것이 자동차 산업 역사의 초기 이야기이다. 일본의 도요타자동차가 대미 수출을 개시한 것은 1957년 크라운 브랜드이었다. 일본 자동차가 높은 품질과 신뢰성, 구매가능한 가격의 차량으로 미국시장 점유율을 늘리게 된 것은 1970년대 이후의 일이다. 그리고 2006년에 드디어 도요타자동차는 미국의 GM을 제치고 세계 1위의 자동차 생산, 판매업체로 우뚝 서게 되었다.

이러한 일본자동차업체들이 유럽시장에서는 콤팩트, 콤팩트SUV, 슈퍼미니의 3 세그먼트에 집중하는 전략을 전개하고 있다. 그런데 유럽에서 시판되는 일본자동차는 크기는 유럽시장용이지만 취향은 미국적이라서 유럽소비자에게는 어울리지 않는 면이 있다(Ayoglu, 2007: 3). 그러다 보니 이들의 시장점유율을 2007년 기준으로 보면, 세계 시장에서는 도요타 1위, 혼다 7위, 닛산 8위이고, 미국시장에서도 각각 3위(14.5%), 5위(8.9%), 6위(6.8%)에 오르고 있지만, 유럽시장에서는 7위(6.1%), 12위(1.8%), 11위

(2.1%)에 불과하다(Automotive News Europe, 2007, *2007 Global Market Data Book*; European sales by model; Market analysis by segments, *Automotive News*, 13(19), 18-19).

도요타는 부품의 조달 전략으로서 전략적 공급업체와 독립적 공급업체의 2원화 전략을 채택하고 있다. 전자는 전략적 부품을 공급하고 후자는 그 이외의 부품을 공급한다. 아울러 1차 공급업체와 2차공급업체의 계층적 전략을 전개함으로써 자사가 관리, 통제, 감독해야 하는 공급업체 수를 줄이고, 적은 수의 공급업체와의 관계는 보다 긴밀하고 통제력 행사가 용이해지는 장점을 제공한다(Ayoglu, 2007: 11). 도요타는 공급업체와 지속적 개선이라고 하는 가치관의 공유를 강조한다.

그런데 유럽시장은 분할화(fragmentation)가 심하고 각 세그먼트에서의 경쟁도 치열하다. 그런 시장에서 일본자동차업체들의 SWOT을 간단히 정리하면, 강점으로는 기술, 소형엔진 및 차량에 대한 전문성이고, 약점으로는 브랜드의 정서적 이미지의 취약, 시장의 기회로는 시티와 슈퍼미니 세그먼트의 유망성이고, 시장의 위협으로는 원유가격, 경합업체들이다(Ayoglu, 2007: 26).

① 혼다

혼다의 전체 매출액에서 각 시장이 차지하는 비중은 북미 48.5%, 일본 22.3%, 아시아 20.1%, 유럽 4.4%, 기타지역 4.6%로 되어 있다(2015년 기준, 자료: http://www.honda.co.jp/investors/financial_data /geographical_ifrs/). 유럽 판매 차량의 절반은 디젤엔진이다.

제품전략에서 혼다는 유럽시장에서 가장 치열한 경쟁 세그먼트인 콤팩트 부문에서 1973년부터 Civic 브랜드를 출시하고 있고, 유럽에서 생산공장을 개시한 것은 1992년 영국공장에서 5세대 시빅인데, 여기에는 해치백(3도어, 5도어)과 세단의 두 가지 스타일이 있다. 그 다음은 1996년부터 영국공장에서 생산하는 SUV 세그먼트의 CR-V 브랜드를 판매하는데 혼다의 유럽매출액의 22%를 점하고 있다. CR-V는 2002년에 모델 변경으로 2002년도에는 전년대비 34%의 매출증대를 가져다주었고, 이미 미국시장에서는 포드자동차의 Explorer 브랜드가 15년 연속 차지하던 SUV 세그먼트 매출 수위의 자리를 2007년에 탈취하는 기염을 토하였다(Ayoglu, 2007: 29). 유럽의 슈퍼미니 세그먼트에서 혼다는 Jazz/Fit 브랜드로 혼다 유럽매출의 30%를 점하고 있다. 따라서 콤팩트(시빅), 콤팩트SUV(CR-V), 슈퍼미니(Jazz/Fit)의 3개 세그먼트에서 거두는 판매금액은 혼다의 유럽시장 판매액 전체의 약 80%를 점하고 있고, 중형차 세그먼트의 어코드가 12%, 다목적차량(MPV) 세그먼트의 FR-V가 6%의 순이다.

생산전략에서 혼다는 현지화전략을 채택하여 유럽의 생산공장에서 제조, 판매를 하고 있다. 애당초 혼다는 북미시장에 역점을 두었고 자원의 여력이 없어서 유럽시장 판매용 차량은 일본에서 수입하고 있었는데, 수출 물량분 만큼 일본 내수 시장에서 공급량이 부족해지면서 할 수 없이 Rover 라는 영국업체와 제휴를 맺게 되었다. 이 덕분에 혼다는 유럽 소비자들이 원하는 스타일, 인테리어 등 제품 요건에 대한 지식에 접근할 수 있게 되었다. 엔진과 변속기(gearbox)등의 주요 부품에 대해서는 Rover사로부터 판매 단위당 로열티 수입을 거두었다. 이후 Rover사의 생존력에 대한 불확실성의 제기로 1994년 보유 주식을 매각하고 Rover사와의 제휴를 종료하였다.

② 닛산

닛산의 전체 매출액에서 각 시장이 차지하는 비중은 북미 53.3%, 일본 37.0%, 아시아 14.7%, 유럽 15.7%, 기타지역 9.6%로 되어 있다(2016년 3월 회계연도 기준: 2015.4-2016.3, 자료: http://www.nissan-global.com/JP/ DOCUMENT/PDF/FINANCIAL/REFERENCE/CONSOLIDATION/2016/20161st_summary_398_j.pdf). 닛산의 제품전략은 프랑스 자동차기업 르노(Renault)와의 제휴 전후로 제품포트폴리오를 달리하고 있다. 르노와의 제휴 이전에는 슈퍼미니(Micra 브랜드), 소형패밀리카(Almera 브랜드), 대형패밀리카(Primera 브랜드)의 3개 세그먼트에서 경쟁을 벌였다. 그런데 제휴 이후에는 해당 세그먼트에서 철수하거나 또는 생산량을 감축하였다.

생산전략과 관련해서 닛산은 스페인의 바르셀로나와 영국의 선더랜드에 공장을 갖추고 슈퍼미니, 미니 MPV, 콤팩트 SUV의 3개 세그먼트에 생산을 집중하고 있다. 단, 상급 브랜드(upmarket brand)인 인피니티는 도요타자동차와 마찬가지로 일본에서 생산을 하고 있다.

③ 도요타

도요타자동차의 총수입에서 차지하는 지역시장별 비중은 2015년 기준(2015.4-2016.3)으로 일본 52.9%, 북미 35.5%, 유럽 10.5%, 아시아 18.3%, 기타지역 9.0%로 되어 있다(자료: http://www.toyota.co.jp/pages/contents/jpn/investors /financial_results/2016/year_end/yousi.pdf). 그리고 동일 기간 중의 영업이익의 시장별 비중은 일본 57.1%, 북미 21.3%, 유럽 2.9%, 아시아 15.3%, 기타지역 4.1%로서 자국시장에서 과반의 수익을 획득하고 있음을 알 수 있다. 반면 유럽시장에서 경쟁사와의 상대적 시장 지위를 보면 5.8%의 시장점유율로써 8위에 자리잡고 있다.

제품전략에서 도요타는 북미시장과 달리 유럽시장에서는 시티(Aygo 브랜드: 전적으로 유럽소비자의 욕구에 맞추어 개발된 제품), 슈퍼미니(Yaris 브랜드: 시티의 상위 브랜드로서 프랑스에 생산공장, 차체 스타일은 3도어와 5도어의 해치백, 4도어의 세단의 3가지, 엔진은 1리터, 1.3리터, 1.4리터, 디젤 1.5리터의 4가지), 콤팩트(Corolla의 유럽브랜드인 Auris: 이 세그먼트에서 유럽의 최강자는 폭스바겐의 골프 브랜드), 중형의 규모가 상대적으로 작은 세그먼트에 집중하고 있다. 유럽에서의 생산은 프랑스 자동차그룹 PSA와의 합작으로 2005년부터 시작하였다.

생산전략에서 도요타는 체코(PSA와 50:50의 합작으로 Aygo 브랜드 생산), 프랑스(Yaris 브랜드 생산), 포르투갈(Dyna, Hiace, Optimo 브랜드 생산), 영국(Auris 브랜드 생산), 터키(Auris, Corolla Verso 브랜드), 폴란드의 6개국에 자동차 및 부품(엔진= 프랑스, 폴란드, 영국에서 생산, 변속기= 폴란드에서 생산) 공장을 갖고 있다. 유럽 소비자의 취향에 맞는 자동차 생산을 위하여 디자인 연구소도 유럽에 둠으로써 수요에 대한 신속한 반응이 가능해졌다(Ayoglu, 2007: 39).

일본자동차업체들은 유럽현지의 공급업체 가운데 최저가로 납품할 수 있는 업체를 기준으로 선발하는 것이 아니라, 자사가 요구하는 바를 충족시킬 능력이 있는 업체를 기준으로 선정한다. 그러다 보니 선정된 공급업체들은 일본계 기업, 일본기업이 투자한 현지기업, 도요타와 이전에 거래 경험이 있는 기업 등으로 압축된다. 그만큼 적정한 품질의 부품을 공급할 능력이 있는 거래처를 신뢰한다는 점이다.

콤팩트 세그먼트에서는 혼다가 고전을 면치 못하고 있지만, 콤팩트SUV 세그먼트에서는 도요타의 RAV4에 이어 2위의 시장지위를 누리고 있다. 이 세그먼트의 경합업체는 그다지 많지 않은데, 폭스바겐의 Tiguan, 아우디의 Q5, 랜드로버의 Freelander, BMW의 X3와 우리나라의 현대, 기아자동차가 있다. 혼다는 일본시장이나 북미시장에서 최고의 시장지위를 누리고 있지 못하기 때문에 유럽시장에 자원을 투입해줄 만한 캐시카우가 없는 꼴이다.

닛산은 르노와의 제휴 이후에는 르노가 수위를 달리고 있는 부문(콤팩트 세그먼트에서 르노의 Megane 브랜드)에서는 르노와 경쟁을 피하고 있다. 폭스바겐이 각 세그먼트에 복수의 브랜드를 출시하는 전략을 취하는데 반해서 르노-닛산은 각 세그먼트별로 하나만의 브랜드를 내세우고 있다. 예외적으로 슈퍼미니 세그먼트에서는 양사가 각각 Twingo와 Micra, 미니MPV 세그먼트에서는 Modus와 Note를 경쟁적으로 선보이고 있는데, 이 두 세그먼트는 최근 유럽자동차 시장을 주도하는 부문이다.

혼다와 닛산, 도요타의 유럽시장에서 주력 브랜드는 슈퍼미니 세그먼트의 Jazz, Micra, Yaris이다. 도요타는 유럽시장 매출액의 75%를 소형과 콤팩트의 두 세그먼트에서 거두고 있고, 나머지는 SUV와 중형 등의 세그먼트가 창출하고 있다. 닛산은 매출의 50%를 소형 세그먼트에서 거둠으로써 이 부문에 초점을 모으고 있고, 뒤를 이어 SUV 세그먼트에 힘을 쏟고 있다. 혼다의 경우에도 소형 부문과 콤팩트 부문이 전체 유럽시장 매출의 60%를 차지하고 있다. 일본의 자동차 3사의 유럽시장 점유율의 변화를 보면, 1994-2006년 중에 도요타는 2.6%에서 6.2%로, 혼다는 1.4%에서 1.8%로 증가한 반면, 닛산은 3.3%에서 2.1%로 오히려 감소하였다(Ayoglu, 2007: 55).

유럽의 자동차 구매자들은 신뢰성과 경제성을 고려하여 디젤 엔진의 차량을 구매하는데, 도요타는 고급 차종인 렉서스의 디젤 모델을 유럽시장에 도입하지 않았다. 스타일면에서 이미지가 약한 점이 렉서스의 미적지근한 성적표의 원인이다. 이는 미국시장에서 2006년까지 7년 연속 고급차종의 최고 판매량을 보인 점에 비추어 보면, 치욕적이라고 할 정도이다. 그 원인은 도요타의 JIT 생산방식은 재고의 극소화에 초점을 맞춘 대량생산형인데 비해, 유럽소비자들은 세세한 부분까지 주문형 차량을 원한다는 점에서 시장의 요구와 불일치하였기 때문이다. 아우디가 소비자로부터 명품 차량으로 인정받는데

40년이 걸렸다는 점은 이를 시사한다.

요약해서 말하면, 일본 자동차 3사는 공급망관리 전략에서 유럽시장에서 유사한 전략을 전개해왔다. 가장 저렴한 납품가를 제시하는 업체를 공급자로 선정하는 것이 아니라, 자사가 요구하는 표준을 맞출 능력이 있는 공급업체를 선호한다. 물론 이렇게 선정된 공급업체가 눈높이에 맞는 품질 수준에 도달하는데 필요한 재무 지원은 해준다. 표적설정 전략에서도 3사는 마찬가지의 행보를 보이고 있다. 콤팩트SUV와 슈퍼미니 세그먼트에서는 최소한 1개 이상의 브랜드를 출시하고 있다. 특히 도요타는 이 두 세그먼트에서 RAV-4와 Yaris라는 브랜드로 리더의 지위를 구가하고 있다. 도요타, 혼다, 닛산은 이 두 세그먼트에서 벌어들이는 수입이 유럽시장 총수입의 각각 40%, 43%, 49%를 차지하고 있다(Ayoglu, 2007: 63). 일본자동차 3사의 또 다른 유사점은 생산제휴 전략에서도 엿볼 수 있다. 도요타는 프랑스의 PSA그룹과 제휴하여 체코공장에서 시티 세그먼트의 Aygo를 생산하고 있는데, 동일 공장에서 PSA는 시트로엥(Citroën) C1과 푸조(Peugeot) 107을 생산하고 있다. 닛산도 르노(Renault)와 제휴하여 닛산은 르노 주식의 15%, 르노는 닛산 주식의 44%를 소유하고 있다. 닛산은 르노의 프랑스 바띠이(Batilly) 공장에서 Interstar를, 모뵈쥬(Maubeuge) 공장에서 Kubistar를, 르노의 스페인 바르셀로나 공장에서 Traffic2를 각각 생산하고 있다. 혼다는 로버(Rover)와 제휴를 맺었으나 관계가 종식되었고, 현재 로버사는 존재하지 않는다.

한편, 이들 일본자동차 3사는 전략상의 차이점도 보이고 있다. 무엇보다도 고급차종의 출시여부인데, 도요타는 렉서스 브랜드를 유럽시장에 1991년에 선보여 유럽시장 매출총액의 4%를 점하고 있다. 그러나 닛산은 인피니티의 출시 계획을 아직 실현하고 있지 못하며, 혼다는 아큐라(Acura)를 유럽에 데뷔시킬 계획이 전혀 없다. 뿐만 아니라 도요타는 유럽 자동차 세그먼트 중 88.6%의 부문에서 최소 한 개 이상의 브랜드를 판매하고 있지만, 혼다는 66.2%, 닛산은 58.1%에 그치고 있다(Ayoglu, 2007: 66). 제휴전략에서 유사하다고 앞서 언급하였지만 자세히 들여다보면, 닛산이 자본제휴의 형태를 취하고 있는 반면, 도요타는 자본제휴 없이 생산에서만 제휴를 하고 있으며, 혼다는 한술 더 떠서 아예 유럽시장에서는 제휴를 취하고 있지 않다. 시장점유율 차원의 차이를 보면, 2006년 기준으로 도요타 6.2%, 닛산 2.1%, 혼다 1.8%의 순위를 보이고 있다. 생산 전략에서 도요타는 북미시장에서 판매되는 차량의 50%만을 현지생산하는데 비하여 유럽 시장에서는 74%의 높은 현지생산 비율을 보이고 있다. 혼다는 반대로 북미시장의 현지 생산 비율 81%보다 낮은 55%의 유럽 현지생산 비율을 나타내고 있다. 닛산은 현지생산 비율이 북미시장 86%, 유럽시장 83%로 균형을 보이면서, 3사 가운데 가장 높은 현지화를 이루고 있다. 고급차 세그먼트에서도 북미시장에서는 도요타, 혼다, 닛산이 각각 Lexus, Acura, Infiniti 브랜드로 1.73%, 1.16%, 0.66%의 점유율을 보이고 있지만, 유감스럽게도 유럽시장에서는 도요타만이 0.25%의 점유율을 보일 뿐이어서, 혼다와 닛산 양사는 유럽시장에서 고급차 브랜드로서의 이미지가 전무하다는 취약점을 드러내고 있다(Ayoglu, 2007: 69).

2) 중국 가전업체의 시장 관리

하이얼의 장루민(Zhang Ruimin) 사장은 품질관리의 지속적 개선을 목적으로, 냉장고 사업을 하고 있는 독일 기업 립헬(Liebherr)과 합작투자를 하였다. 하이얼은 자사명을 독일어 'Herr'의 음성을 중국어로 표기하여 'Haier'이라고 했을 만큼, 립헬을 타의 모범으로 삼았다. 하이얼은 빚에 허덕이는 국영기업 청도홍성전기유한공사(Qingdao Red Star Electric Appliance)를 1993년에 인수하여 세탁기를 백색가전의 상품 구색에 추가하였다. 그리고 같은 해에 상하이증권시장에 상장하여 모은 투자금으로 청도에 신규 생산시설을 건립하였다. 전자제품의 확대는 에어컨, TV, PC, 휴대폰으로까지 이어졌다. 그리고 비관련 다각화 전략으로서 부동산, 금융, 관광업으로까지 손을 뻗쳤다.

이러한 하이얼이 유럽시장에 발을 내딛게 된 것은, 중국기업으로는 최초로 유럽기업인 메네게티(Meneghetti: 본사 이탈리아. 리옹과 암스테르담에 디자인센터)를 2001년에 인수하고 나서부터였다. 현재 하이얼은 전 세계에 8개의 연구개발센터와 40여개의 생산시설을 갖추고 있다. 독일판매지사는 2006년에 유한책임회사(GmbH: 영국의 Limited에 해당)로 변신하였는데, GmbH는 독일에서 가장 흔한 기업의 법적 형태이다. 2005년에 하이얼의 유럽총괄본부(Haier Europe Trading)의 판매/마케팅부의 담당이사로 독일인 쿠르트 바이스(Kurt Weiss)를 임명한 점은, 하이얼의 유럽사업과 브랜딩

전략에서 차지하는 독일시장의 중요성을 보여주는 것이었다. 경쟁이 치열한 독일시장에서 하이얼은 품질과 생산데이터를 보증하는데 주력하는 방법으로 이미지 개선에 열을 올리고 있다. 제품검사기관들의 보증서와 추천서를 획득하는 일, 독일의 냉동식품 가정배달서비스업을 하는 기업 아이스만(Eismann)과 마케팅/유통의 파트너십을 체결한 일 등이 그 구체적 작업이다. 백색가전 제품군에 평면TV를 추가하는 일은 폴란드 공장에서 생산되고 있다. 제품의 유지/보수 서비스는 하이얼이 해결해야 할 과제 중의 하나이다. 다른 경쟁사들과 마찬가지로 하이얼도 이 부분은 외주에 의존하고 있는데, 보증기간 내에 수리비를 극소화하기 위하여 엄격한 품질관리와 마케팅관리를 행동으로 삼고 있다.

독일법인과 중국본사 간에는 의사소통에 거의 문제가 없다. 이는 하이얼 그룹 내의 다른 해외 자회사들과 겪은 이문화 지식과 경험 덕분이다. 독일법인은 회사의 절차, 과정을 보다 투명하고 처리하기 쉽도록 하기 위하여 외부 컨실턴트들을 활용하고도 있다. 공통의 기업 문화 형성을 위하여 하이얼은 펄뮤터가 말한 자국중심적 사고(ethnocentric)를 취하고 않고 그 대신 전 세계 법인들로부터 긍정적인 문화적 습관을 결합하는 지구중심적 사고(geocentric)를 갖고 있다. 중국 내에서 하이얼은 오랜 시간에 걸쳐 해외시장에서 성공을 거둔 기업, 다른 중국기업보다 종업원 보수가 많은 기업으로 인식되어 명문대학의 우수 졸업생들이 취업을 희망하는 기업으로 발전해왔다. 직원의 평균 연령 30세, 임원의 평균 연령 38세인 하이얼의 인적 구성은 유럽시장의 관습과 보다 조화를 이루는 배경 중의 하나일 것이다. 기업이 추구하는 가치를 전 세계 법인이 공유할 수 있도록, 가상 및 대면의 팀 미팅과 종업원 교육을 실시하고 있다.

3) 지역본부의 역할

아디다스 그룹은 유럽과 아시아의 지역본부를 폐쇄하고 본사와 각 자회사 간의 직접적인 상호작용을 강화하기로 하였다. 이를 위하여 CRO(Chief Retail Officer)의 자리를 신설하여 그의 지도하에 글로벌 소매 조직에 전념토록 할 것이다. 이와는 대조적으로 시티은행은 2008년 3월의 발표에서 의사결정을 보다 고객과 근접한 곳에서 내리기 위하여 지역본부를 설치하는 방향으로 조직 개편을 단행한다고 하였다. 삼성전자는 지역본부를 설치하지 않고 본사의 조직 구조에 지역 관리 부처를 추가하였다. 현지 시장에 대한 반응성(responsiveness)과 전 세계 시장 차원의 상승효과 간의 균형점을 찾는 일이 국제 기업의 고민거리이다. 여기서 관건이 되는 점은, 기업 활동과 제품/서비스 가운데 어느 부분을 집권 관리하고 어느 부분을 분권 관리할 것인가 하는 것이다. 즉 조정(coordination)과 통제(control)가 제대로 발휘될 수 있는 구조와 과정을 설계하는 일이 성공을 판가름 짓는다. 포춘지가 발표하는 글로벌 500대 기업의 80% 이상이 본사가 있는 지역에서 총매출의 절반 이상을 거두어들이고 있으며, 3개 대륙(유럽, 미주, 아시아)에서 골고루 총 매출의 최소 20% 이상씩을 거두고 있는 다국적 기업은 2.4%에 불과하다는 점[25)]은, 글로벌 차원의 통일된 관리보다는 지역 차원의 분산 관리가 더 중요하다는 점을 말해주고 있다고도 볼 수 있다.

이처럼 지역본부의 체제에 힘을 실어주는 시각은 문화적 친밀성(cultural affinity)을 그 이유 중의 하나로 꼽고 있다. Usunier와 Sissmann(1986)[26)]에 따르면, 문화적 친밀성이란 언어, 종교, 가족의 삶의 패턴, 일 관계, 소비 패턴 등의 측면에서 유사한 특성을 보이는 것을 말한다. 여기에 규제 체제, 산업 조직, 경쟁, 마케팅의 하부구조, 조직의 전통 등을 추가할 수도 있다. 또 다른 이유로는 규모 경제에 대한 제약에서 벗어나게 된 점을 꼽는다. 공장 자동화 덕분에 규모 경제의 효과를 볼 수 있는 생산량의 크기가 줄어들었다는 점이 지역단위 심지어 국가단위의 공급을 효율적으로 해주고 있다. 이와는 반대로 지역단위에서 벗어나 글로벌 체제로 관리하려면 마케팅 비용과 운송비, 관리비, 경상비 등의 상승이라는 부담이 작용한다. 세 번째 이유로는 외제라는 점이 주는 부담(liability of foreignness)이 있다. 지리적 거리가 주는 비용과 현지 환경에 익숙치 못하고 기반이 약하다는 점에서 오는 외국기업 특유의 비용 등이 그 예이다. 이런 부담은 대륙이라는 지역 단위를 넘어설 경우 더욱 커진다. 네 번째 이유로는 지역본부가 글로벌 통합을 이루려는 본사와 현지 시장에 적응하려는 각국 자회사 간의 긴장을 완화하는 완충 역할을 수행할 수 있다는 점이다[27)]. 아울러 지역본부에게 해당 지역에 속한 각국 자

25) Rugman, A. 2005. The Regional Multinationals: MNEs and Global Strategic Management. Cambridge University Press.

26) Usunier, J. and Sissmann, P. 1986. L`intercultural au service du marketing. *Harvard-L'Expansion*, 40, Spring, 80-92.

회사의 관리를 맡김으로써 본사(headquarter)가 관리해야 할 통제의 범위(span of control)가 좁아진다는 매력도 있다.

지역본부의 범위를 가름하는 지표로는 지리적 근접성, 시장의 유사성, 관리적 고려, 정치적 고려, 비용 효율성 등이 있다. 지리적으로 근접한 시장들을 하나의 지역본부 하에 두게 되면, 공동 물류 센터의 운영으로 운송과 물류 비용의 절감이 이루어진다. 시장의 유사성에 대해서 Ghemawat(2001)[28]는 문화적, 행정적, 지리적, 경제적(CAGE) 거리를 측정 도구로 삼고 있다. 소비자 기호의 유사성이 클수록 유사한 마케팅 기법으로 접근하는 일이 의미를 지닌다. 제약 산업에서는 제약에 대한 행정적 승인 절차와 규제가 기업의 글로벌 활동을 조직하는데 치명적인 역할을 한다. 국가의 경제발전 속도가 지닌 유사성은 일용잡화품(FMCG: Fast Moving Consumer Goods)을 취급하는 기업이나 은행업에게는 지역 분할의 기준으로 작용한다. 관리적 고려라 함은, 본사가 각 자회사에 부여하는 상대적 중요도나 관심의 크기를 반영한 것이다. 대형 제약회사의 경우, 유럽 시장에 대해서 독일, 프랑스, 이탈리아, 스페인, 영국의 5대 국가 시장의 자회사에게는 본사에게 직접 보고토록 하고 있지만, 다른 유럽 국가 시장에 대해서는 한 두 개의 하위 지역집단으로 묶고 있다. 정치적 고려의 경우, 이탈리아의 Unicredit이 독일 은행인 HNB Group을 인수한 예를 들 수 있다. 이 독일은행은 중,동유럽 시장의 자회사들을 오스트리아의 빈에 있는 지역본부가 조정, 관리하고 있었는데, 인수 후에도 유니크레딧은 빈의 지역본부 역할을 그대로 유지하였으나, 폴란드 자회사에 대해서만큼은 예외적으로 본사에 직접 보고토록 하였다. 그 이유는, 폴란드 자회사의 자국에 대한 자존심과 폴란드 정부의 개입으로 자국보다 조그마한 나라인 오스트리아에 보고할 수 없다는 점이 작용하였다. 비용의 효율성은, 동일 지역 내에 있는 각 자회사 차원으로 마케팅 활동을 단편화(fragmentation)할 경우 비용 부담 측면에서 타당성이 없다는 점을 염두에 두어야 하는 것이다. 맥도널드는 맥너겟에 들어가는 빵가루(breadcrumb)의 제조 공식을 유럽

---

27) Lehrer, M. and Asakawa, K. 1999. Unbundling European operations: Regional management and corporate flexibility in American and Japanese NMCs. *Journal of World Business*, 34, 267-286.

28) Ghemawat, P. 2001. Distance still matters: The hard reality of global expansion. *Harvard Business Review*, 79(8), 137-147.

지역의 알프스 산맥 접경 국가 시장에서는 좀 더 거칠게 하였으나 비용 문제로 포기하고 말았다.

지역본부의 관리 체제에는 크게 4가지가 있다[29]. 단일국가 시장 접근법(single country market approach)은 지역본부가 중앙의 허브 역할을 하며, 관할 하에 있는 국가 자회사들은 횡적 연결 없이 지역본부를 경유하게 된다. 이는, 지역본부의 통제범위가 크지 않을 때, 각 국가시장의 중요성이 비슷할 때, 소비자 기호가 동질적일 때에 기업들이 선호하는 방식이다. 아식스의 경우, 상당히 표준화한 런닝화와 운동복을 별도의 독립된 유통업자들이 다수의 유럽 국가시장에 공급하고 있기 때문에, 암스테르담의 지역본부가 각 국가시장을 관리하고 있다. 하위지역 접근법(sub-regional approach)은 지역본부 밑에 몇 개의 하위지역본부를 설치하고 이들 하위지역본부가 몇 개의 국가시장 자회사를 관리하고, 지역본부는 하위지역본부들을 관리하는 방식이다. 해당 지역 내에서 이질성을 보이는 하위 시장들이 존재하고 거기서 대규모 영업 활동을 하는 경우에 적용되는데, 나이키는 유럽시장 중에서도 오스트리아, 독일, 슬로베니아를 하나의 일관된 하위그룹으로 분류하고 있다. 혼합 방식(mix of single market and sub-regional approach)은 지역본부의 직접적 관리를 받는 국가시장 자회사들과, 하위지역본부의 관리를 받는 국가시장 자회사들로 혼합되어 있는 방식이다. 지역 내의 일부 국가시장이 기업의 재무실적에 미치는 영향력, 특별한 개발 목표, 정치적 이해관계자들의 관심 등의 이유가 존재하는 경우에 이런 방식이 채택되는데, 제약회사들은 거의 모두가 이 방식을 채택하고 있다. 가상의 지역네트워크(regional/virtual network)는 국가시장의 자회사들이 지역관리의 책임을 공유하는 방식이다. 즉 지역본부라고 하는 실체는 존재하지 않고 지역 내 각 자회사들이 책임을 분담하는 것이다. 조직 계층에 위인설관 식의 또 다른 자리를 만들지 않으면서도 지역 특유의 관리를 달성해야 할 필요성이 제기될 때 이루어진다. 단지, 이 경우에는 조정에 대한 압박감이 크다는 문제점이 있기는 하다.

지역본부를 어느 곳에 설치할 것인가 하는 문제는 역학 관계(power leverage), 최고 경영진의 개인적 성향, 역사적 배경 등에 영향을 받는다. 자회사들이 갖는 정치적 힘의

29) Ambos, B. and Schlegelmilch, B. 2009. The New Role of Regional Management. Palgrave, Basingstoke, England.

크기가 설치 지역 선정에 영향을 미친다는 것은, 각 자회사가 활동하는 해당 국가 시장이 지닌 매력도와는 무관하다. 최고경영진의 개인적 성향의 예로서, Ecolab(미국 미네소타 본사. 에너지기술 사업)이라는 기업의 최고경영자는 유럽지역본부를 스위스의 취리히(Zurich)에 둔 이유를, 이 도시가 세계에서 가장 사업하기 좋은 도시에 꾸준히 올라와 있고, 회사 직원들에게 제공하는 삶의 질이 탁월하기 때문이라고 밝히고 있다. 역사적 배경과 관련한 사례로는, 포드자동차가 유럽지역본부를 런던(Stansted 공항 주변)에 둔 이유가, 단지 지역본부를 설치하기 40여 년 전부터 그곳에서 활동을 해왔기 때문이라는 점을 들 수 있다(그 후, 유럽지역본부는 독일의 쾰른(Cologne)으로 이전하였음).

① 푸마

푸마는 1924년에 두 형제 아돌프 다슬러(Adolf Dassler)와 루돌프 다슬러가 Gebrüder Dassler Schuhfabrik 이라는 회사를 창업한 것이 사업의 원년이다(이후 1948년에 두 형제는 갈라서서 각자 아디다스와 푸마로 분리, 경쟁관계에 놓임). 당시 주종은 슬리퍼와 아웃도어 신발이었는데, 아돌프가 기술과 생산을, 루돌프가 사업을 관장하였다. 이후 주력 상품을 스포츠 신발, 특히 트랙 신발과 축구화에 초점을 두었다. 기업의 명성을 강화할 목적으로 푸마는 스타급 운동선수들을 후원하기 시작했는데, 가령 1936년 베를린 올림픽에서 4개의 금메달(100미터, 200미터 계주, 400미터 계주, 멀리뛰기)을 수상한 미국의 육상선수 제시 오언스(Jesse Owens: 1913-1980)에 대한 후원을 들 수 있다. 푸마는 운동화 제조업체 가운데 최초로 벨크로 줄(velcro strap: 일명 찍찍이 줄)을 사용하였다.

창업자 루돌프 다슬러가 1974년에 사망하자, 1960년대 초반부터 오스트리아 자회사를 관리해오던 그의 아들 아민(Armin) 다슬러가 경영권을 계승하였고, 1986년에는 기업공개를 하였다. 브랜드 지명도가 높았음에도 불구하고 푸마의 매출액 가운데 절반은 저가 운동화로부터 창출되었고, 제품 혁신을 위한 연구개발비, 신제품 모델에 대한 마케팅 비용 등은 이윤을 갈아먹으면서 거의 10년 간 적자 상태가 지속되었다. 마케팅 전략을 저가 상품에서 고가 상품으로 전환하여 자리매김을 달리한 푸마는 나이키, 리복 등과 정면 승부를 펼치면서 판매 감소와 영업 손실이라는 참담한 재무성과를 가져왔고, 1990

년대 초반에는 시장점유율마저 축소되었다. 1993년 최고경영자에 취임한 요헨 자이츠(Jochen Zeitz)는 장기사업전략을 즉각 실행하였는데, 1993-97년의 1단계에서는 대대적인 비용 절감 조치와 조직 개편을 통하여 시장지향적 변혁을 꾀하였다. 가령, 구매부서와 제품개발 부서의 통합이라든가 물류시스템의 중앙집권화 등이 있다. 1996년에는 처음으로 주주들에게 배당을 실시할 수 있게 되었다. 1998-2001년의 2기에서는 새로운 전략적 제휴와 국제마케팅 및 제품개발에 대한 높은 투자가 중점을 이루었다. 1997년에는 이탈리아에, 1999년에는 영국에 자회사를 설치하였고, 미국 시장이 가장 중요한 거점으로 지목되었다. 일본 시장에서는 10%의 라이센스 수수료를 거두어 들이고 있었다. 특히 미국시장에서 좋은 성과를 거두면서 기업전략은 효과를 보게 되었고, 2001년에 푸마는 세계에서 가장 갖고 싶은 스포츠 라이프스타일 브랜드 중의 하나로 자리매김을 다시 하는데 성공하였다. 2002-05년의 제3기는 일명 가속기(momentum phase)라고도 불리는데, 브랜드의 잠재력을 한층 가속화시키려는 목표가 제시되었다. 동유럽과 일본, 남아시아 시장에서 직접투자가 이루어졌고, 유통업자들과의 전략적 제휴도 결성되었다. 소매 활동이 핵심적 기능을 발휘하게 되면서 점포 내 판촉 활동(in-store merchandising)이 각별해졌으며, 푸마 브랜드의 가시성을 높이기 위해서 인구밀도가 높은 도시에 점포를 개설하는 일도 중요한 작업이었다. 그럼에도 불구하고 전 세계 스포츠 제품 시장에서 푸마는 여전히 축구화와 런닝화에 주력하는 덩치가 작은 경쟁사라는 위치에 있고, 소비자가 원하는 스포츠라이프 스타일이라 함은, 스포츠 용품을 피트니스 스튜디오나 경기장에서만 착용하는 것이 아니라 여가 시간에도 자유로이 착용하려는 점이라는 것을 감안하면, 기업의 가치를 드높이는데 기여할 수 있는 다른 스포츠 영역을 확인하는 일이 절실하다. 2006-10년의 제4기는 확장기(expansion phase)라고 불리는데, 제품 카테고리의 확장, 푸마 브랜드 이외의 브랜드로 확장, 지역적 확장을 의미한다. 일본 시장에서는 라이센스 파트너와 합작투자(푸마의 다수 지분)를 하여 의류 사업으로 확장하였고, 인도와 두바이, 한국, 루마니아, 크로아티아 시장에서는 단독투자를 하였다. 골프와 보트 등의 다른 스포츠 분야로도 계속 확장해나가고 있고, 축구팀들에 대한 후원으로 아프리카 시장에서도 확장하고 있다. 그 결과, 2008년의 글로벌 경제 위기의 여파도 다른 경쟁사들보다 덜 받아서 25억 유로의 매출과 2억 3,200만 유로의 순이익을 거두었다.

< 표7 > 유럽지역본부의 기능

기 능	목 표	사 례
활동의 집합(activity pooling)		
1. 지역유통관리 2. 지역 마케팅 3. 주고객 관리 4. 지역 제품개발 5. 지원기능 관리 6. 지역 제조 7. 지역 IT 관리	1. 공동창고 2. 공동 마케팅 3. 주고객의 중앙관리 4. R&D센터의 공유 5. 공동 인사, 법무 6. 중앙 생산공장 7. 공동 플랫폼	1. 아식스 유럽물류센터 (네덜란드 암스테르담) 2. P&G의 DACH(독일, 스위스, 오스트리아)지역 3. Unicredit Banca의 법인고객 4. 포드의 R&D센터 (독일, 스페인, 영국) 5. Henkel의 중.동유럽 본부 6. 도요타자동차 웨일즈공장 7. 티파니의 뮌헨 IT센터
활동 조정(coordinating)		
1. 예산 분배 2. 자회사 통제 3. 지역전략 개발 4. 지역 벤치마킹	1. 재무통제, 예산 분배과정 관리 2. 순응과 통제 확보 3. 시장전략의 조정 4. 최고관행의 학습	1. 푸마의 RHQ(잘츠부르크) 2. 베링거 인겔하임(의약회사) 3. P&G의 RHQ(제네바) 4. 베링거인겔하임(중,동유럽)
기업가적 역할(entrepreneurial		
1. 글로벌본사에 지역문제 호소 2. 지역내 지식 공유 3. 지역내 기회 탐구	1. 본사에 의견 대변 2. 자회사간 관행교류 3. 신시장개발, 신제품 도입	1. 혼다(본사 이사회 참석) 2. Unicredit Banca(중.동유럽) 3. Henkel(카자흐스탄 세제 시장 개발)

자료: Rudolph et al. 2012, p. 206.

2장. 유럽 산업 동향

1. 소매 산업

1) 소매업의 경영 요소

독일 할인점 업계의 아이콘인 Aldi는 1967년 이후 국내 시장을 벗어나 주로 유럽전역을 대상으로 사업의 국제화를 전개한 결과, 이제는 수입의 절반을 해외에서 거두고 있다. 그런데 유럽시장의 소비자들이 보이는 행동의 다양성이 엄청나서 한 나라에서 효과를 본 전략이 다른 나라에서는 실패할 수 있다. 그런 이유로 유럽의 소매업체들은 사업의 국제화에서 표준화냐 아니면 현지화냐의 선택에 고민을 하게 된다. 유럽 국가들 중에 집단주의에 속하는 국가들은 개인주의에 속하는 국가들에 비하여 식료품 지출 비중이 높은데, 그 이유는 음식이 사회적 기능 면에서 중요한 역할을 담당하기 때문이다(Rudolph et. al., 2012: 132).

유럽 국가 중 스칸디나비아 제국과 서유럽에서는 시장 집중도가 높아서 몇 몇 주요 소매업체들의 시장 지배력이 40%를 웃도는 막강한 지배력을 과시하고 있다. 이러한 가운데 업체들의 국제화 전략은 조달과 판매라고 하는 두 가지 측면에서 전개된다. 이 중 조달은 이미 오래전부터 이루어져온 일이라서 새삼스러운 현상은 아니다. 유럽의 소매업체 가운데 국내 매출액보다 해외 매출액의 비중이 높은 기업으로는 네덜란드의 Ahold(75%), 독일의 METRO Group(58%), 프랑스의 Carrefour(55%), 독일의 Kauland/LiDL(52%) 등이 있다.

① 비전(vision)

소매점 사업을 경영하는데 핵심을 이루는 것은 비전이다. 비전은 소매업체의 주된 가치 명제로서, 소비자에게 분명히 전달되어야 하고 종업원의 온전한 이해와 추종을 구해야 한다. Aldi의 비전은 "우리는 보다 적은 대가를 지불하고 최고의 것을 구매합니다. 당신 또한 그리 할 수 있습니다."이다. 이를 통해서 소비자는 Aldi에게 기대할 수 있는 바가 무엇인지를 선명하게 알게 되고, 종업원들은 무엇에 힘써야 하는지를 깨닫는다. 비전은 이해하기기 쉬어야 하며, 그 범위가 너무 좁아서도 안 된다.

② 사업모델(business model)

가치 명제를 설정하고 나면 그 다음에 해야 할 작업은 이를 고객에게 전달하기 위하여 가장 적합한 사업모델을 찾아내는 일이다. 소매업에서 고객 가치를 구동하는 가장 중요한 요소인 가격, 제품, 서비스에 기초하면 세 가지 기본 사업모델이 나오는데, 이들은 글로벌 할인소매업, 콘텐츠 소매업, 체인 소매업이다. 글로벌 할인소매업은 조달, 물류, 판매의 최적화를 통한 비용의 극소화를 이루어 가격선도자가 되려는 것이다.

< 표8 > 유럽 각국의 소매업 시장의 집중도

국 가	10대 소매업체 점유율	10대 식품소매업체 점유율
펀란드	56.6%(54.8%+ 1.8%)	97.2%(92.2%+ 4.9%)
덴마크	52.2%(46.9%+ 5.3%)	82.7%(69.6%+ 13.1%)
노르웨이	49.6%(38.9%+ 10.7%)	92.8%(76.3%+ 16.5%)
아일랜드	48.7%(31.9%+ 16.8%)	83.7%(51.3%+ 32.4%)
스웨덴	47.8%(46.7%+ 1.1%)	83.3%(76.5%+ 6.8%)
스위스	45.9%(42.2%+ 3.7%)	68.2%(63.1%+ 5.1%)
영국	42.0%(35.1%+ 6.9%)	76.3%(58.5%+ 17.8%)
헝가리	41.5%(8.0%+ 33.5%)	74.3%(14.5%+ 59.8%)
프랑스	40.0%(37.0%+ 3.0%)	73.3%(66.7%+ 6.6%)
오스트리아	36.4%(16.4%+ 20.0%)	75.5%(27.6%+ 47.9%)
독일	36.3%(36.3%+ 0.0%)	75.2%(75.2%+ 0.0%)
체코	35.7%(0.0%+ 35.7%)	74.5%(0.0%+ 74.5%)
포르투갈	35.0%(16.5%+ 18.5%)	58.7%(28.4%+ 30.3%)
네덜란드	32.5%(26.3%+ 6.2%)	66.6%(54.4%+ 12.2%)
슬로바키아	32.0%(10.0%+ 22.0%)	59.1%(18.9%+ 40.2%)
벨기에	29.7%(16.2%+ 13.5%)	56.6%(32.4%+ 24.2%)
스페인	28.1%(23.0%+ 5.1%)	48.3%(38.1%+ 10.2%)

폴란드	26.3%(4.4%+ 21.9%)	41.9%(5.5%+ 36.4%)
루마니아	23.3%(2.7%+ 20.6%)	37.1%(5.1%+ 32.0%)
이탈리아	22.1%(18.6%+ 3.5%)	52.0%(43.6%+ 8.4%)
불가리아	15.3%(12.0%+ 3.3%)	24.6%(13.9%+ 10.7%)
그리스	15.3%(6.0%+ 9.3%)	29.1%(9.9%+ 19.2%)

주) 괄호 안의 앞 수치는 자국업체 점유율, 뒤 수치는 외국업체 점유율
자료: Rudolph et. al., 2012: 134.

< 표9 > 유럽의 10대 식품소매업체의 국내외 매출 비중 (2007년도)

업 체 명	매출액(US$)	국내매출/해외매출 비중
까르푸	1409억	45%/55%
테스코(TESCO)	1034억	73%/27%
메트로 그룹	755억	42%/58%
카우프란트/리들	714억	48%/52%
알디(ALDI)	654억	51%/49%
아홀트	637억	25%/75%
오샹(Auchan)	630억	52%/48%
레베(REWE: 독일)	562억	68%/32%
카지노그룹(프랑스)	559억	62%/38%
EDEKA(독일)	512억	95%/5%

자료: Planet Retail. 2008. Top 30 Grocery Retailers Worldwide 2007.

< 표10 > 소매업의 3대 기본 사업모델

	글로벌 할인소매업	콘텐츠 소매업	체인 소매업
비전(가치명제)	비용 극소화	혁신의 배양	솔루션 제공
전략	코스트 리더십	제품 리더십	고객 관계
운영의 핵심역량	구매, 물류, 판매과정의 효율성	시장조사, 제품개발, 혁신, 동향 파악	관계관리, 업계 협력, 서비스에 초점
사업 구조	표준화 및 단순화된 프로세스	민첩하고 분권화된 네트워크 구조	종업원에 대한 높은 권한 위임
매장 관리	신뢰성과 신속성을 갖춘 거래	독특한 제품구색의 구축 및 유지	고객의 요구와 문제에 맞게 제공을 각색
사업 확장	점포 신설	점포 신설	인수 및 합병

자료: Rudolph et. al., 2012: 137.

콘텐츠 소매업은 제품 혁신을 통하여 제품 선도자가 되려는 것이다. 체인 소매업은 독특한 쇼핑 체험의 창출을 통하여 소비자의 문제를 해결하려는 서비스 제공에 초점을 둔다.

③ 자리매김(positioning)

세 번째 작업은 자리매김을 하는 일(positioning)이다. 이 작업은 표적 집단의 설정과 경쟁우위 및 핵심역량의 확인을 포함한다. 표적 집단을 좁게 설정하든 아니면 보다 폭넓게 설정하든 소매업체는 가치명제의 전달을 위하여 필요한 경쟁우위를 자사의 핵심역량을 통하여 획득하게 된다. Aldi의 경우, 사업 초기에는 금전 절약의 필요를 느끼는 소비자 집단을 표적으로 설정하였지만, 나중에는 적정한 가격수준을 갖춘 품질 좋은 제품을 원하는 모든 소비자 계층으로 표적을 확대해 나아갔다. Aldi는 PL(Private Label) 공급업체와의 네트워크 결성에 의한 대량구매와 비용통제라는 핵심역량을 통하여 이를 달성하였다.

자리매김과 연관된 작업에 차별화가 있다. 소매업에서 차별화의 요소는 직원(staff), 기술, 서비스, 광고, 구색(assortment), 가격, 매장 진열(shop layout), 매장 입지(location)의 8가지이다. 이들 8개 요소에서 모두 차별화를 하는 것은 무리이며, 어떤 요소에서는 경쟁사만큼의 영역을 유지하고(zone of security), 다른 구역에서는 경쟁사를 앞서는 영역을 확보하는(profiling zone) 차별화 작업이 이루어져야 할 것이다. Aldi의 경우에는 직원 요소에서는 대등한 수준을 유지하는데 그치고, 가격 요소에서 유리한 수준의 차별화를 이루었다.

④ 국제화: 표준화 vs 현지화(standardization vs localization)

소매업의 국제화는 표준화 대 현지화라고 하는 양축 간의 균형 문제를 끊임없이 고민해야 한다. 이 균형 문제는 4가지 선택안을 제시하는데, 이들은 국내지향, 글로벌 지향, 다국적 지향, 글로컬 지향이다. 통합(integration)은 소매업의 개념을 국내시장에서 해외시장으로 적용하는 정도를 가리킨다. 국내에서의 사업모델을 외국시장에 맞게 변형하는 정도를 현지 반응성(local responsiveness)이라고 한다. 국내지향성의 선택안은 해외 사업망의 숫자가 미미하여 소매점 운영의 표준화에 의한 편익이 별로 없다. 해외 사업망의 숫자가 늘어나면서 글로벌 지향성을 갖추게 되면 통합의 편익은 확대되어 간다. 글로벌 지향성은 국내시장과 유사한 성격을 지닌 해외시장을 공략하여 규모의 경제를 추구한다.

< 표11 > 소매업의 국제화 전략

통합의 편익		
높음	글로벌 지향	글로컬 지향
	국내 지향	다국적 지향
낮음	현지에 대한 반응성 낮음	 높음

자료: Helfferich, E. Hinfelaar, M. and Kasper, H. 1997. Towards a clear terminology on international retailing. *International Review of Retail, Distribution and Consumer Research*, 7, 287-307.

스페인의 패션소매업체 ZARA의 전세계 점포는 상품의 계절성을 제외하고는 유사성이 높다. 마찬가지로 스웨덴의 가구소매업체 IKEA도 가격과 광고에서 미미한 차이를 제외하면 전세계 매장이 동질성을 보인다. 다국적 지향성(multinational orientation)은 시장이 지닌 규모, 구매력, 경쟁 환경 등을 주된 평가 요인으로 삼으며, 통합을 통한 편익이 적기 때문에 공통의 브랜드보다는 시장별로 상이한 현지브랜드를 관리한다. 네덜란드의 식품소매업체인 Ahold는 미국과 유럽에서 매장을 경영하는데, 각각의 점포는 저마다의 브랜드를 사용하고 있다. 글로컬(glocal=global+local) 지향성은 이질적인 해외시장에 맞추어 적당히 변화를 주면서 'think globally and act locally' 라는 생각을 추구한다. 표준화에 의한 규모경제의 추구는 효율성을 가져다주고, 개별 시장에 대한 적응은 효과를 높여준다. 독일의 할인소매업체인 Lidl은 매장 진열과 물류 측면에서는 고도의 표준화를 실행하는 반면 상품구색과 가격 측면에서는 현지 적응을 높임으로써 글로컬 전략을 전개하고 있다.

2) Aldi 사례

Aldi는 Karl Albrecht와 테오 알브레히트(Theo Albrecht) 두 형제가 1946년에 Albrecht Discounter(약자로 Aldi)라는 상호로 창업한 독일의 소매업체이다. 두 형제는 담배를 취급할 것인가에 대한 논쟁 끝에 갈라서기로 하여, 북부지역은 Aldi Nord가(전세계 4,300 점포), 남부지역은 Aldi Süd(전세계 3,900 점포)가 관할하기로 하였다. 현재 18개국 시장에서 8,877개 점포를 운영하는 비상장기업으로서, 상품구색은 좁지만 질 좋은 상품을 저가에 판매하는 것으로 정평이 나있다. 알디노드는 알디수드에 비하여 독일 동부지역을 신규개척함으로써 보다 많은 점포를 보유하고 있고, 미국시장에서 알디수드가 자체 브랜드를 보유하고 있는 반면, 알디노드는 미국 소매업체 Trader Joe's(이색적인 고급 상품, 건강 상품에 보다 집중)를 소유하고 있다. 동유럽 시장에서 알디노드는 폴란드 시장에, 알디수드는 슬로베니아(오스트리아 시장과 마찬가지로 Hofer 라는 상호로 관리)에 각각 진출하여 영역의 중첩은 없다. 비상장기업이라서 재무제표를 공개하지 않아 정확한 통계는 알 수 없지만, 매장 단위면적(평방미터)당 매출액은 8,650 유로로서 다른 슈퍼마켓의 4,000유로와는 상대가 안 되는 호성적을 보이면서 서유럽 소매업계의 1위 자리를 지키고 있다.[30)]

Aldi의 비즈니스 모델은 쇼핑 체험을 단순화하고 잉여 비용을 제거함으로써, 최상의 품질을 지닌 상품을 합당한 가격에 제공하는 것을 목표로 삼고 있다. 상품의 구입 원가에 추가로 발생하는 비용은 원가의 13%에 불과하다(물류비, 임대비, 경상비, 마케팅비용이 각각 2%, 직원 급료가 5%). 식품업계와 소비자관련 미디어는 한목소리로 알디의 품질을 극찬하고 있다. 알디의 비전(가치명제)인 "우리는 보다 적은 대가를 지불하고 최고의 것을 구매합니다. 당신 또한 그리 할 수 있습니다."의 구현은, 엄선한 납품업체로부터 PL상품을 공급받음으로써 가격 협상에서 상당한 할인을 받을 수 있고, 이 절약분을 고객에게 넘겨줌으로써 가능해진다. 그 결과, 경쟁업체보다 20-30% 저렴한 판매가격이 실현되는 것이다. 알디의 매출액 가운데 95%가 PL 상품에 의하며, 간혹 PL 상품이 알

30) Euromonitor. 2010. Aldi Group in Retailing: World Euromonitor International. Global Company Profile.

디의 높은 요구조건을 충족하지 못할 때에만 제조사 브랜드의 상품이 대신하게 된다. 한 가지 재미있는 점은, 알디의 PL 상품들이 알디 브랜드로 판매되는 것이 아니라서, 소비자들은 자신이 PL 상품을 구매한다는 사실을 알지 못한다.

상품구색을 제한하는 정책이 비전 달성을 위한 알디의 전략에 핵심을 이룬다. 알디의 점포에는 4개의 통로와 3-7명의 종업원, 1,000개 정도의 상품이 갖추어져 있는데, 이는 유럽 슈퍼마켓이 평균 10-20개의 통로, 15,000-30,000개의 상품을 보유하고 있는 것과는 거리가 멀다(a far cry). 상품의 구색은 소비자들이 정기적으로 구입하는 식품, 음료, 가정용품과 같은 기본 생필품에 특화되어 있다(Rudolph et. al., 2012: 143). 각 상품 목록(category)별로 7개의 품목(items)만을 판매하는데, 이들 단일 품목들은 연간 1,000만 유로의 매출을 기록한다. 그러다 보니 납품업체들도 한 번의 주문시마다 규모경제의 효과를 누리게 되고, 점포는 상품의 신선도를 높게 유지하고 상품의 회전율을 높이는 호순환을 가져온다. 결국, 상품 조달의 효율성, 매대 회전율의 제고 등으로 점포 운영이 매끄럽게 이루어진다. 일주일에 두 번은 기본 생필품만의 판매를 보완할 목적으로 특별 구매전을 실시하는데, DVD플레이어에서 의류, 주방용품에 이르는 상품들을 제한된 수량만 선착순(first come, first served)으로 판매한다. 또한 1,000개 정도의 상품 구색에는 수적 변화를 주지 않으면서도 매년 350개의 신규 품목 내지 상당히 수정된 품목을 선보이고 있다. 소비자의 건강의식, 환경에 대한 관심, 윤리 의식 등이 고조되면서 알디는 프리미엄급의 PL 제품을 개발하는 방식으로 자리매김을 재설정함으로써, 고객 기반을 확충하고 이윤율을 상승시키고 있다. Grandessa, Bio, Specially Selected 등의 PL 제품을 개발하면서 구르메, 건강지향, 공정무역, 유기농 등으로 제품 세분화를 넓히고 있다. 그 결과, 알디 제품에 대한 소비자의 품질 인식은 더욱 향상되었다.

쇼핑 체험의 단순화와 점포 운영비의 극소화는 제빵코너, 정육코너, 생선코너, 델리코너 등을 운영하지 않는 것을 말하는데, 그 덕분에 연계비용을 유발하지 않고 있다. 상품진열도 팔레트 위에다 쌓아두거나 또는 납품 상태의 상자로 진열하므로 선반 정리에 소요되는 비용을 삭감할 수 있다. 종업원들은 개별 상자를 풀어헤칠 필요가 없다. 고객은 계산대에 직접 상품을 올려놓고 결제 후에는 직접 상자에 담아야 한다. 쇼핑 카트도 코인을 넣어야만 이용가능하게 하였으므로, 카트 수거 인건비 따위도 필요하지 않았다. 고객은 비닐봉지를 유료로 구입하든가 아니면 집에서 쇼핑백을 갖고 와야 한다. 비닐봉지를 무료로 쓰게 되면 그 비용이 결국 제품 가격에 전가되는 셈이고, 유료화함으로써 고객은 비닐봉지를 재사용하여 환경에도 보탬이 되는 셈이다. 점내에서는 음악이 흘러나오지 않는데, 이는 음반 저작권료를 지불하지 않게 해준다. 야간에는 점내에 비상등만이 점등함으로써 전기료를 절감하게 된다. 광고는 신문지 전단 등과 같은 저렴한 매체 활용에 크게 의존하지만, 광고비 총액 면에서는 Metro 그룹에 이어 독일 내 소매업체 가운데 2위를 차지하고 있다. 독일 이외의 외국 시장에서는 TV광고에 대한 의존도를 늘려나가고 있다. 알디의 점포 근무 인원은 평균 5-8명인데, 이 중 점장 1명과 2명의 직원만이 정규직이다. 모든 점원들은 짐을 내리고 청소를 하고 좀도둑 감시를 하고 계산을 하는 일로 매우 바쁘게 움직인다. 점장도 바쁜 시간에는 계산대에서 일을 한다. 계산대 처리 속도를 비교하면 다른 점포들이 1분에 15개 품목을 처리하는데 비해 알디는 42개 품목을 처리하여 압도적 속도를 보이고 있다. 직원의 급료는 업계 평균치를 상회하여 전직율을 낮추는데 기여하면서도, 인력 활용을 알뜰하게 함으로써(lean staffing), 매출액에서 차지하는 인건비의 비중은 업계의 9%에 비하여 3%에 불과하다.[31] 점포의 설치물들은 철저히 기능성을 위주로 하는데, 점내 장식물을 배제하고, 바닥과 천정, 선반은 경제적인 자재로 만들고, 점포 구조는 팔레트의 크기, 상자의 크기, 지게차 조작 공간 등의 물류 차원에서 철저히 고려하여 설계가 이루어진다. 1주일 기간 동안 판매되어 빈 공간이 된 매대의 크기만큼만 다음 주에 재주문을 하기 때문에, 점포의 재고관리는 주 단위로 이루어진다. 신상품은 분산된 지역 물류센터로부터 매일 배달받는다. 납품업체들은 중급 규모의 업체들로서, 이들과의 공조를 통한 보급 체제는 다른 경쟁사들이 모방하기 힘든 독특성을 갖고 있다. 알디의 조직 구조는 셀이라고 하는 독특한 체제를 갖추고 있다. 각 셀(cell)은 50-80개의 점포로 구성되며 독자적 재무제표를 작성한다. 독일의 상법에서는 특정한 법적 형태를 갖춘 기업으로서 일정 기준 이하의 매출 규모를 보이는 기업은 재무제표의 공개 의무가 없는데, 셀 구조는 별개의 원칙에 입각하여 재무성과의 공개를 면하게 해주어서, 알디 그룹은 연결재무제표를 작성하지 않는다. 유통망은 집중 터미널 방식(hub-and-spoke)으로서 하나의 배송센터가 반경 50㎞ 내에 있는 모든 점포에 상

31) Brandes, D. 2004. Bare Essentials. London.

품을 배송함으로써, 분산화와 간결화를 가능케 해준다. 배송센터를 거쳐 점포로 가는 상품이 전체의 95%이고, 거치지 않고 직접 점포로 배달되는 상품은 전체의 5%이다. 상품은 박스가 펼쳐진 상태로 배송되므로, 점포에서는 매대에 곧바로 안치할 수 있다.

알디의 국제화 전략은 국내 사업의 확장에서와 마찬가지로 빠른 현금화와 높은 수익성으로 축적해놓은 사내유보금(retained earnings)으로 충당하였다. 국제화 초기에 진입한 오스트리아, 벨기에, 네덜란드와 같은 외국시장에서는 점포의 입지 밀도는 거주인 2만 명 당 점포를 개설하는 것이었다. 최근에 진출하는 시장에는 이 정도의 밀도를 보이지 않고 있는데, 향후 해당 시장의 규모가 성장하게 되면 현재의 점포 수가 3배로 늘어날 것으로 보인다. 지금까지의 사업 확장 전략의 실제를 보면, 경쟁사인 Lidl이 15년의 기간에 걸쳐 10배의 점포 신설을 이룬데 비하여 알디는 2배에 그치고 있다. 시장별로 존재감에도 차이가 있어서 네덜란드와 벨기에 시장에서는 눈에 띄는 지위를 구가하고 있는 반면, 영국과 프랑스, 아일랜드 시장에서는 주목도가 떨어진다. 프랑스에서는 보다 경쟁이 치열하고, 아일랜드에서는 할인소매점에 대한 소비자 요구가 독일과는 다르다는 점이 작용하고 있다. 이처럼 최근 진출한 시장에서 기대보다 저조한 성적을 만회하기 위하여, 마케팅 비용 지출에 인색한 알디가 TV광고와 같은 촉진 프로그램에 힘을 쏟고 있다. 영국시장에서는 2005년도에 “Spend a Little, Live a Lot”이라는 광고캠페인을 전개하였다. PL 정책도 현지국 시장에 맞게 적응하고 있다. 경쟁사인 Lidl이 모든 시장에서 핵심 PL 상품 세트를 제공하는 반면, 알디는 국별 특유의 정책을 펴고 있다. 가령, 영국시장에서는 jammy dodgers라는 비스킷과 현지에서 증류한 쓴 맛의 맥주를 PL로 제공하고, 프랑스시장에서는 오리찜 요리인 카슐레(Cassoulet)와 냉동 달팽이와 같은 조리식품을, 슬로베니아시장에서는 Hofer 상호의 점포에서 전통음식과 현지 낙농제품, 야채 식품을 PL로 삼고 있다. 알디의 공급망 관리는 현지 조달에 크게 의존하는데, 과일과 채소는 최고 60%까지 현지 조달을 하고 있다. 빵과 조식제품은 현지 제빵업체로부터 매일 신선하게 조달하고 있어서 규모경제를 포기하는 대신 주문형 판매로 매출을 늘리고 있다. 진출한 지역에서 점포가 60-80개에 달하면 임계치(critical mass)에 달하게 되고, 이 때 비로소 새로운 지역으로 진출하게 되는데, 점포 개설보다 공급망과 창고를 먼저 구축한다. 점포와 창고 간의 지리적 거리가 짧다보니, 배송이 신속하게 이루어지게 된다.

영국 진출의 경우를 보면, 1990년 버밍햄에 첫 점포를 개설하면서 독일 내에서의 사업 전략인 가격경쟁의 우위를 밀고 나갔다. 이를 위하여 영국 내 점포들은 저소득층이 거주하는 변두리 지역의 2등급 지역에 입지를 택하여 임대료를 절감하였다. 사회 계급에 대한 인식이 여전히 중요한 영국에서 이러한 알디의 입지 전략은 소비자들에게 알디가 사회적으로 궁핍한 자들을 위한 소매점이라는 인식을 주고 말았다. 그러다 보니 알디에서 상품을 구입한 고객들은 Waitrose와 같은 상급 소매점포의 쇼팽백에 상품을 넣어 집에 들고 가는 식으로, 자신들이 알디에서 쇼핑한 사실을 숨기려 하였다. 게다가 다른 경쟁업체들이 할인 상품 목록을 정하여 대응을 하면서, 알디의 매출 신장세는 90년대 중반에 무난한 정도에 머문 뒤 2% 선에서 10년 간 정체하고 말았다. 이에 알디는 2005년에 자리매김의 재설정을 통한 야심찬 확장 계획을 내놓게 되었다. 영국의 소비자들은 가격뿐 아니라 쇼핑 체험의 질과 편의성도 중시한다는 점을 반영하여 알디는 보다 경제적 풍요를 지닌 소비자들을 표적으로 삼은 상급 소매점포로 재탄생하려고 한다. 150억 파운드를 투자하여 현재의 400여 점포 수를 1,500개 점포로 대폭 늘릴 방침이다. '라이프스타일을 바꾸지 말고 다니던 슈퍼마켓을 바꾸라(Don't change your lifestyle; change your supermarket.'이라는 표어를 내걸면서 알디는 경제 상황이 좋지 않은 국면에서 평범한 이미지를 벗어 던지고 있다. 우수한 품질과 뿌리칠 수 없는 가격이라고 하는 매력적인 고객가치의 제공에, 상당수의 영국 소비자들이 알디로 발길을 돌리기 시작하였다. 아울러 이들 여유 계층의 소비자들을 유인하기 위하여 상품 구색의 깊이도 더하였다. 비식품과 계절성 상품을 제외한 상품 수는 700개에서 1,050개로 확대되었는데, 신선식품의 경우에는 150개 품목에서 240개 품목으로 늘렸다. 2005년에는 Specially Selected 라는 PL 상품을 건강, 미용, 화장, 주류, 냉장즉석식품 등에 도입하면서 상급 제품이라는 자리매김에 노력을 집중하였다. 아울러 제품 포장도 상급 이미지를 보이도록 바뀌었다.

영국시장에서 알디가 장기적으로 소비자들의 애용을 받기 위해서는 무엇보다도 알디의 사업 방식과 그 이유를 고객들에게 인식시키는 일이 가장 중요하다고 보았기에, 점포 내에 운영 과정에 대한 표지판을 추가로 설치하였다. 가령, 고객들이 계산을 마친 뒤에 구매 상품을 직접 카트에 실고 점포 뒤편의 벤치에서 쇼핑백을 싸아야 하는 점포 정책에 대한 설명을 예로 들 수 있다. '적게 쓰고 많이 살자(Spend a Little, Live a Lot)' 라는 캠페인을 전개하면서 시장점유율을 5%로 늘리는데 성공하였고, 2007년에는 BBC 방송에 출연한 요리사 필 비커리(Phil Vickery)와 파트너 관계를 맺고 그의 추천에 따라 40개의 상품을 추가하였는데, 그의 유명세가 고객을 점포로 유인하는데 도움이 되길 기대하고 있다. 이처럼 현지국 시장에 적응하려는 자세의 변화는 상급 소비자 계층을 상대로 하고 있는 경쟁업체 세인즈버리(Sainsbury)가 유명한 요리사 제이미 올리버(Jamie Oliver)와 손잡고 광고 및 제품홍보(product endorsement: 자신있게 보증하는 식의 추천, 홍보)를 하는 점도 염두에 둔 조치이다. 전문 홍보대행업체를 고용하여 알디의 품질 관련 수상 실적과 언론 평가를 촉진 전략으로 활용하는 점도 기존의 폐쇄적 기업 정책에서 이탈하는 현지 적응의 모습이며, 온라인 프레스 센터를 운영하여 소비자와 언론 매체의 질의에 개방적인 응답을 하는 것도 다른 시장의 알디에서는 볼 수 없는 적극적 자세이다.

점포의 입지와 배열 차원에서 현지화는 워릭셔의 작은 타운인 럭비(Rugby)에 지은 새로운 형태의 소매점포에서 엿볼 수 있다. 전등과 그래픽, 상품 갖추기, 찾기 쉬운 배치 측면에서 업그레이드를 꾀하였다. 자연광이 더 많이 들어오도록 설계를 하고, 천정의 높이를 높게 하여 쾌적한 쇼핑 환경을 조성하고, 매대의 높이는 낮추고 표지판을 크게 함으로써 점포를 한 눈에 파악할 수 있게 하는 작업은 영국 내 다른 점포에도 확산되었다. 슈롭셔 지방의 러들로(Ludlow) 에 신설한 점포는 지붕을 고산식물로 덮음으로써 물이 떨어지는 것을 막고 열을 지킬 수 있는 친환경 방식으로 건축하였다. 점포 전개 전략에서는 2006년 12월에 맨체스터에 시험 삼아 해 본 도심 지역의 아울렛 전개가 성공을 보이고 있는 점도 고무적이다. 맨체스터의 도심 쇼핑몰인 안데일 센터(Arndale Center)에는 라코스테, H&M, BHS 백화점과 같은 입주업체를 자랑하는데, 알디의 점포는 이 센터에서 직접 연결되도록 되어 있어서, 점포 배열과 프리미엄 상품 면에서 한층 수준을 높이고 있다. 사과와 바나나 같은 과일 상품을 6개 묶음으로 판매하던 것을 낱개 판매로 전환한 점은, 경쟁사인 막스앤스펜서, 테스코의 포맷을 추종한 것인데, 이는 고객의 쇼핑 편의성 차원에서 취한 조치이다. 점포의 배열과 입지의 개선 조치는 품질과 쇼핑 체험을 존중하는 중산층의 전통과 이들이 살림살이를 알뜰히 하려는 추세가 늘어나는 점을 반영한 전략의 수정이라고 볼 수 있다.

그 결과, 알디의 영국 사업은 신선 야채의 매출이 5배로 늘어나면서 식품소매업에서 점유율이 3%대를 통과하는 성과를 거두었다. 동일한 할인소매업의 경쟁사인 Lidl이 알디보다 못한 성과를 보인 점은, 불황이라고 하는 경제 상황이 모든 할인소매업체에게 득으로 돌아가는 것은 아니라는 점을 보여준다. 2008년의 영국 소매업 시상에서는 '올해의 탁월한 업적(Outstanding Achievement of the Year)'을 수상하였는데, 심사위원들은 지속적 추진력, 확장 프로그램, 현저한 저가격에 특별한 뭔가를 제공하려는 헌신 등의 측면에서 감명을 받았다고 한다. 소비자들의 평판도 마찬가지여서 2009년 조사에서는 96개의 소매점포 가운데 7위에 자리를 잡았다. 가격을 낮추게 되면 품질과 타협하게 된다는 인식을 불식시킨 점이 알디에 대한 소비자들의 호평에 기여하였다. 그러나 2009년 2/4분기의 매출 성장률이 전년동기 대비 83% 증가한데 비하여 3/4분기에는 6.2%(2008년 3/4분기에는 전년동기 대비 17% 증가)에 그치자, 영국 법인의 사장을 교체하는 신속한 조치를 취하였다. 프리미엄 제품화 전략, 쇼핑 편의성 강화 전략이 할인점의 기본적 특성에서 과도하게 이탈한 것인지의 여부는 향후의 경영 성과에서 판단이 이루어질 것이다.

알디의 사례에서 우리나라 소매업체들은 어떤 사업 모델과 가치 명제, 차별화를 이루고 있는지, 우리나라 업체들의 국제화 전략에서는 표준화와 현지화의 선택을 어떻게 하고 있는지, 차별화의 8개 요소 중에 어떤 것을 표준화하고 어떤 것을 현지화할 것인지 등의 과제를 점검해야 할 것이다.

3) 할인점의 두각

서유럽 시장에서 1990-2008년 중에 할인점 업태의 소매점이 26,000 점포가 생겨나서 이들 할인점의 시장 점유율은 11.2%에서 19.5%로 증가하였다(Lamey, 2014: 642). 가령, 독일의 슈바르츠(Schwarz) 그룹에 속하는 할인점 Lidl은 15년 간 매일 한 개의 점포씩 신설해갔다. 이러한 할인점의 약진은 전통적인 소매점은 물론 제조업체들에게도 위협으로 작용한다. 할인점이 PB에 의존한다는 점이 제조업체의 NB(National Brand)에게는 불리하게 작용할 수밖에 없다. 할인점은 경기 불황의 피해를 덜 입기도 하는데, 스페인에서는 경기 침체 이후 2009년에는 식료품 시장이 전년 대비 3.3%의 감소를 보였지만, 할인점 Dia는 1.6%의 감소에 그쳤다. 할인점은 하드할인점과 소프트할인점으로 양분되는데, 전자는 품목 수(stock keeping units: SKU)가 1천 개 미만이지만 후자는 그 3배에 달하고, 운영비도 전자가 훨씬 적게 들고, 가격 수준도 전자가 더욱 경쟁적이고, PB 비율도 후자는 50% 미만이지만 전자는 90%를 초과한다[32].

서유럽 15개국을 대상으로 1991-2008년에 걸친 자료를 입수한 마케팅 조사기관 닐슨의 데이터를 분석한 결과는, 경기가 하강기로 접어들면 할인점의 시장점유율은 증가하며 경기가 다시 상승기로 돌아서고 나서도 점유율은 계속 증가한다는 결과가 나왔다. 경제활동이 1% 하락할 때마다 할인점의 점유율은 2.37% 증가하는 것으로 나왔는데, 이는 경제활동이 장기평균치보다 1% 낮아질 때마다 할인점의 시장점유율은 장기예상성장률보다 2.37% 올라간다는 점을 의미한다. 그런데 흥미로운 점은, 하드할인점이 경제 확장기에도 시장점유율 면에서 연간 4.68%의 증가를 보이는데 비하여 소프트할인점은 일정한 안정세를 보인다는 점이다. 물론 경제 쇠퇴기에는 두 형태의 할인점 모두 증가세를 보이고 있다. 소프트할인점은 가격 수준을 낮게 유지하면서도 매력적인 제품 구색을 제공하기 때문에, 전 품목에 걸쳐서 변동비를 최저 수준으로 낮출 수 있는 능력을 보여주고 있다.

2004-2009년 중에 전 세계 식료품 소매점의 매출은 52%의 증가를 보였고, 할인점은 60%의 증가를 보였다. 경제 침체기에 소비자들은 가격에 보다 민감한 반응을 보임으로써 구매 행동에 변화를 가져올 가능성이 더욱 높다. 이러한 할인점 업태의 약진에 대하여 일부 전통적인 소매업태들도 반격을 가하고 있는데, 가령 영국의 슈퍼마켓 테스코는 글로벌 경제가 위축되어 있던 2008년 9월에 Trattoria, Oatland Oaties, All About Shine과 같은 할인 브랜드를 출시하였다. 이들 브랜드는 테스코의 'Value' 브랜드보다 품질은 높지만, 가격 수준은 할인점이 제공하는 PB와 근접하는 것이다. 벨기에의 델하

32) Denstadli, M., Lines, R. and Gronhaug, K. 2005. First mover advantages in the discount grocery industry. *European Journal of Marketing*, 39(7/8), 872-884.

이제(Delhaize) 역시 자체 PB의 가격 수준을 할인점 브랜드의 가격 수준에 맞춘 캠페인을 전개하여 효과를 보았다.

4) 까르푸의 사례

세계 2위의 소매업체인 프랑스의 까르푸(Carrefour: 프랑스인들은 '까흐푸'라고 읽더구만)는 2014년 12월말 현재 33개국에 10,860개 점포를 운영하고 있고, 1005억 유로의 매출액에 186억 유로의 시가총액을 갖고 있다. 다양한 포맷의 소매업을 운영 중에 있는데, 하이퍼마켓 1,459 점포, 슈퍼마켓 3,115 점포, 편의점 6,111 점포, 캐시앤캐리 175 점포를 경영하고 있다(홈페이지 열람). 해외 매출이 국내 매출보다 많은 까르푸는 해외 매출 중 유럽시장에서 29.2%, 중남미 시장에서 18.6%, 아시아 시장에서 9%를 거두고 있다. 이는 유럽시장 통합과 국제 진출의 오랜 역사에 기인하는 부분이다. 최초의 해외시장 진출은 1969년 벨기에 시장이었고, 이어서 1973년 스페인, 1975년 브라질, 1982년 아르헨티나의 순이었다. 까르푸가 이들 시장에 진입할 당시에는 이들 해외시장에 아직 근대적인 대규모 소매업의 발전이 여명기에 불과하여 선발자 우위(first-mover advantage)를 까르푸가 향유할 수 있었다. 까르푸의 해외시장 진출은 현지적응, 임계치의 달성, 규모경제의 추구라고 하는 3가지 기본 전략 하에 이행되었다(中島晶子, 2012: 136-141).

첫째, 현지적응(adaptation, localization)은 진출국 시장을 가로축, 업태와 기능을 세로축으로 한 매트릭스 조직 체제를 통하여 실행하고 있다. 미국의 월마트가 글로벌 공급망의 통제를 위하여 중앙집권적 조직 체제를 택하고 있고, 네덜란드의 아홀드(Ahold)가 각국 자회사에 최대한의 자율권을 부여하는 분권적 조직 체제를 취하고 있는데 반해서, 까르푸는 집권화와 분권화의 균형 체제를 택하고 있다. 이 체제의 효과는 본사와 자회사 간 인적 커뮤니케이션에 달려 있다.

본사가 맡고 있는 역할은 머천다이징, 파이낸싱, 조직 체제(공급망과 IT 체제), 인적자원 관리이다. 본사의 머천다이저는 글로벌 브랜드의 제조업체와 협상을 하고, 본사의 파이낸스 부서는 일정액 이상의 투자와 점포 개설의 결정을 내리고, 본사의 조직 체제 담당은 최고의 관행(best practice)의 그룹 회사 내 확산과 IT 환경을 개발하며, 본사의 인적자원 관리부서는 본사 및 각 지역의 상급관리자의 후계자 육성계획(succession plan)를 실시한다. 이밖의 업무는 현지법인에게 위임되어 그들의 역할이 된다. 현지법인의 점장들은 시장적응을 위한 권한을 상당히 위임받고 있다. 프랑스 국내에서 까르푸는 3가지 규모의 하이퍼마켓을 운영하고 있다. 대규모 하이퍼마켓은 폭넓은 상품구색과 특별 판촉 캠페인, 축하 이벤트 등을 제공한다. 중규모의 하이퍼마켓은 Attraction 유형이라고도 하는데, 신선식품의 반입을 특징으로 삼고 있다. 소규모의 하이퍼마켓은 편의점 유형이라고도 하는데, 편리한 입지에 개점하여 저가 식료품을 판매한다. 결국 국내시장에서 까르푸의 적응 전략은 점포(위치와 점포 규모: place)와 상품구색(product), 가격(pricing)에서 이루어지고 있다.

현지적응의 예를 들면, 까르푸는 아르헨티나의 현지 생활수준에 맞추어 하이퍼마켓의 유형을 다양하게 만들었다. 저소득층 소비자를 상대하는 점포는 상품 구색을 압축하여 저가격으로 판매하고, 중간 소득층 소비자를 상대하는 점포는 상품구색과 서비스의 결합을 적절히 균형잡고, 고소득층 소비자를 상대하는 점포는 건강 및 미용 제품, 가전제품을 강조하여 상품구색과 서비스를 제공하였다. 일본 시장에서는 소비자들이 까르푸에 대하여 갖고 있는 '프랑스 소매업체'라는 이미지를 고려하여, 머천다이징 전략에 다수의 유럽 수입품을 취급하도록 하였다. 중국시장에서는 비록 경제발전의 정도 측면에서는 본국과 차이를 보이지만, 소비자 특성(작은 거주공간, 빈번한 구매 습관), 소매 환경(전통점포와 근대점포의 공존), 물류 공급 시스템(소규모 공급업체, 세분화된 판로), 사회.제도 특성(높은 인구밀도, 도시 집중, 정부의 높은 관여) 등에서 본국과 유사성이 많아서 상품구색과 가격 면에서 다소의 적응에 그치고 있다. 물론 중국시장의 발전 상황의 변화에 따라 이러한 적응 전략에 수정을 가한다는 점도 염두에 두고 있다.

둘째, 임계치(critical mass)는 진출시장에서 상위 3위권 이내에 지위를 구축한다는 점을 목표로 하고 있다. 3위 이내에 들어야만 구매를 둘러싼 제조업체와의 협상 면에서 경쟁사와 동등한 조건을 누릴 수 있다고 보기 때문이다. 실제로 까르푸는 상위 3위권에 진입하는데 실패한 해외시장에서 철수하였다, 예를 들면, 멕시코 시장(1994년 진입, 2005년 철수. 2002년 식품소매시장에서 8위), 태국 시장(1994년 진입, 2011년 철수.

2002년 식품소매시장에서 5위), 콜롬비아 시장(1996년 진입, 2012년 철수, 2002년 식품소매시장에서 5위), 한국 시장(1996년 진입, 2006년 철수. 2002년 식품소매시장 4위), 싱가포르 시장(1997년 진입, 2012년 철수. 2002년 식품소매시장 5위)에서의 퇴출이 그러하다. 구매량과 물류량 측면에서 임계치를 달성하기 위해서는 하이퍼마켓 8-10개 점포가 필요하다는 것이 까르푸의 판단이다.

셋째, 규모의 경제(economies of scale)는 자체 점포 혹은 인수를 통한 점포 수의 확대, 구매 그룹의 형성, B2B 상거래용 플랫폼 구축, 단품대량 진열, PB 충실의 방법으로 추구하고 있다.

점포 수의 확대는, 프랑스 국내에서는 M&A를 통한 점포망 확대를 이루었는데, 1991년에는 유로마르쉐(Euromarché)와 몬트로(Montlaur)를 인수하여 점푸 수를 283개에서 411개로 확대하였다. 1998년에는 마무트(Mammouth)의 영업권 취득 및 슈퍼체인업체 꼼뜨와르 모데르느(Comptoirs Modernes)를 산하에 두어 점포 수는 1997년의 805개에서 1,256개로 늘렸다. 1999년에는 프랑스 유통업계 서열 5위인 프로모데스(Promodès)를 합병하여 세계 2위의 소매기업으로 발돋움하였다.

구매 그룹의 형성은 구매력 강화가 그 노림수이었는데, 1989년에 독일의 메트로(Metro), 네덜란드의 마크로(Macro)와 공동으로 Duro Buying 이라고 하는 공동구매활동을 개시하였다. 단, 1996년에 이르러 자사 그룹만으로도 충분한 규모를 확보할 수 있게 되면서 타사와의 공동구매는 중지되었다.

B2B 상거래용 플랫폼의 구축은 2000년에 시어즈(Sears), 오라클(Oracle)과 협력하에 GNX(Global Net Xchange)를 구축하였는데, 이는 개방형 플랫폼으로서 공동상품개발, CPFR(협력적 기획, 예측, 보급: Collaborative Planning, Forecasting and Replenishment), 전자상담, 전자카탈로그 등의 기능을 담고 있다. 2005년에는 62개 회사가 참여하고 있는 오픈 플랫폼인 WWRE와 통합하여 Agentrics를 탄생시키기도 했는데, Sourcing(전자 상담)과 데이터 커뮤니케이션(수발주 처리, 매스 데이터의 동기화), PB상품 개발, 공급망 관리의 4대 기능을 담고 있다. 월마트조차 Agentrics의 전자상품조달 기능을 이용하고 있는데, 이러한 개방형 플랫폼의 채택은 비용과 속도 면에서 효과를 거두고 있다.

2. 금융 산업

경제의 글로벌화에 상관없이 국가 간 금융제도의 차이는 여전히 크다. 스페인 은행이 분권화되어 있는 반면, 독일이나 일본은 집권화되어 있다. 국내시장이 성숙단계에 이른 은행들은 해외, 특히 신흥 시장에서 성장의 기회를 잡으려 한다. HSBC를 예외로 하고 나머지 유럽은행들은 국내시장에 초점을 맞추고 있고, 가끔 이웃 국가 시장에 발을 들여놓으며, 지리적으로 떨어진 시장에는 좀처럼 관심을 두지 않는다(스페인 은행이 남미 시장에 관심을 두는 경우처럼 드물게 관심을 보이기도 하지만). EU 시장에 대한 은행의 점유율을 자국은행-타국은행(EU회원국)-타국은행(비EU회원국) 간에 비교하면, 2001년과 2006년 사이에 각각 73.9%→67.4%, 18.5%→24.4%, 7.7%→8.2%로 되어 있는 점이 이를 반영하고 있다.33) 그러나 중부유럽의 경우에는 자국은행 점유율이 31.0%→30.7%로 미미하게 줄어든 반면, EU회원국인 타국은행의 점유율이 59.7%→62.9%로서 지배적 지위를 견지하고 있다. 이는, 이 지역이 기존의 국영은행을 민영화하면서 외국자본의 도움을 받았기 때문이다. 그 외국자본은 지리적, 문화적 근접성과 이전의 관계 등이 작용하여 중부유럽 시장은 주로 오스트리아와 이탈리아 은행이 지배하고 있고, 발틱 지역 시장은 스웨덴 은행들이 주된 역할을 하고 있다.

1) 금융상품의 다양성

특정 은행들이 시장을 과점 지배하고 있지 못하여 시장의 단편화(fragmentation)가 이루어지고 있는 상황에서는 상품의 다양성이 더해지면서 은행 입장에서는 비용 부담이 상승하게 된다. 북유럽-서유럽-CEE(중·동유럽)-CIS(구소련에서 독립한 국가들의 연합체)별로 금융상품의 건수를 보면, 각각 3.2건-5.4건-2.1건-1.7건으로 특히 서유럽에서 소비자가 소유하고 있는 금융상품이 다양함을 알 수 있다.34)

---

33) Houben, A., Schrijvers, I., and Willems, T. 2008. Supervising cross-border banks in Europe. *Journal of Banking Regulations*, 9(4), 227-246.

34) Angoulvant, C. 2009. Retail banking trends 2009. Roland Berger.

2) 가격 책정

금융 상품의 가격 책정은 수입의 최적화를 가져오는 방향으로 이루어져야 한다. 따라서 가격 민감도를 고려하여 최적의 상품-가격 결합을 발견하는 일이 중요하다. 은행의 수입은 고객 니즈에 크게 의존하는데, 북유럽과 서유럽의 은행들은 수수료(commissions & fees)라고 하는 일일 거래 수익에 크게 의존하는 반면(각각 59%와 49%), 중·동유럽의 은행들은 신용대출의 이자수입이 66%를 차지하고 있다.

3) 유통

고객의 접근 경로를 개발하는데는 효율성, 문화, 지리뿐 아니라 시장발달 등의 요소를 고려하게 된다. 시장이 초기발달 단계에 있는 경우에는 고객들이 아는 지식이 별로 없는 애송이와 같아서 대면 방식의 유통망이 효과적이다. 판매원이 금융 상품을 설명하고 조언을 첨부함으로써 고객의 상품 구매에서 오는 리스크를 크게 줄여줄 수 있다. 상품이 단순성을 지닐 경우에는 온라인으로 효율적 구매가 이루어지겠지만, 투자와 같은 복잡한 상품의 구매에는 고객들이 시간 소비를 아끼지 않을 것이다. 물론 시장발달의 정도가 유사하더라도 문화의 차이가 유통망의 차이를 가져오기도 한다. 시장발달의 초기단계에 있을수록 비용보다는 효과를 중시하여, 은행들은 품질의 차별화를 내세우면서 지점을 통한 유통망 전개에 힘을 쏟을 것이다. 한편, 북유럽과 서유럽은 시장발달의 정도가 비슷함에도 유통망의 채택 비율에는 차이를 보이는데, 이는 문화의 차이에 기인한다고 본다.[35]

4) UniCredit Group의 사례

1998년 Credito Italiano, Unicredito 등의 여러 이탈리아 은행이 합병하여 탄생한 것이

35) 상동. 지점-ATM-웹사이트-전화/기타 라고 하는 유통망별 비중을 북유럽-서유럽-중·동유럽-CIS 간에 비교해보면, 각각 9%-3%-74%-15%, 49%-8%-36%-7%, 56%-4%-38%-2%, 55%-26%-9%-10%이다.

UniCredit Group이다. 이어 2005년에는 독일의 금융그룹인 HVB와 합병이 이루어졌고, 2007년에 Capitalia Group과 합치면서 이탈리아 시장에서 지위를 강화하였다. 그 결과, 중·동유럽 시장에 4.500개 지점을 설치하는 등 총 1만 개가 넘는 지점을 보유하게 되었다. 중·동유럽은 이 은행 전체 수입의 절반을 가져다주며, 이 지역 수입의 다시 절반은 시장 규모가 큰 폴란드, 터키, 러시아에서 거두고 있다.[36] 이 은행의 브랜드 관리 전략은 각각의 시장에서 차지하는 지위에 따라 달리한다.[37] 강력한 리더 지위를 누리고 있는 시장에서는 그룹의 명칭은 인수한 현지 은행에 지원 역할을 하는데 머문다. 가령, 크로아티아의 Zagrebacka Bank, 터키의 Yapi Kredit은 현지 은행 명칭을 그래도 사용하고 있다. 반면에 루마니아의 Tiriac Bank는 UniCredit Tiriac Bank로 명칭이 변경되었다.

3. 미디어 산업

2000년대에 들어와서 유럽에는 TV채널의 다변화가 이루어졌다. 지상파 송신(terrestrial transmitter), 인공위성, 케이블을 통해서 전국을 커버하는 방송이 2001년 660여 개에서 2004년에는 860여 개로 확대되었다.[38] 2006년에는 122개의 아날로그

36) Ghizzoni, F. 2010. UniCredit Central and Eastern European Platform, http://www.unicreditgroup.eu/en/events/Event0643

37) 중·동유럽의 17개국 시장에서 리더의 시장지위를 누리고 있는 은행을 보면, Erste Bank AG(오스트리아 본사)가 5개국 진출에 4개국에서, IntesaSp(이탈리아 본사)가 6개국 진출에 4개국에서, KBC(벨기에 본사)가 4개국 진출에 3개국에서, Raiffeisen(오스트리아 본사)이 11개국 진출에 3개국에서, OTP(헝가리 본사)가 4개국 진출에 2개국에서, Société Generale(프랑스 본사)가 6개국 진출에 2개국에서, 스웨덴에 본사가 있는 SEB와 Swedbank가 각각 3개국 진출에 2개국에서 리더 지위에 있는 반면, UniCredit은 17개국 전부에 진출하여 5개국에서 리더 지위를 누리고 있다. 출전: UniCredit. 2009. Banking in CEE: Challenging times, but recovery on the horizon. UniCredit Group CEE Strategic Analysis.

38) CEC-Commission of the European Communities. 2006. Fifth report from the Commission to the Council, the European Parliament, the European Economic and Social Committee and the Committee of the Regions on the application of Directive 89/552/EEC “Television without Frontiers”. COM/2006/0049 final.

방식의 전국방송과 케이블, 인공위성, 지상파, 인터넷TV(IPTV)를 통한 1,335개의 디지털방송이 시청가능하게 되었다. 게다가 일국 단위에서 유럽 내 타국으로까지 표적 시청권을 확장하는 TV 채널수가 2004년 220개에서 2006년 370개로 늘어났다. 물론 이들의 대다수는 장르별로 특화된 방송이기 때문에, 프로그램 공급 측면에서는 시장의 세분화가 한층 강화되었다고 말할 수 있다. 그러다 보니 주파수 부족의 시대로부터 시청자 관심 희박의 시대로 전환이라고 하는 괄목할만한 변화가 이루어진 셈이다. 또 다른 변화의 양상은 무료시청에서 유료시청으로의 전환이다. 그 결과, 방송사의 수입에서 차지하는 광고비의 비중은 줄어드는 반면, 시청자가 납부하는 시청료와 배급사가 지불하는 라이센스 요금의 비중은 늘어나고 있다. 특히 2008-09년의 글로벌 금융.경제 위기로 인하여 광고료 수입이 치명타를 입으면서 무료방송 채널은 커다란 위기를 맞이하고 있다.

아울러 유럽 대륙 전체를 표적 시장으로 하는 방송이 새로이 등장하면서 EU 차원에서 방송규정(TWFD: Television Without Frontiers Directive)이 제정되기에 이르렀다. 이 새로운 규정의 제정으로 주목할 점이 원산지규정(country of origin principle)이다. 원산지 규정에 합치하는 TV프로그램만이 EU회원국 간에 자유로이 전송될 수 있게 되었다. 즉, 회원국은 다른 회원국에서 자국의 영토로 재전송되는 방송에 대하여 제약을 가해서는 안 되고, 광고 시간은 1일 재전송 총시간의 15%(특정 시간대에 1시간 당 최대 20%)를 초과할 수 없고, 프로그램 중간 광고들은 각 광고 간에 최소한 20분이 경과하여야 하고(장편 영화의 경우에는 최소 30분 경과), 담배와 처방전을 요하는 약의 광고는 금지되고, 회원국은 미성년의 육체적, 정신적, 도덕적 발달에 해를 끼칠 수 있는 프로그램이 방송되지 않도록 하고, 성별/인종/종교/국적에 근거한 증오심을 유발하지 않도록 프로그램에 대한 적절한 조치를 취하여야 한다. 공연물간접광고(PPL)는 금지되어 있지만, 프로그램 제작비의 보충, 수입 증대 등에 도움이 되도록 많은 예외조항이 설정되어 있다. 물론 회원국은 이러한 TWFD 규정보다 자세하고 엄격한 자국의 방송규정을 자유로이 제정할 수 있다.

언론 매체별 이용 비중을 보면 다음과 같다.

군집 1: 포르투갈, 스페인, 프랑스, 불가리아, 터키가 여기에 속하는데, 신문 읽기와 라디오 청취 시간이 유럽 평균치보다 상당히 적다.

군집 2: 그리스, 키프로스, 루마니아, 라트비아가 여기에 속하는데, TV 시청시간이 유럽 평균보다 상당히 많다.

군집 3: 영국, 벨기에, 네덜란드, 독일, 덴마크, 에스토니아, 폴란드, 체코, 슬로바키아, 헝가리가 여기에 속하는데, 라디오 청취 시간이 유럽 평균보다 상당히 많다(Santos et al., 2013: 51).

정보 사회의 지표를 보면 다음과 같다.

군집 1: 북유럽국가(덴마크, 노르웨이, 스웨덴, 핀란드, 아이슬란드)와 영국, 네덜란드, 룩셈부르크가 여기에 속하는데, 가정의 인터넷 보급과 인터넷을 통한 상품 구입 및 휴대폰 사용 비율이 유럽 평균치보다 높다.

군집 2: 아일랜드, 벨기에, 오스트리아, 체코, 슬로바키아가 여기에 속하는데, 국내통화료(10분 당)가 유럽 평균치보다 높다.

군집 3: 포르투갈, 스페인, 프랑스, 이탈리아, 슬로베니아, 몰타, 그리스, 헝가리, 폴란드, 발트국가(에스토니아, 라트비아, 리투아니아)가 여기에 속하는데, 가정의 인터넷 보급과 인터넷을 통한 상품 구입 비중이 유럽평균보다 낮으며, 국내통화료가 유럽평균보다 저렴하다.

군집 4: 루마니아와 불가리아가 여기에 속하는데, 가정과 기업의 인터넷 보급 및 인터넷을 통한 상품구입과 휴대폰 사용 비율 모두가 유럽평균보다 낮다.

여가와 인터넷의 유형을 구분하면 다음과 같다.

군집 1: 영국, 아일랜드, 독일, 이탈리아, 오스트리아, 핀란드가 여기에 속하는데, 여가시간에 인터넷을 이용하는 비중이 모든 영역에서 유럽 평균치보다 낮다.

군집 2: 그리스, 키프로스, 불가리아, 루마니아, 헝가리, 폴란드, 리투아니아, 라트비아, 포르투갈, 스페인이 여기에 속하는데, 공짜 음악과 영화, TV 프로그램의 다운로드 영역에서는 유럽평균보다 높은 비중을 보인 반면, 여행지의 탐색과 예약을 통한 휴가준비, 문화상품(도서, CD, 극장표)의 구입, 스포츠와 문화행사에 관한 정보 탐색의 영역에서는 유럽평균보다 낮은 비중을 보인다.

군집 3: 에스토니아 1개 국가가 여기에 속하는데, 채팅 공간과 온라인 포럼 참가, TV 프로그램 시청, 블로그 관리, 컴퓨터 게임 하기의 영역에서 여가시간을 인터넷에 사용하는 비중이 유럽평균보다 높았다.

군집 4: 프랑스, 벨기에, 룩셈부르크, 네덜란드, 덴마크, 스웨덴이 여기에 속하는데, 파일보관(archiving), 사진송수신, 여행지의 탐색과 예약을 통한 휴가준비, 문화상품(도서, CD, 극장표)의 구입, 스포츠와 문화행사에 관한 정보 탐색의 영역에서 유럽평균보다 높게 나왔다.

언론매체에 대한 신뢰 수준은 다음과 같다.

군집 1: 불가리아, 루마니아, 폴란드, 키프로스, 슬로베니아, 발트3국, 영국이 여기에 속하는데, TV에 대한 신뢰도는 유럽평균보다 높지만, 신문과 잡지에 대한 신뢰도는 유럽평균보다 낮다.

군집 2: 포르투갈, 스페인, 이탈리아, 그리스, 터키, 헝가리가 여기에 속하는데, 어떠한 언론매체도 신뢰하지 않는다는 비중이 유럽평균보다 높으며, 인터넷과 라디오에 대한 신뢰는 유럽평균보다 낮다.

군집 3: 체코, 슬로바키아, 몰타, 덴마크가 여기에 속하는데, 인터넷에 대한 신뢰도가 유럽평균보다 높다.

군집 4: 프랑스, 벨기에, 네덜란드, 룩셈부르크, 독일, 오스트리아, 스웨덴, 핀란드가 여기에 속하는데, 신문과 잡지에 대한 신뢰도는 유럽평균보다 높지만, TV에 대한 신뢰는 낮으며, 어떠한 언론매체도 신뢰하지 않는다는 비중이 높게 나왔다.

4. 항공운수 산업

유럽의 항공운수 산업에는 새로운 변화 몇 가지가 나타났다. 이들은 저가 항공사의 출현(독일의 Germanwings, 이탈리아의 Volareweb, 슬로바키아의 스카이유럽 등), 일부 기존 항공사의 파산(네덜란드의 V-Bird, 스위스의 Swissair), 세계최대 항공사의 출현(Air France와 KLM의 합병), 아랍 항공사들의 항공기 구매의 증가 등이다.

1990년대에 유럽에 저가 항공사가 출현하면서 라이언에어(Ryanair)나 이지젯

(EasyJet)은 엄청난 수익을 거두고 있는 반면, 알리탈리아(Alitalia), 브리티시항공(British Airways), 에어프랑스, 루프트한자(Lufthansa) 등의 기존 항공사는 커다란 문제에 직면하는 등, 항공운수업계의 거시, 미시 환경은 소용돌이를 치고 있다. 그렇다고 저가항공사의 성공이 비용 요인에만 기인하는 것은 아니다.

1) 항공운수 산업의 역사

라이트 형제(Wright Brothers)가 1903년에 최초로 동력비행기로 하늘을 나는데 성공하고, 1927년에 린드버그(Lindberg)가 최초로 대서양을 횡단하여 미국에서 프랑스로 안착하는데 성공을 거두었을 때는 이들 비행사가 영웅이 되었다. 사실은 그 사이에 1909년 프랑스인 블레리오(Bleriot)가 영국과 프랑스 사이의 도버해협을 비행기로 횡단하였으며, 1913년에는 프랑스 조종사 롤랑 가로스(Roland Garros)가 지중해를 건너는데 성공하였다. 유럽에서 상업용 항공운항이 개시된 것은 1919년의 일로서, 독일의 도시들인 베를린-라이프치히(Leipzig)-바이마르(Weimar)를 연결한 운항이었다(Kernchen, 2004: 4).

2차 대전 이후 항공사는 현대주의의 상징으로서 경제, 사회 개발 및 국제교역에 중요하였기 때문에, 국적 항공사(national flagship airline)의 존재는 국가 이미지에 중요하였다. 그런 이유로 에어프랑스(프랑스), 도이치 루프트한자(독일), 스위스에어(스위스) 등 대부분의 유럽항공사는 국유기업이었다. 당시 항공기를 이용하여 여행한다는 것은 흔치 않았고 경비도 비교적 비쌌다. 그러다 보니 중상류 소득계층인 이용자들을 상대로 항공운항 서비스에 대한 광고나 일체의 마케팅은 필요하지 않았다. 아울러 목적지도 항공사별로 구분되어 있었기 때문에, 동일 시장, 동일 고객을 놓고 경쟁해야 할 필요도 없었다. 심지어 항공요금이 일반 고객들이 지불가능한 수준으로 떨어졌을 때도 목적지의 칸막이 제도는 여전하여 항공사간 진정한 경쟁은 일어나지 않았다. 이처럼 규제와 독점이 지배하는 유럽 항공운수업은 나태하고 비효율적인 거대 항공사를 낳았고, 고객이 지불하는 비용은 과도하였다(Kernchen, 2004: 6).

1980년대에 항공운수 시장이 발달하기 시작하자 항공사들은 드디어 새로운 표적고객으로 등장한 일반인 고객을 대상으로 한 광고와 상품/서비스의 마케팅 활동을 전개하기 시작하였다. 규제 철폐는 미국에서 시작되었는데, 1978년에 미의회가 항공운수 시장의 개방 및 규제철폐를 결정한 항공규제철폐법(The Airline Deregulation Act of 1978)이 계기가 되었다. 이는 항공운항의 안전에 관한 연방항공청(Federal Aviation Administration: FAA)의 규제를 제외하고 요금, 노선, 신규진입 등에 관한 일체의 규제를 철폐하는 것이었다. 반면, 유럽에서는 각국의 이해관계와 항공사 간 사정의 차이 등으로 인해 규제철폐가 훨씬 늦게 진행되었는데, 1987, 1990, 1992년의 3단계에 걸쳐 이루어졌다. 그렇지만 유럽에서는 규제철폐에도 불구하고 고비용의 항공운수업 특성으로 가격 인하에는 커다란 효과를 가져 오지 못하면서, 일반 고객에게는 여전히 항공 여행은 예외적인 운송 수단이었다. 항공사가 진정한 경쟁에 부닥친 것은 오히려 다른 운송수단인 고속열차의 등장(프랑스의 TGV, 파리-브뤼셀 간의 Thalys 등)때문이었다. 고속열차는 신속, 저렴, 편리(도심에 위치)의 무기를 내세웠다. 단지, 목적지가 유럽 전체에 걸쳐 많지 않았기 때문에 항공사에 주는 경쟁의 압박감은 강렬하지는 않았다.

기존의 항공사들이 취한 변화의 조치로는 여행대리점에 주는 수수료의 인하, 수익성이 떨어지는 노선의 폐쇄, 인원 삭감이었고, 저가항공사들은 신형 항공기의 구입, 신규 노선 개설, 인터넷을 통한 예약 등의 변혁을 채택함으로써 높은 수익률을 구가하고 있다. 이처럼 신생 저가항공사가 신속하고 손쉽게 성장하는 모습은 기존항공사들을 충격에 빠뜨렸다. 저가항공사들은 기존의 대형항공사가 확보하고 있는 고객을 탈취할 뿐 아니라, 항공기 탑승을 거의 하지 않거나 드물게 하는 사람들마저 신규 고객으로 창출하는 성과를 보인 것이다. 불과 10년 만에 저가항공사는 비행기를 자동차나 기차만큼 일상적인 교통수단으로 변모시켜 놓았다. 그만큼 기존항공사는 고객위주가 아니라 기술혁신(신형 항공기)에 치우쳤고, "항공사가 편할 때 승객은 비행한다(Let the customer fly when it is convenient for us)."고 하는 사고방식을 갖고 있었던 것이다. 고객의 수요가 있는지도 확인하지 않은 채 광고를 통해 서비스를 판매하는 그릇된 방식이 여전히 자리 잡고 있다.

유럽의 항공운수 업계에 진정한 고객지향 마케팅이 시작된 것은 1990년대 중반 저가항공사가 출현하고 나서부터이다. 저가항공사는 서비스(가령, 두 도시 간의 운항)에 대한 잠재 고객이 존재한다는 시장조사가 있을 때 비로서 그러한 서비스를 계획하고 제공한다는 것이다. 운항의 효율성과 고객지향성 간의 균형이 이루어지는 것이다. 고객은 굳이 여행대리점을 통하지 않고 인터넷을 통하여 본인이 가고자 하는 노선의 가장 저렴한 항공편을 확인, 예약할 수 있게 되면서 더욱 똑똑해지고 있다.

2) 저가항공사와 대형항공사 간 경쟁의 양상

기존의 대형항공사들은 시장점유율의 저하와 그에 따른 재무성과의 악화로 인하여 급진적인 비용 절감을 취하였고, 그 결과 대량의 실직과 항공기 주문 감소가 이어졌다. 또한 점유율 만회를 위하여 항공요금의 인하 내지는 저가항공사의 신설(루프트한자의 경우, Eurowings와 Germanwings라는 저가항공사를 계열로 신규 설립)을 꾀하기도 하였다. 그러나 이런 일련의 조치들은 고객 지향적 마케팅 전략이 아니라, 이사회의 눈치를 보고 비위를 맞추기 위한 내용들에 불과하다.

항공사들의 공급능력이 초과상태를 유지하는 이유에는 몇 가지가 있다. 첫째, 좌석공급 능력이 최고라고 하는 자부심을 가지려는 욕심, 둘째, 신규 기술을 채택한다는 모습을 보이려는 자세(가령, 800석 규모의 신형 에어버스380의 구매), 항공운항의 인프라 구축에 대한 정부의 인센티브 제공, 기업 및 관련단체의 예측과 기획의 결여, 여행업의 미래수요는 무한하다는 근거 없는 믿음 등이 그것이다.

이러한 초과공급의 문제를 해소하기 위하여 기존항공사들이 내놓은 대책은 터미널집중방식(hub-and-spoke strategy)이다. 이의 구체적인 실행 방안이 곧 글로벌제휴이다. 하나의 공항에 물동량을 집중시키는 이 방식은 셔틀 운송을 통하여 국내 각 공항에서 승객을 허브 공항으로 집중시키는 것이다. 한 국가의 허브공항과 다른 국가의 허브공항 간의 수송은 대형 항공사 간의 글로벌 제휴로 이루어진다. 이 방식은 미국의 시카고를 허브공항으로 하는 아메리칸항공과 유나이티드항공 간에 최초로 체결되었으며, 유럽에서 터미널 집중방식은 에어프랑스(파리찰스드골공항)-브리티시항공(런던히드로공항)-루프트한자(프랑크푸르트)-KLM(암스테르담)-이베리아(마드리드) 사이에 체결되었다. 글로벌 제휴가 불가피한 이유는, 양국의 허브공항을 왕래 수송하는데 충분한 승객을 하나의 항공사가 확보하고 있지 못하기 때문이다. 전 세계 네트워크의 형성에 의한 규모경제의 향유가 글로벌 제휴의 목적인 셈이다(Kernchen, 2004: 12). 특정 노선에 대하여 복수의 항공사 간에 코드 공유가 이루어지는 것이다. 가령, 프랑스 파리에서 미국 신시내티로 가는 운항은 실제로 델타항공이 수행하지만, 에어프랑스는 자사 명의로 항공권을 판매하는데, 이렇게 되면 항공사는 물론 이용객에게도 이득이 된다.

항공사 입장에서는, 단위비용 절감을 통한 규모경제의 실현, 자사 명의의 항공권 판매, 제휴사 좌석을 자사 물량으로 판매, 승객 적재율(load factor)의 제고(파리-신시내티의 경우 96.55%로 상승), 제휴사의 해당국 공항 사무실 활용과 그에 따른 유통망의 확대, 기술적 합의(항공기 유지.수선 등), 시장점유율의 상승, 목적지 제공의 증대(가령, 미국 신시내티 공항에서 델타항공은 미국내 137개 목적지로 국내선 운영) 등을 편익으로 얻을 수 있다. 한편 승객 입장에서는, 외국의 특정 도시까지 가기 위해 필요한 수하물 처리를 단 1회로 마칠 수 있는 점, 제휴 항공사들이 제공하는 단골고객 유인책(frequent flyer program)을 모두 향유할 수 있다는 점, 하나의 탑승권으로 최종 목적지까지 마칠 수 있는 점, 환승 시간의 단축, 보다 많은 목적지로 갈 수 있다는 점 등이 매력이다. 물론 미국의 911사태 이후 보안이 강화되면서 이러한 매력 가운데 일부가 줄었고, 탑승객도 자국 항공사의 서비스를 받을 것을 기대하였는데, 질적 수준이 다르고 언어 소통의 어려움을 주는 외국항공사의 서비스를 받게 되는 점에 대한 불편을 느낀다. 더욱이 국내노선의 폐쇄 조치는 이용자의 불편을 가중시킨다. 일례로 에어프랑스는 리옹이나 니스에서 출발하는 미국행 노선을 폐지하여, 그 지역 주민들은 국내선으로 파리까지 와서 탑승을 해야 한다. 그 결과, 프랑스의 국제장거리 운항의 82%가 허브공항인 파리찰스드골국제공항(CDG)에서 이루어지고 있다. 이 회사는 국내시장의 지배, 다른 주요 유럽시장에서의 존재감 확보, 미국 및 아시아 항공사와의 제휴로 글로벌 사업망 구축 등의 목표를 달성하여 성장한다는 전략을 갖고 있다. 목표 달성을 위하여 에어프랑스는 2004년에 네덜란드의 국적항공사인 KLM과 합병을 하였다. 비용 절감과 효율성 제고를 위하여 파리공항과 암스테르담 공항이라고 하는 두 허브공항의 구조조정을 하였다.

3) 저가 항공사의 전개

1997년에 EC는 항공운수업에 대한 전면적인 규제철폐를 단행하였고, 그 덕분에 라이언에어(Ryanair)는 유럽대륙에 신규 노선을 열 수 있게 되었고, 또 다른 영국의 저가 항공사인 이지젯(Easyjet)이 새로이 시장진입을 이루었다. 흥미로운 점은, 영국의 저가 항공사인 이 둘이 운항 노선과 이용 공항을 서로 달리하여 경쟁을 피한다는 점이다. 그러나 노선의 증가와 유럽대륙으로의 진출이 이루어지면서 양사 간의 경쟁도 달아오르고 있다.

이 두 항공사는 저가항공사의 원조인 미국의 사우스웨스트항공(1971년 출범)의 사업모델을 벤치마킹하였다. 사우스웨스트항공의 경영이념은 승객이 원하는 때에 최저 요금으로 정시에 목적지에 도착하게 하여 즐거운 비행시간을 가지도록 한다는 것이다. 목적지의 메인 공항이 아니라 2등급 공항을 이용하고, 운항 중 기내 서비스는 일체 제공하지 않고, 운항 가능한 시간을 극대화하고, 한 가지 모델의 항공기만을 구입하여 유지비를 줄인다고 하는 전략이 실행되었다. 유럽의 저가항공 원조인 라이언에어는 사우스웨스트항공의 사업모델을 더 확장하여 항공권 전달은 인터넷을 통해서만 하도록 하고[39], 기내 서비스는 유료로 제공하고, 비행기 동체 위에 판촉을 전개하는 등이 그 내용이다. 두 번째 유럽 저가항공사인 이지젯은 라이언에어와 달리, 유럽의 주요 노선에 운항 중이며, 여가용 일반고객 및 사업용 비즈니스고객을 표적으로 삼아 메인공항을 왕래한다는 점이다. 즉 라이언에어가 틈새시장을 공략한다면 이지젯은 기존대형항공사와 주류시장에서 정면승부를 하고 있다.

이지젯은 Haji-Ioannou 가문이 소유하고 있는 EasyGroup의 계열사이다. 유럽 내 124개의 노선을 운항하면서 목적지 수 기준으로는 유럽 최대의 저가항공사이다. 탑승객 규모는 2000년 500만 명에서 2003년 2000만 명으로 급증하였고, 이에 힘입어 5년간 120대의 신형 에어버스 구입을 결정하였다. 추가 항공기 투입으로 이지젯은 기존 노선의 탑승객 확대는 물론 신규 노선의 추가 작업에도 열을 올렸다. 궁극적으로 이지젯은 라이언에어를 제치고 유럽 제1의 저가항공사로 입지를 굳히려 하고 있다. 이지젯이 기존대형항공사와 정면 승부를 펼치면서 보여주는 차별화의 내용은, 일체의 비용 극소화를 통한 기본제품의 제공, 행선지 선택의 제약 두기, 여행대리점 및 고가의 컴퓨터예약

39) 필자가 스페인의 바르셀로나에서 산티아고 데 콤포스텔라(가톨릭의 순례 성지)까지 국내선 티켓을 2015년에 구입하였는데, 공항 도착 전에 온라인 체크인을 마치고 탑승권을 출력해오지 않고, 공항 카운터에서 처리할 경우에는 1인당 70달러를 내야 한다는 규정이, 온라인 티켓 사이트에서 출력한 용지에 쓰여 있음.

제도(CRS)를 배제한 인터넷만에 의한 티켓배포, 고객서비스의 극소화(핫라인의 미설치), 공항작업시간의 단축(연료주입, 청소, 승객의 체크인 및 체크아웃 등)으로 생산성 제고, 좌석 수 확대(B737항공기의 좌석수가 동일항공기의 KLM보다 35% 더 많음), 공항 라운지 미설치, 좌석 선택제 배제, 고객충성프로그램(frequent flyer program)의 미제공, 환승노선 미운영, 타항공사로 예약변경 시 고객에게 환급금 미제공, 편도요금 제공, 수하물 및 기내짐에 대한 엄격한 제한, 메인 공항과 2등급 공항의 병용, 여행객과 비즈니스 고객 모두를 표적 삼기, 보잉과 에어버스 2기종 운용 등이다(Kernchen, 2004: 17). 이지젯은 고객과 종업원, 오너의 3자가 모두 만족하는 경영 정책을 추구한다.

유럽 국가 중 독일에는 10개의 저가항공사가 운영 중에 있지만, 프랑스에는 라이언에어와 이지젯 2개 회사만이 있어서 기존항공사인 에어프랑스가 받는 경쟁의 압박은 상대적으로 덜하다. 에어프랑스는 자국민 탑승객의 74%를 확보하고 있고, 43개 노선 중에 27개 노선을 독점 운항 중이다. 국내 노선 중 제대로 된 경쟁은 파리-마르세이유(Marseille), 파리-톨루즈(Toulouse), 파리-니스(Nice) 노선뿐이다. 2000년 이후에만 독일의 Germanwings, 이탈리아의 Volareweb, 슬로바키아의 SkyEurope 등이 신규로 저가항공업에 진입하였고, 2000-2003년 간 유럽 저가항공사들의 시장점유율은 16%로까지 증가하였다. 그러나 과다한 수의 저가항공사가 난립하면서 경쟁에서 밀려난 네덜란드의 V-Bird는 2004년 파산하고 말았다.

4) 마케팅 전략의 분석

① 마케팅 환경의 검색

유럽은 28개국의 EU 가맹국이 있는 4억 5500만 인구의 시장이다. 앞으로 EU가맹국이 계속 늘어날 것이고, 가맹국의 인구밀도가 높다는 점에 비추어 보면, 단거리 노선이 증가하면서 저가항공사에게는 기회가 될 것이다. 그렇다고 유럽 전역을 공략하거나 모든 유럽인 고객을 만족시키는 일은 무리이다. 따라서 어느 지역의 고객을 공략할 것인지, 어느 잠재고객이 가장 높은 수익성을 가져다줄지를 파악하는 표적설정(targeting)이 필요하며, 이를 위해서는 시장을 상이한 요구를 지닌 세그먼트로 쪼개는 시장세분화

(segmentation)가 선행되어야 한다.

유럽의 항공운수시장을 세분화하는 기준으로는 지리적 기준(지역, 대도시 크기, 인구밀도 등), 인구동태적 기준(연령, 성별, 학력, 신앙, 사회계층 등), 심리동태적 기준(psychographics: 라이프스타일, 활동, 흥미, 가치관 등), 행동적 기준(behavioralistic: 이용 빈도, 브랜드충성, 휴가활용 등) 등이 있다. 유럽 항공운수시장이 규제철폐로 개방되기 전까지는 지리적 기준이 간편하게 채택되었다. 모든 유럽항공사들은 자국시장의 고객을 다루었을 뿐, 다른 국가의 고객을 포섭하려 하지 않았다. 지리적 기준 다음으로 활용된 세분화 기준은 행동특성으로서 여행을 하는 이유, 즉 업무용 승객과 여가용 승객으로 구분하는 일이다. 그러나 시장의 전면 개방 이후에는 지리적 기준은 더 이상 활용되지 않는다. 세분화를 통하여 가장 유망한 세그먼트를 발견하면 효과와 효율을 동시에 거머쥘 수 있는데, 그런 세그먼트란 제한된 숫자의 경쟁자들이 있거나 또는 가장 강력한 경합 상대가 없는 상황을 일컫는다.

예전에는 업무용 승객과 여가용 승객이라는 양대 세그먼트 모두를 공략하면서 이들이 지불할 의향이 있는 가격을 기준으로 퍼스트 클래스, 비즈니스 클래스, 이코노미 클래스로 세분화하였다. 이지젯의 경우에는 표적설정을 매우 정교하게 하고 있는데, 핵심 표적은 친구나 친지 방문과 같은 일상용 여행(casual travel)을 하는 승객이지만, 이에 추가하여 일부 사업용 여행자(이지젯은 메인 공항을 이용하고 있고, 파리-바르셀로나와 같은 흥미로운 노선을 운항 중이므로), 프랑스남부로 파견되는 영국비즈니스맨이나 스페인으로 파견되는 영어교사와 같은 특수 세그먼트, 충동 여행자(주말을 다른 도시에서 보내려는), 스포츠용 여행자(영국이나 아일랜드의 축구팬) 등도 표적으로 삼고 있다.

저가항공사가 출현하면서 새로운 사회계층을 이용자로 포섭하고 있는데, 이는 더 이상 항공기 탑승이 높은 사회계층만의 전유물이 아니기 때문이다. 독일의 저가항공사 Hapag Lloyd Express(HLX)는 “Fly for a price of a taxi”라는 표어를 통해 자사의 운임을 택시비와 비교하고 있다. 기존의 대형항공사에게 가하는 충격은 이들 저가항공사가 신규 고객 계층을 창출하고 있다는 점보다 오히려 자기네의 핵심 고객층인 업무용 고객과 단골고객의 구매 행동에 영향을 미치고 있다는 점이다. 독일상업회의소의 조사에 따르면, 독일 기업 중 35%가 저가 항공사를 이용하고 있고, 80%는 가까운 장래에 저가항공사를 이용할 생각이라고 응답하였다는 점이 이를 증명한다. 대기업들은 이처럼 저가항공사의 이용, 비즈니스 클래스 예약의 제한, 대량 구매에 따른 할인 요구, 911테러 이후의 안전 문제로 인한 화상회의의 채택 등으로 기존항공사들을 압박하고 있다.

그렇다면 이용객의 수요는 어떠한지를 살펴보자. 인간은 욕구를 지니면서 그 욕구를 충족할 구매력을 지닐 때 비로서 수요를 일으킨다. 기존항공사들은 수요는 경제력 증대와 더불어 늘어나며, 가격 인하는 기업의 수입 감소만을 가져온다고 생각하였으나, 저가항공사는 이문이 낮은 이용객들은 물론이거니와 항공기 이용의 잠재 수요를 갖고 있던 소비자를 새로이 창출하였고, 심지어 가격에 민감한 업무용 이용자까지 기존항공사에서 탈취하는 행동을 취하고 있다. 수요의 증가는 비단 저가항공사에게만 득이 될 뿐 아니라, 항공운수 시장 전체의 수요 크기를 확대시키는 긍정적 역할마저 한다.

② 마케팅 믹스

4P 가운데 제품믹스에 관해서는, 핵심제품(core product)과 보강제품(augmented product)이 있는데, 전자는 출발지에서 목적지까지의 운송 서비스이고, 후자는 기내에서 음식, 신문, 비디오, 인터넷 등을 제공하는 서비스를 말한다. 저가항공사가 고객에게 제공하는 제품은 바로 핵심제품이다. 라이언에어가 제공하는 핵심제품의 예를 들면, 단순한 의자 제공(뒤로 눕히기가 안 되고 뒤쪽에 물건을 넣을 포켓이 없음: no declinable, without seat pocket), 창문 가리개 없애기, 식사 제공 생략, 기내 잡지 미제공, 종이 탑승권 폐지, 휴대용 짐만 허용 등이다. 이에 반하여 기존항공사들은 경쟁에 앞서기 위하여 새로운 제품, 서비스 특성을 추가하여왔지만, 이는 모방 장벽이 낮아서 제품차별화에 기초한 경쟁우위는 단기간에 소멸되고 만다. 기존항공사의 보강제품 내역으로는, 항공사 웹사이트에 수하물 지연에 대한 정보 알림, 기내 전화 및 인터넷 서비스, 스타벅스와의 협력(새로운 커피 제공), 기내 서비스 강화를 위한 사무장(purser) 신설, 식음료 제공의 다양화, 신혼커플 등과 같은 특별 승객에 대한 서비스 등이다. 여기서 고민해야 할 점은, 탁월한 능력의 원천을 기존항공사처럼 제품특성에서 찾아야 할지 아니면 기본서비스의 충실(항공료의 저렴화 및 출발/도착시간의 정확성)에 두어야 할지의 선택이다. 한 가지 유념할 점은, 지금까지 기존항공사는 모든 고객층을 만족시키려 하다가 결국에

는 업무용 승객이 요구하는 높은 품질의 서비스를 제공하지도 못하고, 여가용 승객이 원하는 가격을 제시하지도 못하였다는 점이다.

4P 중 입지(place) 믹스에 대해서는, 대부분의 기존항공사들이 여전히 컴퓨터예약제도를 통한 여행대리점이라고 하는 입지에서 항공권을 판매하고 있다는 점이다. 그런데 이 제도는 컴퓨터예약처리에 대한 수수료와 여행대리점에 대한 수수료 지불로 인하여 대단히 비용집약적인 성격을 지니고 있다. 반면 저가항공사는 인터넷을 통한 직판 경로를 선택하고 있는데, 가령 이지젯이 항공권의 95%를 인터넷을 통하여 판매하고 있는 반면에 루프트한자는 15%에 그치고 있다. 에어프랑스는 전체 판매량의 10% 수준으로까지 인터넷 판매 비중을 끌어올리려고 한다. 하지만, 인터넷을 통한 예약 절차가 지닌 간편성, 용이성, 신뢰성, 신속성 차원에서 기존항공사는 저가항공사에 처져있다.

4P 중 촉진(promotion)에 관해서는, 대형항공사가 기존고객을 유지하는데 드는 비용보다 저가항공사가 신규고객을 유치하는데 드는 비용이 더 크기 때문에, 이들의 광고비 지출은 기존항공사의 지출을 앞지른다. 특히 인터넷 광고와 옥외광고판 활용에 대한 의존도가 높다. 영국의 Virgin항공사의 경우에는 웹사이트에 “Fly free for life(평생무료탑승)” 이라는 캠페인을 올렸는데, 참가자들은 자신의 이메일 주소와 친구에게 알리는 일을 하고, 대진을 벌인다. 라디오 광고에서도 이 대진 사실을 알렸고, 게임 사이트에는 241,460명이 등록하게 되었다. 이지젯의 공격적 촉진 활동 내용을 보면, 기존항공사들과는 달리 유가 상승으로 항공료를 인상하는 일은 하지 않는다는 광고 문구를 강조하기, 항공기 기체에 눈에 띄는 광고 하기(가령, “Goodbye Air France”), CEO인 레이 웹스터의 적극적인 PR, 무료탑승 캠페인 등이다.

4P 중 가격에 관해서는, 인터넷 덕분에 가격 투명성이 확보되어 가격 인하의 효과로 이어지고 있다. 세그먼트 별로 상이한 가격을 제시하기도 하고, 수요의 변동에 따라 가격을 달리하기도 하며, 심지어 경매와 같은 새로운 가격 책정 방식도 활용되고 있다. 가령 조기예약 촉진 또는 막판 판촉(last minute promotion) 등을 통하여 동일 등급의 좌석에 대해서 예약 일자에 따라 가격이 다를 수 있다. 이러한 가격책정 방식을 수익관리 가격책정(yield management pricing)이라고 한다. 저가항공사들이 채택하고 있는 새로운 형태의 가격 책정에는 편도요금 책정, 동태적 가격책정(예약일이 늦을수록 가격상

승), 수익관리 가격책정, EDLP(사우스웨스트항공사의 경우), 유가상승에도 항공료 인상 안하기 등이다. 이에 반하여 기존항공사의 가격 책정 방식에는 가격차별(왕복 및 주말 탑승을 조건으로 한 저가 판매, 고객별 상이한 가격 판매), 제약조건이 없는 고가 판매(탑승일 변경 등에 제약 가하지 않기), 유가 상승과 연동된 항공료 인상 등이 있다(Kernchen, 2004: 32).

③ 항공운수업의 업적 개선

기존항공사는 업적 향상을 위하여 서비스의 제공을 늘리는 반면, 저가항공사는 줄이는 정반대의 행보를 취하고 있다. 항공운수업의 업적 개선을 위한 실행 방안으로 다음의 몇 가지를 꼽을 수 있다.

첫째, 전사적 품질관리(Total Quality Management: TQM)이다. 이는 사내와 사외의 고객, 공급자 모두를 만족시키기 위한 통합 마케팅 노력이므로, 모든 부서와 직원들이 하나의 팀으로 협력해야 한다. 저가항공사들은 기존대형 항공사들에 비해 전사적품질관리를 잘하는데, 가령 이지젯은 조직구조를 수평적(flat) 형태로 하여 품질관리의 실행과 통제를 수월하게 하면서 동시에 조직에 문제를 안겨주는 일부 서비스에 대해서는 아웃소싱을 하고 있다.

둘째, 내부마케팅(internal marketing)이다. 항공운수업에서 제공하는 제품에는 종업원도 포함되어 있다. 그렇기 때문에 종업원이 제공하는 서비스는 경쟁사와의 차별화를 이루는 주요 항목이다. 고객과 종업원 간의 접촉 순간을 '진실의 순간(moment of truth)'이라고 하는데, 서비스 전달 과정을 형성하는 것이 바로 종업원의 숙련, 친근, 동기부여와 고객의 기대, 행동이다(Kernchen, 2004: 34). 보다 우수한 인력을 채용, 훈련시킴으로써 타사에 대한 강력한 경쟁우위를 확보할 수 있게 되는데, 이 점에서 싱가포르항공은 훌륭한 명성을 갖추고 있다. 이러한 내부마케팅은 최고경영진의 강력한 헌신(commitment)을 필요로 한다. 그 이유는, 중간관리자들이 수익지향성을 강력히 지니고 있기 때문에 종업원의 훈련을 투자가 아니라 비용 요소로 간주하기 때문이다. 그러나 자신의 일을 좋아하고 회사로부터 좋은 교육/훈련을 받은 종업원은 회사에 대한 애착이 강해지고 이것이 곧바로 고객에게 반영된다. 행복한 종업원을 보게 되는 고객들은 기업에 대한 긍정적 이미지를 갖게 된다. 미국의 사우스웨스트 항공은 내부마케팅을 훌륭히 실행하여, 종업원들의 만족도가 높고 이직률이 낮다. 이 기업은 신입직원을 채용할 때 숙련이 아니라 태도를 기준으로 평가한다. 이러한 점이 라이언에어, 이지젯과의 차별화 포인트이다. "Happy employees create happy customers."가 그 슬로건이다. 그렇다면 사우스웨스트항공의 종업원들을 행복하게 하는 것들은 무엇일까? 상이한 부서, 집단 간의 원만한 관계(일을 주어진 시간 내에 끝마치기 위하여 짐 싣는 일을 조종사가 거들어줘야 한다면 그렇게 한다는 점), CEO의 훌륭한 리더십(종업원에게 문호개방(open door) 방침을 실시), 모든 종업원의 높은 책임의식(자율 통제와 그에 따른 낮은 수준의 감독), 많은 훈련기회와 사내 직무이동 등이 그 촉매 요인들이다.

셋째, 총체적 고객만족이다. 고객지향적 사업의 목적은 기업에게 수익성을 가져다주는 만족한 고객을 창출, 유지하는 일이다. 항공사 마케팅의 핵심 목표는 수익성을 가져다주는 고객만족에 있다. 욕구가 충족된 승객들은 해당 항공사를 반복 이용할 뿐만 아니라 다른 소비자들에게 자신의 만족을 호의적으로 전할 것이다. 고객이 인지하는 제품의 성능이 자신의 기대치에 부응하면 고객은 만족하고, 미흡하면 불만을 갖게 된다. 그렇다면 고객들의 기대치가 무엇이냐는 점이다. 가령, 고객이 이지젯을 이용하면서 기대하는 것은 저렴한 가격과 친절한 승무원, 목적지에 정시 도착, 수하물 찾기에 뜸들이지 않기 등이다. 이지젯은 고객에게 많은 것(부가가치)을 약속하지 않으며, 단지 기본 서비스를 훌륭하게 제공하는데 충실하다. 이는 이지젯이 고객들에게 말하는, "When someone is on a bus, he does not expect a free lunch."라는 표현에서 알 수 있다. 반면 에어프랑스는 10배 이상의 높은 항공료를 고객에게 청구하면서 잡지와 식사 등을 무료로 제공하지만, 다른 공항에서 허브공항으로 오는 항공편이 지연되면서 출발과 도착 예정시간을 넘기고 말아서 고객의 불만을 야기한다. 이쯤 되면 세그먼트별로 고객이 중시하는 가치가 무엇인지를 가늠해야 할 것이다. 업무용 승객은 시간의 정확성을 가장 으뜸으로 치고 이어서 멋지고 친절한 서비스, 여분의 서비스(음식, 잡지, 인터넷 등), 항공사의 이미지와 안전, 수하물의 문제발생 없기 등인 반면, 여가용 승객은 멋지고 친절한 서비스를 가장 중시하고 뒤를 이어 저가격, 안전, 수하물의 문제발생 없기 등으로 되어 있다 (Kernchen, 2004: 38). 허브공항운영이 복잡성을 더해가면서 연발착, 수하물 처리의 오류 등이 발생할 위험도 한층 높아지는데, 승객들은 승무원에게 직접 불만을 제기할 수 있다. 이 때 승무원이 이러한 고객 불만의 표출에 대해 교육을 받아 충분히 대비할 수 있어야 한다.

넷째, 고객관계의 관리(customer relationship management)이다. 고객관계를 관리한다는 것은, 고객충성과 고객만족을 극대화할 목적으로 고객과의 모든 접점(touchpoints)을 관리하는데 필요한 상세한 고객정보를 다루는 과정을 말한다(Kernchen, 2004: 39). 기존항공사가 활용하는 고객관계 관리의 도구는 단골고객프로그램(frequent flyer program)인데, 이를 통해 단골고객들에게 부가가치를 제공함으로써 그들의 충성도를 높이려는 것이다. 고객이 항공기를 이용하는 일은 일회성에 그치지 않고 평생 이루어지기 때문에 고객의 평생가치(customer lifetime value)가 기업에게는 대단한 의미를 지닌다. 항공사는 각각의 고객이 지닌 평생가치를 산출하여 이 가운데 평생 관계를 갖는 것이 기업에게 득이 되는 고객집단을 확인해야 한다. 가령 general frequent flyer(마일리지 축적), elite(체크인, 좌석확보, 탑승, 예약 등에서 우대), elite plus(엘리트+ 라운지 제공, 매진 항공권의 구매보장, 수하물 처리 우대) 등의 고객집단 분류가 있다, 최근에는 그러한 단골고객프로그램에 타업종의 기업도 끌어들여서 호텔예약, 렌터카 예약까지 포함시키고 있다.

④ 시장지향의 전략적 기획

자리매김(positioning)은 고객의 관점에서 보았을 때 기업(항공사)이 갖춘 독특한 가치(distinctive value)이다. 자리매김의 작업은 3단계를 거치는데, 1단계는 자사의 가능한 우위(비용, 품질 등)를 확인하는 일, 2단계는 그 가운데 올바른 경쟁우위를 선택하는 일, 3단계는 선택한 자리를 표적 시장에 효과적으로 의사 전달하는 일이다.

에어프랑스의 자리매김은 '프랑스의 터치', '프랑스의 세련된 예절(savoir vivre)'라는 슬로건을 통하여 하늘을 지구상에서 최고의 장소로 만듦으로써 전 세계적인 항공운수의 리더라는 것이다. 프랑스가 주는 명품의 이미지를 살려서 승객은 단순히 비행기를 탑승하는 것이 아니라 부가가치의 서비스를 받으며 여정을 하는 것이라는 느낌을 주는 존재, 항공사 이상의 존재로 자리 잡으려 한다. 반면 이지젯은 품질이나 명품으로서의 리더가 아니라 유럽시장에서 높은 시장점유율을 확보한 코스트 리더가 되기 위하여, 고상하고 호사스럽지만 불필요한 서비스를 제공하지 않는 대신 고객의 시간과 금전을 절약시켜주면서 편안함을 안겨주는 항공사라는 자리매김을 하고 있다. 그 슬로건이 바로, “The only airline that saves you time and money”, “Travelling with EasyJet is easy and very cheap”이다.

항공사가 취할 수 있는 차별화의 포인트로는 제품의 다각화, 서비스 특징의 강조, 유통 특성의 강조, 공격적 브랜드 이미지 전개, 인적 서비스의 강화 등이 있다. 이러한 차별화의 내용들은 자리매김, 고객가치, 경쟁자 전략에 맞추어야 한다. 승객이 특정 서비스 내용에 가치를 부여하지 않는다면, 그러한 차별화 포인트는 자리매김에 별다른 의미를 지니지 못한다. 이지젯의 자리매김과 차별화의 내용을 열거하면 다음 표와 같다.

< 표12 > EasyJet의 자리매김과 차별화

차별화	자리매김
신형 항공기	안전
손쉬운 예약	편의
친절하고 간편한 기본서비스	저렴
추가 서비스 미제공	허례허식 배제
신속한 탑승수속과 자유좌석제	정시 준수와 시간절약

자료: Kernchen, 2004: 42

항공사들이 제공하는 서비스 혁신의 대부분은 쉽게 모방된다는 문제점을 안고 있다. 그러나 정기적으로 혁신을 이루는 항공사는 잠정적 우위를 연속적으로 확보하게 되고, 이런 항공사가 지닌 혁신의 명성은 최고의 항공사와 함께 하려는 고객들을 확보, 유지하게 해준다. 가령, 이지젯은 항공기 도착정보를 웹사이트에 최초로 제공한 항공사라는 점이다. 기존항공사들은 특별한 안락(편한 의자, 여유 공간), 특별한 식음료, 기내 여흥(TV, 비디오, 인터넷, 비디오게임 등), 소프트 요소(승무원의 친근함) 등과 같은 2차적 서비스로 차별화를 하려고 애쓰고 있지만, 저가항공사와 풀서비스 항공사(Virgin항공은 선별한 노선에서 업무용 승객에게 지상과 상공에서 타사의 추종을 불허하는 서비스를 제공하여 시장 진입에 성공) 사이에 샌드위치 상태로 끼여 있다.

자리매김을 강화하는 또 다른 포인트는 브랜드 관리전략을 실행하는 일이다. 브랜드 관리는 브랜드 이미지와 기업문화를 다루는데, 사우스웨스트항공, 라이언에어, 이지젯과 같은 저가항공사들의 브랜드 이미지는 놀라울 정도로 높다(Kernchen, 2004: 44). 이는 저가격과 안전의 우려로 저가항공사에 대한 브랜드 이미지가 낮을 것으로 흔히 생각할 수 있는 점과는 대조적인 사실이다. 일례로, 저가항공사들은 종이항공권을 발행하지 않고 기내에서 신문을 제공하지 않고, 식사 미제공으로 플라스틱을 사용하지 않고, 구형 비행기가 아니라서 환경문제에서도 기존항공사들보다 강점을 지니고 있다. 이지젯은 국적이 없는(실제로는 영국이지만) 유럽항공사로서 전 유럽에서 받아들여지고 있다. 팬유럽이라고 하는 강력한 가시적 이미지를 가지고 있고, 항공기에 강력한 색상(오렌지)을 갖고 있고, 국별로 촉진 캠페인을 펼치고 있다(가령, 국적기에 맞선 공격적인 촉진 캠페인의 전개, 예: “Goodbye Air France”). 이에 비해서 기존 대형항공사들은 브랜드 이미지가 약하고, 여전히 특정국의 운항사로 받아들여지고 있다. 독일의 설문조사에서는 응답자의 80%가 저가항공사 덕분에 항공요금이 전반적으로 하락하고 있다고 말하였다는 점에서도, 저가항공사의 이미지를 엿볼 수 있다. 브랜드 이미지와 연관된 것이 바로 기업문화인데, 사우스웨스트항공의 성공은 바로 강력한 기업문화에 기인한다. 고객서비스 부문의 문화와 인터넷 예약담당 부문의 문화가 다르다면 고객에게 커다란 문제를 야기할 수 있다는 신념이다. 반면 이지젯은 조직부문의 상당수를 아웃소싱하고 있는데, 이는 하도급업체와의 관계를 관리하는데 많은 시간을 투입해야 하고, 이들과 목표 공유가 쉽지 않다는 점에서 강력한 기업문화의 구축이 어렵다는 문제점을 안고 있다.

⑤ 스왓 분석

에어프랑스의 내부역량(강점과 약점: strength, weakness)과 외부환경(기회와 위협: opportunity, threat), 곧 SWOT을 분석해보면 다음 <표13>과 같다. 강점에서는 KLM과의 합병으로 노선 운항 빈도의 제고, 광범한 유통, 다양한 제품범위 등의 잇점을 등에 업고 글로벌 리더가 될 수 있는 미래의 성장 잠재력이 대단하다는 점이 눈에 띈다. 약점에서는 허브공항체제가 저가항공사의 사업 모델 성공으로 시험대에 오르면서 이들 저가

항공사와의 경쟁에서 밀려나지 않으려면 비용 절감을 이루어야 할 것이고, 이들로부터 수세적 입장에 몰린다면 성장 전략에 집중할 수 없을 것이다. 프랑스 국내시장에서는 초고속 열차 TGV와의 경쟁에서 어려움을 겪고 있다. 파리와 리옹 간의 환승 작업을 고려하여 이 두 지역 간 운항 건수를 최소한의 수준으로 유지를 할 수밖에 없다. 시장이 주는 기회로는 경영 실적이 부실한 경쟁사를 합병한다는 것인데, 이미 완료한 KLM과의 합병에 이어, 동유럽 시장에서 새로운 M&A의 기회가 있을 것이다. 최대의 위협 요인은 아랍계 항공사의 약진 가능성이다. 아랍에미레이트의 Etihad항공과 에미레이트 항공, 바레인의 Gulf Air는 미국, 유럽, 아시아 간의 운항을 위하여 허브항공체제를 활용하고 있다. 이들은 성장 전략의 추구를 위하여 2003년에 151대의 신형 항공기를 주문하였는데, 에미레이트항공의 경우에는 신형 에어버스 A380을 45대 주문하였다.

< 표13 > Air France의 SWOT

<강점>	<위협>
● 강력한 재무상태(국유기업) ● 좋은 명성 ● 파리드골공항과 네덜란드 암스테르담 공항의 허브공항시스템의 수익성 ● 품질리더십(정시성, 서비스편의성) ● 노선의 빈도(국내선, 국제선) ● 항공권의 광범한 유통망이 지닌 효과 ● 다양한 가격 범위 ● 승객유형별 가격조정(업무용, 여가용) ● 목적지의 다변화	● 저가항공사와의 치열한 경쟁 ● 세계경제의 불황과 경제위기 ● 저가항공사, 고속열차TGV와 국내시장에서 경쟁 ● 유가 상승 ● 테러리즘 ● 엄격한 항공운송 규제의 철폐 ● 제휴사와의 경제적 문제(KLM, 델타) ● 공항의 수용능력 한계점 도달 ● 달러와 엔화의 평가절하
<기회>	<약점>
● 다른 국가의 항공사들과 제휴 ● EU의 확대로 동유럽의 신시장 ● 경쟁사의 파산(KLM의 적대적 인수) ● 세계에서 관광방문이 가장 많은 나라(프랑스)	● 높은 생산비와 유통비 ● 유연성이 결여된 복잡한 조직구조 ● 종업원 동기부여의 저조 ● 조직문화의 취약 ● 본사와 지점 간의 조정의 결여

< 표14 > EasyJet의 스왓 분석

<강점>	<약점>
● 선발자 우위 ● 높은 공항 회전율로 높은 생산성 ● 수평적 팀 조직구조 ● 사내 직무 이동 ● 코스트 리더십(공항이용료, 급료 등) ● 유연한 관리(채산성 낮은 노선 폐지) ● 지속적 개선 ● 좋은 평판과 브랜드 이미지	● 주주들의 높은 기대치 ● 낮은 노선 빈도(1일 1-2회 운항) ● 온라인 예약에 대한 고객들의 주저 ● 아웃소싱으로 고객만족에 부정적 ● 창업가적 구조와 기업성장간 부조화 ● 저임금으로 승무원 사직
<기회> ● 경쟁사의 파산(적대적 인수 기회) ● 항공기 이용의 인기 상승 ● 온라인 예약: 인터넷 이용자 증가	<위협> ● 경쟁의 증대 ● 가격 압박 ● 유통 시스템의 용이한 모방

한편 이지젯에 대한 마찬가지의 스왓분석을 정리하면 아래 <표14>와 같다. 강점으로는 유럽시장에서 제2의 저가항공사라는 지위를 들 수 있다. 약점으로는 라이언에어를 앞지르는 무서운 성장세로 조직이 기존 대형항공사처럼 비대해지면서, 초기의 창업가적 조직구조가 더 이상 그 유효성을 발휘하기 어렵게 되었다는 점이다. 지금까지 이지젯이 보여준 탁월한 경영 성과에 비추어 높은 기대치를 갖게 된 주주들로부터 압박이 심해진다는 점도 부담이다. 기회로는 저가 항공기를 이용한 여행자 증가가 있다. 이를 통해 저가항공의 제1인자로 자리를 잡을 수 있다면 성공을 이어나갈 수 있을 것이다. 위협으로는 자사의 성장 전략이 비용집약적이라는 점이다. 독일과 프랑스에서 신규 진입을 위하여 항공기 구입, 인력 채용, 마케팅 촉진 등에 상당한 자금을 지출하였다. 이 두 시장은 영국시장보다 경쟁이 치열한데, 독일의 저가항공사들은 이지젯에 대항하기 위하여 베를린 행 노선에 대하여 소규모 제휴를 결성하고 있다.

항공운수업에서 저가사업모델은 고객과 주주 모두에게 성공적이라는 점을 입증했기 때문에 앞으로도 계속 성장해나갈 것이다. 장거리 저가항공의 취항도 이어질 것이며, 환승객이 이용할 전유럽 국가에 대한 네트워크도 구축하게 될 것이다. 물론 기존 대형항공사의 사업모델도 발달을 이어나갈 것이다. 그 발달의 방향은 생산성을 높이고 고객지향성을 더 강화하는 쪽이다. 필요하다면 저가항공사로부터 벤치마킹도 필요한데, 루프트한자는 공항회전시간(turnaround time: 공항착륙에서부터 다음번 이륙상태로 항공기 위치를 갖추는 데까지 소요시간) 단축의 요령을 저가항공사로부터 학습한 결과, 40분에서 25분으로 줄일 수 있었다.

3장. 스페인 시장

1. 역사 개요

스페인의 국토는 50만6천㎢로서 유럽에서는 프랑스의 63만2,700㎢에 이어 2위의 면적을 자랑한다. 또한 북동부에는 피레네 산맥, 북부에는 칸타브리아 산맥, 남부에는 시에라네바다 산맥과 시에라모레나 산맥이 자리 잡아, 스위스 다음으로 산이 많은 나라이기도 하다. 국토의 80%가 이베리아 반도이고, 유럽과 아프리카라고 하는 양 대륙과 지중해, 대서양이라고 하는 두 해양의 접점에 위치해 있어서, 고대로부터 다양한 인간과 문명의 왕래가 이루어져 온 곳이다. 이베리아 반도는 기원전(B.C.) 3세기 말엽부터 로마의 지배를 받아왔고, 서기 3세기까지 기독교가 전파되었다. 이후 로마제국이 붕괴하면서 게르만족의 침입이 이어졌고, 이를 극복해낸 뒤에는 가톨릭이 뿌리를 내리게 되었다. 서기 711년에 이슬람 세력이 침입하여 반도의 대부분을 지배하고, 기독교는 소왕국을 만들면서 국토회복운동인 '레콘키스타(Reconquista)'를 주도하여 마침내 15세기에 이르러 이슬람 세력을 내쫓게 되었다. 소왕국 가운데 막강한 세력을 지닌 카스티야(castilla)왕국과 아라곤(aragón)왕국이 1479년에 연합하여 스페인 국가의 통일체를 형성하게 되었다. 카스티야 왕국의 여왕 이사벨의 지원을 받은 콜럼부스는 1492년에 신대륙을 발견하고, 이를 계기로 스페인 왕국은 정복자를 파견하여 멕시코, 페루, 볼리비아 일대를 식민통치 하에 놓게 되었다. 아메리카 원주민을 노예로 삼아 현지에 풍부한 매장량을 보인 은을 채굴하고 이를 스페인 남부 항구도시를 중계무역지로 삼은 대서양 교역의 대상으로 삼음으로써, 16세기의 스페인은 경제적 번영을 이루게 되었다.

스페인은 16세기에 합스부르크 왕조로부터 카를로스 1세를 왕으로 맞아들이게 되었고, 그는 신성로마제국의 황제로도 선출되어, 스페인은 유럽의 국제정치에도 연결되었다. 카를로스 1세와 그의 아들 펠리페 2세의 시기를 일컬어 스페인의 황금시대로 부르는데, 정치, 군사, 경제, 문예의 다방면에서 번성을 누리게 되었다. 네덜란드와 나폴리 지역까지 영토로 확보하게 된 스페인은 광대한 아메리카 대륙의 식민지, 필리핀의 식민지까지 그야말로 태양이 지지 않는 제국으로 비약적 발전을 이루게 되었다. 그런데 이 16세기는 또한 유럽에서 종교개혁이 일어나 개신교 세력이 신장함으로써, 가톨릭교회는 종교개혁에 반대하는 국제적 대항을 전개하게 되었다. 그 선두에 선 것이 신성로마제국의 맹주를 자처한 합스부르크 왕가에서 파견한 왕이 지배하던 스페인이고, 그로 인하여 스페인의 대외정책은 복잡하게 얽히게 되었다. 개신교 세력의 지원을 받은 네덜란드 북부지역에서 반란이 일어나고, 이어서 영국과 스페인 간의 전쟁에서 무적함대 스페인이 참패하면서, 17세기에 이르기까지 스페인은 정치, 군사적 쇠퇴를 보이게 되었다. 또한 프랑스와 체결한 피레네조약(1659년)으로 카탈루냐 지방의 영토 1/5을 프랑스에 양도하는 일까지 겪게 되었다. 이로써 스페인의 국제적 패권은 막을 내리게 되었다. 18세기에 들어와 스페인은 왕위계승을 둘러싼 내전(1701-1714)을 치르게 되었다. 이는 유럽열강들이 가세한 국제 전쟁이기도 한데, 1700년에 합스부르크 왕가의 후손이 단절되면서 스페인 왕실에 그 적대 세력인 프랑스의 부르봉 왕조가 루이 14세의 손자인 펠리페 5세를 왕위에 앉히었다. 이러한 루이 14세의 세력 확장의 야심에 제동을 걸기 위하여 오스트리아, 영국, 네덜란드가 대동맹을 체결하여 프랑스, 스페인 세력과 한판 승부에 돌입하였다. 그런데 합스부르크 왕조에서 새로운 신성로마제국의 황제가 선출되면서, 대동맹의 세력 구도에 변화가 올지 모른다는 우려를 낳으면서 결국에 화평으로 끝을 맺게 되었다. 화평의 결과로 영국은 스페인의 지배하에 있던 아메리카 대륙과 교역 특권을 획득하였고, 네덜란드, 나폴리, 밀라노는 오스트리아에 양도하게 되었다.

19세기 초(1805년), 스페인은 트라팔가 해전에서 영국 함대에 패배하면서 항로가 차단되어, 아메리카 식민지를 비롯한 외국과의 무역이 단절되는 상황을 맞이하였다. 나폴레옹이 지배하던 프랑스는 영국과 맞서기 위하여 대륙봉쇄 정책을 실시하였는데, 그 일환으로 스페인에 자국 군대를 주둔시켰다. 이에 스페인 민중들이 봉기하여 독립전쟁(1808-1813)이 발발하였다. 전쟁에서 스페인이 승리하긴 하였으나, 국내의 혼란을 틈타 아메리카 식민지의 독립운동이 점화하는 계기가 되면서, 스페인 경제는 심각한 타격을 받게 되었다. 스페인의 교육, 군사 제도의 근대화와 정교분리, 대토지 소유제도의 해체 등의 개혁은 19세기에 진전을 보이지 못하였고, 국민 통합이 이루어지지 못하면서 스페인의 근대국가 형성은 완성을 보지 못하였다. 19세기 말엽에는 쿠바의 독립전쟁, 아메리카 식민지와의 전쟁에서 모두 패배하였고, 이는 스페인 지식층에 커다란 충격을 안겨 주었다. 이를 계기로 정치쇄신 운동이 일어났고, 남부농업지대에서는 농민의 조직화 운동이 발생하였다. 그러나 도시노동자 계층의 성장이 수반되지 않으면서, 오히려 위로부터의 개혁이 시도되어 양대 정당은 근대관료제, 선거제도, 사회정책 도입, 지방분권화 등을 단행하였다.

20세기에 들어와 스페인은 군주제(1874-1922), 군사독재(1923-1930), 제2공화제(1931-1936)로 정치 체제의 변화를 보였다. 제2공화국 시절에는 좌우 이데올로기의 대립이 극도의 불안을 조성하였고, 1930년대의 국제정치와도 연동하여 공화국정부와 반란군의 내전(1936-1939)이 발발하였다. 소련을 등에 업은 공화국정부를 독일과 이탈리아의 지원을 받은 반란군이 격퇴하면서, 반란군의 총사령관인 프랑코가 국가원수인 총통으로 취임하였다. 프랑코 총통은 좌파를 철저히 억압하면서 우파의 세력 간 균형을 도모하고, 국가주도의 경제정책을 펼쳤다. 독일, 이탈리아가 2차 대전에서 패하고, 프랑코 정권이 국제사회에서 불신을 받게 되면서 고립되는 처지에 놓였으나, 냉전시대의 도래로 인하여 미국은 전략적 요충지인 스페인을 서방으로 끌어들이기 위하여 경제 원조를 하였다. 1975년 11월의 프랑코 사망으로 이후 스페인은 1978년 12월 헌법 공포, 1981년 2월 쿠데타 세력의 국회점령 실패, 1982년 10월 총선에서 사회노동당(PSOE)의 집권이라는 정치적 변혁을 이루었다.

15세기 후반에 통일 왕국이 된 스페인은 법률과 세제 개혁을 이루지 못한 채, 양국의 왕들이 공동으로 국가운영을 하는 체제를 낳았고, 언어와 풍습, 제도가 상이한 여러 지방을 통합하기 위한 수단으로서 종교의 일체성을 강조하였다. 지방특별법은 18세기 초까지 유지되었고, 프랑스의 부르봉 왕조가 스페인의 왕위를 점하게 되면서부터 지방세력이 누리던 여러 특권은 대폭 줄어들게 되었다. 스페인의 공용어는 정확하게는 이베리아 반도의 중앙에 위치한 마드리드를 중심으로 한 카스티야 왕국의 언어이다. 그렇기 때문에 지방에 따라서는 카탈루냐어, 발렌시아어, 바스크어, 가리시아어, 아란어 등이 제2의 공용어로 사용되고 있다.

2. 인프라

1) 노동 환경

스페인의 노동시장은 가족을 부양해야 하는 기혼남성이 누리는 특권적인 지위와 여성 및 젊은 층을 배제하는 이중구조를 지니고 있다. 1990년대 초반부터는 기간제(최고 1년)의 비율이 전체 고용의 1/3을 차지하여 EU 회원국 중 최고치를 보이고 있다. 기간제 근로자의 평균 임금은 정규직의 60%에 해당하고, 여성 근로자의 임금은 남성의 70% 수준에 머물고 있다. 성별 임금격차는 줄어들고 있는 추세이지만, 실업율 격차는 여전하다. 아울러 보험 대상에서 벗어나 있는 비공식 경제활동에 종사하는 자의 상당수가 여성과 젊은 층이며, 이러한 비공식 경제활동은 스페인 GDP의 15-30% 선에 달하는 것으로 추정된다(中島晶子, 2012: 149). 기혼여성의 취업은 가정과 일의 양립이라고 하는 어려운 문제를 동반하는데, 일차적으로는 친정엄마한테 의존하게 되고, 그 다음으로는 이민출신의 가정부를 고용하는 것으로 해결한다. 그러나 후자의 방법은 가정부를 고용할 수 있는 정도의 소득을 지닌 계층에게만 국한된다는 점에서, 소득의 양극화를 말해주고 있다.

1970년대 말부터 스페인의 실업률은 서유럽에서 가장 높았는데, 이는 국제경쟁의 격화와 취업인구의 증대에도 기인하지만, 노동시장의 경직성 또한 중요한 원인으로 작용하였다. 프랑코 독재시절의 기득세력인 정규직 노동자의 종신고용제도 및 해고와 배치전환, 전근 등을 사측에서 맘대로 하지 못하게 제한한 점 등이 이후에도 노동자헌장에 그대로 반영되었다. 정당한 사유의 해고는, 해고 노동자에 대하여 근속년수 1년마다 20일 치의 임금을 주어야 하며, 최대 12개월 치의 임금을 지급하도록 되어 있다. 부당한 사유로 해고할 경우에는, 1년의 근속년수에 대하여 45일 치의 임금을 주고 최대 42개월 치의 임금을 지급하도록 되어 있다. 더욱이 소송으로 가게 될 경우, 부당한 사유의 해고가 아니라는 점을 사측이 입증해야 하는 어려움도 있어서, 되도록 노동자가 소송을 제기하지 않도록 높은 금액의 타협을 보게 된다. 1980년의 노동자헌장은 1984년의 노동시장 개혁으로 개정되었고, 기간제 근로자의 채용이 용이해졌다. 특히 고용촉진형 계약직 채용은 최단 6개월에서 최장 3년까지 6개월 단위로 갱신할 수 있으며, 계약기간 만료 시에는 12개월 치의 퇴직수당만 지급하면 된다. 계약이 만료된 퇴직 기간제 근로자는 6개월의 계약 기간마다 3개월 치의 실업급여를 받게 된다. 1995년에 전체 고용자의 1/3을 차지할 정도로 급증한 기간제 근로자의 채용에도 불구하고 스페인의 실업률은 20%를 웃돌면서 개선되지 않고 있다. 기간제 고용은 계절 수요가 많은 산업에서 정규직 채용을 피하기 위하여 주로 이루어진다. 농업(딸기 수확은 여전히 수작업에 의함), 관광업, 건설업에서 이들 기간제 근로자의 비중이 높다. 경기변동의 완충제로 쓰이는 기간제 근로자 덕분에 기업은 이득을 보았지만, 이는 정규직 근로자의 임금 상승으로 상쇄되고 말았다. 또한 기업은 인재육성에 투자를 하는 대신 단기적인 비용 절감으로 경쟁력을 유지하려는 그릇된 자세를 취하게 되었다.

노동자 가운데 비정규직의 비중이 EU 평균 14%에 비하여 스페인은 30%를 웃도는 높은 비중을 보이고 있다. 2013년에 청년층(15-24세)의 실업률은 56.5%로서 유로통화 사용국(17개국) 평균치인 24.0%, EU가맹국(28개국)의 평균치 23.5%를 압도하는 심각한 상황에 처해 있다. 참고로 청년실업률이 심각한 국가로는 그리스 57.3%, 크로아티아 52.8%이며, 독일이 7.9%로서 가장 낮다. 이처럼 실업률이 높은 이유로는, 스페인의 산업구조가 관광업과 건설업에 크게 의존하고 있는데, 이들 산업은 계절과 경기변동에 취약한 성격을 지니고 있다는 점, 세금과 사회보장비용을 지불하지 않는 지하경제에 400만 명이 종사하고 있는 점, 일자리는 과거 4년 간 13% 감소한 반면에 실직한 가장을 대신하여 구직활동에 나서는 부양가족이 고용사무소에 실업자 등록을 하여 노동인구가 3% 증가한 점 등이 작용한 것으로 여겨진다. 스페인의 파트타임 근로자가 EU 평균의 20.4%보다 낮은 16.0%를 보이는 것은, 고용관계가 경직화되어 있어서 호경기에 임시직조차 함부로 늘릴 수 없기 때문이다. 과거 4년 간(2010-2013) 일자리가 줄어든 점은, 정규직 53만 명 감소(4.6% 감소)에 비해 비정규직이 151만 명 감소(29.0% 감소)한 점에 있다. 기업 경영자들은 해고 비용을 고려할 때, 정규직 채용은 주저하는 대신 신규 채용의 90% 이상을 비정규직으로 하고 있다.

2) 통신 인프라

휴대전화 계약회선 수는 2010년 말 기준으로 5,437만 건으로서 유럽에서는 5위에 해당하는 시장규모이다. 휴대전화 보급률은 인구 1,000명 당 1,163대로서 포화 상태에 달했다고 볼 수 있다. 이동통신사로는 Telefónica Mobiles, Orange, Vodafone, Yoigo의 4개 회사가 있다.

TV 방송은 지상파의 디지털 방송이 2010년 4월에 완료되었고, 국영방송인 TVE(Television Española)와 민간상업방송 4개사(Mediaset España, Atresmedia, Net TV, Unidad Editorial)가 있다. 케이블TV 중에는 Ono가 87만 건의 계약 건수로 케이블 시장의 64%를 점하면서 1위에 올라있다. 라디오는 국영방송인 RNE(Radio Nacional de España)가 4개의 전국방 채널(종합편성의 Radio Nacional, 클래식 음악 위주의 Radio Clasica, 젊은 청취자 대상의 음악채널 Radio 3, 뉴스와 정보 중심의 Radio 5)을 갖고 있다. 신문은 125종의 발행지가 309만부의 발행부수를 갖고 있는데, 이는 성인 1천명 당 78.8부에 해당한다. 전국지로는 El País, El Mundo, ABC, La Razon이 있는데, 그 중 El País는 1976년에 창간되어 최다 독자수를 확보하고 있다.

3) 교육/보건

학년도는 1학기(9월 두 번째 주~12월19일 경), 2학기(1월8일~4월3일), 3학기(4월13일~6월23일)이며, 취학연령은 해당 년도말까지 만6세가 되는 아동은 해당 년도의 9월 두 번째 주에 시작하는 의무교육의 1학년에 입학한다. 취학 전 교육은 0-2세 아동을 대상으로 한 유치원과, 3-5세 아동을 대상으로 한 유아학교의 2단계로 나뉜다. 유아학교의 경우, 의무교육의 준비기관으로서의 역할을 수행한다. 공립유치원과 유아학교는 초등학교 병설로 되어 있어서 비용은 무료이며, 사립은 자비 부담인데 월 300-400유로 정도이다. 4년간의 중학교 과정을 마치면 2년 과정의 고교 또는 직업학교에 진학하는데, 국립은 무상교육이고 사립은 일부 국고 보조가 이루어진다. 2년제 혹은 4년제 대학에 진학하지 않는 자는 Formacion Profesional이라고 불리는 기술 교육의 전문학교에 진학한다. 중학교(ESO) 졸업 후 고교(Bachillerato)에 진학하는 학생의 비율은 58% 정도이다.

스페인은 의료기관의 80% 이상이 공적기관인데, 사회보험에 가입되어 있는 사람은 공적의료기관에서 입원 및 외래통원치료에 드는 의료비 전액이 무료라서 유럽에서 가장 의료제도가 충실하다. 공적의료기관의 진료시간은 오전9시부터 오후2시까지이며, 그 이외의 시간은 응급치료로 간주되어 응급센터가 있는 종합병원에서만 진료를 받을 수 있다. 의약분업이 완전히 이루어져 있어서, 처방전을 갖고 약국에서 약을 구입하게 되어 있다.

3. 정치와 사회

1) 개요

스페인은 2012년 기준으로 인구 4,676만 명으로 EU국가 중 6위, 1인당 GDP는 28,200달러로 세계 12위의 경제대국이다. 2011년 11월 선거에서 최대 야당인 민중당(PP)이 하원 350석 가운데 과반수를 넘는 186석을 획득하였고, 여당인 사회노동당(PSOE)은 경제위기의 대응책에 대한 국민의 실망과 반발로 59석이 줄어든 110석의 확보에 그치고 말았다. 집권한 민중당은 대규모의 세출 삭감과 개인소득세 인상을 축으로 하는 152억 유로의 긴축재정정책을 발표하였다. 재정적자를 GDP의 6%로 하겠다는 목표치가 9%로 벌어지면서 2012년말까지의 재정적자 삭감액은 165억 유로에서 400억 유로로 늘어났다. 2007년, 2011년의 두 차례에 걸친 노동법 개정이 실업율 개선에 기여하지 못하자, 2012년에 노동시장개혁법을 발표하면서 해고의 간소화, 노동조건 교섭의 유연화를 목표로 한 법 개정을 단행하였다.

스페인의 연방주의 제도 하에서 자치주가 배타적으로 행사할 수 있는 권한의 대상에는 농축수산업, 관광, 사회복지서비스, 상업, 공업, 도시계획, 자치주 관할의 철도와 항만, 공항, 박물관 등이 포함되고, 반면에 중앙 정부의 배타적 권한 대상으로는 국방, 외교, 국적, 망명권, 무역, 통화, 신용대부, 금융, 국가 관할의 철도와 항만, 공항, 박물관 등이 있다. 이러한 스페인의 연방주의는 미국의 그것과는 상이한 성격을 지닌다고 본다(中島晶子, 2012: 58-59). 첫째, 연방제는 연방정부와 연방구성체 간의 이중 구조로 되어 있고, 권한의 분산이 수직적으로 이루어지는데, 스페인의 '78년헌법'에서는 중앙정부와 자치주정부 간의 권한 배분이 명확하지 않다. 둘째, 연방구성체인 자치주정부가 헌법의 제정과 개정에 참여할 수 있는 여지가 있어야 하는데, 스페인헌법 제2조에서 말하는 '공통의 불가분한 통일국가'라는 개념에서는 자치주정부의 참가가 명시되어 있지 않다. 셋째, 연방제는 연방의 입법과 행정에 구성체들의 참가와 협력이 가능하도록 하는 상원이 지역대표성을 갖추고 있어야 하는데, 스페인 상원의 의석수는 자치주 대표의 숫자보다 그 하위기관인 기초지자체를 대표하는 숫자가 더 많아서, 자치주의 의향을 국정에 반영하는 독일의 연방참의원 제도와는 다르다.

이처럼 스페인의 연방제는 자치주가 공동체 사항에 관여할 수 있는 법률상의 규정이 결여되어 있기 때문에, 지역주의 성향이 강한 카탈루냐, 바스크 등의 자치주는 중앙정부를 매개체로 하지 않고 독자적으로 유럽 공간에서 활동을 전개하면서, 동시에 지역주의 정당에 의한 중앙정부와의 정치적 교섭을 통하여 자치주의 권한을 확대해가고 있다.

2) 정치 동향

1936년 총선에서 승리하여 집권한 인민전선 정부가 토지개혁을 단행하여 지주와 자본가, 가톨릭교회가 반발을 보이면서 사회가 혼란해지자, 모로코에 머물던 우파의 프랑코 총통(Francisco Franco Bahamonde: 1892-1975)이 반란을 일으켜 시작된 1936-39년의 스페인 내전에서 프랑코가 승리하여 1975년까지 장기집권을 하게 되었다. 그는 반공과 가톨릭주의, 민족주의를 내세우면서 강력한 일당 독재 체제를 구축하였다. 1975년 프랑코가 사망하자 후안 카를로스 황태자가 국왕에 즉위하여 왕정제가 부활하였고, 1976년에는 아돌포 수아레스(Adolfo Suares)가 수상에 취임하였다. 1977년에 정치개혁법의 공포로 공산당이 합법화되고 검열제도가 전면 폐지, 6월에 2차 대전 이후 최초의 총선이 실시되어 중도우파의 UCD가 집권하였다. 1978년 12월에는 신헌법이 국민투표에 의해

승인되면서 의회제에 기초한 입헌군주제라고 하는 민주주의 국가로 자리잡게 되었다. 1982년의 총선에서는 중도좌파의 사회노동당(PSOE)이 승리하면서 곤잘레스 서기장이 수상에 취임, 46년 만의 좌파정권이 탄생하였다. 사회노동당 정권은 인플레를 잡으면서 외화를 적극 도입하고 EC 가입에 성공(1986년), 나토 잔류(1986년), 사회복지 정책의 충실 등의 성과를 거두면서 스페인의 근대화에 공헌하였다. 1992년에는 바르셀로나 올림픽과 세비야만국박람회라고 하는 2가지 대형 국제행사를 개최하면서 전 세계에 스페인의 이미지를 각인시켰다. 그러나 바스크 지방의 분리 독립을 요구하는 ETA 단체의 테러가 빈발하면서 장기집권의 사회노동당에 대한 지지율은 떨어지기 시작했다. 1996년 총선에서 제1 야당인 민중당(PP)이 집권하면서 미국식 시장 중시형 경제 정책을 채택하였다. 그 결과, 다른 유럽국가들을 능가하는 경제성장률을 이루었음에도 불구하고 실업률은 2003년에 11%로까지 상승하여 EU 역내 국가 중 가장 높은 수치를 보였다. 여기에 외국인관광객을 대상으로 한 강도사건의 빈발까지 겹쳤다. 2004년-2011년 집권을 하였던 사회노동당은 2011년 11월에 치러진 총선에서 금융, 재정, 고용, 구조개혁의 부실을 질타받으며 민중당에 정권을 내주었다. 민중당은 지방선거에서도 대부분의 자치주를 석권하면서 중앙과 지방 모두에서 안정적 정권 운영이 가능해졌다.

3) 사회정세

1999년 이후 이민 송출국에서 이민 수용국으로 전환한 스페인은 2013년 현재 487만 명의 외국인이 총인구의 10%를 차지하고 있다. 그러나 2013년 통계에서는 최초로 외국인 수의 감소가 보였는데, 이는 5년 간 지속된 경기불황으로 실업률이 26%로 상승하면서 귀국하는 외국인이 늘어난 데 기인한다. 이민자의 국별 순위에서는 루마니아와 모로코 출신이 가장 많다.

바스크 지방은 스페인의 북부지역으로서 300만 명의 인구 중 30%에 달하는 바스크인들은 독자의 언어와 문화를 지니고 있다. 14세기에 스페인에 통합되고 나서도 오랫동안 준 독립적 지위를 누리고 있고, 영국과의 무역을 통해 일찌감치 중공업지대로 발전하였다. 그 부작용으로서 고용의 증대로 인한 타민족의 유입이 바스크 민족의 고유문화를 파괴할 수 있다는 우려가 생겨났고, 이는 민족독립 운동을 촉발시켰다. 1936년의 스페인 내전을 계기로 자치정부가 탄생하였으나, 1949년 프랑코 정권은 엄격한 탄압 정책을 실시하여, 바스크의 완전독립을 주장하는 ETA(바스크 조국과 자유, 1957년 설립)는 1968년부터 무장투쟁을 전개하였다. 프랑코 총통이 서거하고 나서 1979년에는 자치권을 부여받았고, 2011년 ETA는 테러 활동의 중지를 선언하기도 하였다.

4) 대외 관계

스페인의 대외관계에서 흥미로운 점 하나는 중국과의 관계이다. 스페인 법원은 2013년 11월, 티벳족의 대학살에 관여했다는 혐의로 강택민(장쩌민) 전 주석과 이붕(리펑) 전 수상 등 5명에 대한 체포영장을 발부하였다. 이는 티벳족을 시원하는 스페인 인권단체의 고발을 접수한 뒤 취한 조치로서, 중국 외무성은 이에 대하여 강력히 비난함으로써 양국관계에 악영향을 미칠 수 있음을 경고하였다.

대외관계에서 또 다른 스페인의 관심사는 지브롤터(Gibraltar)의 영유권 문제이다. 이베리아 반도 남동부 끝의 돌출한 반도에 위치하며 대서양과 지중해를 연결하는 요충지이다. 지브롤터에 인접한 스페인 안달루시아 주가 35.8%의 실업률을 보이는데 비하여 지브롤터는 2.5%의 실업률을 기록하고 있다. 하루에 약 1만 명 정도의 스페인 사람들이 국경을 넘어 지브롤터에서 일하고 있는 실정이다. 지브롤터는 1704년부터 영국이 점령하고 있는데, 스페인의 반환 요구에도 불구하고 영국군이 현재에도 주둔하고 있다. 2002년에 양국의 공동주권에 관한 논의가 이루어졌으나, 지브롤터 주민투표에서 90% 이상의 반대로 실현되지 못하였다.

5) 사회복지

남유럽 복지모델의 특징은 가족정책과 주택정책이 발달되어 있지 않다는 점이다. 스페인 정부의 사회보장비 전체에서 차지하는 가족정책 예산의 비율은 여전히 낮아서 1998년 2%, 2004년 3.5%, 2007년 6%로서, EU의 평균치인 8%에 미달하고 있다. 이처럼 스페인 정부가 가족정책에 무관심한 이유는, 프랑코 독재 정권이 출산과 다자녀가족을 장려하고 여성의 사회진출을 사실상 억제하였던 것에 대한 반발이다. 스페인의 자가주택 소유비율은 EU의 평균보다 20% 포인트를 상회하여 항상 1위를 차지하고 있었고, 2007년 시점에서도 평균보다 10% 포인트를 웃도는 80% 이상의 소유비율을 보이고 있다. 그 근저에는 첫째, 공적 복지제도가 뒤쳐진 남유럽에서 사회적 리스크에 대한 최소한의 보험 장치로서 자가 주택을 구입, 소유하는 것으로 여기는 풍조가 자리 잡고 있다. 둘째, 프랑코 정권의 주택정책이 영향을 미치고 있다. 당시 실업대책의 일환으로서 임대주택의 임대료를 동결하고, 임대기간의 갱신을 강제적으로 하였다. 또한 국가의 원조를 통하여 노동자용 주택건설이 이루어졌다. 임대료 동결은 1964년의 법 개정으로 물가상승률만큼의 인상이 가능해진 반면, 임대기간의 강제적 갱신은 1985년이 되어서야 자유화되었다. 그동안 임대주택 시장은 눈에 띄게 축소되었다. 셋째, 사회노동당(PSOE)의 주택정책 실패가 영향을 미치고 있다. 1985년에 도입된 부동산시장 자유화정책(Real Decreto Ley 2/1985)은 건설수요를 자극하고 부동산 이용 규제를 완화하여 주택가격 및 임대료의 인하를 유도할 계획이었으나, 정책은 부동산 소유를 매력적인 것으로 만들어버렸다. 시내 중심부의 부동산 물건은 상업용으로 이루어지고, 별장에 대한 건설 수요마저 늘어나면서 부동산 시장은 과열되었다. 임대주택의 공급은 점차 여의치 않게 되었고, EU 회원국 가운데 국민들이 임대주택에서 거주할 기회가 가장 적은 국가로 전락하고 말았다. 넷째, 선진 유럽국가의 경제 사정이 영향을 미쳤다. 독일과 프랑스의 경기불황으로 유럽중앙은행이 저금리 정책을 취하자, 스페인의 투자는 부동산시장에서 활성화를 보였고, 이로 인한 부동산 가격의 상승은 서민의 주택 구입을 더 더욱 힘들게 만들었다(中島晶子, 2012: 125-126).

미국의 인류학자인 머독[40]은 최초로 핵가족(nuclear family)이라는 표현을 사용했는데, 이는 주거를 함께 하는 한 쌍의 부부와 그 자녀로 구성된 가족을 지칭한다. 핵가족은 인간사회에 보편적으로 존재하는 최소 단위의 친족집단으로서, 사회 존속에 불가결한 성, 생식, 경제, 교육이라고 하는 네 가지 기능을 수행한다. 스페인의 가족구성을 보면, 가구의 평균가족 수가 많고 20대 후반의 자녀가 부모와 동거하는 비율이 높으며, 65세

40) Murdock, G. 1949, Social Structure. Free Press, New York.

이상 노인의 독거비율이나 독신가구의 비율도 낮다는 특징을 보인다. 아울러 이혼율과 혼외출생률은 EU 평균치를 크게 밑돌아서 이탈리아, 그리스와 더불어 가장 낮은 국가군에 속한다. 이는 남유럽의 가족주의적 복지가 가부장제적 요소를 품고 있다는 뜻이기도 하다. 스페인의 민법에서는, 부모와 자식이 각기 다른 가구를 꾸려 생활하더라도 부양의무는 있으며, 그 대상을 형제자매까지 확대하고 있다. 그런 점에 비추어 보면, 스페인의 가족 개념은 광범하다고 볼 수 있다. 젊은이들은 부모와 동거하면서 주택구입자금을 저축할 수 있고, 노인과 자녀를 돌보는 일은 전적으로 주부에게 있으며, 이는 일상적으로 관여해야 하므로 동거 내지 근처에 거주해야 한다는 점을 전제로 삼는다(中島晶子, 2012: 147).

프랑코 총통 체제 하에서는 가부장제의 가정을 사회의 기본단위로 하고, 남성근로자의 고용보장을 중시하며 직장보험의 강제가입을 통하여 국민통합을 이루려고 하였다. 이를 위하여 가족수당 및 결혼수당을 도입하였고, 고용주의 부담을 재원으로 하는 강제가입의 의료보험을 실시하였다. 그러다가 1980년대 후반부터는 세금을 재원으로 하는 국민건강보험(NHS: National Heath Service)으로 전환을 추진하게 되었고, 의료 서비스의 운영 권한도 중앙정부에서 자치주로 이양되었다. 2001년에는 모든 자치주로 권한이양이 완료되어 지역의료보험 시스템이 정착하였다. 그러나 기타 사회복지 서비스에서 공적 관여는 가장 낮은 수준을 보였다. 즉 사회복지 니즈는 가족이나 민간비영리조직이 대응하는 식이었다. 이는 1978년 헌법에서 사회복지를 지역의 권한으로 설정하면서, 국가 차원에서는 아무런 기본법조차 제정하지 않은 채 자치주로 넘겨진 점에 기인한다. 그러다 보니, 선진적인 자치주가 먼저 최저소득 보장 프로그램이라든가 자원봉사조직과의 협업을 도입하면 나머지 자치주가 이를 따라 하는 식의 전시 효과(demonstration effect) 내지 모방효과가 발생하였다. 때로는 이러한 선진적 자치주의 움직임을 중앙정부가 받아들여서, 일부 자치주에서 예비사업(pilot project)을 실시하는 등으로 국가 차원의 정책을 도입, 발전시키기도 하였다. 1978년의 조직개혁에서는 70년 가까이 존속해온 사회보험청(INP)을 사회보험청(INSS), 보건청(INSALUD), 사회서비스청(INSERSO: 1996년에 '고령자·사회서비스청=IMSERSO로 개칭)으로 분할하고, 여기에 고용청(INEM)을 추가하여 총 4개의 조직이 각각 연금과 의료, 사회서비스, 직업훈련 및 실업급여 업무를 관할하고 있다. 스페인의 연금제도를 보면, 연금 수급자는 매월 일정액과 더불어 2번의 추가 수급으로 1년에 총 14회에 걸쳐 연급을 지급받는다. 연금액은 소비자물가지수와 연동하여 자동 갱신되며, 2007년 기준으로 퇴직연금과 장애인연금의 평균 월지급액은 760유로이다. 이 밖에 과부연금이 평균 498유로, 고아연금과 가족연금이 400유로이다. 1990년대 후반 이후 스페인은 합계특수출산율이 1.15로서, 급속한 저 출산의 영향으로 2050년에 이르러서는 65세 이상의 노인층이 전체 인구에서 차지하는 비율이 35.7%에 달하여, 이탈리아와 독일, 프랑스, 영국을 상회할 것으로 전망된다(中島晶子, 2012: 39). 스페인의 의료보험 제도는, 1차 진료(primary care)와 전문 진료로 양분되어 있는데, 의료보험카드를 소지한 국민이라면 누구든지 공적 의료기관에서 1차 진료를 무료로 받을 수 있다. 단, 치과와 안과는 공적 의료의 진료 대상에서 제외되기 때문에, 민간의료보험에 가입하여야 한다.

사회복지서비스에 대한 공적 지출은 1979-90년 중에 GNP의 0.18%에서 0.87%로 증가하였다. 또한 국가 예산에서 차지하는 비중은 1996-2001년 중에 0.7% 전후를 점하였다. 1990년대에 들어와 사회복지서비스 부문에 시장메커니즘이 도입되어 공급주체가 다원화되었다. 자치주와 제3 섹터 간의 협업이 이루어지고, 이윤 창출이 용이한 서비스 영역에서는 영리 기업의 진입이 이루어지면서 시장 분할이 형성된 것이다. 사회복지서비스를 관장하게 된 자치주 정부로서는 경제 불황과 EU의 재정적자 삭감 압력을 배경으로, 영리기업과 제3섹터의 입찰 제도를 도입하는 새로운 공적 서비스 프로그램을 제도화할 수밖에 없었다. 그러나 요양보험 서비스는 사회보험 제도에 포함시키지 못하였는데, 이는 추가 부담을 꺼리는 경영자단체의 반대와, 중앙정부가 자치주의 사회복지정책에 간섭하는 것을 우려한 자치주의 반대 때문이었다.

6) 이민 사회

2차 대전이 종료되고 나서 전후 부흥기에 뒤쳐진 남부 유럽의 스페인, 이탈리아, 포르투갈, 그리스와 터키 등에서는 당시의 서독, 프랑스, 스위스, 벨기에, 네덜란드, 영국으로 이민을 가는 사람들이 생겨났다. 1950년대 스페인은 내전의 후유증으로 도로, 철도, 통신 등의 사회간접자본이 열악하고, 자본과 에너지의 부족으로 공업생산이 부진하였다. 그러다 보니 부족한 일자리 찾기의 경쟁에서 밀려난 노동자들은 외국으로 노동 이민을 가게 되었고, 이들이 본국으로 송금한 돈은 부족한 외화를 해갈시키는 역할을 하였다. 유럽공동체 가입국들을 향한 스페인 노동 이민의 시작은 1956년에 쌍무협정을 체결한 벨기에와 프랑스로 이듬해인 1957년에 2,200만 명 정도가 간 것이다. 1958년에는 당시의 스페인보다 임금이 10 배나 많은 서독으로 1,500만 명이 이동하였다. 프랑스, 서독, 스위스가 스페인의 전체 이민자 수의 90%를 차지하였다. 연령 면에서는 20-40세의 청장년 남성이 80%를 차지하였다. 따라서 스페인 국내에서 일자리는 농업과 건설업, 공장 노동자가 대부분이었다(楠貞義, 2011: 62). 남부 유럽으로부터 노동 이민자를 받아들인 서유럽 국가 입장에서는 2차 대전으로 인한 인적 손실의 여파로 일손이 부족한 점이 작용하였다.

이민자의 유입이 건국에 중요한 역할을 한 북미 국가들이나 오세아니아 주의 국가들과는 달리, 유럽 국가들에 이민자가 몰려오기 시작한 것은 2차 세계대전 이후의 현상이다. 전후 경제성장으로 1950년대에 이미 노동력 부족이 드러났고, 각국 정부와 기업 경영자들은 이민노동자의 수용으로 이를 해결하려 하였다. 그런데 이민 노동자에는 두 가지 유형이 있다. 하나는, 대부분의 서유럽 및 북유럽 국가들이 수용하였던 일시적 기간에 한정된 '정부 초청 외국인 근로자(guest worker)'이다. 프랑스와 영국, 스웨덴 등은 장기 체제와 가족초청 등에 관하여 비교적 관용을 보였으나, 독일과 오스트리아, 스위스 등은 단기 체제의 이민 노동자만을 끊임없이 순환시킴으로써 이들의 정착을 막았다. 특히 독일은 고도의 국가통제를 통하여 이민의 수용과 이들의 권리, 노동조건 등을 제한하였다. 또 다른 유형은 프랑스와 영국, 네덜란드가 채택한 식민지 혹은 옛 식민지 출신 노동자를 받아들이는 일이다. 이 유형은 1960년대에 들어와 이민자들이 일으키는 지역사회 차원의 문제들로 인하여 수용에 제한이 오게 되었다[41]. 1973년의 오일쇼크로 인한 경제 불황으로 북유럽과 서유럽의 국가들은 이민 정책에 전환을 가져와 이민 모집을 1974년까지 중단하였다. 그런데 이미 입국해있는 이민노동자들의 초청으로 가족 입국이 급증하는 일이 발생하였다. 이어 1980년대 중반 이후에는 남유럽 국가로 이민자가

41) 영국은 경제 침체와 인종 간 마찰 등의 문제를 고려하여, 1962년부터 이민자 모집을 중단하였다.

발생하기 시작하였는데, 이는 1세기에 걸쳐 서유럽과 북유럽, 호주와 남미로 이민자들을 송출하던 남유럽 국가들이 이제는 동유럽과 북아프리카, 남미, 아시아로부터 이민자들을 수용하는 국가로 입장의 전환을 보인 것이다. 1989-1991년에 걸쳐서 소련과 동유럽 국가에 정치적 변화(가령, 유고슬로비아의 분리, 발칸반도의 분쟁)가 오면서 재차 서유럽 각국으로 이민의 유입이 가속화되었는데, 주로 불법이민자, 난민, 소련의 소수민족들이었다. 이로 인하여 유럽의 정치에도 중대한 영향을 미쳤는데, 하나는, 극우정치인들이 이민에 대하여 인종차별주의적 선동책을 행한 것이고, 다른 하나는, 난민 문제가 정치 쟁점화하면서 난민 신청의 상당수가 거절당했다는 점이다.

유럽 국가들은 1980년대 말부터 소련(현. 러시아)과 유고, 슬로비아 등의 동유럽에서 이민이 급증해오면서 이민자들이 복지서비스에 접근할 수 있는 권리가 중요한 정치문제로 비약하였다. 특히 1990년대에 실직으로 전락한 이민자들이 자국민의 권리를 침해한다고 하여 이들을 배척하려는 주의, 주장이 극우세력들 사이에서 나왔고, 이에 각국 정부는 이민자의 수용을 제한하려는 움직임을 보였다. 그런 한편으로, 출생률의 저하와 고령화로 인하여 고기능의 전문인력과 저기능의 비숙련노동자 양쪽에 대한 시장 수요는 높아져만 갔다(中島晶子, 2012: 199). 1990년대 후반 이후에는 프랑스와 영국, 독일 등 주요 유럽국가들의 난민정책이, 저기능/비숙련 이민노동자의 유입을 제한하고, 기존의 국내 체제 불법이민자와 합법이민자에 대한 규제를 강화하였다. 가령, 사회복지급여 서비스에 대한 접근을 제한하면서, 다른 한편으로는 자국의 경제.사회 발전에 유익한 외국인노동자는 적극 수용한다는 방침이다. 대외적으로는, 이민송출국의 경제.사회 발전을 고려하여 상대국과 연대하여 개발정책을 추진함으로써, 이민 발생의 원인을 제거 내지 완화하려는 새로운 면모도 보이게 되었다.

남유럽으로 유입되는 이민에는 몇 가지 이유가 있다. 첫째는, 입국이 용이하다는 점이다. 지리적으로 이민송출국과 근접해있으며, 식민지 지배관계로 문화와 언어 면에서 연계성을 갖고 있다는 점이다. 또한 스페인, 이탈리아, 그리스는 해안선이 길어서 국경관리가 어렵기 때문에 밀입국 알선활동이 쉽다. 아울러 남유럽에 비하여 앞서 이민을 받아들인 다른 유럽국가들이 1973년 이후 이민자의 입국을 제한하는 쪽으로 방향전환을 한데 비하여 남유럽 국가들은 이민정책을 준비하지 못하였다. 둘째는, 남유럽의 비공식 경제

활동에 취업하거나 불법 체류할 가능성이 높다는 점이다. 알선업자를 통하거나 또는 관광객으로 입국한 뒤에 허용 체제일수를 초과하여 비공식 경제활동에 가담하는 것이다.

그런데 스페인으로 들어오는 외국인은 1980년대 중반까지만 하더라도 지중해의 온난한 기후와 저렴한 물가에 이끌려온 유럽 국가들의 부유층이 과반수를 차지하였다. 또한 라틴아메리카의 여러 나라들과는 상호협정으로 무비자 입국이 가능하여 외국인으로 취급받지 않았다. 이러한 스페인에서 이민정책이 처음 등장한 것은 1985년의 '외국인법'이었다. 이는 당시의 EC 가입을 눈앞에 둔 스페인에게 다른 기존의 EC 가맹국들이 압력을 행사하여 이루어진 것이다. 이후 외국인(extranjero)의 개념에도 변화가 와서, 선진국 출신의 이민자를 외국인이라 칭하고, 개도국의 경제적 불안 상태를 벗어나 온 이민자를 '이민(inmigrante)'이라고 하게 되었다(中島晶子, 2012: 205).

그러던 스페인이 1996-2007년의 기간에 장기 안정 성장의 시기를 맞이하게 되었다. 경제의 고도성장과 민주화에 따른 정치의 안정, 고령화에 의한 노동 인력의 부족이라고 하는 경제, 정치, 사회 현상은 역으로 외국 노동자의 스페인 유입이라는 효과를 가져왔다. 2009년 초 기준으로 주민등록을 마친 외국인만 559만 명으로 스페인 전체 인구의 12%에 달한다. 더군다나 2001-2007년 중에 스페인으로 유입된 이민자 수가 지금까지 누계 이민자 수의 75%를 점하고 있다. 이 중에 독일, 영국, 프랑스 등에서 들어온 이민자는 본국에 비해 손색없는 삶의 질을 누리면서 저물가의 스페인에서 연금으로 생활하는 사람들로서 1959년 대외개방 이후 꾸준히 유입한 반면, 개도국에서 온 이민자들은 빈곤의 악순환에서 벗어나려는 자, 정치적 망명자 등으로서 1980년대 중반부터 시작하여 1997년에는 선진국 출신 이민자 수를 압도하였다. 그런데 노동 이민은 스페인의 노동력 부족과 경제 성장에 의해서도 촉발되었지만, 한편으로는 비정규직의 취업이민자가 가세한 점도 빼놓을 수 없다. 바로 지하경제가 굳건히 존재하는 점이 불법 이민자의 양성을 조장하였다. 그렇기 때문에 다른 유럽국가에 비하여 난민 신청 건수가 적다. 연령면에서는 미혼 내지 가족을 본국에 남겨두고 온 젊은 계층이 주류를 이루고 있다. 또한 18세 미만의 미성년자도 11%이고, 16세 이상의 생산연령 이민자 가운데 학업으로 인하여 비노동인구로 분류되는 이민자가 20%에 달한다. 또한 출신지역 면에서는 EU 역외의 국가들로부터 전체 이민자의 60%가 와 있으며, 그 중에서 역사적, 문화적 연결고리를 갖고 있는 라틴아메리카 출신이 눈에 띈다. 다른 유럽국가의 이민노동자 중 라틴아메리카 출신이 10%를 차지하는데 비하여 스페인에서는 25%를 차지한다. 라틴아메리카 국가 중 에콰도르 출신이 많다는 점이 유럽 노동이민의 특징 중 하나이기도 하다.

스페인의 이민정책에 일대 변화가 온 것은, 2004년 3월에 발생한 마드리드 열차폭파 테러 직후에 실시된 총선거에서 사회노동당(PSOE)이 정권 교체를 이룬 일이다. 노사 양측과 비정부기구 등 폭넓은 지지를 받아 2005년 1월에 발효된 신외국인법에서는 고용주의 역할이 중요해졌는데, 불법 이민자가 다수 취로(就勞)를 하고 있는 비공식 경제활동을 표면으로 부상시키기 위하여 고용주에게 합법화 신청을 의무사항으로 규정지었다. 이러한 정책 변화는 친이민노선을 채택함으로써 이민자를 포함한 유권자에게 호소한다는 선거전략과 더불어, 이민외교를 통하여 EU를 비롯한 국제사회에서 존재감을 높이겠다는 외교전략이 포함된 의도에서 나온 것이다.

이민을 사회통합의 차원에서 다루려는 노력은 이민 수용의 경험이 행정부에 일천하고, 비정부기구 등의 단체는 걸음마의 발달 단계에 있었기 때문에, 1980년대 스페인의 사회통합 결여의 상태를 메운 것은 노동조합이었다. 그 배경에는, 1970년대까지 이민송출국이었던 스페인에서 국외 이민을 가는 사람들은 대량실업의 어려움을 피하고 동시에 국내로 송금을 하여 스페인 경제의 회복에 크게 일조한 역사적 경험이 작용하였다. 즉 해외 이민의 경험을 지닌 자들 중에 기업의 노조 간부 자리에 오른 자들이 있고, 이들이 이민 수용의 노하우를 보유하고 있었다는 점이다. 양대 노조 단체인 CCOO(노동자위원회)와 UGT(노동자총동맹)는 지부의 네트워크를 활용하여 합법 이민의 여부, 조합원 여부를 떠나서 각지에서 법률상담과 직업훈련, 스페인어 강좌 등의 서비스를 제공하였다. 그 결과, 1986년에 설치된 이민지원사업자금의 주된 수혜자가 되었고, 1995년의 이민통합포럼에도 참가하여 노동부와 전경련에 대한 로비활동 및 이민지원조직들과의 풀뿌리활동을 통하여 이민정책의 수립에 관여해왔다(中島晶子, 2012: 215). 이민자들은 스페인 사람들이 꺼리는 농업, 건설업, 가사노동 등에서 노동 수요를 충족시켜 주었고, 제조업에서도 대기업의 하도급을 받아 일하는 중소기업에게 노동비용의 절감을 가능케 해 주었다. 또한 노조 결성이 여의치 않은 중소기업에 대해서 그 종사자인 이민노동자를 보살펴줌으로써 노조의 영향력을 행사하여 조직 활성화에도 기여하였다.

스페인식 복지국가의 특징은, 정부가 사회보장의 재정 책임은 지지만 서비스는 민간에 크게 의존한다는 점이다. 정부는 보조금 지원을 하고, 외국인 노동자를 사회에 통합시키기 위한 구체적 행동은 민간자원조직에 맡기는 것이다. 이는 작은 정부를 추구하는 행정부 입장에서 이민정책의 외부위탁 내지 민영화를 꾀하려는 의도로 볼 수 있다. 즉 효율성 추구가 행정부의 의도인데, 이에 비하여 민간자원조직은 권한위양(empowerment)으로 이를 바라보고 있다(中島晶子, 2012: 218).

이민자들이 스페인에 미친 영향에는 긍정적인 것들이 많다(中島晶子, 2012: 219-220). 첫째는, 사회보장서비스를 받기 위하여 보험료를 납입함으로써, 국가 재정에 상당한 기여를 하고 있다는 점이다. 사회보장제도에 가입하는 합법 이민 노동자가 계속 늘어나면서 2005년에는 전체 가입자의 8.2%를 차지하였다. 여기에 특별합법화 조치가 취해지면서, 특히 가사노동의 여성 이민자들을 제도에 편입시켜서 복지재정을 개선시킨다는 점도 있다. 2006년에 이민노동자들이 납입한 사회보장보험료는 13억 5천만 유로로서 전년의 2배에 달하였다. 한편 2000년대 중반 시점에서 제3국 출신 이민노동자의 평균연령은 34세로서, 당분간은 연금이나 노인요양의 서비스를 이용할 나이가 아니면서 보험료 납입의 부담을 안고 있다는 점이 스페인 정부 입장에서는 안도하고 있다. 두 번째 긍정적인 내용은, 노동력공급과 내수창출 양면에서 이민노동자의 기여가 크다는 점이다. 1990년대 스페인 경제의 호황은 이민노동자에 적잖이 의존하였으며, 이들이 모국으로 송금을 하면서 금융기관들도 덩달아 활기를 갖게 되었다. 건설업에서도 근로자로서 생산력을 제공하였고, 이 밖에 장거리통신, 식품, 부동산(특히 임대 주택의 경우) 등의 다양한 산업에서 눈에 띄는 역할을 하였다. 셋째는, 가정복지서비스(가사, 육아, 노인요양)를 수행함으로써, 스페인 여성들의 취업을 가능케 하였다는 점이다. 스페인의 여성취업률은 2004년에 49%로서, 10년 동안에 17.5% 포인트의 증가를 보였다. 넷째는, 이민자 가정의 높은 출생률이 저조한 스페인 출생률을 다소나마 보완해주는 역할을 하였다. 스페인의 합계특수출산률(가임 여성이 평생 낳는 아이의 수)은 1996년에 1.16명이었으나, 2005년에는 1.35명으로 늘어난 것이 바로 이민자 덕분이다. 이미 전체 신생아 중 15%는 외국인 모친에 의한 출산이 점하고 있다. 물론 이상의 긍정적 기여는 어디까지나 2000년대 후반에 터진 버블경기 직전의 일이라는 점이다. 이후 경기 불황이 지속되면서 스페인 사람들은 같은 이민자라 하더라도 라틴아메리카, 동유럽 출신의 이민자에게는 호의적이지만, 사하라사막 이남의 아프리카 출신 이민자에 대해서는 적대감을 갖기 시작하였다. 2008년의 부동산 버블 발생으로 스페인에서 가장 먼저 타격을 받은 것은 이민노동자들이고, 이들의 귀국을 촉진하기 위하여 스페인 정부는 귀국비용보조조치를 취하였으나 뚜렷한 효과를 거두지는 못하였다.

7) 종교

2006년 2월 기준으로 전 국민의 77%가 가톨릭 신자라고 응답하였지만, 실제로는 이들 가운데 46%만이 미사에 참석한다고 답하였다(中島晶子, 2012: 243). 1980년대 중반부터 2008년 부동산 버블 붕괴까지의 지속적 이민자 유입으로 이슬람을 비롯한 다양한 종교 단체가 결성되었다. 1980년에 제정된 종교자유에 관한 법률에 의거하여, 종교법인에게는 세제상의 우대조치가 도입되었는데, 이 혜택을 받기 위해서는 종교단체임을 증명하는 서류를 제출하여 법무부의 종교단체등기부에 등기되어야 한다. 등기가 기각된 경우에는 행정안전부에 문화단체로 등록을 하거나 또는 중앙정부보다 절차가 복잡하지 않은 자치주 정부에 등기를 하면 된다. 스페인에서 문화관련 단체 수가 가장 많은 이유 중의 하나가 여기에 있다. 2004년에 정권 교체를 이룬 사회노동당(PSOE)은 이혼법의 개정, 동성결혼의 인정 등과 같은 민법의 개정을 이루었는데, 이에 대하여 가톨릭 가치관의 쇠퇴라는 위기감이 국내외에 번져나갔다. 스페인을 가톨릭의 요새로 보아온 바티칸 공화국도 신경을 쓰게 되었는데, 이에 맞선 사회노동당 정부는 다원화된 시민사회라고 하는 가치관을 추진하였다.

2006년에 사회노동당 정권은 가톨릭교회와 협상을 통하여, 개인소득세 가운데 교회재정에 전가하는 비율을 0.52%에서 0.70%로 높였다(中島晶子, 2012: 250). 그렇다고 이 점이 반드시 성당에 대한 지원액의 증가를 의미하는 것은 아니다. 세수가 높은 카탈루냐 주, 바스크 주 등에서는 개인소득세의 전가 대상으로서 교회보다는 '기타 사회적 목적'을 선택하는 비율이 높아졌다. 오히려 그동안 부가가치세 면세 대상으로 있던 가톨릭교회에 대하여 스페인 정부는 EU의 요청을 받아들여 과세하는 것으로 변경하였다.

오랫동안 스페인에서 교육 기관의 대부분은 교회가 운영을 해왔는데, 제2 공화국 시대(1931-1939)에는 정부가 종교단체의 교육활동을 금지하는 법의 제정 등으로 급진적인 정교분리를 단행하였다. 그러나 프랑코 총통이 제2 공화국을 무너뜨리고 집권하면서부터 교회의 교육 독점은 재개되었다. 2000년대에 들어와 PP(국민당) 정권이 들어서서는 역사교육과 종교교육을 추진하였고, 다시 사회노동당(PSOE)으로 정권이 교체되면서 시민교육을 도입하는 등, 교육 현장은 혼란의 와중에 있었다(中島晶子, 2012: 262).

4. 경제 동향

1) 경제 구조 및 정책

GDP에서 차지하는 산업 비중은 2011년 기준으로 농업 2.5%, 공업 17.1%, 건설업 9.5%, 서비스업 70.9%이다(www.oecd-ilibrary.org/docserver/downloadNational Accounts at a Glance 2014의 production: value added by activity에서 인용). 세계 유수의 관광대국인 스페인은 2013년에 6,066만 명의 외국인 관광객이 방문하여 451억 5,300만 유로의 수입을 거두어 GDP의 6%를 차지하고 있다. 포춘지가 매년 발표하는 글로벌500대 기업에 스페인 기업은 8개 회사가 포함되어, 독일의 39개 회사, 프랑스의 31개 회사, 영국의 26개 회사에 비하여 수적인 열세를 보이고 있다(2013년 기준). 스페인의 내놔라 하는 기업으로는 BSCH(금융), Telefónica(통신). Repsol YPF(에너지), BBVA(금융), Iberdrola(전력) 등이 있다. 지역별 경제 상황을 비교하면, 1인당 GDP가 전국 평균치 100을 웃도는 지역은 19개 주 중에서 바스크(134.8: 금액으로 유일하게 3만 유로 지역), 마드리드(129.7), 나바라(127.8), 카탈루나(118.5), 라리오하(113.0), 아라곤(111.3), 발레아레스 제도(105.8)의 7개 주에 불과하다(2012년 기준, Instituto Nacional de Estadistica(스페인통계청)). EU는 1인당 GDP가 EU평균의 75% 이하 지역을 최빈 지역으로 규정하여 구조개혁 기금을 지원하고 있는데, 스페인은 국토 면적 기준으로 절반이 이에 해당한다.

2008년 미국의 서브프라임 모기지 사태에 의한 금융위기로 촉발된 전 세계의 경기 위축은 스페인에도 어김없이 찾아와 실업률은 13.9%에 달하였고, EU로부터 재정적자의 시정을 2013년까지 이루도록 하라는 권고를 받게 되었다. 이에 따라 2010년에는 재정 건전화를 위한 증세 정책을 취하게 되었다. 증세의 주된 원천은 부가가치세를 16%에서 18%로 인상, 개인소득세의 일괄 400유로 감세 조치의 폐지, 이자소득세의 인상(6천유로까지는 18%에서 19%, 6천유로 이상은 18%에서 21%) 등이었다. 2011년에는 실질 GDP의 성장률이 전년도의 -0.2%에서 0.1%의 개선을 보이다가 다시 2012년에는 -1.6%로 돌아서고 말았다. 아울러 GDP 대비 재정적자 비율도 목표치인 6.3%를 초과한 10.6%, 실업률은 25.0%로 악화하였다. 2013년에는 GDP 성장률이 계속 -1.2%의 우울한 실적을 보였으나, 재정적자는 GDP 대비 6.6%로서 목표치인 6.5%에 근접하였다.

스페인 정부는 2007년의 세제 개혁을 통하여 개인소득세의 상한선을 45%에서 42%로 낮추고, 표준법인세율은 35%에서 32,5%(이후 2008년에는 30%로)로 인하하였으며, 중소기업에 대한 조세부담의 경감 조치로서 세율을 30%에서 25%로 낮추었다. 매출 규모가 연간 500만 유로 미만인 영세기업은 20%의 세율을 적용하고 있다. 유로화를 사용하는 권역의 금융정책은 유럽중앙은행과 각국중앙은행들로 구성된 유럽중앙은행제도(ESCB)를 통하여 단일 정책으로 실시되고 있다. ESCB의 제1의 정책 목표는 물가 안정의 유지에 있는데, 목표치는 2% 미만의 물가 상승(below but close to 2%)으로 잡고 있다. 금융정책이 ESCB에 의한 단일정책으로 전개되는데 비하여 재정정책은 각국의 주권에 맡기고 있다. 그러나 재정 정책이 방만해지면 유로화의 안정을 저해할 수 있기 때문에, 가맹국과 EU 간에 체결한 '안정 및 성장 협정(SGP: Stability and Growth Pact: 1997년 법제화)'에 기초하여 각국의 재정정책이 실시되고 있다. 각국 정부가 준수해야 할 재정 적자에 관한 2가지 요건은, 단일 년도의 재정적자가 GDP 대비 3% 이하일 것과, 공적 채무 규모가 GDP의 60% 이하일 것이다.

2) 무역 동향 및 정책

주요 수출품목으로는 승용차, 자동차부품, 석유제품, 트럭, 의약품 등이며, 이 중 승용차는 전체 수출액의 9.6%를 차지하고 있다. 여기에 전통적인 농산물인 오렌지와 올리브유, 와인 등이 꾸준히 수출을 이어가고 있다. 무역상대는 주로 EU회원국들로서 수출의 68.3%와 수입의 57.8%가 EU와 이루어지고 있다. 역사, 문화적으로 유대가 강한 중남미 지역과도 수출의 6.4%, 수입의 7.2%를 차지하고 있다. 국별 기준으로는 중국과의 교역이 급증하여 수입 면에서는 독일과 프랑스에 이어 3위에 올라와 있다. 우리나라와는 수출 10억 7,400만 유로, 수입 15억 9,900만 유로의 규모를 보이고 있다. 무역수지는 2009-2013년 중 계속 적자를 기록하고 있으며, 그나마 갈수록 적자규모가 줄어들어서 2013년에는 약 160억 유로를 보였다(수출 2340만유로, 수입 2500만유로/출처: 스페인 경제경쟁력부=Ministerio de Economía y Competitividad).

외국 기업의 스페인 시장에 대한 직접투자(FDI)는 비교적 저렴한 노동력과 EU 시장에 대한 접근의 용이성, 높은 삶의 질 등과 더불어 정부의 외국자본에 대한 인센티브 제공, 지역 분권화 등으로 활발해졌다. 그러나 2007년 7월에 미국에서 서브프라임(주택융자) 부실채권 사태의 발발로 세계 경제가 휘청거리게 되자, 대량의 실업자가 스페인에서도 발생하였다. 이를 내국민과 이민자 간에 비교하면 전자가 16%인데 비하여 후자는 28%이었다. 아울러 투자유치국으로서의 스페인의 매력도 이전에 비하여 떨어져가면서, 외국기업들은 동유럽으로 투자처를 옮기게 되었다. 즉 범유럽 시장의 생산기지로서 중. 동유럽의 매력이 올라가면서 이들 지역이 생산 네트워크의 권역 안으로 들어오게 된 것이다. 이와는 반대로 스페인기업들의 해외직접투자는 2002년 말에 이르러 세계 10위권에 진입하는 성과를 거두었다(楠貞義, 2011: 153).

그러나 최근에는 외국기업의 신규 투자가 동유럽 쪽으로 옮아가면서 스페인의 투자환경이 지닌 우위성이 위협을 받고 있다. 투자지역/국별로 보면 2012년 기준으로 EU회원국 기업들의 스페인 투자가 99억 5,700만 유로로 가장 많고 그 가운데 룩셈부르크가 31억 2,800만 유로로 1위를 차지한다. 우리나라는 2억 7,100만 유로의 투자실적을 보이고 있다. 반면, 스페인 기업의 해외투자는 중남미지역이 29억 7,400만 유로로 수위를 차지하였고, 우리나라에는 1,400만 유로의 투자를 하였다(스페인 경제경쟁력부).

EU는 대외적으로 공통관세(Common Custom Tariff: CCT)를 설정하고 있기 때문에, 스페인도 결합품목분류표(Combined Nomenclature: CN)를 작성하여 관세를 부과하고 있는데, 이는 HS 분류표를 기초로 한 세부 분류이다. 유럽위원회(European Commission: EC)는 CN에 근거하여 EU통합관세율(Integrated Tariff on the European Communities: Taric)을 작성, 품목명과 품목코드, 원산지별 관세율을 분류하고 있다. 관세 이외의 세금으로는 부가가치세가 있는데, 이는 CIF (Cost+Insurance+Freight) 가격과 관세를 합한 금액을 기준으로 21%의 표준 부가가치세가 부여되고, 식품(알코올음료, 청량음료 제외), 사료, 의약품, 여성위생용품 등에는 경감세율로서 10%를 적용하고, 빵과 밀, 우유, 치즈, 서적, 특정 의약품 등에는 초경감세율로 4%가 적용된다.

외국인의 스페인 내 체류 허가와 관련하여, 주재원의 경우에는 거주노동허가서의 취득이 필수 요건이다. 여기에는 경영관리직용, 자회사종업원용, 파견노동자용의 종류가 있다. 가족의 거주허가를 신청할 때, 자녀의 나이가 18세 이상이면 부양가족으로 간주되지 않기 때문에 별도 신청을 해야 한다. 신청에서 취득까지 6개월씩이나 걸리는 문제가 제기되자, 스페인 노동부는 2011년 4월 30일 칙령으로 일정 요건을 충족한 기업의 외국인노동자 허가에 대하여 신속한 발급을 도모하고 있다. 일정 요건이란, 스페인 국내의 고용인력이 500명 이상이거나, 2억 유로 이상의 매출액 내지 1억 유로 이상의 순자산을 보유하거나, 최근 3년간 외국에서 들어온 평균 투자액이 100만 유로 이상이거나, IT/통신/재생가능에너지/환경/물처리/의약화학/바이오농업/바이오기술/항공우주분야의 중소기업 중의 하나를 말한다.

회사설립에 관해서는, 주식회사, 지점, 주재사무소의 형태가 있다. 주식회사와 지점은 상법상으로는 달리 취급하지만 세법상으로는 동등한 취급을 받는다. 주재사무소에 관해서는 상법과 세법에 특별 규정은 없지만, 정보수집이나 시장조사 등과 같은 비영리활동을 하는 것을 전제로 한다. 따라서 영리행위에 준하는 활동(가령, 거래 중개)을 하게 될 경우에는 법인세의 과세 대상이 될 가능성이 있다는 점에 유념할 필요가 있다. 현지법인 설립의 최소자본금은 주식회사가 6만 유로, 유한회사가 3천 유로이며, 주주가 1명인 '1인회사'는 특별 규정의 적용을 받는다. 법인세는 일반세율이 30%(배당금, 이자 포함)이고 중소기업은 25%(가령, 과세대상 금액이 50만 유로인 경우, 30만 유로까지는 25%가 적용되고, 나머지 20만 유로에 대해서는 30%를 적용)이다. 개인소득세는 스페인 국내에 183일 이상을 거주하고 경제적 소득이 있는 자를 세무상의 거주자로 간주하며, 본인의 스페인 국내는 물론 해외에서 얻은 소득까지 포괄하여 과세를 매긴다. 지적재산권에 관해서는 EU 규정에 준거하여 상표권의 유효기간은 10년, 특허권은 20년, 저작권은 사후 70년까지로 되어 있다. 특허 신청은 독일 뮌헨에 있는 유럽특허국(EPO)을 통하여 단일 절차를 밟음으로써 스페인뿐 아니라 유럽 38개 가맹국 전체에 대하여 보호를 받을 수 있다. 단, 특허 침해에 대한 법적 강제력을 보유하려면 각국 차원에서 유효화(validation)를 받아야 한다. 상표권, 의장권은 유럽특허국이 아니라 스페인에 설치된 유럽상표의장국(OHIM)을 통하여 신청하면 된다. 스페인의 바르셀로나 지역을 예로 외국기업의 스페인 직접투자에 소요되는 비용을 보면 아래 표와 같다.

< 표15 > 스페인 시장 직접투자 비용 내역

항 목	하위 항목	금액(유로화)
임금	<제조업>	
	* 일반직공	1182-2189(월)
	* 엔지니어	2641-3727(월)
	* 중간관리직	2545-6060(월)
	<비제조업>	
	* 영업직	2350-3700(월)
	* 점포직원(의류업)	1509(월)
	* 점포직원(음식점)	1094(월)
	* 법정최저임금	645(월)
	* 상여금(고정상여+ 변동상여	통상 2개월치
	* 사회보험부담률	사업주부담29.9%, 종업원부담6.35%
	* 명목임금상승률	2011=1.2%, 2012=-0.6%
토지가격/임대료	* 공업단지 토지구입가(㎡당)	697
	* 공업단지 임대료(㎡당)	3.14(월)
	* 사무실 임대료(㎡당)	10-18(월)
	* 주재원용 주택임대료	1400-2500(월)

자료: ARCレポート, 2014, p. 81

3) 산업 동향

2013년 기준으로 제조업이 GDP에서 차지하는 비중은 13.4%인데, 이는 유로권의 평균치인 19%와 비교하면 낮은 수치이다. 제조업의 주된 비중은 자동차산업으로서 GDP의 6%를 점하고 있으며, 생산량의 80% 이상을 수출하고 있고, 생산 규모로는 세계 12위이다.

농업생산액은 프랑스, 독일, 이탈리아에 이어 EU역내에서 4위를 차지하고, 농업용 면적은 전 국토의 절반에 이른다. 농업인구는 204만 명으로서 전체 취업자의 4.4%에 불과하다. 농업생산액은 345억 달러로서 GDP의 2.4%에 그치고 있다. 스페인 농산물의 생산량 기준 세계 순위를 보면, 올리브가 362만 톤으로 1위, 아몬드가 21만 톤으로 미국에 이어 2위, 오렌지가 187만 톤으로 중국에 이어 2위, 돼지고기가 356만 톤으로 중국, 미국, 독일에 이어 4위, 딸기가 29만 톤으로 미국, 멕시코, 터기에 이어 4위, 복숭아가 74만 톤으로 5위, 포도가 52만 톤으로 5위, 고추가 10만 톤으로 6위, 토마토가 40만 톤으로 7위에 올라있다. 스페인은 2012년도에 어획 99만톤과 양식 27만톤으로 총 126만톤의 어획량을 거두어 EU 최대의 어업국이기도 하다. 참치가 32.3만톤, 대구가 12.9만톤, 청어/정어리 8.8만톤 등의 순이다. 수출도 96만 톤(290만 유로)을 이루었지만, 수입은 그보다 더 많은 148만 톤(481만 유로)으로서 일본과 미국에 이은 제3위의 수입국이기도 하다.

스페인의 관광산업을 보면, 유네스코에 등재된 문화유산이 44개로서 이탈리아의 49개에 이은 2위로서, 프랑스의 38개, 영국의 28개를 앞선다. UN산하 세계관광기구(UNWTO)에 의하면, 스페인의 외국인 관광객 수는 2012년도에 5,770만 명으로서, 프랑스(8,300만 명), 미국(6,700만 명), 중국(5,770만 명)에 이어 세계 4위에 달하였다. 관광수입 면에서는 이보다 나은 성과를 보여 미국의 713억 달러에 이어 329억 달러로 세계 2위의 자리를 점하고 있으며, 뒤를 이어 프랑스 317억 달러, 이탈리아 284억 달러, 영국 210억 달러의 순이다. 외국인 관광객이 스페인에 체류한 기간은 평균 9박, 1인당 평균 소비액은 976유로, 소비총액은 559억 달러로서, 미국의 1,262억 달러 다음이다. 휴양 목적의 관광지로서 세계 1위의 인기를 얻고 있는 스페인이긴 하지만, 이집트, 모로코, 터키, 크로아티아 등이 강력한 가격경쟁력으로 위협하고 있다.

자동차 산업의 경우, 2013년의 신차등록대수는 전년대비 3.3% 증가한 722,203대로 3년 만에 회복세를 나타냈다. 그 배경에는 2년 만인 2012년 9월에 부활한 신차교체구매 보조금제도인 '고연비자동차 구입보조금프로그램(PIVE)'이 작용하였다. 10년 이상 사용한 승용차와 7년 이상 사용한 소형상용차를 폐차하고 일정한 가스배출기준을 충족한 환경대응차량을 신규 구입할 경우(세전 차량가격 기준으로 2만5천유로가 상한선), 대당 2천유로의 보조금이 지급되는 제도로서, 2014년에도 연장 실시되었다. 이 제도의 수혜를 많이 본 기업으로는 저가격대의 소형차에서 강세를 보이는 우리나라의 기아자동차와 이탈리아의 피아트자동차이고, 신형 'A클래스'를 출시한 벤츠의 다임러자동차도 혜택을 보았다. 업체별 시장점유율의 순위는 폭스바겐 8.8%, SEAT(스페인기업이었으나 독일의 폭스바겐이 1990년 100% 단독 자회사로 인수) 8.2%, 푸조 7.9%, 오펠 7.5%, 르노 7.4%, 포드 6.6%, 시트로엥 6.5%, 도요타 5.1%, 아우디(1966년에 같은 독일기업인 폭스바겐의 자회사로 편입) 4.9%, 닛산 4.8%의 순이다(INE;스페인통계청).

금융업에서는 은행 간 경쟁이 치열해지면서 생존의 기로에 놓이게 되었고, 이는 은행 간 합종연횡을 가져왔다. 1988년에 바스크 지방에 있는 두 은행, 빌바오은행(Banco de Bilbao)와 비즈카야은행(Banco de Vizcaya)이 합병하여 BBV가 되었는데, 이후 2001년에는 Argentaria(4개 금융기관의 합병으로 탄생)와의 합병으로 BBVA가 되었다. 1991년에는 센트랄은행(Banco Central)과 이스파노은행(Banco Hispanoamerica)이 합병하여 BCH가 탄생하였고, 이어서 1999년에는 산탄데르은행(Banco Santander)이 이를 인수하여 BSCH가 됨으로써 스페인 은행권은 양대 은행의 과점적 지배를 맞이하였다.

강한 개성으로 인하여 단결이 쉽지 않은 스페인 국민들을 하나로 결집시켜 1986년에 EU 가입을 성료한 뒤, 회원국 사이에서 낙오하지 않겠다는 원동력으로 노사 간 대단결을 꼽을 수 있다. 1994년과 1997년에 공무원들은 임금동결을 감수하였고, 1995년에는 유로화 도입을 결정하였다. EU는 가입 후발국이자 경제발전의 후발국인 스페인에 농업지도보증기금, 유럽지역개발기금, 유럽사회기금, 격차시정기금 등을 제공하였는데, 이 수령액은 1996-2003년 기간 중의 스페인 평균 GDP의 1.1%에 달하는 규모이었다. 이 기금과 다국적기업의 스페인 내 직접투자, 국내 자금 등이 적극적인 지역개발과 공공사업에 투입된 결과, 교통과 물류의 인프라 구축, 테크노파크 등의 건설을 가져왔다. 그 덕분에 소비증가율도 1998-2000년 기간에는 연평균 4%대를 유지할 수 있었다. 1994년에 스페인은행은 정부로부터 자율독립권을 받아서 유럽중앙은행 산하의 유로시스템에 편입될 준비를 하였다. 가계는 주택에, 기업은 생산설비와 기계류에, 정부는 인프라 정비에 각각 활발한 투자를 행하였다. 이자율도 1996년 이후 유로평균치를 밑도는 수준으로 낮추어졌다. 주택융자금의 상환기간도 1998년에 이르러 평균 20년으로 연장되었다.

이처럼 주택건설 부문이 호황을 맞이하게 된 계기는 다음과 같다(楠貞義, 2011: 198-199). 첫째는 1인당 실질소득의 증가로 1995-2000년 기간 중에 창출된 800만 명의 신규 일자리 덕분에 취업자 수가 2,000만 명으로 대폭 늘어났고 실업율은 22.7%에서 8.3%로 뚝 떨어졌다는 점이다. 그 덕분에 융자를 통해서 주택을 구입할 수 있게 되었다. 둘째는 단일통화인 유로화의 도입으로 저금리가 가능해졌다는 점이다. 1999-2005년 기간 중의 단기실질금리가 거의 제로에 가까웠고, 2002-2005년 중에는 마이너스 상태이었다. 셋째는 남성우위의 스페인에서 여성의 사회진출이 활발해진 점이다. 전체 여성 중 취업을 하고 있는 여성의 비율은 1995-2003년 중에 32%에서 46%로 12%포인트 증가하였다. 넷째는 유럽 국가 중 아일랜드 다음으로 자기 집 소유 지향이 강한 스페인에서 정부가 주택융자 공제, 양도이익 특별공제 등의 지원책을 실시한 점이다. 1998-2001년 중의 주택 건설의 호황이 주거용 주택 수요에 의한 것이었다면, 2002년 이후에는 자녀들을 위하여 혹은 투자 목적의 주택 수요가 급증하였다. 그 배경에는, 첫째 불확실성 시대에 주택은 안전한 자산 피난처의 역할을 한다는 생각, 둘째, 주택구입자와 개발업자에게 금융권이 대량의 자금 대출을 해 준 점, 셋째, 주택의 실질가격이 2002-2004년 중에 두 자리 수의 상승을 보이면서 단기간에 양도차익을 거둘 수 있다는 기대감 등이 작용하였다(楠貞義, 2011: 205). 이러한 스페인의 주택시장은 2005년에 절정에 달하였는데, 이 해에 유럽중앙은행은 과열된 경기를 식힐 목적으로 긴축금융정책으로 전환하였다. 유로권 은행간 대출금리(1년 만기)를 기준으로 하는 주택융자금리도 3.28%에서 상승세로 돌아섰고, 유럽중앙은행이 은행간 대출금리를 4%까지 인상하면서 수요는 감소세로 반전하였다. 그런데 조립식 주택(prefab)이 보급되어 있지 않은 스페인에서는 주택의 착공에서 준공까지 2년 정도가 소요되므로 그동안에도 공급은 증가하고 있었다. 그 결과, 2006년말부터 미분양주택 수가 늘어나기 시작하여 2007년 초에 이미 90만 채를 초과하였다.

건설 경기가 불황으로 접어들면서 노동시장에도 암운이 드리워졌다. 1994년부터 시작된 노동시장의 개혁으로 유연한 고용제도가 이루어지면서 단기고용, 임시고용과 같은 비정규직의 활용으로 노동비는 단기적으로 절감되었다. 실제로 계약기간이 3개월 미만인 임시고용 근로자는 1995년에 이미 전체 근로자의 37%에 달하였다. 그러나 고용불안에 따른 장기적 노동생산성의 저하가 우려되는 상황에서 1996년에 집권한 국민당 정권은 고용촉진단기계약을 완전 철폐하고 그 대신에 1997년에 "기간을 정하지 않은 고용촉진계약 (저임금의 정규직)"을 도입하였다. 단, 적용 대상은 30세 미만 또는 45세 이상 근로자, 1년 이상 장기실업자, 장애 근로자로 한정하였다(楠貞義, 2011: 224). 이어 1998년에는 풀타임 근로자 노동시간의 77%를 상한선으로 하는 새로운 파트타임 근로계약이 생겨났고, 2001년에는 기간이 정해진 고용계약에 대하여 근속년수 1년마다 8일분의 해고보상금을 지불하도록 하였다.

이상에서 살펴본 대로 12년간의 호황기에 연평균 3.3%의 경제성장률을 달성한 스페인은 2008년 4/4분기부터 7회 연속 분기별 마이너스 성장으로 전락하였다. 다행히도 2010년 하반기부터 겨우 마이너스 성장에서 탈피하였는데, 이는 독일과 프랑스 등이 경제 위기 극복에 성공하고, 미국과 브릭스(특히 중국)의 왕성한 수요 발생 덕분이었다.

5. 비즈니스 문화와 환경

스페인은 집단주의 국가이므로 가족과 친구를 강조한다. 기업 구조는 계층제이며, 신입 직원의 채용 시에는 숙련보다 친밀감이 중요시된다. 리더십 스타일은 권위주의적이고 상사를 존경심으로 대한다. 비교적 고맥락 문화에 속하는 스페인에서는 비언어 표현이 소란스럽고, 형식을 따지지 않는 행동 양식이 나타난다(Isik-Vanelli, 2003: 3-6).

1) 비즈니스 환경

① 지역주의(regionalism)

스페인의 주요 지역으로는 북동지역의 카탈루냐, 북북서지역의 갈리시아, 북북동지역의 바스크가 있다. 이들 지역은 자체적인 지역 기(flag)와 법령이 있으며, 자치 정도에는 차이가 있다. 즉 바스크 지역은 세수 권한과 경찰 권한을 보유하고 있지만, 다른 지역은 형식적으로만 마드리드로부터 독립해있을 뿐이다. 갈리시아는 아일랜드에 비유할 수 있어서 초록 숲이 많고 습기가 높으며 소득수준이 낮다. 카탈루냐는 다른 스페인 지역에 비해 자신을 코스모폴리탄이라고 여기고 근면성을 자부한다. 남부지역은 북부지역에 비해 진실성과 실속은 떨어지는 반면 삶의 질을 중시하는데, 이는 800년 이상에 걸친 아랍의 영향(이슬람교)을 받은 점에 기인한다. 스페인 내전(1933-36) 당시에는 분리주의와 사회주의가 주된 이슈가 되었고, 이는 카탈루냐, 갈리시아, 바스크 지역에서 자치에 대한 무모할 정도의 열망을 야기하였기에, 스페인에서는 지역 간 차이에 대해 상당히 민감하다.

② 정부에 대한 태도

다른 지중해연안 국가들과 마찬가지로 스페인의 지역사회는 개인적 관계와 가족의 연계라고 하는 집단주의에 기초하고 있는데, 이러한 점이 권위, 정부 등에 대한 스페인 사람들의 태도에도 그대로 반영되어 있다. 편애와 부패로 비추어질 수 있는 것도 스페인 사람들에게는 단지 상호 의무의 이행으로 받아들여진다.

③ 기업의 사회적 책임

2001년 EC의 녹색보고서(European Commission's Greenpaper of 2001)는 기업의 사회적 책임에 대한 정의를, "기업이 사업 활동 및 이해관계자와의 상호작용에서 자발적으로 사회적, 환경적 관심을 통합하는 일"이라고 내리고 있다[42].

그런데 소비자의 제품/서비스 구매에 미치는 영향력 면에서는 기업의 사회적 책임보

42) http://ec.europa.eu/enterprise/policies/sustainable-business/corporate-social-responsibility

다 가격과 품질이 훨씬 크다는 점이다. 즉 기업의 사회적 책임에 대한 소비자의 관심이 소비자의 구매 행동에 영향을 미치지는 못하는 것인데, 이를 두고 태도-행동 격차(attitude behavior gap)라고 한다[43]. 이러한 구매 행동을 합리화하려는 소비자는 '중립화' 라고 하는 논리를 적용한다고 한다. 중립화(neutralization)란, 자신의 책임을 중립적인 것으로 만들기 위해서 자신의 행동을 부인하거나 외면하는 일, 또는 일반 대중을 돕는 것보다 가족과 같은 주변인물을 도와야 할 필요성을 우선시 하는 일을 가리킨다[44]. 그럼에도 미국의 포춘지가 선정한 500대 다국적기업의 90%는 사회적 책임 활동에 자금 투자를 하고 있다.

스페인에서 기업의 사회적 책임에 대한 관심은 대학이 대학원의 선택과목으로 '기업윤리'라는 과목에서 사회적 책임을 거론한 점에서 알 수 있듯이 학문적 성격으로 출발하였다. 스페인 기업들이 경영 관행으로 사회적 책임을 다루기 시작한 것은 정부의 이사회 행동 강령과 투명성 지침, NGO, 언론의 관심이 증폭된 1990년대 후반의 일이다. 스페인 기업들의 사회적 책임의 구체적 활동 내용은 자연환경, 지역사회 등에 관한 것이 주류를 이루고 있다.

스페인 기업의 사회적 책임의 사례로서 자라, Pull & Bear, Massimo Dutti, Bershka, Stradivarius, Oysho, Uterque 등의 브랜드를 다루고 있는 INDITEX 섬유그룹이다. 1985년에 창립하여 2001년에 주식시장에 공개되었고, 2011년 현재 78개 국가 시장에 5,154개 매장을 갖고 있는 이 기업집단은 '깨끗하고 안전한 착용(Clean to Wear and Safe to Wear)'을 표방하면서 사회적, 환경적 균형의 창출에 기여하려는 윤리 강령을 모든 작업장에 적용하고 있다(Grabenhofer, 2011: 26). 2010년의 경우, 총 1000만 유로를 사회적 책임 활동에 투자하였는데, 이 중 절반이 보건, 문화, 사회 지원에 투입되었고, 지역사회 개발에 200만 유로, 활동의 모니터링에 300만 유로가 지출되었다.

---

43) Bouldstridge, E. and Carrigan, M. 2000. A consumer-side experimental examination of signaling theory. *Journal of Consumer Research*, 20(1), 111-123.

44) Sykes & Matza, 1957 in Pavek, S. 2011. Techniques of neutralizaton-which justifications do consumers employ for not considering CSR as a purchase criterion. Bachelor Thesis WU Vienna, Vienna.

2) 기업 경영

전형적인 스페인 기업의 경영 방식은 고도의 부문화, 관료제, 권위주의를 보이고 있다. 이로 인해서 새로운 경영 방식, 특히 미국식 경영 관행을 도입하게 되면 계층 간 갈등과 스트레스를 야기하는 경우가 흔하다. 조직도가 있다고 하더라도 어디까지나 기능적 체계가 아니라 사회적 체계의 성격을 띠며, 조직은 명령 계통에 의해 움직인다. 그렇기 때문에 강력한 리더의 지휘 하에 팀이 움직이며, 팀 간 상호작용, 협업 따위는 기대하기 힘들다. 이처럼 제도보다는 개인적 위계에 의한 조직 운영은 항시 위기와 비상사태의 분위기를 자아내며, 이런 분위기를 잘 극복해냄으로써 자부심을 갖게 된다.

기획(planning)은 내일 무슨 일이 일어날지 모르기 때문에 하지 않는다. 기획 메커니즘이 발달되어 있지 않은 점도 원인이지만, 한편으로는 스페인의 문화, 정신자세에 기인하는 점이기도 하다. 전략을 결정짓는 것은 기획이 아니라 CEO의 역할이며, 최고경영자는 명확하고 달성 가능한 목표를 제시하여야 한다. 체계적 기획은 그저 시간 낭비에 불과하고, 정보 수집의 적절한 방법은 자신이 갖고 있는 정보는 흘리지 않은 채 되도록 많은 사람들과 대화를 하는 일이다.

스페인 기업의 리더십은 자비로운 전제 군주의 유형이다. 리더의 가장 존경받는 자질은 용기(estar valiente)이고, 리더는 모든 문제에 대한 해답을 갖고 있어야 하는 존재이기 때문에 부하와 의사결정을 공유한다는 것은 나약함의 표징으로 받아들여진다. 충성심은 조직에게 보이는 것이 아니라 인물에게 보여야 한다. 그런데 중요한 점은 의사결정을 내리는 일이 아니라 정해진 결정을 실행에 옮기는 일이다. 리더가 부하에게 실행 지시를 할 때는 단기 목표에 기반을 두고 목표 달성 방법을 상세히 전하는 구체성을 갖추어야 한다. 비판과 피드백은 상사(el jefe)의 특권이다. 이상의 점에 비추어 본다면, 스페인은 고도의 귀속주의(ascription culture)라고 말할 수 있다.

개인 관계가 조직의 상하 계층에서 중요한 스페인 기업에서 내부 통제와 감사(auditing)는 신뢰의 결여로 비추어지기에 민감한 문제이다. 또한 직무 안정이 승진보다 중요하긴 하지만, 마드리나, 바르셀로나 등의 대도시에서는 젊은 세대들의 가치관 변화가 두드러진다. 이들은 보다 나은 대우를 받기 위해서 직장을 옮기는 것이 드물지 않다.

단지 전직을 하더라도 다른 지역으로 옮기는 일(가령, 북부의 빌바오에서 남부의 말라가로 이동은 940㎞의 거리를 두고 있음)은 가족의 유대라는 점에서 주저한다. 신입 직원의 채용에서도 우선순위는 개인적 충성심이 가장 높고, 그 다음으로 우정, 능력의 순이다. 그러다 보니 승진도 능력이나 노력의 결과라기보다는 운이나 영향력에 의해 이루어진다고 여겨지고, 높은 자리는 막중한 책임을 짊어지는 지위가 아니라, 특권과 안락한 삶으로 한 단계 올라가는 자리로 받아들여진다.

대부분의 라틴계 국가와 아랍 국가들에서 알 수 있듯, 스페인도 남성주의 국가의 성격이 강해서 공식적인 역할 수행은 남성들이 주류를 차지하고 있다. 다행히도 오늘날 숙련 인재의 부족으로 좋은 교육을 받은 여성들이 남성의 영역에 속하는 관리직에 들어갈 가능성이 높아지고 있다. 여성이 관리직으로 올라가기 위해서는 능력 못지 않게 외모에 대한 치장에도 상당히 신경을 써야 한다. 스페인 사람들은 사적인 차원이든 직업적 차원이든 비형식적 행동을 취하므로, 친밀감 형성이 매우 중요하다. 근무 환경이 좋다는 것은 물리적 환경이 좋다는 것이 아니라, 동료들과 호혜적 관계를 맺을 수 있는 환경을 의미한다. 타인에 대한 최고의 평가는, “그는 내 좋은 친구이다.” 라는 말에 있다.

3) 종교와 생활

스페인 사회에서 가톨릭교회가 중요한 역할을 수행하는 점은, 가톨릭 신자인 이사벨라 여왕과 페르난도 왕의 연합 세력이 이슬람의 지배로부터 스페인의 독립을 되찾은 ‘레콘키스타(reconquista=reconquering)’에서 연유한다. 종교 관련 축일은 존중해야 하며, 맹세를 할 때 God, Jesus, Maria 등의 호칭을 사용해서는 안 된다. 표현주의 문화권의 스페인 사람이라도 감정 표현에서 이러한 호칭들은 반드시 피해야 하는 것들이다 (Isik-Vanelli, 2003: 10-11).

한편 스페인은 트롬페나르의 분류 척도 가운데 집단주의에 속하므로, 집단과 가정이 매우 중요한 기능을 한다. 해당 집단에 들어가기 위해서는 자신이 적합한 인물이고 절대 열등하지 않다는 점을 입증해야 한다. 집단 내 인물들 입장에서는 이방인(outsider)에 대한 거부감이 강하므로, 이들의 환심을 사는 일이 중요하다. 그런 의미에서 식사나 술

자리(la marcha)와 같은 적절한 사교 활동을 펼치는 것이 효과적이다. 점심이나 저녁은 스페인에서 상당한 시간을 쓰게 되므로 이때에 사업 상담이나 협상이 진행된다.

스페인 사람들과 상대할 때는 자신의 방식에 그들이 따라오기를 기대하지 말고, 그들의 방식을 채택하는 것이 현명하다. 그래야만 스페인 문화를 존중한다는 자신의 유연한 자세를 보여주는 것이 된다. 스페인 내전(1933-36), 프랑코 장군의 독재 정권, 투우, 카탈루냐와 바스트의 독립 등과 같은 이슈는 매우 민감하여 스페인 사람들 간에 상이한 의견을 낼 수 있기 때문에, 식사 중에 이들을 대화의 소재로 삼아서는 안 된다. 만약 이러한 이슈에 대한 의견을 스페인 상대방이 묻는다면, 아는 바가 없어서 잘 모르겠다는 식으로 대응토록 해야 한다. 의견 진술을 피할 수 없는 상황이라면, 상대에게 추가 정보를 요청한 뒤, 양시론의 입장을 취하도록 한다.

스페인 사람들의 시간관념은 꾸물대기와 지연이 상습적으로 이루어진다. 그렇다고 이런 관념을 상대의 게으름이나 방해전술로 오해하지 않도록 한다. 너무나 짧은 시간 내에 많은 일들을 한꺼번에 처리하려는 의도에서 그러한 관념이 생겨났는데, 성공을 거두고 있는 민간 기업에서는 볼 수 없고, 관료제의 조직에서나 만연해 있다.

4) 의사소통

스페인 사람들은 시간에 대하여 비교적 느슨한 태도를 갖고 있다고 말했지만, 사업과 관련해서는 그나마 비교적 시간을 지키는 편이다. 스페인 사람들이 "내일(mañana: 마냐나)"이라는 시간을 즐겨 쓰고, 낮잠(siesta: 씨에스타)을 취하는 습관은 온후한 기후에서 살아온 내력이라고 봐주어야 할 것이다. 스페인에서는 대화 시에 제스처를 활발히 사용하는데, 그 의미를 이해하지 못할 경우에는 주저하지 말고 물어보도록 한다. 지역마다 제스처가 다 다르기 때문이다. 지역에 무관하게 공통된 제스처 중에는 손을 아래로 내리치는 것이 있는데, 이는 자신의 이야기 가운데 강조하고 싶은 점을 표현하는 것이다.

언어 이외의 수단으로 의사소통을 하는 non-verbal communication의 예로 스페인 사람들은 만나서 인사를 하면서 서로가 상대의 볼에 접촉을 하거나 입을 맞춘다. 스페인 여성들은 가볍게 포옹한 뒤 볼을 접촉하고는 허공에 입을 맞춘다. 스페인 남성들은 친구사이에는 악수를 하고서 서로 껴안거나 등을 두드린다. 다른 문화권의 사람들에게는 스페인 사람들이 너무 가까이 다가서서 팔이나 어깨를 두드린다고 여길 수 있지만, 이러한 스페인 사람들의 제스처에 피하는 모습을 보이게 되면 스페인 사람들은 기분을 상하게 되므로 주의해야 한다.

스페인 사람들의 말하는 속도는 상당히 빠르기 때문에 스페인어를 배운 외국인은 대화를 따라가기가 무척 벅찰 수 있다. 몸동작, 손놀림, 얼굴 표정, 전체 모습이 아주 눈에 띄기 때문에 스페인 사람들과 접촉한 경험이 없는 외국인의 눈에는 다소 공격적인 인상을 줄 수 있다. 스페인 사람들은 정상적인 대화를 하고 있다고 생각하는데, 외국인들은 이들이 서로 싸우고 있다는 착각마저 할 수 있다. 스페인 사람들은 말할 때 별로 멈추질 않기 때문에 이들이 언제 숨을 쉬는지 알 수 없다고 여겨지기도 한다.

스페인에서 여성들은 우아하고 스타일을 살린 복상을 해야 한다. 사업차 스페인을 방문하는 비즈니스 우먼은 디자이너 의상이나 고품질의 의상을 하고 화장을 잘 해야 한다. 외모를 인간의 사회적 지위와 성공의 잣대로 받아들이는 스페인 사람들은 의상에 극도의 신경을 쓴다(Isik-Vanelli, 2003: 14). 남자들이라면 짙은 색의 정장에 넥타이를 매고 빳빳하게 풀을 먹인 흰 셔츠를 입는다. 정장 윗도리는 스페인 파트너가 달리 말하지 않는 한, 벗지 말고 늘 입고 있어야 한다. 이 쪽에서 말을 하고 있는데 스페인 상대가 끼어든다고 해서 이를 모욕이나 우려의 표시로 받아들일 필요는 없다. 이는 순전히 대화에 흥미를 보이는 것이고, 이들이 말을 가로막고 조언을 하는 일은 자유분방한 태도이므로 불쾌하게 생각하지 않도록 한다. 아시아 국가들과 마찬가지로 스페인도 체면 손상에 유념한다. 즉 자신의 감정을 통제하지 못하거나 비판에 당혹감을 드러내는 일은 삼가도록 해야 한다.

신뢰할 만한 가족이나 친구와의 가장 사적인 경우를 제외하곤 스페인 사람들은 불편한 진실을 말할 경우에는 극단적으로 조심한다. 이방인과 대화할 때는 설령 만사가 완벽하지 않더라도 모든 게 잘 됐다는 식으로 의사 표명을 한다. 이는 자신이 유능하고 통제력을 보유하고 있다고 비춰지기 위하여 쓰는 체면치레의 조치인 셈이다. 따라서 스페인 사람과 대화할 때는 말의 진실성을 간파하기 위하여 상당한 주의를 기울여야 한다. 그렇기 때문에 비즈니스 상담에서 전해들은 이야기를 입증 내지 해석해줄 수 있는, 이해관계가 없는 별도의 접촉 상대를 확보해두는 일이 중요하다. 그런 점에서 외국에서 공부했거나 근무한 경험이 있는 스페인 사람은 쓸모 있는 접촉 상대일 수 있다.

5) 협상

스페인의 기업 문화에서는 계층과 지위가 갖는 중요성을 의식해야 한다. 자신보다 지위가 낮은 상대방에 많은 시간과 주의를 할애하는 일은 그들의 인상을 찌푸리게 만든다. 따라서 자신과 동등한 지위에 있는 인물에 관심을 집중하는 일이 최상의 이익이 된다.

상견례의 의전에서 유의할 점은 상대의 호칭을 비격식어인 '너(tu: 뚜)'가 아니라 격식어인 '당신(ustd:우스테드)'으로 해야 한다. 성을 제외한 이름만으로 호칭을 하는 일은 절친, 아동, 10대 사이에서나 가능한 일이다. 상대에 대한 존경의 표시로서 남성의 성명 앞에 'Don'이라는 칭호를 사용하기도 하고(돈키호테의 '돈'처럼), 직책을 성명 앞에 붙이기도 한다. 가령 상대의 직업이 교사라면 성명 앞에 'Profesor(프로페쏘르)' 라는 직책을, 엔지니어라면 'Ingeniero(인헤니에로)'라는 직책을 쓰는 것이 좋으며, 영어의 Mr., Mrs., Miss에 각각 해당하는 Señor(쎄뇨르), Señora(쎄뇨라), Señorita(쎄뇨리타)를 붙여 부르는 것이 중요하다.

상담 차 스페인 상대와 만날 때 명함을 교환하는데, 이 때 명함의 한쪽은 영어로, 다른 한쪽은 스페인어로 작성하고, 상대에게 건넬 때는 스페인어로 표시된 면을 보이도록 한다. 악수는 간결하면서도 힘 있게 할 것이며, 대화 중에는 눈 접촉을 잊지 않는다. 첫 인사를 할 때는 buenos dias(부에노스 디아스: good day), buenas tardes(부에나스 따르데스: good afternoon), buenas noches(부에나스 노체스: good evening) 등의 수식어도 잊지 않는다. 상대에게 선물을 건네는 것은 상담이 성공리에 마무리되었을 때에 이루어져야 하며, 스페인 상대로부터 선물을 받는 경우에는 상대가 보는 그 자리에서 바로 풀어보도록 한다. 선물은 고품질의 브랜드 제품으로 해야 하고, 포장도 깔끔하게 해야 한다. 그렇다고 사치스런 제품을 선물하게 되면 호의가 뇌물로 변질될 수 있기 때문에 피하도록 한다. 회사명이 들어간 선물을 주는 것은, 상대가 집무실 책상 위에 놓는 문구류 등의 비품인 경우에 국한한다. 꽃을 선물할 경우에는 모란과 국화는 죽음과 연관된 것이라서 삼가도록 한다.

사업상의 여흥은 가정보다는 레스토랑에서 열린다. 만약 스페인 가정에 초대받았다면 이는 레스토랑으로 정찬을 위해 옮기기 전의 간단한 음료의 자리에 불과하다. 정찬은 보통 밤 9시 이후에 열리기 때문에 가벼운 식사(lighter fare)가 제공되기도 한다. 사업에 관한 대화는 스페인 상대가 먼저 입을 열 때 해야 하며, 이쪽에서 먼저 꺼내지 않도록 한다.

회담의 시작부터 비즈니스 상담의 논의가 이루어질 것이라고 기대하지 않도록 한다. 초기에 스페인 사람은 자제하는 모습, 주제와 직접적이지 못한 모습 등을 보일 수 있는데, 이는 상대방과의 관계가 구축되기 전까지는 스페인 사람들이 보여주는 정상적인 모습이다. 새로운 정보나 아이디어를 제안하면 반응적인 자세를 보이긴 하지만, 그렇다고 마음가짐까지 쉽게 바꾸시는 않는다. 환언하면, 논점을 입증하기 위하여 객관적인 사실이나 경험적 증거를 강조하지 않는다는 것이다. 회담에 참가하는 상대방에 대해 스페인 사람들은 그가 최종 결정권을 갖고 있으리라 기대한다.

스페인 사람이 우리 쪽의 이야기를 제대로 이해하고 있는지를 헤아릴 수 있는 분별력이 요구된다. 이는, 체면이 구겨지는 일을 스페인 사람들이 극도로 꺼리기 때문에 사람들 앞에서 자신이 제대로 이해하고 있지 못하다는 사실을 인정하려 하지 않기 때문이다. 스페인의 의사결정이 더디고 장황한 이유는, 모든 계층을 거쳐야 하고, 우리 측이 제안한 내용의 모든 측면을 일일이 살펴보기 때문이다. 권력 간격이 높은 스페인 사회에서는 오직 최고위층만이 최종 의사결정권을 지니고 있다. 그렇기 때문에 이들 최고위층과 연결 고리 역할을 해줄 만한 중개자를 확보하게 되면 스페인 기업과의 상담은 성사 가능성이 높아진다.

6) 리더와 팀

리더는 성취에 근거하기 보다는 귀속(연령, 근속연수 등)에 의하여 결정되며, 스페인 사람에게는 급료보다는 직책이 더 중요하다. 그런데 스페인에서 충성심은 조직에 대한 것이 아니라 사람에 대한 것이라는 점이다. 그 결과, 리더의 지위에 오르려면 인간관계에 의지해야 한다. 스페인에서 선호되는 리더십 유형은 지도형(directional)이다. 지도형의 한 부류인 전제형(dictatorial) 리더십도 흔히 볼 수 있어서, 합의에 의한 의사결정은 스페인에서 거의 볼 수 없다(Isik-Vanelli, 2003: 20). 리더는 정답을 알고 있다고 여겨지기 때문에 부하들의 도전은 있을 수 없다. 그러면서 스페인은 동시에 다소 개인주의 색채를 띄기 때문에 집단뿐 아니라 개별 구성원들에 대한 관리도 이루어져야 한다. 불확실성 회피가 높은 스페인에서는 리더가 자신과 부하의 경력 안정성에 초점을 맞추며, 공식 규정을 설정하고, 요청하지도 않은 아이디어나 행동을 부하가 보이면 기각해버리고, 전문성이 지닌 절대 진리는 수용한다.

리더는 말단 부하보다는 1-2단계 아래의 지위에 있는 감독관이나 관리자로부터 정보를 기대하며, 부하들은 회사의 문제와 관련된 본인의 의견을 공개적으로 표명하면 제지를 받는다. 단, 팀 회의석상에서는 리더가 최종 결정을 내리기 전에 팀원들이 의견을 말한다. 불확실성 회피가 높은 스페인에서 리더는 의사결정을 내리는데 고려하는 요소로서 위험 요인의 존재 여부를 중시한다.

인간관계, 타인에 대한 배려, 삶의 질의 중시 등이 강조되는 스페인 사회에서는 리더가 이러한 점들을 부하의 동기부여에 활용하며, 금전적 동기 요인만을 부각하면 부하의 의욕을 자극하지 못한다. 개인적 관계에서 스페인 사람들은 격정적으로 감정을 표출하지만, 사업 관계에서는 감정의 조절을 한다. 경력개발보다 삶의 질이 우선시되는 스페인 사회에서는 상사와 의견 대립이 해소되지 못할 경우, 부하는 전직을 하게 된다. 권력간격과 불확실성 회피가 높은 스페인에서는 직무설계(job design)가 매우 중요하다. 그렇기 때문에 부하들에게는 과제가 달성하려는 목표점은 무엇인지, 그 목표의 달성을 위하여 해야 할 일과 그 일을 어떻게 수행해야 할지를 알려줘야 한다. 허즈버그의 2대 요인 중, 동기부여 요인(motivator)보다는 위생요인(hyiene factor)이 중시되기 때문에 부하의 직무만족을 위해서는 기본적 욕구의 충족이 중요하다. 스페인에서는 자신이 일을 얼마나 잘하고 있는지를 알려고 애쓰지 않기 때문에 부하에게 피드백을 해줄 필요는 없으며, 과도한 기획은 자발성을 해친다고 보기 때문에 비상대책(emergency planning)은 달가워하지 않는다.

스페인의 조직에서 신뢰가 지닌 중요성으로 인해서 신입 직원의 선발, 채용에서는 직무능력이 탁월한 자보다는 개인적 친분을 고려한다. 마찬가지로 외국인이 스페인 측과 사업 관계를 구축하려면 결속시간(bonding time)이 필요하다는 점을 인식하여, 이메일, 전화 등과 같은 기계적, 기술적 수단에 의지하지 말고 대면 접촉을 활용하여야 할 것이다.

부록. 105일간의 유럽5개국 시장탐방

1. 천재 가우디를 탄생시킨 구엘과 성당이 있는 바르셀로나로 가다: 소매치기로 환영인사를 받다

루프트한자 항공은 무조건 화물짐은 1인당 1개, 초과시 140유로인가(170유로인가?)를 내야 한다고 해서 부부 두 사람의 합계 가방 수를 둘로 줄이고 작은 건 기내로 가져갔다. 집에서 온라인 체크인하고 좌석표도 출력. 공항 카운터 직원에게 물었다. 다시 일반 탑승권으로 바꿔줄 바에야 굳이 온라인 수속의 의미가 뭐냐고? 우선, 일반 줄에 길게 늘어설 필요 없이 fast track으로 신속 처리된다는 점, 또 하나는 온라인 수속 안 하고 늦게 올 경우 자리 확보가 어려울 수도 있기 때문이란다. 뮌헨까지 10시간 30분을 어찌 가나 걱정했는데 설레임때문인지 생각보다 덜 힘든게 다행이다. 유럽은 입국심사서 작성을 안 한다는 한국인 승무원 말대로 심사관도 한 마디 물어보지 않고 여권에 도장만 찍어 준다. 바르셀로나까지 2시간의 대기 시간이라 여유는 있고, 그래도 혹시 해서 입간판으로 된 전광안내판을 보았더니, 인천공항의 카운터에서 준 탑승권의 G32가 아니라 G12로 되어 있다. 직접 가보니 역시 G32는 오후7시 출발 함부르크 행이고, G12가 오후 6시55분 발 바르셀로나 행이다. 역시 여행지에서는 꼼꼼이 확인하는 습관이 필요하다. 뮌헨공항 편의점에서 레몬쥬스 2.95유로를 사는데 여권과 탑승권을 보여줘야 하는 게 우습다. 들러보니 구두닦이 서비스를 받는 사람, 간이 맛사지 서비스를 받는 사람, 이발소에서 머리 서비스 받는 사람들도 보이다. 나름 죽은시간 살리기다. 루프트한자 비행기에서 간식으로 나온 컵누들(일본 닛신식품 것)이 짜다. 승무원한테 "이거 일본 제품인데, 수프가 짜다. 한국제품은 안 짠데 구매를 하는 게 어떠냐" 라고 했지만, 돌아온 답변은 "그럼 대신 샌드위치를 갖다 줄까요." 1시간 50분(예정은 2시간) 만에 바르셀로나 공항 도착. 책에서 읽기로는 쉥겐조약 가입국들 중 첫 번째 국가에서 입국심사를 받으면 그 다음 나라에서는 안 받는다는데, 정말 심사대가 없다. 그냥 화살표시 따라서 Baggage

Claim으로 가서 전광판에 LH1816 항공편의 Baggage Claim 4번에서 찾음. 자! airbnb에서 예약한 집으로 가자. 먼저 A1을 타야 하는데, 지하 엘리베이터를 타고 내려가 A1 표시 정거장에서 표를 구매, 기계에서 사도 되고 안내원한테 사도 되고. 2인에 11.80유로. 15분 만에 첫 번째 정류장인 Pl. Espanya(플라자 에스파냐)에서 하차. 광장 앞을 보면 붉은 글씨의 M자가 보인다. 메트로 지하철 입구이다. 1회용 표 2.15유로를 두 장 구입, L1 호선 플랫폼으로 가니, 우리나라 스크린 도어 설치하기 전처럼 습기와 열기로 후텁지근한 게 바깥보다 심하다. 전철역에는 복수의 노선이 있는데, L1호선 가기 위하여 계단 내려가서 지하로 가고 또 다시 오르막과 내리막 계단을 거쳐야 해서 무거운 짐 여러 개 들고 오는 여행객에겐 절대 권하지 않겠다. 이곳시간 밤 9시 인데도 지하철 플랫홈은 사람들과 열기로 한증막을 연상케 한다. 전철을 타려는데 내 앞에 뚱뚱한 거구가 입구에서 멈칫멈치하며 안으로 들이가지 않는다. 양 손에 두 개의 대형 여행 가방, 뒤에서는 또 누군가가 밀어 붙인다. 잠시동안의 실갱이 끝에 겨우 올라타고 아내와 쉼표를 찍는 순간, 어라 뭔가 이상하다. 문득 바지(마 소재의 여름바지) 왼편주머니에 차표 사고 남은 거스름돈을 보니 없다. 짐작가는게 그 거구와 패거리들이다. 여행책자에서 말한 소매치기 조심하란 주의보의 산경험이다. 일찍 맞는 매가 낫다고 그랬던가... 여행 중 소매치기는 이것으로 졸업하였다.

■ 땀 흘려 집에 도착하니 좁은 방이 우리 부부를 맞이한다

airbnb에서 우리가 묵을 집의 사진을 보고 예약하였는데 와서 보니 더블침대, 책상, 옷장 이 차지하고 있어 둘이 지내기엔 꽤 좁다. 다행이라면 커다란 창문(커튼 있음)이 있어 시원한 바람과 모기나 날벌레가 없어 문 열고 잘 수 있고 그리고 집 구조상 외부사람은 방안을 볼 수 없는 구조라는 점이다. 이 집의 구조는 현관 열고 들어와 거실, 왼편에는 주방, 문을 열면 두 개의 손님방과 작은 욕실, 다시 문을 열면 주인 방으로 이루어져 구분이 잘 되어 있다는 점. 그런데 세상에 손님용 욕실의 샤워부스 면적이 좁아도 너무 좁다는 게. 가로60센티 x 세로60센티라서 남자는 고사하고 여자조차 제대로 몸을 움직이는 게 여의치 않다. 어찌했건 거실과 주인방이 각각 문으로 차단되어 사생활 보호도 되고, 작은 벽걸이 에어컨 하나로 두 손님방 냉방을 효율적으로 한 집안 구조는 민박하

기에 잘되었다.

〈오른편의 손잡이를 돌려야만 문이 열린다〉

■ 메르카도나(Mercadona) 슈퍼마켓 바구니를 우리나라 슈퍼마켓도 벤치마킹해야 하지 않을까

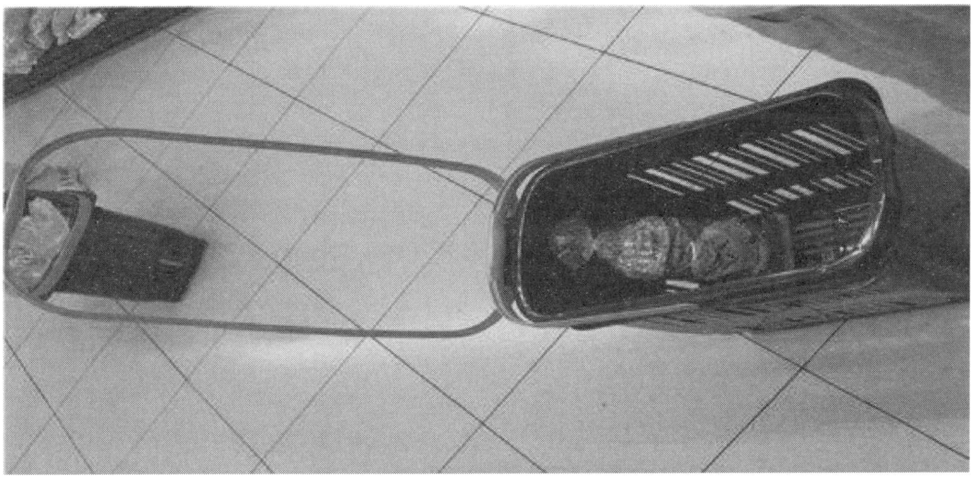

〈손잡이가 있어서 끌고 다니니 얼마나 편한지 모르겠다〉

미리 한국에서 유럽시장의 유통업 자료를 읽던 중에 스페인에 몇 개 체인업체가 있는

걸 확인, 그 중 하나인 메르카도나의 Av. Meridiana(메리디아나 거리) 326-328번지에 있는 점포로 갔다. 참고로 현지 도착하여 숙소에서 가장 가까운 슈퍼마켓을 확인하는 방법으로 나는 google.co.kr에 들어가 검색어로 'Mercadona'를 입력, 화면 오른편에 나오는 지도를 클릭, 여러 점포가 나온다. 자신의 숙소를 익스플로어 하나 더 켜서 구글지도에 확인하면, 그 동네의 두드러진 지명이 보인다. 그럼 메르카도나 화면에서 가장 가까운 점포가 확인되니까. 마지막으로 점포의 '길찾기'를 클릭하면 자동으로 목적지에 적히고, 자신의 숙소를 출발지로 입력하면 끝.

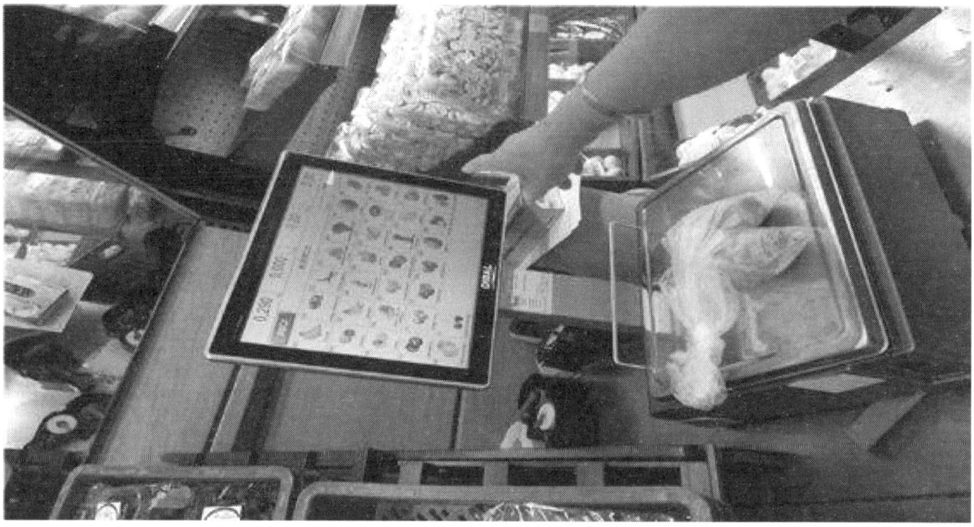

〈과일 이름 몰라도 해당 번호를 선택하여 누르면 자동 계산되어 표가 나온다〉

코인을 넣는 카트 말고 손에 드는 바구니가 가관이다. 이게 손잡이가 있어서 바닥에 끌고 다닐 수 있어 참 좋다. 왜 이런 간단한 손잡이를 우리나라에서는 안 붙일까. 과일과 빵 중에서 포장된 건 가격이 붙어 있지만, 비닐에 담아야 하는 것은 담고 나서 무게를 달아야 가격표가 나온다. 이 때, 무게를 달려면 해당 과일의 이름을 몰라도 해당 과일에 번호가 붙어 있다. 이 번호를 선택하면 자동으로 무게와 가격이 계산되어 표가 나온다.

■ 람블라 거리에는 토요일에 사람들이 넘실거릴 뿐, 보케리아 시장은 너무 붐비고

일단 피로가 가시지 않았으니 어딜 가서 관람하기에는 무리인 듯싶어서 거리나 구경

하자고 람블라(La Rambla= 지방어로는 Rambles라고 하는 듯)로 나갔다. 양쪽의 좁은 인도보다는 가운데의 넓은 인도에 당연히 통행 인간들이 많다. 그것뿐! 플라자 카탈루냐(Pl. Catalunya)역에서 리세우(Liceu)역 방향으로 내려가는 가로수 길이라고 하는데, 중간쯤 내려가니 오른편에 유명하다는 재래시장 "라 보케리아(La Boqueria)"가 있는데 입구부터 인산인해라서 평일에 다시 오기로 하고 시장 간판만 사진으로 찍었다. 저녁은 시장 건너편 인도에 있는 두 군데 뷔페음식점 가운데 샐러드가 풍부하고 육류도 있어서 우리 입에 더 맞으면서 가격도 더 저렴한(2인. 세금포함=21.89유로) 곳에서 해결. 한국인 여학생들과 같은 동양계도 손님으로 있다. 그런데 가격에는 오로지 진열된 음식만이 포함되어 있어서 물조차 유료 주문해야 한다. 슈퍼에서 사온 휴대용 물을 마시니까 안된다고, 넣어두라고 한다. 굳이 시장 안에 있는 한국 가판음식점 '맛있다'로 가려면, 시장에 들어와 왼편 끝에서 두 번째까지 들어가서 거의 막바지에 달하면 922호 집이 보인다. 김밥 한 줄과 짜장 덮밥 1개로 10유로를 냈는데, 짜장 덮밥 맛이 괜찮다. 단지, 먹을 장소가 없어서 람블라 거리까지 나가서 가운데 커다란 인도의 쉼터에서 부부가 서서 먹었다. 판단착오로 4개씩이나 가져온 고추장 중 2개를 여사장님과 물물 교환하여 컵라면 4개를 받았다.

■ 옥상의 테라스가 있으니 좋구나

B층 2가구, 1층(우리식 2층)과 2층 각각 3가구, 총 8가구(여주인은 ocho piso라는 말을 했다. 사전에 piso는 층으로 나오는데) 중에서 꼭대기층인 2층(우리나라 3층) 3가구만이 갖고 있다는 옥상의 테라스를 열쇠로 열고 들어가 이 집 소유의 공간으로 가니, 방안의 더위와는 달리 바람결이 정말 시원해서 자고 싶을 정도다. 테이블이 있어서 식사도 가능하고 의자에 앉아 눈 붙이기도 좋고. 우리식으로 겨우 3층짜리 아파트인데도 엘리베이터가 있다는 게 색다르다. 처음 주인집에 찾아올 때는 아파트 정문 벽에 있는 초인종에서 2-1-벨모양의 3개 버튼을 차례대로 누른다(2층 1호라서 2-1). 14일 화요일 아침은 쟁반에 빵, 수박, 체리, 포도, 요구르트, 파인애플 주스를 들고 테라스로 올라가 먹었다. 부엌의 더운 온도를 벗어나 시원한 바깥 공간과 바람을 마시며 먹는 아침이 마냥 기운을 회복시켜 좋다. 민박으로 외국인을 유치하려면 집에 테라스 하나쯤은 있어야 유

리할 것 같다. 재미있는 점 하나, 화분에 물을 주는 일을 사람이 손으로 하는 게 아니라, 수도에 시간을 설정해놓고 때가 되면 자동으로 물이 공급되는 모습을 두 눈으로 보니 작은 일에도 신기함이 묻어 나왔다. 게다가 여기에도 와이파이가 있어서 호젓하게 인터넷 하는 게 좁고 더운 방보다 낫다. 특히 젊은이들이 투숙할 경우, 테라스에서 야외술자리를 즐길 것이 분명하고, 침낭까지 가져왔다면 잘 수도 있겠다(새벽에 추워 깰 수도 있겠지만).

■ 피카소 미술관은 일요일 오후 3시 이후의 무료 입장으로 해결

Museo Picasso는 첫 번째 일요일은 온종일 무료이고, 나머지 일요일에는 오후 3시 이후는 무료입장이라서 12일 일요일엔 1인당 11유로를 절약할 수 있었다. 여기 가는 길은 단연 L4호선 지하철의 "Jaume I"역에서 내리는 게 좋다. 출구도 하나뿐이라서 헤맬 필요 없다. 에스컬레이터 나와 눈을 9시 방향으로 돌려 길 건너 골목길(carrer de la princesa)로 내려가다가 중간쯤에 이르러 왼쪽 길에 UDON이라는 일본 우동 및 덮밥집이 있고 오른편 길로 들어서면 미술관이다. 그런데 입장하여 안내에 가면 오디오가이드 사용하겠느냐, 어디서 왔느냐, 13달러 연회비 내겠느냐는 3개의 질문을 하고, 종이에 시간을 적어준다. 우리부부는 16:30. 따라서 1시간 정도를 1층에서 배회하던가 쉬던가 바깥으로 나가서 음료수 먹든가 해야 한다. 아내가 두른 가방은 괜찮은데, 내 백팩은 락커에 맡겨야 한다. 락커를 열면 안쪽에 1유로 넣는 홈이 있다. 나중에 백팩 찾을 때 보니 그대로 있어서 꺼냈다. 공짜인 셈. 피카소에 대해 이번 관람에서 처음 알게 된 점은, 아무개의 초대를 받아 그 곳에 가서 도자기에 그림을 그리는 작업을 했다는 점이다. 그것 말고는 전에 논문을 읽고 기억하는대로 입체파–신고전파–초현실파의 3가지 조류를 밟아온 그의 그림들이 참으로 무수히 많다. 특히 습작 삼아 아주 작은 사이즈의 그림들도 여럿 보인다. 점심을 건너편 UDON에서 카츠돈(돈까스 덮밥)을 먹었는데 밥이 따뜻한 건 좋았으나, 얹어 내온 돈까스 고기가 심줄이 있고 질긴 게 1/3은 되어서 차라리 우동을 먹을 걸 후회막급. 그래도 여긴 카드 결제하면서 팁을 추가로 쓰지 않아 좋고, 맛은 형편없는데 실내 장식은 깔끔하다.

■ 가우디의 카사바뜨요 뭐 그리 대단하다고 21.50유로씩이나 받는지

스페인 표준어와 지방어 카탈루냐어의 차이가 있어서 인지, 정확한 발음을 모르겠다. 가령 출구라는 표현도 표준어는 salida인데 카탈루냐어는 soltida로 전철 역 플랫폼에도 이중 표기되어 있다. 어찌했건 Passeig de Gracia역에서 내리면 어느 출구로 나오든 아름다운 건물이 한 눈에 들어온다. 그게 다라고 보면 된다. 안에 들어가 좁은 복도를 거닐며 봐도 뭐 딱히 감흥이 없다. 건축학도도 아니고 심미안이 있는 것도 아닌, 뻰데 없는 대한민국의 50대 후반 남자가 봐야 그저 그렇다. 얄팍하게 베란다 밖으로 내보내고 사진 찍어서 현상해주는 유료 서비스나 하고 말이야. 그래도 기념품점에서 부부가 맘에 드는 커피잔 세트를 산 게 유일한 위안.

〈디자인이 경쟁력이라는 말을 생각나게 하는 제품〉

■ 자라가 자라홈 사업도 하고 있는 걸 여기 와서 처음 알게 되었다

참 무식했네, Zara Home 매장을 바르셀로나에 오기 전까지 한국에 있는 줄 몰랐다는 게. 제품의 소재와 품목명을 보려고 표를 읽어보니 무수한 외국어로 혼재되어 있는데, 그 중에 한국어도 있어서 혹시나 하고 숙소에 돌아와 검색해보니 작년 하반기에 코엑스에 개장했단다. 녹색 주전자 디자인이 맘에 든다. 카사바트요에서 경사가 살짝 아래쪽인

거리로 내려가면(왼편 길) 망고가 나오고, 자라홈이 나오고, 자라가 나오고 나서야 그 다음 길 건너 '엘 코르테 잉글레스(El Corte Ingles)' 백화점이 나온다. 처음부터 여기에 올 목적이면 지하철 '카탈루냐' 역이 훨씬 가깝다. 재미있는 건, 여기 상품 구성이 우리나라 백화점과 2001아울렛을 섞어놓은 느낌이라는 거다. 의류도 있지만 다이소에서 파는 제품들도 갖다 놓았다. 저녁은 지하1층(S1)에 있는 슈퍼마켓에 들어가면 우리나라 이마트 같은 데 가면 있는 생선초밥과 김밥이 있어서 그걸로 해결했다.

■ 구엘공원을 꼭 후문 쪽으로 접근하는 게 좋다고만 말하기도 그렇네

Parc(Park) Guell을 갈 때, 한국에서 읽은 여행책자에 정문으로 가면 공원 안을 올라가야 해서 힘드니 후문으로 가라고 되어 있다. Lesseps(정문)와 Vallcarca(후문)는 한 정거장 차이이다. 일단 Vallcarca에서 내려 후문으로 갔다. 더위에 힘들면 안되니까. 플랫폼 출구는 하나이고, 개찰구 나와서는 공원출구로 올라간다. 직진으로 길을 걷다보면 왼쪽 길로 들어가라는 도로 표지가 나온다. 여기서부터 가파른 언덕이라 에스컬레이터가 길 가운데 있다. 그러다 다시 낮은 경사의 언덕길을 걸어올라가는데, 이 때 구멍가게에서 과일 썰어 팩에 담은 거(1팩=3유로, 2팩=5유로)를 사갖고 올라가서 요긴하게 먹었다. 또 다른 에스컬레이터 타고, 걸어서 올라가고 하니 드디어 후문이다. 그냥 들어가서 전망대(?)에 오르니 바르셀로나가 한 눈에 보인다. 내려가는 길도 여러 군데, 대충 골라가다가 돌다리가 운치 있어 보여서 그 아래로 내려가니 돌의자들도 있다. 기분 좋게 앉아서 갖고 온 오징어숯불구이를 먹으니 이보다 좋을 수가. 가우디가 20년동안 살았다는 Casa Museo Gaudi는 들어가지 않은 게 좋았다. 1인당 5.5유로의 입장료는 별 게 아니지만, 달랑 2층짜리 집에 볼 게 없다. 이미 Casa Batllo(카사 바뜨요)에서 본 실내의 아류에 불과하니까. 왜 후문으로 올라오는 게 능사만은 아니라고 물음표를 갖게 되었는고 하니, 다 내려오니 왠 대운동장만 한 게 있고, 그 아래에 건물이 큰데, 여기에 입장하려면 바로 앞에 있는 정문 매표소에서 표를 사야 한다. 근데 바로 입장시키는 게 아니라, 시간을 정해서 들어가야 한다. 1시50분경이었는데, 다음 번 입장이 3시경이라고 한다. 오징어만 먹어 배고픈데 도저히 기다리기 무리라서 다음에 보기로 하고 정문으로 내려갔다. 처음에 정문으로 왔더라면 핵심을 놓치지 않았을 텐데. 어차피 일정 여유 있어서

얼마든지 또 올 수 있으니까. 돌아갈 때는 정문이나 후문이나 길 끝까지 내려가서 대로 나오면 우회전한다. 그래서 인터넷으로 입장시간 오후4시로 예약하고 다시 28일(화)에 왔다. 아! 구엘공원은 유료 입장하는 곳(Monumental Zone)이 썰렁하다. 입장하지 않고 공원에서 바라보아도 기둥은 보이고 그 안에 뭐 숨어 있는 것도 없다. 기둥 위의 운동장은 보나마나이고. 작은 건물 2개 중 하나는 기념품가게, 다른 하나에는 Porter's Lodge라고 쓰여 있는데, 줄을 세운다. 자그마치 1시간을 기다려 들어갔더니 2층과 3층에 있는 방에는 아무 것도 없고 그게 미안했던지 영상필름만을 돌려준다. 이건 사기다. 3호선을 타고 카탈루냐 플라자 정거장에 내려서 Ronda de Universitat 거리(물어보면 됨)로 가서 '키린(麒麟)' 이라는 회전뷔페(대로변에 있음)로 들어갔다. 점심시간이 여행책자에는 12-4시지만 현재는 1-4시로 줄었다. 가격도 1인당 9.9유로. 우리나라 회전초밥집 생각하지 말자. 생선초밥은 연어하나뿐이고 어쩌다 연어한쪽과 참치한쪽, 그리고는 캘리포니아 롤, 그래도 이것저것 샐러드와 나물, 후식코너에 수박이 있으니 그만하면 됐다.

■ **라 페드레라(=카사 밀라), 카사 바뜨요, 팔라우 구엘은 멋진 거리 'Passeig de Gracia'를 산책하면서 감상하러 가는 게 좋다**

둘 다 비슷한 느낌을 주는 곳이니 한 군데만 가도 된다는 느낌을 받았다. 그렇다면 난 '라 페드레라'가 더 좋다. 외관은 둘 다 비슷한데, 실내가 주는 느낌이 카사밀라가 좋더라. 그러고 나서 팔라우 구엘(=구엘저택)로 갔는데, 관람객은 앞의 두 곳보다 적지만, 대리석 장식이 차별화된 느낌을 준다. 맨 꼭대기 층에는 멋있는 장식이 있는데 그 곳의 용도가 무엇인지를 나중에 알고 나서 감탄하기도 했다. 따라서 입장료가 비슷한 두 곳 중에서 라 페드레라를 보고 나서 팔라우 구엘을 보는 걸로 하면 어떨까 싶다. 며칠을 바르셀로나 시내를 돌아다니다 보니 눈에 들어 왔는데, 이 세 군데는 걸어서 한 번에 끝낼 수도 있다. 그 경우, Diagonal 역에서 내려서 라 페드레라를 보고, 그라시아 대로를 거닐다가 카사 바뜨요를 본 뒤에, 다시 내려가면 카탈루니아 광장이 나오고 여기에서 오른편으로 쭉 내려가면 람블라 거리가 나오니까, 그 오른편 골목길로 가서 구엘저택을 보는 걸로 마무리하자.

■ 아내가 받은 이상한 마사지

더위에 돌아다니느라 힘들었는지 아내가 맛사지를 받고 싶단다. 여주인에게 물어보니 근처에는 없어졌고 인터넷 검색해보라 하여, 한 군데 찾았다. 스페인어 통화를 여주인에게 부탁하였는데, 맛사지 하는 사람과 점원 간에 연락이 안 된다고. 네이버 검색에서 어느 블로거가 소개한 곳은 가격이 세다. 해서 람블라 거리의 라보케리아 시장에서 좀 더 내려가 오른편 골목길로 들어가니 왼편에 맛사지 가게가 있네. 1시간에 28유로의 전신 마사지를 아내가 받는 동안 나는 발 맛사지 하는 의자에서 구아바 캔 음료를 마시면서 기다렸다. 아내의 소감을 물으니 역시 맛사지는 한국만 못하다고. 근데 맛사지 하는 여자가 아내의 그곳을 맛사지하더라는 거다. 하지 말라고 해도 한 번 더 하는데 기분이 별로였다고. 혈행에 도움이 되는 건지는 모르겠는데.

■ 여행책자 쓸 때 과장법을 심하게 사용하면 안 되겠다

어느 여행책자에 "라 비엔나"가 세상에서 가장 맛있는 샌드위치집이라고 했다. 그런 식으로 쓰면 안 된다는 소감을, 필자가 소개한 대표 메뉴를 먹어보고 감히 말하노라. 같이 마신 블랙커피는 강한 편이고 오히려 생맥주 한 잔의 향이 풍미가 있는 게 좋았다. 한 가지, 이 가게를 찾으면서 미국과 유럽의 거리 주소에 관하여 읽은 게 떠올랐다. 번지수가 짝수가 한쪽 인도에, 홀수가 반대쪽 인도에 있다는 것이다. 114번지 다음에 116번지가 있기에 115번지는 어디로 도망갔나 했더니, 반대편 인도에 있더라.

■ 에스파니아 광장에서 쇼핑과 식사 후 카탈루냐 국립미술관 앞에서 밤 분수 쇼를

광장의 한 곳에 벽돌색 건물이 있는데, 꼭 야구경기장 같다. 이름도 Arena de Barcelona이다. 이 건물 2층에서 망고 옷을 사고 5층에 올라가 옥상으로 나가면 원을 둘러싸고 레스토랑이 즐비하고(메뉴는 대동소이), 무엇보다도 저 멀리 카탈루냐 국립미술관(Museo nacionale de Catalunya)의 경관이 참으로 일품이다. 저녁은 지하1층에 있는 UDON으로 가서 템뿌라 소바(사실, Tempura는 일본어가 아니라 포르투갈어이다. 이를 억지로 한자로 차음을 한 것이 天婦羅=템뿌라)를 먹었는데, "정말 소금 적게 해달라고(뽀까 살, 뽀르 빠보르= poca sal, por favor). 그래도 조금 짰지만, 더운 곳에서 염

분 보충할 필요도 있겠다 싶다. 그러고 나서 같은 지하1층에 슈퍼마켓 Mercadona가 있기에 과일 좀 사서 분수쇼 보러 고고! 밤9시부터 시작한 분수쇼는 뭐 대단하진 않고, 그냥 음악소리와 시원한 물줄기로 한여름 밤을 휴식한다고 하면 좋을 듯.

〈멀리 보이는 것이 카날루냐국립박물관〉

■ 라그라다 파밀리아(파밀리아 대성당)를 탑까지 오르려면 인터넷 예약을 하던가 아님 아주 일찍 오던가 해야지

오전 11시 좀 못 미쳐 대성당에 도착하여 매표소로 가니, 줄이 이어지는 것 까지는 좋은데, 타워 표는 매진되었다는 푯말이 있다. 이거 안 보면 서운할 것 같아 그냥 돌아왔다. 숙소에 와서 인터넷으로 예약할 때, 가이드 없는 일반 표를 클릭하면 다음 화면에 타워 입장권 구매 칸이 나온다. 15유로 입장료에 4.5유로의 Tower 표까지 구매 완료. 원하는 시간을 선택하면 된다. Tower는 두 군데 중 하나를 선택하라고 하는데, 설명을 보니 내려올 때도 엘리베이터를 이용할 수 있는 Passion facade를 택하였다. 헛발질한 날, 여기 파밀리아 대성당에서 다음으로 향한 곳이 Torre Agbar(아그바 타워)인데, 멀리서 보면 미사일 유도탄처럼 생겼다. 여행책자에 이 건물이 건축계의 노벨상에 해당하는 수상 건물이라고 되어 있는데, 막상 가보니 '아그바'라는 그룹의 본사 건물이라서, 1층에 들어가면 왼편에 방문객 통로가 있다. 그런데 그 방문객이라는 게 업무를 보러 온 사람들이지, 관광객이 아니다. 해서 1층에 들어갔다 그냥 발길을 돌릴 수밖에. 왜 여행책자에는 그런

내용을 안담은 건지, 그랬더라면 그냥 멀리서 보고, 굳이 힘들게 걷지는 않았을 것을. 그리하여 인터넷 예약을 하고 다시 라그라다 파밀리아 대성당으로 갔다. 아! 겉모습은 웅장하다 못해 도깨비집을 연상시키기도 하는데, 들어가 보니 웅장함에 우아함과 섬세함이 어우러져 정말 어지간해서는 감탄사 내뱉지 않는 나조차 인정하지 않을 수 없는 이 아름다움을!! 3시15분에 예약한 열정의 탑(tower of passion)에 엘리베이터를 타고 60여 미터를 올라가면 그 다음에는 계단을 올라가는데, 계단의 구멍 사이로 한쪽은 거리의 모습이, 다른 한쪽은 성당 안 모습이 보이는 구조를 해놓았다. 이렇게 다 보고 나가면 되는데, 일단 출구로 나간 뒤에 해야 할 일이 하나 남아 있다. 지하 교회를 들어가면 성당에서 정해진 시각에 미사가 있다. 우리 부부가 간 월요일에는 저녁 8시30분에 있다. 그런데 바로 이 성당 안의 한 쪽에 성모 마리아 상이 걸려 있는 칸에 가우디의 유해가 안치되어 있다. 그것까지 보는 걸로 사그라다 파밀리아 대성당의 유람은 종료된다.

■ 카탈루냐 국립미술관(Museo Nacional de Catalunya)은 작품명조차 영어로 되어 있지 않아서 울며 겨자 먹기로 오디오 폰을 유료로 빌릴 수밖에

웅장한 전경을 건너편 '아레나스 데 바르셀로나' 옥상에서 보고 반하여 여기를 왔다.

2인에 24유로(rooftop 올라가는 비용 포함)에 먼저 고딕 작품 전시관으로 갔다. 그런데 제목이며 간단한 설명을 붙인 벽의 소액자가 온통 표준 스페인어와 카탈루냐 지방어이고 영어조차 안 쓰여 있으니 뭔 그림인지 알 수가 있나. 한국어 오디오폰은 어딜 가도 없고 그나마 일본어는 있어서 아내가 듣고 내게 설명해주는 식으로 관람하였다. 하지만 로마네스크 양식 전시관은 일본어 설명이 아예 안 된다고 처음부터 안내원이 설명했다. 고딕 작품 대부분이 교회와 관련된 것인데, 중세에는 권력층이 교회였고, 화가로서는 수요가 있는 곳에 작품을 공급할 수밖에 없었을 테니, 아마도 교회 관련 그림이 주류를 이룬 게 아닌가 추측해본다. 모던 전시관에서 호안 미로의 작품을 딱 하나 전시하여 사진에 담아 보았다. 국립미술관은 옥상에 야외 음주카페를 개설하여 관람객의 더위도 식혀줄 겸 상업적 소득도 꾀하는 모습을 보이고 있다는 인상을 받았다. 미술관에 접근할 때 노약자를 동행한다면, 올라가면서 오른편 인도를 택하는 게 좋다. 처음 대로에서 시작할 때는 양쪽 모두 상행과 하행 엘리베이터가 있지만, 그 다음에는 오른편이 상행, 왼편이 하행 에스컬레이터뿐이다. 이참에 우리나라도 경사 있는 곳에는 옥외에도 에스컬레이터를 설치하면 좋겠다는 점을 여기서 느꼈다.

■ 몬주익의 영웅 황영조 선수를 기억하러 몬주익 성으로 가는 길에 올림픽 스타디움도 함께

몬주익 성(Castell de Montjuic)으로 가는 방법 중 꼭 케이블카(Teleferic)를 권해야 할 이유는 없다. 왜냐하면, 가령 지하철 3호선의 Paral-lel역에서 내려서 출구로 나가지 않고 푸니쿨라(Funicular)로 환승하여 몬주익 허리 능선에 도착하면, 버스를 탈 수도 있고 케이블카를 탈 수도 있다. 케이블카 1인당 11.5유로이다. 버스는 2.15유로x왕복=4.3유로. 물론 케이블카 타는 조건으로 받은 할인권으로 호안 미로 미술관 1인당 입장료 2.5유로 할인받았지만, 그래도 4.7유로 더 지출한 셈이다. 어차피 150번 버스도 몬주익 성 입구가 종점이니까 굳이 케이블카를 탈 필요는 없다. 몰라서 손해 보았지만, 알면 돈 절약하자. 더군다나 버스표는 1회권이 2.15이지만 10회권을 구입하면 9.9유로, 즉 1회당 0.99유로밖에 안되니까 손해는 더 늘어난다. 케이블카 타고 올라갈 때는 정상의 성에 도착하고 내려올 때는 중간에 전망대(mirador)에서 내릴 수도 있다. 그런데 내려 보니 실내 전망대가 아니라 야외 전망대이고, 그 조망은 정상의 성에서 보는 것보다 못하니

중간에 내리지 말고 그냥 돌아가는 게 낫다. 몬주익 성의 입장권은 1인당 5유로. 수원성보다 못하다는 게 아내의 생각. 어찌했거나 바르셀로나 전경을 바다 포함해서 조망할 수 있다는 게 어디인가. 원래가 외적의 공격을 방어하기 위하여 지워지기 전에는 등대가 있었다는 곳. 현재는 군사박물관이라지만 대포 몇 대 놓은 것만으로 성이 차지 않는다. 여러 개의 방에 성의 생활상을 보여주는 물건들이 있었다면 모를까, 성내에는 일체 식당이 없고 야외 간이매점에서 빵과 음료, 아이스크림만 판다.

■ 호안 미로의 미술관에 할인 어필을 하니 들어준다

앞서 케이블카 매표소에서 준 할인권을 내밀었더니 처음에는 여기는 해당이 안 된다는 응답. 우리는 되는 걸로 알고 받았다고 하니까, 책임자에게 전화를 거는 모양이다. 결국엔 할인 서비스를 받았다. 한 장만 받겠다고 해서, 난 또 할인을 1명만 해준다는 말로 오해했다. 미로는 피카소와의 만남을 통해 영향을 받아서 초현실주의에 합류했다는 소개, 아내의 지극정성이 있었다는 소개, 그래서 그렇게 그림 안에 여인이 많이 들어간 건지도. 회화뿐 아니라 조각도 하고, 다른 이와의 콜라보레이션으로 직물을 소재로 작품까지 만들었네. 그를 추모하여 1983년 사망 후 3년이 지나서 헌정 작품들이 이루어졌는데, 같이 전시되고 있다. 몬주익 성의 마지막 간 곳은, 케이블 타고 다시 내려와서 인쪽 길로 5분도 채 안되어 나온 호안미로 미술관에서 다시 10분 정도 걸어가 왼편에 있는 1984년 바르셀로나 올림픽 주경기장이다. 무료입장인데, 운동장 보는 것 말고는 아무것도 할 게 없다. 경기장 길 건너 150번 버스를 타고 종점이자 시발점인 에스파니아 광장에 왔다. 이젠 낯익네. 아레나스 데 바르셀로나(쇼핑센터) 꼭대기 층에 있는 그릴 집에서 모처럼 등심(sirloin)과 엔트레코트라는 소고기 스테이크를 먹고 영양보충 좀 했다.

■ 스페인에 와서 처음 스페인만의 고유 먹거리인 음료수 '오르차타'를 먹어 보았다

Horchata(카탈루냐 어로는 Orxata), 찾아보니 tigernut(스페인어로는 chufa)라고 하는 못생긴 견과류 같은데, 실제로는 덩이뿌리라고 설명되어 있다. 어찌했건 이 열매를 물과 설탕에 혼합하여 만든 것인데, 가장 맛있게 판다고 소개된 가게에 가보니, 입구 벽에 대기표를 뽑는 게 있고, 가게 안쪽의 전광판에 번호가 나오면 자기 주문할 차례. 1리

터부터 2리터까지는 페트병에 담아주는데, 그걸 사는 사람들은 들고 간다. 좁은 가게 안에서 마시려면 컵에 주문하면 되는데, 사이즈도 Gran(대)부터 소까지 다양하다. 처음 먹어 본 맛, 뭐라 설명하기 참 힘든데, 아내도 거북해하지 않는 맛이다. 더위에 지친 몸을 추스르기에도 좋다는 느낌이다. 이 집의 상호가 Horchateria Sirvent인데, carrer de parlament 56번지. 관광객에게 가장 낯익은 카탈루냐 광장(Pl. Catalunya)에서 가는 길은, 광장의 위쪽과 아래쪽, 오른쪽, 왼쪽을 놓고 보면, 오른쪽에 '엘 코르테 잉글레스' 백화점이 있고, 아래쪽에 큰 건물 옥상에 SAMSUNG 옥외간판이 있고, 위쪽의 흰색 건물 앞 버스정류장에서 탄다. 스페인에서 도로명 간판 찾기가 힘들어서, 나는 건물 벽면을 본다. 거기에 carrer de parlament라고 쓰여 있으면 된다. 카탈루냐 광장으로 돌아올 때는, 내렸던 정거장으로 돌아가지 말고, 가게 앞에서 가게를 바라보며 9시(왼쪽) 방향으로 걸어가 대로를 건너면 있는 정거장에서 24번을 타면 엘 코르테 잉글레스 백화점 앞에 정차한다. 참고로 백화점에 들어가 화장실 찾기가 어렵다. 온통 비상구 표시만 매장 내에 보인다. 이럴 때는 꼭대기 층에 올라가면 레스토랑이 있는데 여기 안쪽에 화장실이 있다. 그리고는 지하1층에 슈퍼마켓 안으로 들어가면 김밥, 초밥 파는 코너가 왼편에 있으니 사거나, 아니면 냉동식품 코너에 가면 스페인밥 '빠에야(Paella)'가 있다. 1000g에 6유로인데, 해산물도 풍부하니 전자레인지에 대펴 먹으면 좋다. 물론 일반 아이스크림 점포에도 오르차타를 판매한다. 사그라다 파밀리아 대성당에 들어가기 전에, 주유소와 KFC(주유소와 버거킹 사이가 아니라) 사이의 거리인 Av. Gaudi에 들어서서 아이스크림집에 들어갔더니 오르차타를 3.8유로에 판매하더라. 더군다나 몇 블록 가서 눈에 띈 슈퍼마켓 '메르카도나'에 갔더니 1리터짜리 오르차타가 3유로한다(그런데 슈퍼에서 산 걸 숙소의 냉장고에 넣은 뒤 마셨더니 화학약품 냄새가 나서 버렸다). 이 가우디 거리를 네 블록 째까지 올라가면 오른편에 '서울정'이라는 한식집(70번지)이 있는데, 저녁 먹으로 갔더니 밤8시부터라고 되어 있어서 발길을 돌렸다.

■ 왜 나한테 두 번째 소매치기가 달라붙는 거야

몬주익 성으로 가려고 지하철을 탔는데, 도중에 우리부부가 앉아 있는 자리 앞으로 두 여인이 와 섰다. 내리려고 하나 했는데 그것도 아니다. 그 중 내 앞에 선 여자가 복장이

희한하다. 흰 천을 무릎아래까지 내리고 그 안에는 보이진 않지만 볼록 튀어 나온 게 있다. 그러더니 좀 있으려니 그 흰 천 안에서 뭐가 움직였다. 개를 넣었나 했는데, 잠시 뒤에 내리려고 보니 무릎 위에 올려놓은 백팩의 제일 큰 부피를 담을 수 있는 곳의 지퍼가 일부 열려 있는 게 아닌가. 얼른 속을 보니, 전자제품 4종류가 멀쩡히 있다. 조금만 더 하차할 목적지가 멀었더라면 영낙없이 털렸을 것을. 아! 내가 이리도 멍청할 줄은 예전에 몰랐는데, 왜 눈치채지 못했을까.

■ 난생 처음 기타 연주도 듣게 되었다

스페인에서의 밤 문화를 한 번쯤 즐겨봐야 하지 않겠나 해서 처음부터 염두에 둔 것은 세비야에 가서 플라멘코를 보는 것이었다. 여기 바르셀로나에서 뭘 할까 하다가 카탈루냐 음악당(Palau de Musica Catalunya)이 있기에 웹사이드를 보니 기타연주가 있다. 다른 음악회는 서울서도 들을 수 있으니 기타 좀 들어 보자기에 2인 72유로를 내고 온라인 결제했다. 실내 촬영이 금지라서 공연 전 무대만을 찍어보았다. 옆 좌석 뒤쪽에 한국인 여성 둘의 목소리가 들리고, 연주자는 1시간 동안 여러 곡을 연주해주었다. 그 중 3곡은 귀에 익은데 가령 Recuerdos de la alhambra(알람브라 궁전의 추억)도 들어 있다. 클래식기타 소리라는 게 통기타와는 달리 참으로 듣기 좋다는 걸 느꼈지만, 아울러 바이올린처럼 강약 조절이 확연히 느껴지지는 않다는 점에서 밋밋한 느낌도 살짝 들어 있다. 밤9시에 시작한 연주를 듣기 전에 찾아간 곳은 Gran Via 2라고 하는 쇼핑센터. 에스파냐 광장에서 공항 방면으로 가는 도로의 버스정거장에서 여러 버스들이 가는데, 7번째 정거장 앞에서 하차하면 된다. 하차하기 전에 도로 왼편을 보면 커다란 쇼핑건물에 Gran Via 2라고 쓰여 있다. 똑같은 Zara라 해도 그라시아 대로의 단독매장에 있는 옷가지와 다른 것들이 있어서, 동일 브랜드의 여러 매장을 둘러 쇼핑하는 게 괜찮다는 점도 알 수 있었다. 이 곳 지하의 까르푸 식품매장에는, 바르셀로나에서 먹을 수밖에 없는 샌드위치같은 거 말고 우리나라 빵집에서 찾을 수 있는 것, 가령 사각형 크로와상 위에 여러 과일을 토핑한 맛있는 빵을 살 수 있다는 게 참 좋다. 멜론 썰어 놓은 것과 함께 사서, 까르푸의 cafe라는 작은 코너의 의자에 앉아 맛나게 오후 간식 해결.

■ 기차를 타고 1시간을 달려 바르셀로나를 나와 몬세라 수도원에서 체력 방전하다

교외로 나가는 R 열차 중에서 번호에 따라 출발역이 다르다. 그 중에 몬세라 수도원으로 가는 열차 R5는 플라자 에스파냐에서 출발한다. 숙소에서 L1 지하철을 타고 플라자 에스파냐에서 하차하면 플랫폼의 출구 표시 중에 L8 이 있는데 이걸 따라 가면 R5, S33 등 여러 교외 전차들을 탈 수 있다. L8은 지하철 같지만 일반 지하철이 TMB관할인데 비하여 FGC관할이라서 그냥 환승이 안 되고 일단 개찰구를 나와 다시 표를 사야 한다. 9시 36분 기차는 좀 이르다 싶어서 10시 36분 기차를 탔다. 미리 예약은 안 되고 편히 앉아 가려면 제 시간 임박해서 도착하지 말고 15분 전 쯤에는 가는 게 좋다. 지정석이 없으니까 아무데나 선착순으로 앉는데, 기차이다 보니까 노인/임산부 지정석에도 앉을 수밖에 없다. 18분 정도는 지하로 가다가 이후 지상으로 나오는데, 왕복 모두 왼편에 앉아야 햇빛을 피할 수 있다. 특히 오른편 역방향은 햇살이 직통이다. 차비와 몬세라의 일체 이동수단, 입장료, 식사까지 포함한 팩키지가 1인 46.20유로이다. 이 표는 돌아와서 바르셀로나의 지하철까지 그대로 사용할 수 있으니 좋다. 바위산에 자리잡은 몬세라 수도원. 안내(i 표시 건물)에 가서 원내 지도를 받아 보고, 먼저 점심부터 해결. 여행안내책자에는 La cafeteria에서 셀프서비스 식사를 할 수 있다고 되어 있지만, 거기는 간편식만 파는 곳이고 오른편 끝의 전망대 지하에 가야 레스토랑이 나온다. 웨이터가 서빙하는 레스토랑말고 셀프서비스 레스토랑(12시부터 점심)에서 맘껏 무한리필할 줄 알았는데, 메인과 음료, 과일 등에서 총 4가지를 선택할 수 있을 뿐이다. 그것도 내가 지목하면 직원이 담아주는 형식으로. 산호안까지 운행하는 푸니쿨라 전동차를 타고 가볍게 가파른 경사길을 올라가면 금새 도착. 거기서 오른편으로 가니 15분이면 산호안에 도착한다고 이정표는 말하지만 실제는 20-25분은 가야 한다. 어느 은둔자가 20년간 이 사막에 살면서 몬세나 암벽에 부엌과 침실도 만들어 생활했다는데, TV프로그램 '세상에 이런 일이'에 나오는 우리나라 산속 거주자의 생활상과 비슷했겠다는 생각이 든다. 이어서 산코바로 가는 푸니쿨라를 타고 이번에는 내려갔다. 오른편으로 걸어 끝까지 가면 교회가 나오는데. 지금은 예배는 하지 않는 것 같다. 그 안에 성모상이 예수님 십자가 뒤편에 있다. 이렇게 두 곳을 다녀오고 나서 이제 수도원에 있는 성당 basilica로 들어가는데, 먼저 교회입구 오른편의 입구로 간다. 그 곳이 바로 검은마리아 상을 볼 수 있는 곳이다.

천천히 들어가 계단을 오르니 마침내 보인다. 다들 손으로 비비고 나서 인사를 한다. 나중에 알았지만 성당 안의 의자에 앉아 보니 정면 위쪽에 사람들이 검은마리아상을 보는 모습이 그대로 비춰진다. 박물관에는 이름없는 작가들의 작품들만 있어서 굳이 들어가지 않아도 되겠다는 소감이다.

■ 구엘이 잘 되었더라면 콜로니아 구엘이 최고의 관광지가 될 수도 있었겠다

구엘이 노동자 계층을 위하여 산업단지를 만들어 섬유공장을 운영하다가 1945년에 단지를 매각하였다는데, 1973년 섬유위기로 생산 활동은 중단되었다고 한다. 현재는 오피스텔로 활용되고 있다. 가우디에게 의뢰한 전원타운 '콜로니아 구엘'은 기차를 타고 20분 거리에 도착한 곳에 황량함만이 우리 부부를 맞이했다. 개찰구를 나오니 그나마 인도 바닥에 발걸음 표시를 해 놓아서 안내센디(i 표시)까지 가는 건 수월했다. 교회(cripta)는 1914년에 구엘 가문이 재정지원을 중단하면서 공사가 멈추었다. 그런데 이 초라한 교회가 2005년에 유네스코의 World Heritage Site 로 지정되었단다. 어찌했거나 일반인들의 주택단지와 일부 상가, 놀이터 등이 있는 지극히 평범한 택지라서 그런지 관광객의 발길도 뜸하다. 그래도 작은 교회에서는 예배가 이루어진다고 하니.

■ 산티아고 데 콤포스테야는 순례의 과정이 의미가 있을 뿐, 달랑 관광의 목적지로 삼아서는 감흥이 부족할 수밖에

항공권 인터넷 예약을 실수하여 바르셀로나로 돌아오는 비행기를 같은 날짜로 한 것이 오히려 전화위복이 되었다. 순례의 길을 몇날 며칠이고 거닐다가 마침내 최종 도착지인 이 곳 산티아고에 온 사람들의 감동과, 나처럼 달랑 비행기 타고 2시간 만에 와서 주변 구경하는 사람과는 느낌의 크기가 천양지차일 것이다. 산티아고 공항에서 30분마다 출발하는 버스(1인 3유로)를 타고 28분 정도 지나서 플라자 가르시아(Pl. Garcia)에서 내려서 뒤로 거슬러 올라가 사람들 따라 카페 골목으로 들어가면 성당으로 가는 길이 나온다. 옹기종기 골목길 가게들 구경하며 좀 걸었다 싶을 때 V자 형 갈림길에서 왼편으로 가면 동상이 나오는데, 거기서 좌회전하여 가니 성당과 순례자 박물관, 신학대학원인지 잘 모르겠는데 Seminario Major라는 건물들이 보인다. 그나마 산티아고 방문에서

큰 위안과 안도를 삼은 것은, 금요일 점심 12시 미사에 참석했다는 점이다. 이미 의자는 관광객으로 점령되었고, 앞좌석들은 예약석으로 각국에서 찾아온 가톨릭 신자들이 앉은 것 같은데, 방문국 소개에 한국도 낭독되었다. 무엇보다도 아내와 더불어 성체성사에 나아간 점도 가슴을 가득 메워주었다. 점심은 어느 대회에서 금상을 수상했다고 책자에 소개된 '카사 카밀라'로 가보았는데, 생선(대구)이든 고기(송아지 스테이크)든 맛은 괜찮지만, 금상감은 아니다. 그런데 아내가 빵도 주문하자고 한다. 메뉴에는 없는데. 기다려보자고 했는데, 웨이터가 빵을 가져다준다. 그럼 그렇지, 공연히 돈 주고 사먹을 뻔했네. 여기 스페인에서는 물도 유료인데 말야. 아, 그런데 계산서를 보니 빵값으로 1.6유로가 적혀 있는 게 아닌가. 알았다, 이제야. 여행안내서에 쓰여 있기를, 테이블에 놓인 빵, 혹은 주문하지 않았는데 나온 빵을 그대로 먹으면 돈 내야 한다는 주의의 글이 무엇인지를. 오전 6시30분 가는 비행기는 유럽 최초의 저가 항공사이면서 가격을 무기로 승객과 항공기 제작사 모두에게 악명 높은 라이언에어를 탔는데, 온라인 체크인하고 탑승권 출력해오지 않으면 1인당 벌금 70유로를 물린다는 안내글에 부리나케 ocatori(인터넷방)에 가서 출력해갔다. 같은 날 저녁 8시50분 돌아오는 비행기는 스페인의 저가항공사 Vueling을 탔는데, 30분 연발을 하네. 11시 넘어 공항버스를 타고, 혹여 하는 마음에 지금 지하철 탈 수 있냐고 어줍잖은 스페인어로 물었더니(Perdon, se puede tomar el metro ahora?), 새벽 2시까지 운행한단다. 그렇게까지 늦도록 운행할 줄이야.

▪ 스페인 남편과 열심히 살고 있는 제자를 만나다

어학연수에서 인연이 닿아 연애를 하고 드디어 결혼에까지 이른 제자가 바르셀로나에 살고 있다. 원래는 시댁이 있는 발렌시아에서 결혼생활을 시작하였으나 본인이 바르셀로나에 일자리를 얻게 되어 이리로 오게 된 것이다. 직장은 구직 사이트에 올렸더니 면접을 보자고 연락이 온 온라인 여행사이트 booking.com이다. 남편은 사진작업 프로젝트를 하면서 프리랜서로 있고. 해외에서 인턴도 아니고 정식 일자리를 얻어 스페인어로 살아간다는 게 대견하다. 이들과 함께 Glories역의 쇼핑센터에 있는 지하 하몬(jamon: 스페인에서는 돼지에게 도토리만을 먹여 하몬을 만든다고 한다) 전문점 Enrique Tomas 에서 비로소 타파(tapa) 요리를 주문해 먹어보았다. 역시 현지에 있는 사람들과 가니까 일일이 설명해주고 그 중 괜찮은 메뉴를 추천하여 실물을 보니, 지금까지 바르셀로나에 와서 먹은 스테이크와 생선요리, 일식만이 아니라 제대로 된 스페인식 음식을 먹을 수 있게 된 게 참 좋았다. 타파라고 하는 게 접시에 먹을 만한 안주감 내지 간식들이 담겨 나오는데, 우리 입맛에도 딱 맞는 것들로 구성되어 있는 느낌이다. 올리브 한 접시(racion de olivas) 2.9유로, 하몬 베요타(virutas jamon bellota) 7.9유로, 치즈 세트(surtido de quesos) 6.5유로, 코카빵(pan de coca) 2개 3유로, 감자전(tortilla con virutas de iberico) 3.75유로, 레몬맥주 2잔 3.8유로, 복숭아 쥬스(zumo de melocoton) 1.95유로, 코카콜라 2캔 3유로이다. 스페인의 인지도 높은 의류브랜드로 자라와 망고 말고 다른 것 있냐고 물었더니 남편이 Massimo Dutti를 말하기에 헤어지고 나서 바로 쇼핑센터에 있는 점포에 들어갔다. 디자인이나 색상이 자라보다 차분하다. 마드리드에서 렌터카를 할 것이라고 말하니까 고속도로 벌금에 대해 재밌는 이야기를 해준다. 가령 과속으로 벌금을 받게 되더라도 통지서를 보낼 주소가 외국인 관광객은 스페인 내에 없기 때문에 안 내고 그냥 귀국해도 된다고. 또 한 가지, 고속도로 중에는 통행료가 없는 autovia와 통행료를 징수하는 autovista가 있단다. 징수하는 고속도로 autovista는 표지 가운데 작은 글씨로 적혀 있단다. 아울러 국도는 표지바탕이 흰색, 고속도로는 파란색이라는 게 차이점이기도 하고. 그래서 제자 부부는 바르셀로나에서 시댁이 있는 발렌시아까지 통행료 60

〈왼편부터 감자썰은 튀김=bravas, 둥근감자고로케=bomba, 스페인식 순대=morchilla〉

유로를 아끼려고 국도로만 다닌단다.

■ 피레네 산맥의 프랑스 택시 기사만큼 양심에 가득 찬 운전사는 처음 본다

사실 이 곳은 프랑스로 이동해서 갈 행선지 중의 하나이었다. 그런데 구글 검색을 해보니 자동차로 파리에서 5시간30분인데 비해 바르셀로나에선 3시간이다. 해서 여기서 가기로 했는데, 다행히도 숙박 아파트가 있는 라사그레라 역에는 지하철과 더불어 기차(R3)가 있고, 그게 바로 프랑스까지 간다기에 맘먹고 가게 되었다. 우선 프랑스의 Latour de carol에서 villefranche-vernet-les-bains 까지 운행하는 르프티트랭존 (Le petit train jaune)의 운행시각부터 체크해야 하기에 www.ter.sncf.com에 들어갔다. 오전출발을 택하고 싶어도 바르셀로나 출발의 R3 열차 시간이 없다. 오후2시26분 출발-6시20분 도착을 선택했다. 그에 맞게 라세그레라 역에서 출발하는 시간을 보니 오전9시49 출발-12시38분 도착이다. 따라서 Latour de carlo(종착역)에 도착하면 1시간45분 정도의 여유가 있다. R3 완행열차는 예약을 안 받고 당일구매해야 하는데, 주말에는 역무원이 없고 대신 ATM 구입기기 앞에 도우미가 있다. 당일 구매 시에 돌아오는 날을 말해주면 왕복 구매가 가능하다. 반면 프랑스의 르프티트랜존 꼬마노란색기차는 예매가 가능하다. 안해도 좌석 걱정은 없다. 이 또한 왕복으로 구입. 돌아올 때는 오전9시58분 출발-오후1시11분 도착의 꼬마기차를 타고, Latour de carlo에서 집으로 오는 Renfe 완행열차 1시34분 걸 바로 이어타기로 했다. 호텔은 villefranch- vernet-les-bains에 있는 Hotel le mas fleuri를 했지만, 광장에 더 가까운 건 Hotel princess이다. Latour에 도착하면 인터넷예매표를 창구에 제출, 종이표로 다시 받고 전광판에 있는 출발기차를 보고 플랫폼(via) 번호를 확인한다. 노란색이니까 뻔히 알 수 있긴 하지만. 역사를 나가면 오른편에 달랑 카페가 하나 있다. 숙소로 돌아올 때 뜨거운 온수를 컵라면 2개에 넣어주는 서비스를 받고 1유로를 지불했다. 커피를 파니까 커피기계에서 뜨거운 물이 나온다. 까르푸에서 산 삼각김밥으로 부부가 점심을 길거리에 앉아 해결. 노란기차에는 오픈 칸이 있으니 이왕이면 시원하게 밖에 앉아 가는 게 좋지. 3시간20분을 어찌 가나 했다. 사실 피레네 산맥을 간다기에 주변 풍광이 굉장할 줄 기대했는데 목가적인 분위기일 뿐이다. 그런데도 신기하게 지루하지 않고 갈 수 있었던 것은, 시내 관광에 지친 몸을 그냥 기차에 의탁한

채 가만히 아무 것도 안하고 에너지 소비 없이 즐길 수 있다는 점 때문일 것이다. 처음 1시간 정도는 평지이지만 후반부에 가면 고도가 올라가고 침엽수도 보이고 좀 낫다. 오픈 칸에 탄 사람 중에 아시아인은 우리부부뿐이다. 바르셀로나를 휘젓는 중국인도 한 명 없다. 그리고 자외선 신경써서 크림 바르는 사람들은 있어도 우산으로 햇볕 차단한 사람은 우리 부부가 유일했다. 다들 의외라는 반응. villefranch-vernet-les-bains 에 도착하니 호텔까지 가는 방법이 막막하다. 호텔로 이메일을 보내도 묵묵부답. 나중에 알았지만 온라인사이트 예약의 이메일주소는 이 호텔의 전 지점을 망라하는 것이고, 이 호텔에 직접 예약해야만 제대로 된 이메일주소가 나온다. 부부 중에 남편만이 유일하게 영어와 스페인어가 가능. 역을 나와 오른편 카페에 가서 택시 호출을 부탁하니 전화해준다. 10분 기다리라며 뭐 먹겠냐고 묻는다. 이 사람 아니었으면 일날 뻔했으니 고마워서 음료수 주문. 마침내 택시가 와서 짐 싣고 뒷 자석에 앉아 있는데, 기사가 다른 일행을 태워도 되냐고 묻네. 그래 기사 수입 올려주는 것도 나쁠 것 없지만 무엇보다도 다른 일행의 심정을 헤아려서 흔쾌히 수락. 알고 보니 운전기사랑 불어로 대화하는 프랑스 여행 커플이다. 여자가 내게 말하기를, 택시비는 반반 부담하는 거란다. 내 호텔에 먼저 도착했는데 요금이 27유로가 나온 상태. 사실은 호출하여 역에 도착한 때에 이미 11.80유로가 나와 있다. 아! 우리는 예약하면 1천원 추가로 주지만 여긴 손님 있는 장소로 출발할 때부터 요금이 시작되는구나. 그런데, 기사는 너무도 정직하게 13유로를 내면 된다고 한다. 우리나라 기사라면 7유로 정도 깎아서 20유로 정도 달라고 하지 않았을까.

■ 피레네 산맥에 있는 빌프랑슈 베르네 레방(villefranche-vernet-les-bains)에는 부암동이나 북촌한옥마을보다 더 정겨운 언덕길 골목집들이 있다

호텔이 넓은 마당과 뜰에 토끼들이 뛰어 노는, 호텔이라기보다는 깔끔한 전원주택의 분위기를 풍기는 게 너무도 마음의 피로를 풀어주어 좋았다. 조식 1인 12유로를 신청하다가 혹시 온수를 받아 컵라면을 먹고 전자렌지에 햅반을 데펴 달라고 하면 좋을 것 같아 물어보니, 없단다. 그런데 다음날 아침 조식 먹으로 별관으로 가니 커피와 더불어 온수가 끓고 있는 게 아닌가. 아! 그래서 장사하는 사람들은 똑같다니까. 호텔에서 준 지도를 따라 조금 걸어가니 광장이 나온다. 마침 여름민속축제가 거의 끝나 가는데 춤추는

모습을 동영상에 담아보았다. 레스토랑에서 샐러드+주요리+후식 세트를 2인 32.9유로에 먹는데, 도통 영어가 안되고 메뉴판도 불어고 정말이지 애먹었다. 저녁을 먹고 올라온 쪽으로 되돌아보니 언덕 맨 위에 교회가 있다. 소화시킬 겸 아내랑 올라갔는데, 이 언덕의 골목길이 있는 줄도 몰랐고 무엇보다도 이리도 정감 있는 집들이 모여 있을 줄이야. 서울에서는 부암동이나 즐겨 찾는 사람들이 많은데, 이들에게 정말 강력 추천하고 싶은 마을이다. 골목길이 미로 같기도 하고, 집들 모양이 예쁘고 주변과 어울리고, 참으로 여기 오길 잘했다는 생각을 아내와 공유하였다. 교회 가는 길 막바지에 갈팡하다가 여학생에게 물어 갔다. 내려오는 길은 달리 하여 새로운 골목 구경을 하는데 또 그 여학생을 만났다. 내년에 대학 가는데 역사학을 공부하고 싶단다. 그래서 프랑스역사와 한국역사를 비교 연구하면 좋을 거라 했더니, 그렇지 않아도 한국에 가보고 싶단다. K-Pop의 영향인가? 이 교회 앞에서 무궁화 꽃이 피어 있는 걸 발견한 놀라움은 또 다른 이 여행의 수확이기도 하다. 역까지 다시 갈 때 호텔에 부탁한 택시는 13.6 유로가 나왔다. 출발 차고지와 호텔 간 거리가 차고지와 역 간의 거리보다 훨씬 짧았기에 호텔 도착 당시에 미터기에는 4유로가 적혀 있는 상태였다.

〈우리나라 국화인 무궁화가 오히려 유럽에서 더 잘 피고 있다〉

■ **산파우병원(Hospital de San Pau)의 아르누보 구병원(Old Hospital)도 꽤나 아름답구나**

세상에서 가장 아름다운 병원이라고 소개된 곳인데, 사실 신병원(New Hospital)이 환자를 받고 있고, 현재 옛병원은 그냥 기념관으로 유지하고 있으니, '가장 아름다운 병원'이라는 평가는 과거형이라고 볼 수도 있다. 어찌했건 여행책자에는 가이드투어만으로 내부 구경을 할 수 있다고 되어 있지만, 자유투어(self-guided tour: 1인당 8유로)도 행정동(administration pavilion)과 두 개의 병동(44 개의 병상을 가진 트라우마 치료과로 쓰였던 산라파엘 병동과, 남녀 검사실로 쓰였던 가장 작은 또 다른 병동)은 들어갈 수 있다. 관심 있는 관광객만 일부 보이는데, 이런 곳에서 옛날에 환자가 치료를 받았다면 심신의 치유가 제대로 되었다고 생각될 만큼 아름답다. 다 마치고 인도로 나와서 이번에는 의과대학이 있는 건물도 들어가 보았다. 짧은 시간에 투어를 마칠 수 있는 아담한 곳으로 추천하고 싶다. 시간이 남았으니 한 블록 아래로 내려가서 H8번 버스를 타고 우리 숙소를 지나 북쪽으로 좀 더 가면 바르셀로나에서 가장 늦게까지 쇼핑할 수 있다고 택시 기사가 알려준 La Maquinista(라 마끼니스타)로 갔다. 여기에도 다른 시내 쇼핑센터(Gran Via 2, Arenas de Barcelona, Lilla 등)와 마찬가지로 우리나라 사람들이 찾는 소위 명품 브랜드는 없지만, 스페인 브랜드와 중간가격대의 해외브랜드를 여름세일가격에 만날 수 있다. 가령, 우리 부부가 발에 통증이 오고 나서 신기 시작한 스케처스 신발의 경우, 어느 신발점에 들어가 맘에 드는 걸 골랐더니 매대에 있는 견본품이 마지막 남은 거라고 한다. 그래서 다른 한 짝을 가져다 달라고 했더니, 색상이 살짝 다른 걸 갖다 준다. 무슨 실수로 그리 되었는지는 모르지만, 하여튼 점원은 색상이 조금 다르다는 지적에 20유로를 15유로에 해주겠다고 해서, 신기한 짝짝이 신발을 본의 아니게 신게 되었다.

■ 까르푸와 일식 덕분에 해외 중기 여행을 그나마 견뎌낼 수 있어 고맙기도 하다

한식점과 일식점의 대다수가 저녁식사를 밤8시부터 개점하는데, 이곳 라 마끼니스타 2층(우리나라식 3층)에 있는 미츠키(光月)에서 먹었다. 상호로 보나 실내에 쓰인 한자 장식으로보나 제대로 일본인이 하는 줄 알았다. 근데 현지인이다. 초밥 2종류와 우동을 주문했는데, 세상에 우동이 국물 없는 야끼소바다. UDON이라는 상호의 음식점에서도 국물을 넣어 파는데, 이건 잘못된 거라고 지적하고 취소했다. 다음날 테마파크에 가서

점심으로 먹을 것을 0층(우리식 1층)에 있는 까르푸에 들어가서 'SUSHI Take Away'라고 되어 있는 코너에 가서 삼각주먹밥과 초밥도시락을 샀다. 아침에는 빵과 치즈, 과일, 주스로 하고 점심과 저녁 두 끼를 나가서 먹는데, 그나마 한 끼를 대형 슈퍼마켓인 까르푸에서 밥과 과일 썰어 놓은 팩으로 해결할 수 있다는 게 여간 위안거리가 아니다. 여기서 두 번씩이나 보게 된 일이지만, 100유로 지폐로 결제하면 카운터 직원이 전화를 걸어 위조 여부를 확인하므로, 되도록 50유로짜리를 갖고 다니는 게 좋겠다.

■ **포르뜨 아벤뚜라(Port Aventura)라는 테마파크가 남유럽에서 인기 1위라기에 가보았는데, 에버랜드만 못하더라**

마드리드로 떠나기 전날의 일정은 전 유럽에서 인기 6위에 올라있는 Port Aventura라는 곳으로 정했다. 산츠(Sants)역에서 발렌시아 행 열차를 타고 6번째 정거장(1시간 20분 소요)에서 내리면 된다. 산츠역의 창구에 줄 서서 표를 사려 했더니 로컬 열차는 1-6번 창구로 가란다. 그걸 몰랐으니 시간만 낭비했지. 반대로 마드리드로 가는 열차를 1-6번 창구에서 물으면 11-17번으로 가라고 한다. 1번 창구에서 구매했는데 여직원이 영어로 대화해준다. 그런데 그 창구만 그런 건지는 모르겠는데 현금 결제만 가능하다고. 뽀르뚜 아벤뚜라로 가는 열차는 지정 좌석제가 아니니까 먼저 올라타면 되는데, 햇빛을 피하려면 오른편에, 바다를 보려면 왼편에 앉는 게 좋다. 스페인의 테마파크를 비교하고 싶어서 큰 돈(1인당 45유로) 내고 가본 것이다. 크게 Far West(미서부개척시대: 여기서 스턴트공연이 있고, 놀이기구에는 그랜드캐년 통나무배타기. 공연은 40분 기다려야 해서 지나감), China(여기에는 왕궁공연이 있는데 시간 안 맞아 그냥 지나갔음), 멕시코(마야문명이라는 곳에 들어갔더니 미로 찾기라서 짜증만 유발), 폴리네시아(여기 공연은 괌에서 18년 전에 본 걸로 충분), 지중해의 5개 구역으로 나뉘어져 있다. 캐리비안 베이 아쿠아 파크는 28유로를 내고 별도 입장해야 하고, 라스베가스 서커스 공연 중 하나인 Circle de Sol 무엇인가 하는 것도 60여 유로를 다시 내고 봐야 한다. 낮에 순회 퍼포먼스로 디즈니 동화의 딱따구리 혼자서 하는 걸 보니 애처롭기 그지없다. 돌아가는 6시21분 기차는 17분이나 연착하고. 어찌했건 스페인의 테마파크 검증하는 걸로 족하고, 파리의 디즈니랜드는 어떨지 기대된다.

■ 가장 긴 시간을 초기에는 더위에, 나중엔 시원하고 흐린 날씨와 보낸 바르셀로나를 떠난다

단지 제자가 살고 있다는 이유 하나만으로 제1 행선지로 삼은 바르셀로나. 여행책자를 읽고 정리하면서 가장 찾아갈 곳이 많은 것으로 밝혀진 도시이다. 한국에서는 상황을 모르니까 단지 한여름 모기에 물리면 안 될 것 같아서 한국에서도 쓰지 않던 모기향을 가지고 왔었다. 그런데 어쩜 모기 씨가 말랐나? 내내 안심하고 보낼 수 있어서 좋았다. 단지 숙소의 샤워부스가 가로30센티x세로30센티로 아주 좁았다는 것이 흠이긴 하다. La Sagrera(라 사그레라)는 에어비앤비에서 검색하다가 여러 모로 괜찮을 것 같아 선택하였는데, 와보니 무엇보다도 교통편이 아주 좋다. 카탈루냐 플라자와 에스파냐 플라자를 가는 지하철 1호선(L1)이 있다는 점, 만약에 기차편으로 바르셀로나에 온다면 산츠에서 내려서 로컬열차인 R3, R4선을 타고 첫 번째 정차역인 카탈루냐광장에 이어 세 번째 정거장에서 내리면 바로 라 사그레라이다. 그뿐인가, 프랑스의 피레네 산맥마을까지 R3가 가는 점도 딱 좋다. 수다스런 사람들이 말하기를, 가우디의 바르셀로나는 건축의 도시, 몇 번이고 가 봐도 질리지 않는 도시라고 한다. 도시 전체가 가우디는 아니지만 그의 영향으로 도심건물들이 묵직함을 지니게 되었다는 억측도 해본다. 한 사람의 천재가 후세에 한 도시를 이토록 관광의 메카로 만들었다는 게 마냥 존경스럽다. 전 세계의 관광객들이 와서 뿌리고 가는 외화가 바르셀로나 경제에 어느 정도 일조하는 게 아닐까. 같은 숙소에 있는 또 다른 방에 묵은 호주 여학생도 건축학이 전공이란다. 그런 바르셀로나에서 첫 여행을 무사히 마치고 다음 행선지인 마드리드로 갈 수 있게 된 점에 대해 주님께 무한한 감사를 드린다. 산츠역으로 가는 1회용 티켓을 R열차 자판기가 아니라 지하철 자판기에서 동일 요금으로 샀는데 통과가 안 된다. 10회용은 R열차 단거리 구간도 되는데 1회용은 안되네. 그렇다고 환불도 안 해준다. 양 교통수단의 운행주체가 다르니까. 산츠역의 매표 창구는 1-6번이 로컬노선, 이른바 저가의 구간을 취급하는 반면, 고속열차 매표는 11번이하의 다른 창구로 가야하므로, 줄을 잘못 서면 공연히 시간만 낭비하는 꼴이다. 마드리드행 열차의 출발 홈은 매표창구 위의 전광판에 보면 나와 있는 건 우리나라와 마찬가지다.

2. 스페인의 수도, 고원에 위치하여 건조한 기후를 보인다는 마드리드에 고속열차로 2시간45분만에 쾌적하게 발을 들이다

■ 누가 수도 아니랄까 공중화장실 이용부터 돈을 받아 사람 긴장시키네

마드리드 산츠(Sants)역에 도착하여 화장실을 들어가려니 60센트를 기기에 넣어야 표가 나오고 회전문을 들어가 볼 일을 처리할 수 있게 되었다. 참, 한국하고 많이 다른 제도에 뜨악한 맘뿐이다. 어찌하였건 짐3개를 들고 바르셀로나 공항에서 숙소까지 너무도 힘들었고 게다가 소매치기마저 당한 쓰라린 경험에 비추어, 이번에는 택시로 편하게 갔다. 공항이 아니라 기차역에서 출발하니 숙소까지 겨우 7.75유로만 나왔다. 바르셀로나 숙소는 1층 입구에서 호실 번호와 종소리 버튼을 눌렀지만, 마드리드 숙소는 1층 입구에 호별 표시가 되어 있어서 3층 왼편(3-izqa)이라고 된 버튼을 누르니 문을 열어준다. 이곳 엘리베이터가 옛날 배경으로 한 외화에서 많이 나오는 구닥다리다. 그런 게 재밌다.

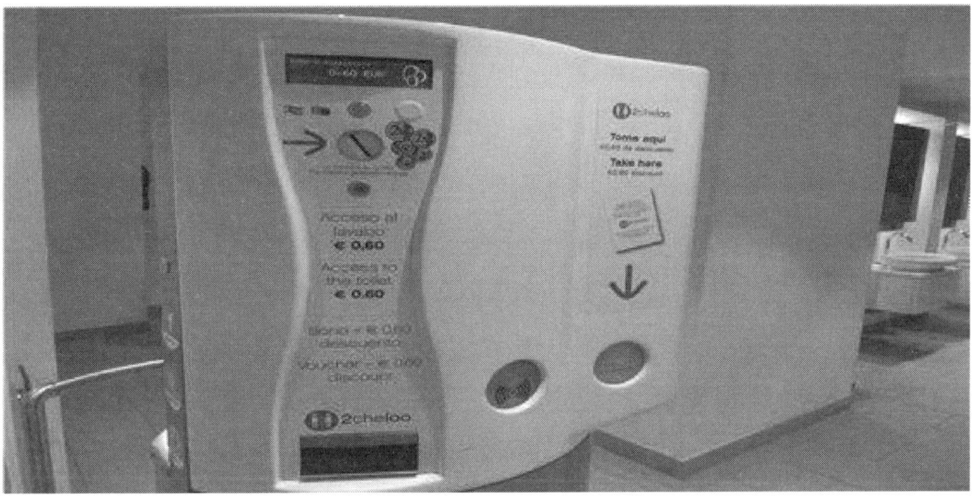

〈60센트의 코인을 넣어야만 문이 열려 들어갈 수 있는 공중화장실〉

■ 혼자 사는 바르셀로나와 마드리드의 두 여주인의 상이한 성격과 살림살이

대화를 해보니 여주인은 3년 전까지 모 TV방송국에서 국제뉴스를 담당했다고 한다. 스페인 경제가 휘청하면서 모든 업종에서 구조조정이 이루어지고 아마 그 희생으로 실

직한 것 같다. 다음 주 수요일이 자기 48번째 생일이라고 하는데, 마침 서울서 준비해온 자개 박힌 휴대용 거울을 선물로 주어야겠다. 한국의 분단 상황에 대한 이야기도 하고 교육문제에서는 스페인의 대학 1년 치 등록금이 사립이 6천 유로(우리랑 비슷하네), 공립이 5백 유로라고 하니 가히 10분의 1에도 못 미치는 학비 차이가 난다. 그래서 공립대학을 못가는 애들이 사립으로 간다는 말에 웃음도 나왔다. 하기사 우리나라도 저렴한 국립대, 공립대가 선호되기도 하는데, 특히 지방에서는 그걸 절감하게 된다. 바르셀로나의 숙소 여주인은 온통 스페인어만으로 대화를 하니 때로는 답답하기도 하고, 화끈한 성격이면서 수도나 전기사용에 민감하고, 간단한 전자레인지 사용만을 언급한 반면, 마드리드 여주인은 따사롭기 그지없다. 에어컨이 없어서 아차 일 났다 싶었는데, 아파트 구조가 ㄷ자로 되어 있고, 우리방의 창문을 여니 가운데 빈 공간에서 들어오는 바람이 에어컨보다 훨씬 시원하다. 거실도 같이 쓸 수 있어서 지금 이렇게 워드를 편히 치고 있다.

■ 직업 덕분에 왕궁 입장료가 무료라는 덕을 처음 맛보았다

왕궁(palacio real=royal palace madrid) 입장료가 1인당 10유로인데, 홈페이지에 들어가 보니 특정 직업군에 대해서 무료입장이라는 글이 나온다. 한국에서 재직증명서를 영문으로 발급받아온 건 혹시 무슨 일이 생길 때 대비한 것이지, 결코 이런 행운이 있을 줄은 몰랐다. 아쉬운 건 왕궁 내부에서는 일체 촬영 금지라서 그냥 알현실, 다이닝룸 등을 골고루 둘러보기만 했다. 대리석 장식, 주단 장식 등이 모두 호사스런 왕실의 모습을 대변하고 있다. 그런데 이 왕궁 일부에 왕족들이 생활하고 있는 줄 알았는데, 여기는 완전히 관광용이고 실제 거주 왕궁은 여기서 20분(다른 안내원은 1시간이라 하는데 어느 게 맞는지는 모르겠다) 떨어진 곳에 별도의 왕궁이라고 한다. 중세 시절에 왕권과 신권의 균형과 대립을 세계사에서 배웠는데, 여기 왕궁과 성당이 정면으로 배치된 모습에서 그런 점을 엿볼 수 있었다.

■ 바르셀로나의 피카소 미술관이 일요일 오후3-5시 무료입장인 것처럼 마드리드의 프라도 미술관도 일요일 오후5-7시가 무료입장이라서 이걸 이용했다

4시45분 경 입구에 도착하니 아니나 다를까 피카소 미술관에서처럼 사람들 행렬이 줄

지어있다. 그래도 제대로 알고 싶어서 5유로를 내고 오디오가이드를 빌려 한국어로 설명을 듣는 게 낫다. 프라도, 프라도 해서 대단한 뭔가 있나 했는데, 무지한 소치에서 나오는 소감으로는 고전 작품들은 이미 바르셀로나의 카탈루냐 박물관에서 '고딕전시관'을 통해 실컷 감상했으니 별 필요 없다. 무지한 소치에서 나오는 두 번째 소감은, 프라도의 대표적 작가는 스페인의 두 거장 벨라스케스(15-16세기)와 고야(17-18세기)가 아닌가 한다. 궁중화가로 명성을 날려 귀족 칭호까지 왕으로부터 받은 벨라스케스, 이탈리아 여행을 통해 화풍에 변화를 가져온 고야는 오죽하면 마드리드 지하철 4호선의 연이은 두 정거장 이름에 그대로 남아 있을까 싶다. 창원도서관이 찍힌 여행책자를 들고 온 경상도 부부와 아들도 관람객에 있고, 저녁은 아토챠거리(까예 아토챠:calle atocha)에 있는 '한강'에서 된장찌개와 김치찌개로 해결. 바르셀로나의 서울정은 부가세10%를 별도로 받는데, 여긴 음식가격에 포함. 가격도 10유로로 저렴하고, 된장찌개도 바르셀로나가 살짝 현지화했다면 여긴 국산된장 그대로. 한국에서 온 단체관광객이 쓸고 지나간 7시30분에 속을 가라앉혀주는 된장국 맛이라.

■ 멸치 식초 절임이라! 그거 간식으로도 안주로도 한끼 식사로도 참 괜찮은 메뉴다

메손 델 보케로네스(Meson del Boquerones)라는 음식점이 통돼지구이를 먹은 Botin 바로 못 미쳐 있기에 갔다. 주인아저씨는 누가 써주었는지 "감사합니다…정말 맛있어요…"라는 피켓을 들고 우리 부부의 테이블에 앉아 동영상 촬영에 주연으로 출연. 포르투칼에서 왔단다. 멸치(boqueron:보께론)라고 해도 크기가 엄청나서, 우리나라에서 국 끓일 때 넣는 제일 큰 멸치 사이즈이다. 식초에 절인 멸치(boqueron en vinagre)와 튀긴 멸치(boqueron fritos) 둘 다 주문해 먹었는데, 식초절인 멸치가 더 추천감이다(가격은 1유로 더 비싸지만). 둘 다 술안주나 간식으로 딱이다 싶은데 우리 부부는 점심으로 해결했다. 스패니시 오므라이스(기존의 오므라이스보다 한결 우수), 빵, 치즈까지 서비스로 갖다 주는데, 한국식 서비스와 정감을 안겨준 주인아저씨가 참 고맙고 흐뭇했다.

■ 번듯한 건물의 산 미구엘 시장에서 다양한 음식을 즐기는 묘미도 권할 만하다

위의 두 음식점에 가려면 마요르 거리(calle mayor)를 걷다가 산 미구엘 시장(market

san miguel)을 발견하면 그 아래 왼편 골목으로 내려가면 된다. 그런데 이 시장이라는 게 재래식 오픈 거리시장이 아니라, 하나의 건물 안에 여러 점포가 옹기종기 모여 있는 곳이다. 들어가 보니 별의 별 간단한 먹거리와 마실거리가 있어서 사람들로 붐빈다. 이곳에서 한번쯤 식사를 해도 좋겠네.

■ 웬만하면 여행책자에는 굵직한 도시만 집중적으로 분량을 할애하고 소도시는 아예 언급하지 않았더라면

부부만의 개별 여행을 하고 있지만, 사실 마드리드에서 40-50분이면 가면 있다는 아란후에스(Aranjuez)는 책자에 안 썼더라면 굳이 가보는 시간 낭비는 없었을 것이다. 마드리드를 훤히 꾀뚫어서 이제 안 알려지거나 적게 알려진 소도시를 방문해보고 싶다는 독자들을 고려해서 여행책에 소개했는지는 모르겠지만, 출력해 온 여행 일정에 아란후에즈를 보니, 가는 교통편과 "도시 전체가 왕실별궁으로 조성"이라는 한 문구가 전부다. 4개월 전에 이렇게 짤막한 글귀만을 써놓은 아란후에즈. 월요일에 가니 궁궐과 박물관은 휴무상태. 이 마을의 일부에 야외 정원이 있고, 궁궐이 있을 뿐이지, 현재는 주거지와 상업지가 있는 일반 도시일 뿐이다. 더운 날씨에 걸어서 돌아다닐 만큼 끌리는 게 있는 것도 아니고, 미니열차에 올라타 한 바퀴 순회하는 것도 당기지 않고, 해서 점심만 먹고

그냥 돌아왔다. 그것도 안내소에 부탁하여 소개받은 두 레스토랑은 휴가로 잠시 문 닫았다. 굳이 가보려면 지하철 6호선의 멘데스 알바로(Mendez Alvaro)역에서 내려 'Estacion sur de autobus'(남부버스터미널) 쪽의 연결통로로 와서 에스컬레이터 타고 올라오면, 안내센터가 있다. 아란후에스 가는 표 어디서 사냐고 물으면, 창구번호를 말해준다. 편도만 판매하며, 탑승구는 엘리베이터 반대편의 무빙워크를 타고 내려가면 탑승게이트 번호가 쭉 있다. 올 때의 요금이 좀 더 쌌는데, 운행회사가 달랐고 아마도 그 노선은 다른 곳에서 마드리드로 오는 도중에 아란후에즈에 들렀기에 좀 더 쌌던 게 아닌가 하는 근거 없는 추측만 해본다. 근데도 올 때는 중간에 정차하지도 않고 마드리드 들어와서도 버스정류장에 정차하지 않는, 이른바 한국에서 알고 있는 진짜 시외버스로 운행하여 도리어 10분 정도 빨리 도착하였다.

■ 쎄라노 거리가 명품 쇼핑거리인 줄은 거리에 와보고 비로소 알게 되었다

관광도 하면서 쇼핑도 하는 게 순리일터, 지난번에 가본 Centro Commericial Principe Pio에 이어 이번에는 Centro Commercial ABC Serrano(쇼핑센터 아베쎄 쎄라노)로 갔다. 지하철 4호선 쎄라노 역에서 내려 지상으로 나오면 쇼핑센터는 오르막길 쪽으로 한참 가야 한다. 그런데 가는 도중의 대로변에 루이뷔똥, 구찌, 아르마니와 같은 명품 점포들이 있다. 할인 행사 표시도 없으니 그냥 스쳐지나가고 여기 스페인에 와서 애용하는 자라와 맏시모두띠에 들어가 저렴한 것 몇 개 사고. 그런데 '엘 꼬르떼 잉글레스'백화점을 지나서 있는 abc쇼핑센터는 점포가 죽어있다. 기껏해야 슈퍼마켓 '메르까도나'가 입점해있다는 거 말고는. 쇼핑센터 앞 버스정류장에서 Sol 광장으로 가는 버스를 타며 지하철역 지나 내리막길로 가니 프라다매장도 보인다.

■ 세고비아의 알카사르와 수도교가 세고비아 기타와 뭔 상관이 있을까

우리에게 무슨 계기인지는 몰라도 세고비아기타가 뇌리에 박혀있다. 그런데 세고비아 도시와는 무관하다는 어느 여행책자의 언급. 어찌했건 여길 가려고 여행책자가 말해준 Principe Pio역에 있는 버스터미널로 갔다. 그런데 안내에서 말하기를 작년 9월부터 Moncloa 버스터미널로 세고비아행 버스노선이 옮겨 갔다고. 그래서 허탕치고 다시 수요

일 오전에 터미널로 갔다. 지하2층까지 내려가야 'Attention Turista'라는 간판의 안내가 있고 표는 뒤로 돌아가면 Sepulueduma인가 뭐라 쓰인 곳으로 가란다. 거기서 왕복표를 구입. 다시 지하1층으로 가면 7-8번 게이트에서 타라는데, 막상 가보니 8번과 9번에 세고비아 표시가 있다. 근데 9번 전광판에만 시간대가 나와 있으니 거기서 차례대로 줄서서 타게 되었다. 오갈 때 왼편에 앉아야 햇빛을 면할 수 있지만, 넓은 좌석을 원하면 오른편 중간에 내리는 문 바로 뒷 자석을 탄다. 1시간 5분의 아주 짧은 시간에 직통(directo)으로 도착. Alcazar로 가는 길은 버스터미널을 나와서 왼쪽을 멀리 보면 보인다. 대성당을 지나서 마침내 맨 끝에 위치한 알카사르. 한 번도 침공에 무너진 적이 없고, 두 번의 보수공사를 했는데, 원래의 모습을 그린 그림을 보고 복원했다는 한국어오디어가이드의 소개. 타워를 나선형으로 올라가 시내 전체를 조망해보고, 내려와 알카사르 곳곳의 방을 살펴보는 걸로 종료. 수도교는 처음 보는데 참 재밌게 만들었다는 생각이 든다.

- 여행책자에서도, 현지숙소 여주인도 다 같이 추천한 Casa Duque에서는 코스요리를 먹어야 득이더라

35.45유로(부가세10% 별도)의 코스요리를 1인분만 주문해도 받아주는 '까사 두께'가 존경스럽다. 통돼지구이와 샐러드를 주문해도 가격은 같아서, 이번에는 우리부부 식욕으로는 1인분도 되겠다 싶어서 물었더니 나이든 웨이터가 "우나 빠라 도스(Una para dos)"라고 응답하면서 된다고 말하니, 역시 히스토리가 있는 명문 레스토랑에 절로 고개가 끄덕여진다. 커피는 1인분만이지만, 와인은 두 잔을 따라준다. 먼저 나온 음식은 둥근판 위에 순대(모르치야: Morchilla), 소세지, 돼지볶음, 강낭콩 삶은 것, 수프(삶은 마늘이 들어있음)로 골고루 빵과 함께 맛있게 먹었다. 두 번째 나온 메인요리 통돼지구이는 지난번에 보틴에서 먹은 것과 마찬가지. 단지, 두 쪽 덩어리 중 하나에는 돼지 귀가 달려있다는 게 색다르다. 다른 한 덩어리에는 앞다리가 달려 있고. 제대로 잡은 새끼돼지임을 보여주는 듯하다. 후식으로 나온 폰체(ponche)는 세고비아의 전통과자라는데, 흐물흐물한 케익의 식감이 별로인데다 너무 달다. 마지막으로 아메리카노 커피로 기분 좋게 마무리.

■ 마드리드에는 한국에서 받는 만족할 마사지숍 직원도 있다는 걸 발견했다

소위 미용을 목적으로 받는 에스테 마사지말고 정말 해외여행을 계속하면서 오는 몸의 극심한 피로를 풀기 위한 마사지를 바르셀로나에서는 허탕치고 말았다. 그런데 아내가 다시 마드리드로 와서 50분의 버스를 타고 다녀온 세고비아 여행 이후 근육통과 설사를 하여 일단 다음날은 일체 일정 없이 숙소에서 머물다가 한국식당 '한강'으로 저녁을 먹으로 갔다. 나오면서 소화시킬 겸 아토챠거리(calle atocha) 아래쪽으로 몇 걸음 옮기는데 Violeta라는 상호의 네일아트 겸 마사지 숍이 있고, 투명한 유리창 너머에는 몇 명의 여자 손님들이 발과 손 아트 서비스를 받고 있다. 그냥 한번 들어가 물었더니 마사지는 1시간에 30유로란다. 지난번 바르셀로나의 중국여성 마사지에 대실망해서 기대를 안 하고, 그러나 아쉬운 상황이라서 한 번 더 속는 셈치고 받기로 했다. 기다리는 중에 혹시나 더 좋은 마사지 숍이 근처에 없을까 하여, 식사를 했던 한강으로 다시 돌아가 가이드들에게 물어보았다. 마침 여성6명, 남성2명의 현지가이드들이 모임을 갖고 있었기에. 그 중 남성 가이드가, "일단 여기 스페인에서는 한국에서의 마사지를 기대하시지 않는 게 좋습니다. 그냥 오일 좀 바르고 문질러 주거든요. 한 군데 좀 세게 해주는 곳이 있는데 멀어서 차로 가야하죠." 다시 비올레타로 돌아와 아내가 들어가는 걸 보았다. 1시간 후 룸에서 나온 아내의 표정이 밝다. 30유로, 3만6천원에 한국에서 이런 정도의 서비스는 못 받는단다. 무엇보다 놀란 건, 기계를 일체 쓰지 않고 온전히 손으로만 어깨며 등의 뭉친 근육을 풀어주더라는 것이다. 그러니 돈 내고 받는데도 고마움이 와 닿았다. 동전으로 2유로를 그 아줌마한테 팁으로 전하고 나왔다. 스페인은 팁이라는 게 없어서 해외여행자는 음식점이고 어디고 가든 맘의 부담이 없어서 좋은데, 이번에는 정말 흔쾌히 기분을 전하고 싶었다.

■ 아토챠 기차역 위쪽으로 올라가면 레티로 공원이 있는데 여행하다 지치면 한번 쯤 쉬러 가보는 것도 나쁘지 않겠다

아내의 몸 상태가 안 좋으니 딱히 이동하기도 그렇고 해서 레티로 공원(Park Retiro) 근처에 있다는 '강남' 식당에서 점심을 먹고 공원에서 쉬려고 했다. 그런데 이 식당 주인은 현지인 닮아가나, 8월 한 달을 휴가로 쉰다는 안내문을 붙여 놓았다. 할 수 없이 공원

후문 쪽으로 올라가 빵집에서 모처럼 한국식 맛 나는 빵들을 몇 개 먹는 걸로 점심 해결. 공원을 거니는 것도 더운 여름에는 쉽지 않다. 그런데도 청년 대여섯 명은 공 던지기 놀이를 하니 대단하다. 한편에서는 전철 안에서 연주로 자선을 구하는 배나온 아저씨가 악기 연습을 하는데 저 정도 연주 실력으로 되겠나 싶은 걱정도 들고.

■ 타호 강을 맴도는 꼬마관광열차 Zocotren으로 톨레도에서 상쾌한 기분을

톨레도를 걸어서 다 보는 일은 젊은이들한테 맡기고 소꼬도베르 광장(Pl. Zocodover)에 올라가면 소꼬트렌이라고 하는 꼬마열차가 있으니 이걸 타면 시원한 공기를 마시며 이베리아 반도에서 가장 긴 강이라고 하는 타오 강(Rio Tajo)을 맴돌면서 알카자르 등의 유적을 관망할 수 있어서 효율성 면에서 단연 으뜸이다. 광장에서 올라가면 엘그레코 미술관이 있는데, 차를 몰고 갈 경우에는 미술관 앞은 택시와 장애인 차량만 주차 가능하여 이 골목 저 골목 찾아 초록색 선으로 칠한 주차 구역을 발견하는 일부터 해야 했다. 원래는 마드리드에서 버스로 올 예정이었으나 아내가 몸이 안 좋아져 푹 쉬는 바람에, 렌트카로 세비야까지 간 뒤에 마드리드 공항으로 가는 김에 들르게 되었다. 어느 이가 이 집을 사면서 그레코의 집이었을 것으로 착각하였다는 소개 글이 나온다. 그 뒤에 구입자는 미술관으로 만들면서 톨레도의 관광 촉진까지 염두에 두었다니. 어찌했건 스페인으로까지 와서 톨레도에 정착하였고, 사후 그에 대한 재평가가 이루어져 재조명되었다는데. 그의 작품은 이미 바르셀로나의 카탈루냐 국립미술관에서 보았듯이, 성화(聖畵) 특히 인물화 위주였고, 시기적으로도 17세기라서 그다지 우리 부부의 주목을 끌지는 못했다. 17세기에는 사도(Apostle)를 그리는 일이 유행이었다는데, 다른 화가들은 바로크 화풍을 취한 반면, 그레코는 이들과 차별화를 두었다는 소개 정도만이 머리에 남는다. 톨레도의 명물 중 하나가 마자판(mazapan)이라는 빵이다. 아몬드가루와 설탕을 섞었다는데, 소꼬도베르 광장의 유명한 과자점 Santo Tome에서 모양별로 한 개씩 7개를 사보았는데, 대단한 맛도 아니다. 이걸 명물이라고 심지어 구멍가게에서조차 팔고 있으니.

■ 스페인에 올 때 김치가 필요 없는 것은, 콩나물과 당근을 식초에 절인 반찬이 슈퍼에 있어서

아내가 슈퍼마켓에서 발견한 놀라운 찬거리 하나. 바로 병에 담긴 식초에 절인 콩나물

과 당근. 이걸 슈퍼마켓에서 파는 냉동 밥(야채가 든 것. 냉동 빠에야처럼 해산물이 있는 건 아니다)을 사갔고 와서 숙소의 부엌에서 후라이팬에 볶은 뒤에 함께 먹으니 아주 좋다. 또 하나, 바르셀로나의 에스파냐 광장의 '아레나스 데 까딸루냐' 지하의 유기농 슈퍼마켓에서 산 쌀과자에 대해 한 마디 하고 싶다. 중국에서 제조하여 팔고 있는 우리나라 슈퍼의 쌀과자 말고, 이마트에 가면 떡, 순대 등을 파는 코너에 두툼한 원형의 쌀과자가 있다. 그거랑 똑같은 과자를 여기서 샀는데, 200g에 1.95유로다. 통쌀과자 개수가 이마트보다 1.5배나 많아 보이는데, 가격은 오히려 이마트가 1.5배 정도 비싼 것 같다. 우리나라 쌀이 남아도는데, 스페인이 우리보다 쌀이 더 남아돈다는 말도 아닐 텐데, 왜 단위 무게 당 가격은 2배 이상 비싸다는 인상을 갖게 만드는지, 하여튼 해외 여행하면서 대한민국 물가에 다시 한 번 개탄이 나오게 되는 게 참 슬프다.

3. 쓰라리고 아련한 날들의 추억이 있을듯한 그라나다와 피카소의 말라가보다 더 좋은 건 네르하

■ 고속도로 휴게소라는 게 어설프지만 스페인에도 있기는 있다

폭스바겐의 폴로라는 소형차를 렌트하여 마드리드에서 그라나다로 가는 초입 길 들어가는데 실수를 하여 다소 헤매고 나서는 내비가 하는 대로 따라했더니 점심식사 시간 빼고 5시간 만에 무사히 그라나다에 도착. 고속도로 상에서 점심을 해결해야 하는데, 길을 빠져나가서 주유나 식사를 하지 않고 바로 고속도로 상에서 해결할 수 있어서 좋았다. 도로표지에 나가는 출구 번호와 함께 표시된 그림(주유, 식사 등)을 무시하고 출구번호 없이 그림만 있는 것이 바로 그거다. 주유소에 식당과 편의점이 갖추어진 곳이었는데, 그늘 막에 주차를 하고 한 끼 해결을 마무리.

■ 우리나라 두부같은 치즈가 있다는 걸 촌놈은 스페인 와서 맛보았다

슈퍼마켓의 치즈 코너에 가면 Queso Fresco(신선한 치즈)라는 명칭의 치즈가 있다. 그걸 시험 삼아 사서 먹었는데, 완전 두부 맛이다. 일반 치즈의 향이 나지 않아서 물리지 않고 얼마든지 먹을 수 있는 게 적지 않은 한국인에게 어필할 수 있을 것 같다. 그라나다의 멜리아 호텔 조식이 투숙객에게는 50% 할인되어 1인당 9.5유로인데, 굉장히 충실하다. 과일과 치즈가 풍부하고 다른 것들도 좋다. 여기서 먹은 갓 만든 치즈(queso fresco)는 모양조차 완전히 두부 썰어 놓은 것이라서 멋모르고 먹다가는 스페인 호텔에서 두부 먹었다고 오해할 수 있을 정도이다. 그 밖에 올리브 오일에 담아 놓은 치즈(queso semicurado)는 반숙성된 치즈라는 뜻으로 사전에 나온다. 궁금해서 물었더니 아줌마 웨이트리스가 종이에 적어준 표현들이다.

■ 바르셀로나처럼 관광객으로 득실거리며 흥청대는 분위기도 아니고, 그라나다처럼 차분하고 아담한 소도시 관광지도 아닌, 그저 드라이하기만 했던 마드리드

난 마드리드가 이렇게 별 볼일 없는 도시일 줄은 몰랐다. 왕궁과 프라도미술관으로 대변되는 마드리드에는 그것들 말고는 우리부부에게는 없었다. 고원에 위치하여 고온건조하다는 소개가 있는데, 날씨만 건조한 것이 아니라, 분위기도 드라이하다. 그래서 두 번 다시 오고 싶지도 않는 도시로만 각인된 곳이기도 하다. 한 가지, 세비야 혹은 그라나다로 와서 플라멘코를 볼 수 없다면, 여주인이 소개한 마드리드에서 유명하다는 플라멘코 공연장을 가보면 될 것 같다. 숙소에서 왕궁으로 가는 calle de bailen에 있다는데, 상호는 Corral de La Moreria.

■ 알암브라 궁전의 추억을 갖고 우리는 여기에 왔다

중학교 때인가 클래식기타 연주의 알암브라 궁전의 추억(recuerdo de Alhambra)을 듣고 나서 10년 전인가 단체관광으로 재미없이 구경한 이곳을 이번에는 아내와 함께 나자리에스 궁전(palacio nazaries)을 오후5시30분 예약을 마치고 왔다. 시티투어버스를 원래 안타는데 여기는 2층 버스가 아니라 조그만 꼬마기차(에버랜드 주차장 간을 운행하는 것보다 차량 수가 적음)라서 여기저기 발 안 아프고 돌면서 구경할 겸 16유로에 두 사람 타보았다. 오전에 한 번 도는데 1시간을 넘기고, 점심 먹고 오후에 다시 타서 알암브라에 갔다. 성당의 장식도 화려하지만 벽면 장식이 이곳 나자리에스 궁전이 입체적인 점이 더 두드러진다는 아내의 소감을 들으니 그런가 보구나 하는 생각도 든다. 이

산성에 수로를 끌어들여 살고 지냈던 모습도 떠오르고. 뮤지엄은 꼭 로마원형경기장처럼 생겼는데, 신혼부부 3쌍이 와서 사진촬영을 하는 모습도 보았다. 알암브라 궁전 예약은 한국에서 미리 마쳤는데 인터넷 예약표를 입장권과 교환하는 걸 입구 매표소에서 하면 시간 걸릴 것 같아서 Caixa은행의 ServiCaixa(ATM)에서 했다. 먼저 예매 결제를 했던 신용카드를 넣고 영국 국기를 선택한다. 인출(withdrawl) 등의 표시가 있는데 이중에서 기타(other options)를 선택, 거기서 Alhambra 선택하면 두 개가 있는데 오른편의 Recogida인가 하는 게 예매표 출력이다. 이걸 은행 직원 도움 받아가며 했는데, 혹시 직원이 바빠서 못 도와줄 경우에는 위의 순서를 알아두고 하면 좋을 듯싶다. 그런데 마지막으로 카드가 안 나온다. 우리나라에선 나왔는데. 이 때 화면 오른편 위에 있는 "EXIT"을 눌러야 카드가 나오는 걸 뒤에서 기다리는 현지인 고객이 알려준다. 숙소를 멜리나 호텔(Hotel Melina)로 했는데 와서 보니 정말 입지가 좋다. 버거킹 로터리로 나가서 위로 올라가면 곧이어 이사벨여왕 카톨리카 광장이 나오고 다시 더 가면 누에바 광장이 나오니 말이다. 게다가 조식을 투숙객에게 50% 할인하여 1인당 9.5유로만 받고 풍성한 과일과 치즈 등으로 맛나게 먹을 수 있어서 좋았다. 그리고 더위에 지쳐 우동을 먹었는데 누에바 광장으로 올라가 오른편의 미니관광차 타는 곳 못 미쳐 COLCHA(건물 벽면에 쓰여 있음) 거리로 들어가 왼쪽에 있는 Yamato라는 중국인 운영의 일식집에서 주문한 게 정말이지 서울 우리 집에서 아내가 해주는 국물 맛 그대로 싱거워서 다 비우고 속을 풀 수 있어 좋았다.

■ 내가 가 본 스페인 여러 곳 중에 네르하가 가장 맘에 든 이유가 뭘까

사실 네르하(Nerja)는 피카소의 생가가 있는 말라가에 가서 머물려 하다가 근처에 볼거리가 있어서 숙소를 이리로 정하였는데, 와서 보니 내겐 가장 맘에 든 스페인이 되고 말았다. 우선 숙소인 파라도르 데 네르하(Parador de Nerja)가 옛 성을 호텔로 개조한 곳이라고 하는데, 호텔에 있을 때는 전혀 실감을 못하다가 해변으로 내려가서 바라보니 과연 성(城)이다. 이곳의 나무그늘에 비치의자를 두고 거기에 누워 마냥 잠을 자는 것도 좋다. 침실에서 내려다 보는 지중해 바다는 더 좋고. 또한 리프트(엘리베이터)를 타고 내려가 해변으로 접근하는 투숙객 전용 서비스도 맘에 든다. 그런데 가장 맘에 드는 건,

전용 리프트가 저녁 9시에 폐쇄되고 나면 외부의 계단 길을 이용해서 내려가야 하는데, 이 길과 여기서 바라보는 건너편 산동네 집들이 너무 아름답다는 거다. 또 하나, 유럽의 발코니라 불리는 Balcon de Europa가 걸어서 20분 정도의 거리에 있는데, 투숙호텔에서 이곳까지의 좁은 거리에는 하얀 집들로 도배가 되어 그 또한 아름답기 그지없다는 거다. 네르하의 붐비는 거리에는 절대로 렌터카를 댈 수 없기에 걸어서 가야 하지만, 전혀 발의 피로를 모른다.

■ 네르하 동굴의 장중한 모습을 영상으로 못 담는 것이 마냥 아쉽다

Cuerva de Nerja는 투숙 호텔에서 차로 15분 정도 가면 있다. 여름에는 저녁 7시30분까지라고 되어 있어서 갔는데, 돌아보고 나온 시간이 7시. 그 때 이미 매표소는 문을 닫고 있었다. 무엇보다도 우리나라 동굴과 날리 마치 인디아나 존스에 나오는 모습 내지는 바다 속에서 괴물이 융기한 듯한 모습을 연출한 종유석 덩어리에 그저 감탄할 따름인데, 어두워서 도저히 사진이나 동영상을 찍어 그 장중한 모습을 담지 못하는 것이 인간의 욕심을 버리라는 뜻으로 받아들일 수밖에. 주차장에서 나올 때 주차료 1유로를 출구 통에 넣어야 막대 문이 위로 올라가는데, 아무리 쇠 통의 전후좌우를 살펴보아도 없다. 기다리다 못한 뒷 차량의 외국인이 자기 차 있는 곳으로 오라고 한다. 맨 처음 쇠 통에 넣어야 하는 것을 그냥 지나치고 말았으니 참 모자란 인물이다.

■ 말라가의 피카소 생가는 어느새 주상복합5층 건물로 변신하고 있었다

딱히 맘에 드는 것 없고 빙빙 돌고 돌다가 멍청한 내비는 주차할 수 없는 생가(Fundacion Museo Picasso) 근처로 나를 안내하고, 다시 생가로 몰고 가니 주차할 곳 없어서 Public Parking에 2시간(3.6유로) 주차하고 들어가 보니 그저 그렇다. 작품이라곤 연필로 그린 것 뿐, 그나마 유품도 몇 점 있고 해서 3유로 입장료 값은 하는 것 같다. 그렇다고 사진촬영 허락하지는 않고, 파블로 루이스 피카소는 루이스와 피카소를 각각 부친과 모친의 second name에서 따온 게 특이하다. 바르셀로나의 피카소 박물관과는 천양지차이지만 소박한 물건들 구경하는 것도 괜찮다. 그렇다고 일부러 찾아올 곳은 아니고 다른 곳으로 가는 경유지 정도로 가볍게 들러보자.

4. 그래도 플라멘코의 세비야가 여러 모로 그라나다보다 낫긴 하다

■ **세비야의 성당이 세계 3번째 규모라고 소개되어서인가, 다른 성당들과는 달리 그림과 장식 전시실이 별도로 있다**

성당 내부는 다른 대성당과 별반 다르지 않다. 그런데 카탈루냐 국립미술관의 고딕 전시실에서 본 성화(聖畵)들이 전시된 별실들이 몇 개 있다. 그리고 금장식의 장신구들도 있고. 게다가 히랄다(Giralda) 탑을 올라가는데, 바르셀로나의 사그라다 파밀리아 대성당은 엘리베이터를 타고 쉽게 올라갔는데, 여긴 사각형을 빙글빙글 걸어서 34층까지 올라가야 한다. 그나마 계단이 아니라서 불행 중 다행이긴 하지만.

■ **스페인에 와서 호날두와 메시의 축구도 못 보았는데 투우장도 그냥 가이드 투어로 끝내고 만 게 마냥 서운하다**

마에스트란사 투우장을 찾아갔더니 내부 전시실과 투우경기장은 가이드투어로만 가능하단다. 저 운동장에서 투우 장면을 보았어야 실감 팍팍 나는 건데... 그런데 햇빛 내려쬐는 자리조차 20유로, 그늘진 자리는 100유로를 훌쩍 넘는다는 가이드의 말에 어쩜 쩐의 위력을 새삼 절감해야 하는 건지. 35분간의 투어를 마치고 다들 출구로 나가고, 사진 찍느라 남아 있는데 다른 외국인 여성 한 명도 같이 남아서 가이드에게 질문을 했다. 죽은 소의 고기는 어떻게 되냐고? 스페셜 마켓에 갖다 파는데, 일반인들이 가서 산다고 한다.

■ **Metropol Parasol이 세계최대의 목조건축물이라는데, 볼트와 너트로 조여 있는 게 목조라니. 그럼 세월의 흐름 속에 녹슬어야 할 텐데**

어떻게 저 누런색 각목들이 철강이 아니라 목조라는 건지 표면상으로는 잘 모르겠다. 마치 거대한 양산모양을 하고 있어서 명칭을 파라솔이라고 한 건지. 어찌했건 지하에 내려가서 2층(우리식 3층)까지 엘리베이터 타고 올라가 편히 보았다. 점심은 길 건너 YAMAZAKI에서 먹었는데, 스페인 와서 먹은 일식 중 가장 고객가치가 탁월한 메뉴였다. 주중 점심에만 제공되는 메뉴는 1인 9.9유로밖에 안하는데, 자그마치 5코스로 제공된다. 맛도 좋고, 가짓수 많고 가격 착하고, 정말이지 강력 추천할 도리밖에.

■ 스페인 플라멘코의 원조라는 세비야에서 가장 유명하다고 소개된 Tablao

전날 밤 사이트에 들어가(www.tablaoelarenal.com) 예약을 하고 오전에 사전 장소 파악차 가보았는데 정말 애먹었다. 젊은이들은 데이터 사용하여 구글지도로 쉽게 가지만, 우리 부부는 105일 사용비가 너무 부담스러워 아날로그 방식으로 찾아보았다가 결국 실패. 사이트에 나온 주소 가운데 calle pastor y landero 28은 없다. 24번지로 그 거리는 끝이다. 거리에서 물어본 마지막 남성이 너무도 친절하게 자기 스마트폰으로 확인하더니 길 건너 한 블럭 뒤쪽에 아주 좁은 도로란다. 쉽게 말해서, 투우장을 대로에서 바라볼 때 오른편 골목길로 들어가 우측 길로 접어든 뒤에 다시 좌회전하면 있는 곳이다. 동양인 가운데는 한국인 관람객이 가장 많다. 노래와 기타연주, 춤의 3박자를 각각 3명, 2명, 4명(여자댄서3, 남자댄서1)의 총 9인의 팀워크로 완성하는 플라멘코는 다들 한번쯤은 보고 들어 좋을 공연이다. 저녁식사를 하고나서 9시30분-11시 공연을 선택하면 음료(맥주, 샹그리아 등에서 선택)와 공연만으로 1인당 38유로에 마무리된다.

■ 세비야의 마무리를 저녁8시에 마차관광으로 한 건 아내의 탁월한 선택이다

밤9시30분 공연 전에 가볍게 저녁을 먹고 무엇을 할까? 아내가 마차관광을 하자고 했을 때 시큰둥했었다. 그걸 해서 뭐하나, 그렇다고 거역할 수도 없고. 아! 밤8시에 마차를 타니 하루의 피로가 풀린다. 천천히 몸을 마차에 기대고 잔잔히 불어오는 시원한 바람은,

만약 낮에 마차를 탔더라면 더위에 더 지쳤을 걸 생각하니, 아내에게 절로 고마움이 전해졌다. 특히 3군데를 낮에 관광하고 나서 트램을 타고 가려했던 에스파냐 광장은 마차로 가지 않았더라면 큰일 날 뻔 했다. 마리아 루이사 공원 내에 에스파냐 광장과 아메리카 광장이 있는데, 두 광장이야 그렇다 치고, 마리아 루이사 공원이 마드리드의 레티로 공원처럼 광활하기 그지없다. 만약 트램으로 왔더라면 다 둘러보지도 못하고 지쳐버리고 말았을 것을 생각하니, 마차가 참으로 효자로다. 43유로가 이래서 아깝지 않았고, 40여분의 유람은 우리를 플라멘코 공연장으로 안내해주는 것으로 마무리되었다.

5. 어린 시절 교과서에 실려 남다른 감회를 지닌 돈키호테의 콘수에그라

■ 돈키호테의 기록물이 있는 Venta del Quijote(돈키호테 주막)의 전시관은 일본인이 지원한 건가

세비야에서 올라가는 길이니까 방문 순서는 마드리드에서 내려오는 경우와 반대로 벤타 델 키오테가 되었다(calle el monino 4, Puerto Lapice, 13650). 무엇보다도 무료 전시관이 2층에 있는데, 마드리드에서 19세기 후반에 최초 발간된 돈키호테 작품이 있고 이후 줄곧 간행된 책자들이 전시되어 그 인물상들을 볼 수 있다. 어린 시절 그것도 교과서에 실려 뇌리에 각인된 인물이라서 도저히 그냥 갈 수 없기에, 돈키호테와 연인 둘시네아(Dulcinea)의 그림이 그려진 머그컵 세트를 8.9유로에 샀다. 마당 한편에는 레스토랑도 있고, 집 밖 거리에는 돈키호테 기사님께서 우렁차게 서 있다. 그런데 전시관에는 돈키호테에 대한 일본 서적들이 적지 않게 있다. 우리의 근대 세계문화(세계문학도 마찬가지로) 유입이 일본을 통해서 이루어진 것이라면, 그래서 돈키호테가 우리에게 그리도 각인된 것인지도 모른다.

■ 풍차마을은 돈키호테 방문지 가운데 가장 썰렁하다

여기 마을까지는 왔는데(calle convento 29, ciudad real 13610), 풍차 있는 곳을 못 찾아 헤메다 어느 주차장에서 나오는 아줌마 운전자에게 물어, 다시 차로 올라가려니 청년이 일방통행이라 못 간다고. 그러면서 직접 자기 차를 몰고 따라오라며 너무도 친절하게 이끌어주었다. 언덕 정상에는 여러 풍차들이 있는데, 문을 막아서 들어가지는 못한다. 두 군데 레스토랑이 있다는 게 신기할 정도다. 벤타 델 키오테가 정말이지 시골 느낌이었다면 여긴 영세 소도시 느낌이랄까, 돈키호테의 흔적을 훨씬 적게 전해주는 게 아쉬웠다.

■ 지역 축제로까지 살린 측면에서는 엘 토보소 지역이 발군이다

내비에 calle don quijote 3, Toboso 45820을 입력하였더니 마을의 다른 곳으로 안내되었다. 그 곳 노인에게 물으니, 저 앞에 보이는 종탑으로 가란다. 그리로 가서 어느 처녀에게 물었더니 바로 조기 아래 돌아가라고. 이 곳의 정식 명칭이 Museo casa Dulcinea de el Toboso(www.patrimoniohistoricoclm.es/museo-casa-de-dulcinea-del-toboso)이다. 박물관이다 보니 근무 직원이 두 명 씩이나 된다. 1인당 3유로를 내고 들어가 영문 안내문을 보니, 귀족 부부가 살았던 곳이고, 그 귀족 부부는 지주로서 부유하게 살았으며, 부인이 세르반테스의 작품에 영감을 주었다고 되어 있다. 이 먼 길을 다른 누군가가 와서 허탕 치면 안 되겠다 싶어서 개방 일자를 받았다. 6월16-9월15일엔 월요일 휴무에, 화-토는 10-14시, 16-19시30, 일요일엔 10-14시30이다. 연중 방문 인원을 물어보니 종이에 적은 통계를 보여준다. 4월에 내국인 4천 명, 외국인 4백 명으로 제일 많다. 이유를

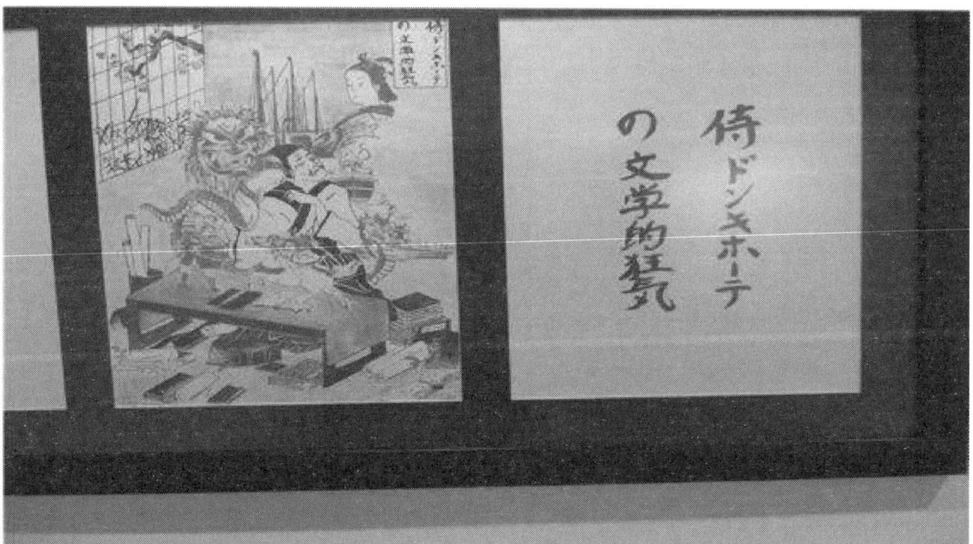

묻으니, 4월에 세르반테스 축제가 있단다. 작가 한 사람을 지역 축제로 활용하여 지역 경제를 조금이라도 살리려는 전략 차원에서는 세 군데 방문지 중에서 단연 발군이다.

6. 리스본이 아닌 리스보아로 포르투갈을 맛보다

■ 스페인 온 김에 들르기로 한 포르투갈은 숙소 여주인의 따뜻함에 반했다

친구의 낡은 차를 같이 타고 공항까지 마중 나와 준 아줌마가 참 고마웠다. 물론 일요일이라서 가능했지만, 그렇다고 모든 사람이 그러는 건 아니다. 게다가 피곤한 우리 부부를 위해 멜론까지 준비해놓은 건 마치 호텔에서 와인 두 잔을 객실에 비치하여 고객을 맞이하는 것 이상의 고마움을 자아내게 한다. 여주인의 소개로 근처 Brick 이라는 음식점에서 마침 일요일이라서 주말 브런치(오전11-오후3시)를 5.5유로에 제공하는데(생과일쥬스1.5유로 별도. 설탕이 하나도 안 들어가 있다), 그 맛이 스페인보다 훨씬 나아서 모처럼 유럽 음식에 대한 평점이 올라갔다. 다음날 아침에는 빵과 과일을 먹고 외출하려는데, 조식으로 빵을 사갖고 온 여주인이 먹으면서 나가라고 복도에서 빵을 준다. 미안해서 둘이 나눠먹겠다고 했더니 각자 하나씩 먹어야 한다나. 마음 씀씀이가 너무 곱고,

먹는 거 하나에 정이 오고 간다고, 귀가하는 길에 아줌마가 소개해준 Brick 옆 수제 아이스크림 점에서 500그램 3종류를 8유로에 사와서 셋이서 나눠 먹으며 이런 저런 이야기를 나누었다.

■ 낡은 트램 하나도 관광 상품으로 만들어내니 운치 있고 유용해서 좋다

마침 숙소 앞에 노상전철인 Tram 28번이 운행되어 이걸 타고 카스텔로 상조르주로 가보았다. 왼손으로 핸들을 돌려가며 씩씩하게 운전하는 기사양반. 그런데 밤9시 넘어서 돌아오는 트램을 자그마치 40분이나 기다렸다는 게 못마땅하다. 좁은 골목길을 뒤집고 다니는 구닥다리 모습이 마냥 좋다. 카스텔로(아랍어로 '성(城)'이라고 한다는데) 상조르주는 아랍이 이 지역을 지배하던 시절인 11세기에 세워졌단다. 여기저기 계단으로 이어진 모습이 미로같기도 하다.

■ 바닷가 앞 코메르시우(Comercio) 광장과 아우구스투스 보행자 거리가 시원하다

카스텔로를 나와 무작정 길을 내려가다 보니 바다가 있는 바로 앞의 코메르시우 광장까지 발이 이어졌다. 그리고 이어지는 보행자 천국의 거리인 아우구스투스 거리. 모처럼 대구찜과 해물밥탕으로 포르투갈의 맛에 다가갔다. 온몸을 색칠로 분장한 이가 거리에서 정지 상태 하나만으로 가끔씩 오가는 구경꾼들로부터 기부를 받는데 성공하기도 한다.

■ 충전식 카드(stored value)로 대중교통을 이용하다

지하철 매표소의 여직원이 밖으로 나와 자동판매기의 화면을 넘겨가며 영어로 설명해주어 참 고마웠다. 충전식 카드는 금액을 선택하는데 우리 부부는 각각 10유로로 했다. 카드결제는 안되고, 한번 사용 시마다 1.25유로가 빠져나가는데, 일반 1회용 카드는 1.4유로란다. 지하철과 버스, 트램까지 한 번에 오케이.

■ 크리스토 레이, 우리의 왕이신 예수의 석상이 큰 품으로 맞이하고 있는 카실랴스

지하철 그런 선(verde line)의 종점인 cais de sodre에서 내려 선착장으로 가면 Cacilhas로 가는 배가 있다. 아주 자주 있어서 굳이 시간을 신경쓸 필요는 없다. 오히려

카실랴스에 도착하여 크리스토 레이(Cristo Rei)까지 가는 버스 101번이 갈 때는 매 정시와 30분, 돌아올 때는 매 25분과 55분으로 한 시간에 2번 운행하므로 이 시간에 맞추면 된다. 선착장에서 카실랴스까지는 8분, 101번 버스로 예수석상까지는 16분. 그런데 이 카실랴스가 배로 간다고 해서 우리나라의 섬과는 다르다. 주거지와 상업지구가 두루 있고, 버스 번호도 많을뿐더러 놀라운 점은 깔끔한 노상전철, 트램까지 운행되고 있다는 사실이다. 예수석상은 엘리베이터 탑승료로 5유로를 받는데, 정상에서 바라보는 리스본(리스보아)의 전경이 일품이다. 톨게이트를 빠져나와 리스본 시가지로 가려면 반드시 거쳐야 하는 다리는 샌프란시스코의 금문교 비슷하다.

■ 호시오 기차역 건물이 어느 건지 건물 외관만 봐서는 알 수 없다

〈기차역이 있는 건물은? 맨 왼쪽 건물 안에 기차역이 있다〉

지하철 역은 내려가면 되지만 기차역은 건물 3층으로 에스컬레이터를 타고 올라가는 건데, 도대체 어느 건물인지 사전에 사진으로 확인하고 위치를 점검하지 않고 현장에 간다면, 과연 여러 건물 가운데 어느 것인지 가늠하기가 무척이나 힘들다. 참 재미있게 외국인 관광객을 대한다는 생각이 든다.

■ 벨렘 지구의 수도원은 왜 돈을 받는 건지 관광상품으로서 가치가 전혀 없는데

제로니무스 수도원(Mosteiro dos Jeronimos) 입장료가 1인 10유로이다. 그래서 뭔가 수도사들의 삶의 현장을 엿볼 수 있으려나 하는 맘으로 들어가 보았다. 원형 경기장 같은 설계의 건물 1층과 2층을 삥 둘러봐야 그게 다다. 아무 것도 없다. 성당은 1층 입구 밖에서 들어가고 입장도 무료이니 굳이 여기 수도원을 적잖은 돈을 지불하며 들어가야 할 하등의 이유가 없네.

길 건너 바다 편에 우뚝 솟은 탑이 보이는데 이게 발견의 탑(Padrao dos Descobrimentos)이라는 거다. 탑에는 콜럼부스가 선원들을 이끌고 항해를 떠나는 조각상이 양쪽으로 있어서 그늘진 쪽이 아니라 햇볕 있는 쪽에서 사진을 찍을 수 있다. 전망대 엘리베이터 4유로는 생략. 전날에 예수석상의 전망대에서 실컷 리스보아(리스본)를 바라보았기에. 코메르시우 광장(Praca Comercio) 혹은 피게리아 광장(Praca da Figueria)에서 탈 수 있는 트램 15번을 타고 먼저 수도원 역에서 하차한 뒤, 두 정거장 더 가서 Largo da Princesa에서 내려서 바다 쪽으로 내려가 육교를 건너가면 있는 벨렘 탑(Torre de Belem)은 "바스쿠 다 가마(Vasco da Gama)"가 인도를 찾아 출항한 곳이라는데, 여행 안내책을 건성으로 읽었는지 메모한 것에는 오후6시30분까지 관람가능으로 되어 있는데, 가보니 마지막 입장가능 시간은 오후5시란다. 18분 초과하여 들어가지 못하고 밖에서 바라만 보았는데, 또 오진 않겠다, 김새서.

■ 신트라는 몰락한 유럽 왕족들의 피난처였는지

신트라(Sintra)에 왜 이리도 성(城: palacio)들이 많은 건지? 여주인은 포르투갈 이야기를 하면서 유럽 왕족들이 쫓겨 나면서 포르투갈로 피신을 했다고 한다. 이들이 거주할 성들을 지으면서 포르투갈에는 아름다운 대저택들이 많이 생겨났다고. 신트라는 두 번씩이나 가게 되었다. 전날 신트라에 오전10시에 도착하니 날씨가 너무 쌀쌀하여 반팔 티셔츠만으로는 감기 걸리겠다 싶어 그냥 철수하고 다시 왔다. 호시우(Rossio) 기차역에서는 40분 간격으로 있는데, 이게 웹사이트(www.ct.pt)에는 10분 단위(9시대), 20분 단위(10시 이후)로 나온 것과 다른데 까닭은 모르겠다. 여행 일정에는 없었는데 여주인의 추천으로 가게 된 곳이 몬세라트 성(Palacio Monserrat)이다. 신트라역을 나와 버스정류장으로

〈발견의 탑〉

가면 여직원이 표를 파는데, 몬세라트(435번), 페나성, 무어족 성(434번), 호카 곶(403번)을 세트로 사면 1인당 12유로이다. 그러나 기차역 내에서 파는 입장권 세트는 전혀 할인이 없다. 단지 방문할 곳의 입구에서 표를 사느라 줄을 설 필요가 없다는 점. 페나성(Palacio Pena)은 초라하기 그지없는 외부와는 달리, 내부에 들어가니 정말 호사스런 장식물들로 가득차서 200여 년 전의 물자 부족한 시절의 상류층 삶을 가늠해볼 수 있게 해주었다. 시간 관리상 촉박하여 무어성(Castelo Mouros)은 생략. 40분을 걸려 도착한 호카 곶은 1979년에 만들어진 것으로 돌에 새겨져 있으니 그리 오래된 건 아니다. 그만큼 포르투갈의 관광지 조성 전략을 스페인과 비교하면 상당히 더뎠다고 여겨진다.

■ 카스카이스 해변은 해수욕도 좋지만 그냥 작은 가게들 들러보고 맛사지 받고 식사하며 시간 보내다 오면 딱이다 싶다

여기도 원래 여행책자 읽으면서는 갈 곳 리스트에 올려놓지 않았는데 여주인의 추천으로 마침 시간 여유가 있어서 가보았다. 신트라에서 산 통합 버스권으로도 다녀올 수 있지만, 하루에 신트라와 카스카이스를 다 소화하는 건 상당히 무리다. 예수석상이 있는 카실

랴스로 가기 위해 배를 탔던 선착장과 근접한 곳에 기차가 있다. 따라서 그린라인 지하철 종점인 Cais do Sodre에서 내려 연결통로로 가면 된다. 왕복 요금을 끊으면 1인당 9.6유로인 건 신트라행 기차와 마찬가지다. 소요시간이 40분인 점도 동일. 바닷가에 작은 선박들도 있어서 왠지 물이 깨끗하진 않을 것 같은 느낌도 들고, 무엇보다도 해변이 너무 작다. 물론 그 주변에 백사장이 두 군데 더 있기는 하지만, 전체적으로 해수욕보다는 그냥 식사하러 오고, 맛사지도 받고 오밀조밀한 가게들 구경하는 목적이 더 나을 듯.

■ 일식 무한리필 음식점의 여종업원이 내게 말한 "지베가지마"는 뭔 소린지

도대체 같은 한국인이면서 이리도 세대 차이를 절감할 수 있는 건지. 카스카이스(Cascais) 해변의 어느 건물 2층에 "SUSHI BAR. Shabu Shabu"라고 쓰인 음식점으로 점심 먹으로 들어갔다. 스페인과 포르투갈의 일식 일반 음식점 중에서 가장 맘에 들게 식사를 한 곳이다. 다른 일식 뷔페집들은 다들 음식을 진열해놓고 손님이 가서 접시에 골라 담아와 테이블에서 먹는데, 이 집은 종이에 번호가 나열되어 있고, 사진에서 맘에 드는 번호의 음식을 골라 종이에 표시하면 종업원이 가져다준다. 롤초밥이야 미리 만들어 놓았겠지만, 볶음이나 구이는 그 자리에서 해주는 것 같은 게, 먹어보면 따뜻하다. 새우튀김은 그 따뜻함이 살아있고, 우동국(noodle soup)은 정말 뜨겁다. 그런데 처음에는 버섯이 국에 들어있어서 아주 맛있었는데, 2번째, 3번째는 버섯이 없어서 그냥 싱겁기만 했다. 버섯볶음을 시켰더니 고소한 맛이기에 두 번째 주문하려 했더니 가져온 주문표의 버섯볶음 번호에는 줄이 그어져서 한 번만 주문 가능하단걸 알게 되었다. 계산서를 가져온 여종업원이 영어로 한국에서 왔냐 하기에 그렇다고 했더니, 갑자기 뭐라 말하는데 잘 모르겠고 그 다음 말이 한국말로 "지베가지마"이다. 아! 혹시 이 중국인 여종업원이 예전에 한국에서 근로자로 일하다가 사장이 화가 나서 집에 못 가게 한 경험을 말한 건가? 아내는, 내가 초밥을 더 많이 먹고 싶어서 밥을 조금씩 덜어 남긴 걸 기분 나쁘게 여겨(매니저 되는 중국 여성이 안 좋은 거라고 지적하였기에) 한 마디 퍼부은 건 아닌가 하고 생각했단다. 그래서 무슨 소릴 하는 건지 모르겠다는 반응을 보이자 영어로 "You do not go home"이다. 왜 이런 말을 하는 걸까? 그 다음에 보여준 그녀의 동작이 상황을 납득시켰다. 자기 목 뒤에 새긴 문신을 보여주는데 "G-DRAGON"이다. 아! 지드래곤

팬이구나. 근데 지드래곤이 “지베가지마(집에 가지마)”라는 곡을 불렀는지 알지도 못하는 한국인 부부와는 달리 중국인 젊은 여성은 다 알고 있는 거다. 이걸 두고 국적과 국경을 초월한 젊은 소비자계층의 동조화 현상이라고 하는데, 새삼 유럽여행에서 절감하게 된 에피소드였다.

▪ 포르투갈의 애환을 담은 노래 퐈두(Fado)는 영 아니었다

여행책자에서 적어둔 퐈두(여주인이 F발음을 확실하게 해주었다)를 들으러 갔더니 점심엔 문을 닫고 있었고, 저녁 시간(7시부터)에 맞추어 7시20분에 갔더니 퐈두는 밤11시부터 시작한단다. 도저히 우리부부 라이프스타일과 맞지 않아 포기. 그렇다고 관광객 전용 퐈두 공연장에는 가기 싫고. 사연을 이야기했더니 여주인이 여기저기 수소문을 내어 예약까지 해준 곳이 바로 바이샤(Baixa)지구에 있는 “Tasca do Chico(타스카 두 시코)” 이다. 여긴 저녁9시부터 퐈두 연주가 시작된단다. 그린라인 바이샤 역을 올라오면 앞에 동상이 있는 광장 쪽으로 가서 곧바로 R. Miserdicordia로 우회전한 뒤에 왼편의 Tv. Espera로 다시 좌회전한다. 마지막으로 두 번째인지 세 번째 블록에서 R. Diario Noticias로 우회전하면 곧바로 왼편에 있다. 적어도 9-11시까지의 퐈두 공연은 무슨 러시아어 같은 느낌의 오페라 가수 노래 같기도 한데, 전혀 애절함을 느낄 수 없었다. 가게 주인 같은 젊은 통통한 친구와 은퇴한 퐈두 가수, 그리고 젊고 날씬하지만 내공이 딸린 여가수의 노래 어느 것도 한국인의 내 마음을 휘어잡지 못했다. 게다가 은퇴한 노가수는 몸이 불편하여 두 손에 지팡이를 짚는데, 노래 후에 테이블을 돌면서 허리띠에 묶은 가방에서 자기 노래 테이프를 파는 모습이 영 아니었다. 코메르시우 광장이나 아우구스타 거리가 밝고 떠들썩한 모습이었다면, 여기 바이샤 거리는 어둡고 좁은 골목에서 소근대는 듯한 분위기가 대조를 보이고 있다.

▪ 미스터리에 쌓인 운전기사와의 만남

리스본에서 파리로 비행기를 타러 가는 전날, 여주인은 아는 택시회사에 전화를 하여 예약을 해주었다. 오전 6시에 아파트 앞으로 오기로 했는데, 기사가 벨을 누르지 못하므로 5분 전에 내려가 있으란다. 좀 더 일찍 일어나서 5시 43분에 내려갔다. 잠시 후 택시한 대가 오는데 그냥 지나간다. 그 다음 또 몇 분이 지난 뒤에 이번에는 기사가 택시를 세우더니 문을 열고 나와서 “파티마” 하고 외쳤다. 집주인 이름이 파티마라서, 아! 예약한 사람 확인하는 구나, 하고 나도 “파티마” 하고 응답했다. 차를 몰고 가면서 운전사는 두세 번 정도 “파티마”를 말하고 나도 그렇다고 “파티마” 하였다. 리스본은 공항이 시내와 가까워서 도착할 때가 되었는데 안보이기에 아내가 불안해했지만, 여주인이 소개한 기사이니 안심하라고 다독였다. 그런데 이 택시가 톨게이트에 도달하더니 톨게이트를 빠져나간 순간 뭔가 잘못되었다는 생각이 들었다. 우리 부부는 “아에로 포르토(공항)”를 외쳤고, 기사는 알 수 없는 포르투갈어만 말하면서 중간에 “파티마”라고 말하는 거다. 상황을 알아차렸는지 기사는 돌아간다는 말 하나만을 영어로 “coming back”하였다. 그런데 아무리 가도 차는 고속도로에서 빠져나오지 않고. 한참 만에 어느 톨게이트로 나오기에 이젠 인도했는데, 여전히 공항으로 가지 못하고 헤맨다. 그러더니 시골길로 들어가 어느 시골 앞에 도착. 거기엔 세 명의 청년이 마당 테이블에 앉아 있었다. 나중에 아내가 말하기를, 저들하고 한 패구나 했단다. 얼마나 아내가 불안해하였는지 알고도 남는다. 어느 길가 남자에게 기사가 리스보아 공항 가는 길을 물었고, 그러고 나서도 계속 길을 헤메다 간신히 리스보아(리스본)로 가는 방향을 잡았다. 10유로면 될 요금은 이미 43.5유로로까지 미터기가 올라갔고, 그제서야 기사는 미터기 작동을 중지시켰다. 한참 만에 공항에 도착, 우리는 30유로 주는 걸로 일을 마무리했다. 아내의 추측은, 파티마가 혹시 어느 지명을 말하는 건 아닌지, 그래서 기사는 파티마 가는 거 맞는지를 두세 번 우리에게 확인한 게 아니었냐고 한다. 내가 불가사의하게 생각하는 건, 왜 첫 번째 택시기사는 그냥 갔는데, 두 번째 기사는 제멋대로 차에서 나와서 파티마를 외쳤냐는 거다. 여주인에게 이메일을 보냈더니, 택시회사에서 전화가 왔는데, 기다려도 손님이 나타나지 않더라는 거다. 그리고 “파티마”는 포르투갈 중부에 있는 순례자들의 성지라고 한다. 이번 에피소드에서 얻은 교훈 하나: 상대와 접촉할 때는 소개해준 사람을 확인하는 일(이 경우에는 “파티마”라는 여성의 이름)은 물론이거니와, 행선지까지 확인해야 한다는 것이었다. 우리는 “리스보아 공항” 이라고 생각했는데, 상대는 “파티마”(지명)를 생각한 것이다. 여기서 이문화 커뮤니케이션(intercultural communication)의 오해가 발생하기 쉬운 경우가 일어나고 만 것이다. 언어의 공유가 불가능하여(한국어와 포르투갈어는 서로 이해불가, 영어로의 대화는 택시기사가 불능), 목적지 확인이 초기에 실패하고 만 것이다. 기사가 운전 중에 두세 번 "파티마"라고 소리쳤을 때, 그것이 사람 이름이 아니라 지역 이름이라는 것을 꿈에도 모른 채, 파티마 아줌마라고 설명하거나 아니면 리스보아 공항이라는 단어를 말하지 않은 것이 엄청난 마음고생과 금전적 손실을 본 악몽의 불씨가 되고 만 것이다.

7. 바르셀로나와 마드리드, 리스본을 지나 파리로 입성하니 환경이 나아진 만큼 물가도 올라가더구만

■ 역시 파리가 서울라이트에겐 좋아

1977년의 고교 2학년 때 잠시 그룹 영어 과외를 받은 적이 있는데, 당시 영어선생이 가르쳐준 단어의 하나가 Seoulite이다. 서울사람을 영어로 그렇게 표현한다나. 적어도 서울만큼의 사람 사는 수준을 느끼게 된 것이 바로 파리에 도착해서이다. 이곳의 숙소가 파리의 고급 주택가도 아닌데, 이전의 세 군데 도시의 숙소와는 확연이 다른, 적어도 서울에서 살던 사람의 기분을 달래줄 정도는 되는구나 하는 생각이 맘을 편하게 해준다. 바르셀로나, 마드리드, 리스본의 거시적 공통점은 유럽에서 상대적으로 경제 수준이 낮은 국가에 속한다는 점, 우리 부부가 머문 숙소의 미시적 공통점은 여주인이 결혼 후 (이유는 모르겠고) 현재 혼자 산다는 점이다. 가장 젊은 여주인이 48세이고 그 위로 50대, 60대이다 보니 살림살이가 귀찮은 거다. 가족이라도 있으면 모를까, 다들 장성해서 출가했거나 아예 자녀가 없다보니, 혼자 살면서 모든 걸 편리 위주로 하는 인상이다. 그래서 살림도 엉망이고 남자인 나는 모르지만, 아내는 집안이 아주 지저분하다고 불편해했다. 그러나 여기 파리는 여주인이 남편과 둘이서 산다. 방이 2개이고 그 중 하나를 단기 숙박으로 활용. 하여튼 혼자 사는 여자가 아니다 보니 살림도 깔끔하여 제대로 사람 사는 집에 온 느낌이 매우 좋다. Laumiere라는 지하철5호선 역에서 바로 나와 이면의 아파트 단지에 숙소가 있는데, 여기에는 까르푸 익스프레스, 디아, 프랑프리(fran prix)의 총 3개의 작은 슈퍼마켓이 경쟁을 벌이고 있는 곳이다. 그 중 까르푸 익스프레스와 디아에서 각각 장을 보았는데, 비닐봉지로 2개에 넣은 분량이다. 이 정도면 스페인이나 포르투갈에서는 25-30유로 정도하는 금액이었다. 그런데 여기서는 각각의 한 봉지에 담은 가격이 21, 22유로이다. 단순히 부피 기준으로 계산하면 적어도 1.5배라는 이야기인데, 비싼 물가 절감한다. 그래도 가령 냉동밥을 사더라도 스페인에서는 빠에야밖에 없었는데, 여기는 거기에 더하여 리조또도 있고, 해서 먹는 맘이 훨씬 즐겁고 편하다.

■ 파리 첫 나들이의 샹젤리제 거리는 상상했던 모습이 아니었다

그렇다, 중학교 때 지리과목 선생님이 말해주었던 낭만과 화려함의 샹젤리제, 프랑스 노래에도 나오는 "오! 샹젤리제..." 그런데 그 사이 한국이 눈부시게 발전했고, 샹젤리제 거리와 명품 점포들은 이미 우리 눈에 낯익은 것이어서, 더 이상 샹젤리제는 아무런 특별한 거리가 아니다. 기대에 못 미친 점에는 실망했지만, 그만큼 우리의 안목이 비옥해진 점은 만족한다.

샹젤리제 거리에는 자국 자동차회사 르노는 물론 일본의 도요타자동차도 전시 룸이 있는데, 대한민국 자동차 회사들은 안 보인다. 101번지의 루이뷔통 점포를 지나 내려가면 75번지에 La Duree라는 카페/레스토랑이 있는데, 여행책자 소개로 가보았다. 마카롱과 커피 한잔 먹을 생각에 웨이터에 물었더니 2층으로 안내. 미니마카롱2개 9유로, 케익1개 5.9유로, 블랙커피2잔 5.2유로, 합계 20유로10센트가 나왔다. 이 정도 금액이면 스페인, 포르투갈에서는 2인 점심값이다. 하여튼, 커피를 예쁜 잔에 내오고 거기에서 다시 커피 잔으로 웨이트레스가 살짝 따라주고, 남은 건 각자 알아서 따라 마시라고 테이블에 놔두고 간다. 커피 한 잔 마시는데, 2개의 잔을 준비하는 서비스가 격식과 전통을 말해주는 거 같다. 이 집에서 간식 먹기 전에 점심은 구글에서 검색된 Korean BBQ로 갔다. 샹젤리제 거리의 지하철역 '루즈벨트'에서 Colisee 거리로 들어간 뒤에 Ponthieu 거리로 우회전하여 쭉 내려가면 나오는데, 일본식 야키니쿠라고 보면 된다. 맛은 좋은데 고기가 샤부샤부처럼 너무 얇고 양이 적어서 고기 먹으려 작정한 사람이라면 1인당 40유로 이상은 써야 할 거다. 3대째 내려오는 집이라는데, 손녀는 프랑스 출생, 조부가 한국인이면서 일본으로 건너갔다는데 그 영향인지 현 주인인 손녀는 프랑스어, 영어, 일본어를 잘 한다. 유감스럽게도 한국어는 몇 개 단어 정도에 그치지만.

■ 갤러리즈 라파예트를 중국인 단체 관광객이 점령하였다

〈위는 라파예트백화점 내부, 아래는 쁘렝땅 백화점 외부〉

라파예트 백화점의 현지 명칭을 보니 Galaries Lafayette이다. 본관과 남성관, 길 건너 푸드관이 있는데, 본관 0층(우리식 1층)이 완전 중국인 세상. 쇼핑 후 세금환급 받으려는 행렬이 장사진이다. 직원들도 중국인. 중국은 프랑스와 프랑스거주 중국인을 먹여 살리고 있다. 라파예트가 실내 장식이 화려한 반면 이웃 백화점 쁘렝땅(80년대 초반인가 서울에 진출했다가 철수)은 실외 벽면이 아주 화려한 대조를 보이고 있다.

■ 말로만 듣던 소르본 대학, 일요일엔 문이 닫혀 있네

스페인과 포르투갈에서는 대학을 가지 않았지만, 프랑스에서는 소르본대학을 갔다. 하도 예전부터 우리 귀에 들어온 지명도가 있어서. 그런데 일요일에 가니 문이 닫혀 있다. 여기도 캠퍼스는 없고 건물뿐이네. 근처 스타벅스에서 샌드위치와 커피로 간단한 점심을 하려는데, 커피 잔에 손님 이름을 써주는 여종업원이 "용"이라고 하니까 성씨냐고 묻기에 first name이라고 하니, 혹시 한국인 아니냐고 묻는다. 그러더니 우리말로 한국에 1년 반 있었다고 한다. 중앙대와 경희대를 다녔다고. 아마 교환학생이겠지. 한국인 친구들에게 영상대화 하라고 동영상 찍어 주려 커피 마시고 내려갔더니 근무시간이 끝났는지 자리에 없다.

■ 뤽셍부르그 공원에 프랑스 국회가 있다면 믿을까

소르본 대학을 가려고 버스를 타고 내린 곳이 뤽셍부르그(Luxemburg)공원이다. 여기에는 작은 정원과 박물관(9월 며칠까지 다음 전시를 위하여 휴관 중)이 있지만, 더 놀라운 것은 프랑스 국회(Franch Parliament라고 경비대원이 말해주었다)가 있다는 거다. 실은 국회 정문은 공원밖에 있고 건물이 공원 안에 있는 것처럼 보일 뿐이다. 사전 예약을 받아야 일반인 출입이 가능하단다.

■ 아내는 퐁피두센터의 미술관에서 흡족해하다

퇴직 후 유화에 취미를 붙이면서 아내는 앙리마티즈, 추상주의의 칸딘스키와 몬드리안, 입체파의 피카소와 브라크(Braque), 러시아 작가 샤갈의 작품을 보면서 14유로의 입장료를 내고 득템했다며 흡족해했다. 건물 입구에 줄이 있길래 매표 행렬인가 했더니 가방 검문이다. 그런 뒤에 들어가 표를 사고 맨 꼭대기 층부터 구경 전시관1은 특별전시관으로서 오늘은 이스라엘 베이루트 출생(부모는 팔레스타인)의 여성 비디오, 사진작가 Mona Hatoum의 작품 등이 있고, 그 아래층의 전시관2에서 앞서 언급한 유명 작가들을 만난다. 무엇보다 여기 미술관은 플래쉬 카메라를 제외하곤 일체의 촬영을 허가해주어서 좋다.

■ 10회용 교통카드도 스페인과 다른 프랑스

바르셀로나와 마드리드에서는 10회용 교통카드 한 장을 사면 10번 사용할 수 있는데, 파리에서는 10회용 카드를 구입하니 1회용 10장을 준다. 가격은 14.1유로. 이걸 각자 한 장씩 사용하면 되는데 첫 번째 버스 안의 기계에 넣거나 지하철 개찰구를 통과하는 시점부터 90분간은 무제한 이용가능하다. 단, 버스에서 지하철로 환승에는 적용되지 않는다. 반면에 월요일-일요일까지 7일간 이용 가능한 Le Passe Navigo Decouverte는 카드발급비용 5유로를 포함하여 26.25유로인데, 버스와 지하철 간 환승도 아무 지장 없다. 단지, 본인 성명을 카드에 기재하고 사진을 붙여야 하는데, 창구 직원은 여권 사진을 복사해서 붙이란다. 마침 여권분실에 대비하여 가져온 두 개의 복사가 있어서 그 중 하나를 창구 직원한테 가위를 빌려 카드에 붙은 종이를 떼어내고 끈적이는 곳에 오려 붙였다.

■ 여행책자에 넣지 말았으면 하는 두 번째 내용

바르셀로나에서는 "세상에서 제일 맛있는..."이란 표현의 비엔나 카페를 소개한 것에 대하여 함부로 그런 표현 쓰지 말아야 한다는 느낌을 받았는데, 이번에는 아예 책자에 소개하지 말았으면 하는 곳을 적고 싶다. 파사주 데 파노라마(Passage des Panoramas)가 그런 곳인데, Grands Boulevards 거리에 있다. 거리를 걷다가 점포 사이에 철문 같은 것이 있는 골목 상가인데, 가봐야 별 볼일 없다. 이런 곳을 "파리에서 가장 유명한 실내 쇼핑몰" 이란 표현으로 소개하여 사람 헛일 시킨 게 기분 나쁘다. 건너편에는 Passage des Jouffrey라는 곳도 있지만. 역시 한국인에게는 초라하기 그지없는 곳이다. 괜히 시간낭비, 차비낭비 하지 않도록. 또 다른 곳은 갸또(Gateaux)라는 과자의 원조 가게를 소개했는데, 이 집의 문제점은 테이크아웃만이 가능한 영세 점포라는 점이다. 그럼에도 엘리자벳 여왕 등의 방문 사진이 가게 밖에 걸려 있어서 여행책자에도 소개된 것 같은데, 막상 먹어봐도 환상적인 맛은 결코 아니다. 세 번째 소개된 곳은 위의 갸또 점포인 Stohrer가 있는 거리 Rue du Montorgueil(몽토귀이)이다. 여기를 "파리에서 가장 유명한 먹자골목"이라고 책에는 썼는데, 그냥 레스토랑들 있는 거리 정도이지, 한국인한테는 이 정도가 파리에서 가장 유명하다니 하고 코웃음만 살 뿐이다. 위 점포에서 산 갸또를 커피와 함께 먹고 싶은데, 일반 카페에 들어가서 커피만 시키고 사갖고 온 다른 집

빵을 먹기는 그렇고. 마침 이 먹자골목의 Stohrer 가게 반대편으로 끝까지 가면 스타벅스가 있다. 그리고 그 건너편에는 아내가 찾던 화장품 가게 멜비타(Melvita)가 있는 걸 보고, 로즈워터 200㎖를 11.10유로에 샀다.

■ 되도록 버스를 타고 싶어서

외국에 오면 바깥 거리 풍경을 보고 싶은 게 당연하다. 그런 점에서 지하철은 꽝이고 역시 버스가 최고다. 그런데 파리 시내 가려는 곳을 버스로 가고 싶어서 구글 지도로 검색하니 지하철밖에 안 나오네. 할 수 없이 프랑스 대중교통 기관의 홈페이지 www.ratp.fr로 들어가서 국기를 영국기로 바꾸어 영어로 한 뒤에 getting around - planning your trip의 routes로 들어가 출발지와 도착지 입력 후, Bus.Tram을 클릭, 오른편에시는 fewest changes 혹은 least amount walking 중에 본인이 원하는 걸 클릭하여 Search를 누르면 원하는 버스노선을 발견할 수 있다. 가진 게 시간밖에 없는 여행객에게는 이게 딱이고, 단기간에 효율적으로 다 둘러보려는 여행객에게는 지하철이 최고일 터.

■ 몽마르뜨 언덕에는 아무런 기대치가 없다

가난한 화가들의 무대인 몽마르뜨, 이 정도가 내가 갖고 있는 선입견이다. 와 보니 성당이 있고(마침 화요일 오전11시에 미사가 있어서 참여) 그 아래 플라자가 있고 거리에 음식점과 가게들이 있고, 더 웃기는 건 우리나라 야바위꾼과 똑같은 무리들이 길거리에서 지들끼리 짜고 치면서 사람을 유인하는 모습이 보인다는 거다. 그걸 동영상으로 찍으려 했더니 하지 말라고 반발한다. 가게 중에는 아이디어 상품 점포가 있어서 뜨거운 냄비 올려놓는 아이디어 상품 등 몇 가지를 아내가 사보았다. 그리고는 바로 귀가. 이게 몽마르뜨 지구에 간 우리 부부의 3시간 남짓한 구경의 전부다. 돌아와서 여주인(젊은 부부)과 이야기하며 들은 놀라운 아시아와 프랑스의 차이점 한 가지. 그녀가 추천한 몽마르뜨의 레스토랑에서 먹은 메뉴가 토마토구이, 볶음밥, 생선찜이었는데, 생선 한 마리가 통째로 나와서 놀랐다고 했다. 그랬더니 그녀가 하는 말, 프랑스에서는 생선 요리하면 한 마리 통째로 나오는데, 아시아에서는 한 토막 나오고, 고기도 여기서는 커다란 덩어리로 나오는데 아시아에서는 저며서 나온다고. 그래서 도대체 생선이 어디 있지, 고기가 어디 있지 한단다.

■ 루브르 미술관은 그다지 관람객 친화적이지 않은 동선 구조에 못마땅하다

구경하는 루트에 익숙치 않은 관람객을 전제로 이야기하자면, 여기는 디귿자 구조가 영 낯설다. 가령 우리 부부가 두 개의 관(그렇다고 세 개의 관이 분리되어 있는 구조도 아닌데 그냥 명칭을 세 개로 붙인 이유도 모르겠고)을 보고 나서 마지막으로 Sully 관 입구를 들어가서 지하의 루브르 역사를 구경하고 올라와 작품들을 보면서 돌다보니 이미 구경한 다른 관의 작품 있는 곳으로 연결되었다. 이럴 필요는 없으니까 원래의 Sully 관 작품만 보려 했더니 원래 들어왔던 입구로 다시 돌아가야 하는 꼴. 남들은 잘 찾아갔는지 모르겠는데 우리 부부에겐 영 불편한 동선. 동영상, 사진촬영 모두 가능(플래쉬 터뜨리는 것만 금지인데 일부 관람객은 그것도 한다)한데, 가장 발견하여 기뻤던 것은 모나리자, 비너스, 니케가 아니라 메소포타미아 문명의 함무라비 법전이었다. 돌에 새겨진 알 수 없는 문구를 본 순간, 중고등학교 때 세계사 수업시간에 배운 함무라비 법전을 목전에서 바라본 게 그나마 루브르에서의 큰 위안거리였다.

〈함무라비 법전〉

■ 파리보다 훨씬 비싼 서울의 아파트 시세에 참 화난다

에어프랑스에 근무하는 여주인(남편은 소형 건설회사 근무)과의 대화에서 놀라운 점을 또 알게 되었다. 자기네 아파트가 얼마나 할 것 같냐고 질문했다. 면적을 물으니 66㎡, 약 20평이다. 서울은 한강(말하는 김에 파리의 강 이름을 정확히 발음해달라고 하니, "쎈"도 "쎈느"도 아니고 "세느"였다) 이북과 이남의 가격차가 현격한데, 일단 강북 기준으로 하면 4억원 정도, 유로화로 1300원 환산해서 약 30만 유로라고 했더니. 28만 유로란다. 그러니 파리는 서울 강북시세인데, 이놈의 강남은 뭔 배짱으로 이리도 비싼 건지. 또 한 가지, 강북과 강남의 가격차를 말했더니, 여주인 왈, 파리는 1-20개 구역은 가격이 동일하단다. 차이는 20개 구역과 그 바깥의 4㎞에 들어가는 지역 간에 존재한다는 것이다. 이 점도 재미있다. 일단 파리 20구역 내에만 진입하면 된다는 거지. 부부가 이 아파트를 살 때는 돈 한 푼 없었단다. 2.7%의 연이자율로 20년 융자를 받아 샀다는데, 현금 자산이 없어도 융자 신청자의 학력(diploma)과 소득만으로 100% 융자가 된단다. 자기네는 디플로마가 있고, 좋은 직장(에어프'랑'스=그녀의 발음은 에어프'항'스였다)이 있어서 가능했단다.

■ 빅토르 위고는 프랑스인에게는 하나의 Reference란다

노트르담 파리 성당을 보고 가까이에 있는 마리 앙트와네트의 감옥이었다는 Conciergerie로 갔다. Palace de Justice바로 옆에 붙어 있는데, 입장료가 1인당 8.5유로, 세다. 그렇다고 그 값 하느냐, 천만의 말씀. 당시 죄수들도 빈부의 차이에 따라 허름한 감옥과 침대 감옥, 침대에 책상까지 있는 감옥의 세 가지가 전시되어 있고, 마당을 나가서 다시 안으로 들어가면 앙트와네트의 감옥이 있다. 책상에 인형 앙트와네트가 앉아 있고 옆에는 침대가 있으며, 인형 감시 보초 두 명이 서 있다. 이 정도에 과한 입장료다. 레미제라블로 유명한 빅토르 위고의 기념관은 1인당 7유로인데 이 또한 과한 금액이다. 1층(우리식 2층)에 올라가면 빅토르와 그의 벗 두 사람의 습작 같기도 한 작은 크기의 판넬 그림들이 특별전시(temporary exhibition) 되어 있는데 별 감흥이 없다. 2층(우리식 3층)에 가니 위고가 50여 평의 아파트를 연간 1500프랑의 세를 주고 살았다고 설명되어 있고, 안의 장식은 꽤나 호사스럽다. 특히 중국 도자기가 가득 걸려 있는 점이 눈길을 끈다. 정치적

으로는 나폴레옹의 쿠데타로 감옥에 투옥되었다는 소개가 있다. 막상 작가로서의 그의 흔적은 그다지 강하게 살펴볼 수 없는 아쉬운 장소이었다. 그런데 여주인은 빅토르 위고가 프랑스인에게는 하나의 준거인물(reference)이라고 한다. 아! 그렇게 대단한 인물이구나, 자국민에게는. 그래서 착한 사람을 보고는 넌 장발장 같다는 표현을 쓴단다.

■ 파리 시내 명물 1호는 역시 에펠탑이다

다른 관광 명소를 갔어도 감흥이 크지는 않았지만, 에펠탑에 와서는 대단하다고 느꼈다. 우선 탑 아래에 4군데(간 날은 한 군데는 폐쇄)에 입장권 구매처가 있고 거길 가려는 행렬이 길어서 필히 인터넷 예약으로 줄 서지 말아야 한다는 걸 절감했다. 탑 아래는 광장처럼 넓고 그늘지어서 시원한 기분이다. 막상 실물을 보니 사진에서 느끼지 못했던 웅장함이 확연히 있고, 아내의 소감을 더하자면 그 위에 예쁜 모습을 갖고 있단다. 철 구조물 하나하나에 새겨 넣은 문양이 곱단다. 2층에 올라가 내려다 본 파리 시내 모습은 개선문 꼭대기나 몽마르트 언덕의 성당에서 본 것보다 훨씬 넓어 보여서 압권이다. 한 가지 아쉬운 점은 매표소에서 2층까지의 입장권과 3층까지의 입장권을 다 판매하면 될 것을, 굳이 2층에 와서 다시 3층 가는 표 구입 행렬을 만드는 처사가 못마땅하다. 결국 두 번씩이나 줄 서는데 시간 허비하게 만드는 이 프랑스 놈들이 못마땅하다 이거지.

■ 샹송을 듣고 싶어서 레스토랑에 가긴 갔는데

여주인한테 부탁해서 간신히 그녀의 수소문 끝에 간 곳이 20구에 있는 Le Vieux Belleville이다. 별로 번화가도 아닌 곳에 자리 잡은 좁은 곳에는, 이곳의 웹사이트에서 미리 본 아주머니가 아코디언을 연주하면서 손님들에게 가사가 적힌 종이를 일일이 나누어주면서 함께 노래한다는 점이 독특하기는 하다. 그런데 아주머니가 나이가 많고 복장이 남루하며, 가장 아쉬운 점은 우리부부가 듣고 싶었던 샹송을 전혀 모른다는 거다. 놀라운 점은, 옆 테이블의 우리 연대로 보이는 부부와, 숙소의 30대 주인 부부 모두 겨우 "오 샹젤리제.."로 시작하는 샹송만을 알 뿐, "눈이 내리네 당신이 떠나간 지금..."으로 시작하는 노래와 "뷰레스또(정확치 않지만) 파리..."로 시작하는 너무도 유명한 지네 나라 노래들을 전혀 모른다는 점이다.

■ 베르사이유 궁전이 모든 궁전의 기준점이 되는 이유는 외양에 있지 않을까

궁 앞에 도착하자 루이14세 석상이 품새를 잡고 있고, 멀리 보이는 궁전 벽면에는 금으로 덧칠한 모습이 한 눈에 들어온다. 세상에, 금 장식을 실내에 한 궁전은 봤어도, 그리고 첨탑에만 살짝 한 건물들은 여럿 있지만, 아예 겉모습 상당 부분에 화려한 금칠을 한 건물, 성당, 궁전은 베르사이유가 처음이다. 그걸 보고, 아! 이래서 베르사이유 궁전을 다른 유럽 왕족이 흉내 내어 자국에 지었다는구나 하는 점을 절감할 수 있었다.

■ 고지베리쥬스가 있다는 걸 알게 된 촌놈이네

규모가 큰 모노프리(monoprix) 슈퍼마켓에 갔더니 고지베리(goji berry)쥬스와 아사이베리 주스를 보았다. 아사이베리는 연예인이 먹는다는 가십 기사를 보고 존재를 알았지만, 고지베리는 난생 처음 보고 듣는 과일이다. 영국의 가족기업이 이윤 추구를 제일로 하지 않고 만든다는 유통기한 1년의 이 두 가지 주스를 사먹어 보았다. 둘 다 1리터에 2.87유로, 대략 3700-3800원 한다. 이 정도면 우리나라 오렌지 주스보다 좀 더 높은 가격인데, 난 서울태생이지만 여기 와서 촌놈이라는 게 드러났다. 고지베리는 히말라야 산맥에서 채취된다고 겉면에 설명되어 있는데, 복숭아와 살구를 섞은 듯한 빛깔과 맛이 난다. 겉면의 표기 내용을 읽어보면 몸에 좋은 게 반드시 약 같은 맛을 내는 것은 아니라고 되어 있다. 양약(良藥)은 고구(苦口)이나 이어병(利於病)이라는 옛 한자성어와는 정

반대이다. 아! 우리나라에선 이런 드문 과일 주스를 언제나 슈퍼에 가서 적정한 가격에 맛볼 수 있으려나! 오래 살고 볼 일이라는 말보다는, 외국에 나가고 볼 일이라는 말이 맞는 듯하다.

■ 오페라 귀빈이라는 파리의 한국음식점에서 정말 장기여행의 피로를 풀었다

구글에 치면 주소는 다 나오는데, 지하철 Pyramides 역에서 3번출구(R. Pyramides)로 나와서 길 건너 2시 방향으로 삐딱하게 난 길 R. Therese로 들어가 Sainte-Anne로 좌회전하여 쭉 가면 나오는데, 외국의 한국식당에서 보기 힘든 보쌈이 있네. 16유로, 된장찌개가 15유로인 걸 감안하면 정말 착한 가격이다. 한국에서는 묵은 김치가 나오는데, 여기는 바로 썰어 만든 무와 새콤한 국물, 그리고 두부가 함께 있다. 주문받으면서 굴을 넣어도 되냐고 묻기에, "주시면 좋죠."라고 응답했는데, 이유가 궁금하다. 아내 말로는, 프랑스 사람들이 굴과 망고, 멜론, 땅콩 등에 알레르기가 있다고 한다는데... 하여튼, 스페인과 포르투갈, 프랑스를 돌면서 지쳐버린 심신이 이 보쌈 하나로 싹 풀렸다. 주변에 태동관이라는 한국음식점도 있는데 겉의 안내판에 태동관의 영문 표기가 중국발음으로 되어 있다. 마드리드에서도 아리랑이라는 식당이 중국인이 하는 건데. 그러고 보니 샹젤리제 거리의 코리안BBQ 여주인이 한 말이 생각난다. 스시집을 중국인들이 점령하는 바람에 프랑스에서 스시는 패스트푸드가 되고 말았단다. 그러고 이제는 한국 음식점까지 중국인들이 달려들고 있단다.

■ 루브르 박물관보다 오르세 박물관이 우리 부부에겐 훨씬 매력 있는 곳이다

루브르는 온갖 잡것들을 다 한데 모아놓았고, 프랑스 역사를 모르는 우리 입장에서는 그림의 배경 지식도 없으니 이해하기가 쉽지도 않고 관심 밖의 작품들도 무지 많다. 넓디 넓은 곳을 다니려니 피곤에 지치고 그러다 보면 대충 주마간산 식의 관람이 될 수도 있다. 관람 순로(順路: route)가 친절하게 배치된 것도 아니고. 그에 비해서 오르세는 5층에 먼저 올라가서 인상파 화가들인 모네와 세잔느 등의 여러 작품을 집중적으로 보고, 2층에 내려와서는 고흐, 고갱 등 여러 후기 인상파 화가들의 작품을 다시 집중해서 보고, 0층에 내려와서는 이들의 추가 작품들을 보게 되니, 한마디로 Impressionism에 초점을 맞춘 미술관이라서, 이 화풍이 맘에 드는 관람객에게는 더할 나위없는 장소일 수밖에 없다. 아내의 만족스런 표정과 표현이 절로 나오니, 같이 온 나로서는 무척이나 다행이다. 아쉬운 점은 오디오기이드가 한국어가 없어서 할 수 없이 일본어로 들은 뒤 반납하면서, 한국어 오디오가이드 제작 신청을 하는 절차가 어떻게 되느냐고 물었더니 옆의 직원한테 물어보고, 그 옆 직원 한다는 말이, 9월15일부터 나온단다. 동문서답인지는 나도 모르겠고.

■ Truffe 피자의 Truffe라는 버섯인가 뭔가 하는 게 가격이 상상을 초월하네

어느 레스토랑 겸 바에 가서 메뉴를 보니 딱히 주무할 게 마땅치 않아 피자 쪽을 훑어보니, 16유로 가격의 Truffe Pizza가 있다. 이게 뭐냐고 물으니 Truffe 버섯크림으로 만든 거란다. 숙소에 돌아와 여주인과 대화하다 메뉴 이야기를 했더니, 그게 엄청 비싸다고. 사연인 즉, 다른 버섯과는 달리 지상으로 나오지 않고 지하에서 자란단다. 그래서 어디에 있는지 위치 추적이 사람으로서는 하지 못하고 개, 돼지 등에 의존한단다. 그래서 공급량이 워낙 적다보니 가격이 천정부지로 비싸다고. 그런데 그녀가 들려주는 이야기로는, Truffe 버섯보다 더 비싼 게 Safran이란다. 사전에는 붓꽃과에 속한다 하고. 여주인 남편이 요리를 좋아해서 냉장고에 보관된 걸 보여주었다. 이게 한 송이 꽃에서 실오라기 같은 사프란 하나를 채취한다고.

■ 여행책자에 가게 소개할 때는 남편의 재정능력을 고려해서 선별했으면 좋겠다

소개된 가게 가운데 세 군데를 들렀다. 그 중 찻집 Mariage Freres는 홍차가 한 통에

25유로라서 두 통을 일본의 스승님께 보낼 선물로 샀다. 이 집은 식사도 할 수 있는데, 점원 중에는 일본인 남성도 있고, 차를 고르면 계산은 카운터 여직원한테 가서 한다. 예쁜 엽서카드도 한 장 받았다. 그 다음은 장갑 가게 Maison Fabre로 갔다. Valois 정원 앞 건물 1층에 점포들이 있는데 들어가 보니 최하가 148유로로 기억한다. 그렇다고 특이하거나 상당한 고급감, 혹은 멋진 디자인이라면 사겠지만 그렇지도 못해서 그냥 구경만 하고 나왔다. 자! 남편 기 팍 죽인 수공예가방점으로 소개된 Maison Goyard로 가보자. 작은 가게인데도 경비가 출입을 제한한다. 줄서서 기다리다 들어갔고, 아내는 디자인을 보더니 요즘 우리나라에 보이기 시작한 제품인데, 뭔가 했더니 여기 제품이구나 하네. 그 중 두 개가 괜찮아 보인다고 하기에 점원에게 가격을 물었다. 각각 1200, 1750유로이다. 그러면서 내일(9월1일)부터는 가격이 인상된다고. 150만원, 230만 원 짜리 가방을 사줄 여력이 없는 내 신세가 짜증났다. 서울서도 백화점 옷 한 번 못 사줘서 좌절감에 지내는데, 해외 와서까지 뭣 같은 기분을 느껴야 하나?

■ **고흐가 사라지고 남아 있는 곳, 오베르 수루아즈**(Auver Sur Oise)

파리 북역에서 RER H선을 타고 41-43분 정도 가면 종착역인 Pontoise에서 내려 다시 Persen이나 Creil로 가는 다른 열차를 타고 5번째 정거장에서 내리니 고흐의 숨결이 느껴진다고 하면 과장일까? 그런데 그 숨결은 그가 정신질환에 걸려 그렸다는 교회가 있는 이곳의 분위기가 왠지 모르게 우울하게 다가온다고 말하면 또 다른 과장이겠지. 그가 머물던 라부 주막(Auberge Ravoux)은 기차역에서 나와 왼편으로 걸어가면 길건너에 있는데, 1층의 레스토랑과 2층에 그의 방이 있을 텐데, 월요일과 화요일은 휴무라서, 오늘 화요일에 우리 부부는 겉모습만 보는데 그쳤다. 그러고 나서 기차역으로 나와서 오른편으로 가니 도로 표지가 안내하듯, 왼쪽의 좁은 길로 올라가니 그가 그린 교회가 있다. 그림과는 달리 그 앞이 잡초가 아니라 도로가 나 있다는 차이는 있지만, 여전히 교회는 미사까지 지금도 거행하고 있다. 교회 앞에는 고흐가 그린 교회 그림이 도로에 걸려 있고, 두어 명의 아마추어 화가들이 길가에 앉아 교회 그림을 그리고 있다. 다시 길을 올라가면 오른편에 도로 표지가 그가 안치되어 있는 공동묘지(cemetry)를 안내한다. 고흐 덕분에 많은 영면한 이들이 낯선 이들의 방문을 맞이하고 있다. 우리보다 앞서 걸어가는 중국인 부부가 용케도 알고서 그의 묘지로 가기에 우리 부부도 따라 갔다. 다른 묘지는 대리석 혹은 돌로 되어 있는데, 고흐 형제의 무덤은 풀로 덮여 있어서 관을 볼 수는 없다. 공동묘지 뒤로는 넓고 황량하면서도 무한한 포옹을 해줄 듯한 풀밭과 그 너머로 밀밭이 자리 잡고 있다. 아내는 고흐의 그림에 나오는 하늘모양, 구름모양이 왜 저렇게 묘사되어 있는지를 현장에서 생생하게 확인할 수 있어서 대만족이다.

〈기차시간표〉

1. 파리 북역(gare du nord) → Pontois=10:11→10:51,10:41→11:21(매 11, 41분 출발)
2. Pontois → Auver Sur Oise=11:01→11:15, 12:01, 12:31, 13:01, 14:01, 15:39, 16:01
3. Auver Sur Oise → Pontois=14:40, 16:35, 16:40, 17:05, 17:35, 17:40. 18;05, 18:35, 18:40, 19:05, 19:35
4. Pontois → Gare du Nord=14:36, 15:06, 15:36, 16:06, 16:23, 16:36, 17:06, 17:36, 17:53, 18:36, 19:06, 20:06

■ 파리 디즈니랜드도 역시나 초등생 이하 관람 적정이란 생각이다

거금 75유로를 1인당 입장료로 받아먹는 테마파크치곤 몸값을 못한다는 생각이 든다. 미국 LA의 디즈니랜드가 구닥다리인 점에 새삼 놀랐고, 이번에 파리의 디즈니랜드도 설

럽넌도가 LA보다 덜 오래되었을 뿐 모든 시설과 거리행진 등을 보면 역시나 초등생의 지적 호기심을 충족시켜주는 장소로 전락했다는 인상이 깊이 남는다. 디즈니스튜디오까지 보려면 추가로 20유로인가를 더 내면 된다고 요금표에 나와 있는데, 그것까지 볼만큼 체력이 넘치지도 않고. 디즈니빌리지는 곧 오픈한다지만 그건 노는 것과는 무관하고. 좌우지간 40분을 전철타고 오니 바로 역 앞에 입구가 있다는 점은 좋다. 짐 검사하고 들어가면 매표소가 있고. 그나저나 먹을 것이 문제인데, 샌드위치, 햄버거가 싫다면 뷔페가 있는데 어른이 27유로인가 한다. 레스토랑 정식 메뉴는 그보다 비싸고. 따라서 경비 절감 차원에서 슈퍼에서 과일과 음료, 빵집에서 빵을 사갔고 오면 좋겠다는 생각이 든다. 실제로 어떤 가정은 샌드위치를 사 갖고 와서 의자에 앉아 먹는 모습도 눈에 띄었다.

■ 피카소, 고갱, 세잔느가 단골로 다녔다는 화방에 가서

Senelier(화방)에 가서 유화에 심취한 아내를 위하여 총액 530.62유로(물감8개 =96.51→특별가57.9+ 붓11개 306.19+ 세트(나무가방과 그 안에 물감21개 등)166.53를 지출했다. 붓 값이 그렇게 비싼 줄은 몰랐다. 저렴한 붓과 물감으로 2년 정도 유화를 배웠으니 이제 한국으로 돌아가면 제대로 솜씨를 더 키웠으면 하는 바람으로 한턱 쐈다.

■ 스페인과 프랑스의 고속도로를 비교해보면

스페인이 비용 절감 효과가 크다. 스페인의 고속도로는 톨게이트 비용을 내는 것(autovista)과 내지 않는 것(autovia)이 있어서 비용을 절감하려면 후자를 선택하면 되지만, 프랑스에는 우리나라처럼 고속도로라 함은 유료이기에 그 점에서는 더 든다. 파리에서 몽티냑(Montignac)까지 오는데, 19.4유로와 3.1유로, 이렇게 두 번을 냈으니 22.5유로의 추가비용이 스페인에서보다 더 발생했다고 말할 수 있다. 휴게소 찾는 데는 프랑스가 더 낫다. 스페인은 고속도로변에 있는 휴게소와 바깥으로 나가는 휴게소가 있어서 전자를 고르는데 신경을 써야 하는 반면, 프랑스는 우리나라처럼 도로변에 있어서 찾는데 아주 편리하다. 또 다른 점은, 설령 고속도로변에 있더라도 스페인은 개인 점포라서 음식의 질 면에서 다소 떨어지지만, 프랑스는 휴게소라는 인상을 주기 때문에(우리보다는 훨씬 점포의 수나 메뉴의 다양성에서 뒤쳐지지만) 먹는다는 면에서도 만족도가 높다.

굳이 공통점이 있다면 운전자들이 1차로의 추월선에서 2차로로 차로 변경을 할 때 2차로를 달리는 차량과의 안전거리를 확보하지 않은 채 아주 좁은 간격임에도 치고 들어오는 경우가 잦다는 점이다. 우리나라 고속도로에서 이랬다가는 정말 욕바가지로 먹을 텐데 말이다.

■ **배려심 없는 프랑스의 관광 명소들**

루브르 박물관의 작품 제목조차 불어로만 되어 있을 때부터 얘네들 싸가지 없는 것 알아봤는데, 라스코II 동굴 가는 길 애먹은 걸 생각하면 정말 욕 나온다. 나만 그랬다면 내 탓이겠지만, 프랑스의 노부부 2팀과 우리팀, 이렇게 차량 3대가 우연히도 같은 시간에 라스코를 향해 가는데 이게 목적지 400미터 남겨두고 공사한다고 좁은 산길을 막아놓았다. 그 중 한 차량이 선두를 서고 우리 차가 그 다음, 마지막은 또 다른 프랑스 노부부 차량. 그렇게 가다가 앞차가 창문을 열고 길을 가는 현지인 부부에게 물으니 저리로 가란다. 거긴 라스코IV 공사장이다. 그랬으면 적어도 공사장 주변에 팻말을 달거나 더 배려한다면 아예 라스코II 가는 초입부터 안내판을 달아주든가. 안내센터에 돌아가서 하소연했을 때 그녀가 준 지도를 보고는 안 되겠더라고.

■ **메머드의 유골이 아니라 벽화에 그려진 메머드를 본 루피냑(후피냑=불어 발음) 동굴**

라스코는 불어와 영어 가이드로 진행되지만(영어는 11시50분과 오후 몇 시인가 하루 2회), 루피냑 동굴은 오로지 불어로만 진행되는데, 오전10-11시30분이 지나고 나면 오후2시에 다시 입장을 받는다. 여기 가는 길이 주소가 자세히 없어서 정말 애먹는다. 결국엔 우편번호 24580, 지역명 Rouffignac-Saint-Cernin-de-Reilhac을 입력하여 해당 지역에 도착하였지만 안내센터도 점심시간이라 문을 닫고, 주변 레스토랑의 손님에게 물으니 로터리로 돌아가서 우회전하면 왼편에 까르푸가 있고 오른편 길로 들어가라는 말을 따르니, 성공했다. 라스코와 마찬가지로 카메라와 캠코더 모두 촬영 불가라서 그냥 보기만 했는데, 여기는 미니기차를 타고 구경하는 점이 특징이고(1시간 소요), 라스코는 가이드가 초입과 두 군데의 벽화 설명으로 끝내는 점(40분)이 다르다. 루피냑은 거대한 동굴이고, 라스코는 컬러 벽화라는 또 다른 차별화가 보이기도 한다.

■ 선사유적박물관과 베이냑 고성(古城)

일요일에는 선사유적박물관(musee national de prehistoire)이 무료라는 말을 직원이 고맙게도 말해주어 어제(토)대신 오늘 왔다. 사실 세계사 시간에 배운 크로마뇽(Cromagnon)인의 진짜 모습은 보지도 못하고 단지 발견된 유골로 추정하여 만들어 놓은 모습뿐이었다. 고성 가운데 베이냑성이 소개되어 찾아갔으나, 그저 옛 모습을 볼 뿐, 민속촌처럼 재현하는 상황은 없기에 그저 그랬다. 베이냑(Beynac)성이 있는 마을이 프랑스에서 가장 아름답다는 소개 글에는 동의하기도 아니라고도 말하기 어렵다. 다른 프랑스 시골마을을 보지 않았으니 비교하기가 무리이고, 다른 한편으로는 도르도뉴(Dordogne)강이라고 하는 게 우리나라로 보면 강이 아니라 천(川)이라서 스케일이 좀 우습다. 어찌했건 성에서 내려다본 강가 주변 모습은 아늑했다.

■ 일요일 저녁 파리로 돌아가는 고속도로는 서울과 다른 듯 마찬가지 상황이다

숙소의 여주인한테 미리 들어서 예상은 했는데, 서울과 마찬가지 상황은 막힌다는 점이다. 다른 점은 파리로 오는 마지막 톨게이트 통과할 때까지는 막힘이 없지만 통과하고 나서부터 정체가 시작된다는 점이다. 그런데 두 개의 내비게이션의 지능에 천지차이가 발생했다. 한국에서 가져온 미국산 내비는 남은 시간이 20분이라는데, 하이브리드 차량인 토요타의 Auris에 장착된 내비게이션은 1시간10분이 남았단다. 이게 뭔 소리야? 아! 내장된 내비는 마치 인공지능을 갖고 있는 건지, 교통정체 상황을 분석하여 그리 보여준 거고, 미국산 내비는 멍청해서 그런 능력이 없는 것 같다.

■ 고속도로 요금소의 표시 이해하기

톨게이트에 다다르면 위에 그림들이 두 개 있다. 하나는 초록색 화살표시가 아래로 향한 것과 't'자가 있고, 다른 하나는 붉은색 카드그림과 t자가 있다. 전자는 현금 지불이고 후자는 카드결제이므로 본인이 지불 가능한 수단으로 결정하면 된다. t자는 우리나라처럼 고속도로 통행카드라서 지불 안하고 그냥 통과하면 된다.

8. 궂은 날씨에 우울한 분위기라고 들었던 런던에 오니 서울과 아주 흡사한 환경이 편하기만 하다

■ 초등학교 때 배운 그리니치 천문대를 40년이 훨씬 지나서야 가서 눈으로 보았다

런던에 와서 개인적으로 꼭 가보고 싶었던 곳이 Greenwich 천문대(Royal Observatory)이다. 어려서 배운 내용이라 그만큼 뇌리에 강하게 박혔나보다. 천문대 기념관에 들어가 보니, 해리슨(Harrison)이라는 자가 개발한 시계의 버전4(H4)가 현재의 시계모양에 가장 가깝고, 그 덕분에 Graham의 재정적 지원을 받았다는 내용, 개인의 연구 능력을 인정하여 리처드 2세가 그리니치 천문대의 건립을 명했다는 내용 등이 적힌 글들이 있었다. 드넓은 공원 안에 자리 잡은 천문대라서 근무하는 연구원들은 좋겠다고 생각했는데, 기념관이외의 연구동 같은 것이 보이지 않아 직원에게 물어보니, 현재는 옥스퍼드로 이전했다고 한다. 그리니치의 또 다른 명물은 위스키 브랜드로 눈에 익은 Cutty Sark 선박이 부두에 자리 잡고 있다는 점이다.

■ 비수기에 관광을 해서 좋은 점 하나, 크루즈 탑승권 48시간짜리를 24시간짜리와 같은 가격에

숙소(72 cable street)에서 타워부두(Tower Millenium Pier)까지는 걸어서 10분 정도라 좋다. 타워부두에서 탬즈 강 크루즈를 타려고 매표소에서 몇 가지 질문을 하는 내 모습을 보더니 매표소 남자 직원이 48시간짜리를 24시간짜리 가격(18파운드)에 해주겠단다. 혹시나 옆에 있는 Bateau(수상버스)로 갈까 싶어서 그랬나? 당일로 동쪽의 그리니치와 서쪽의 웨스트민스터를 다 가기에는 역부족이었다. 그냥 왕복만 하고 오는 게 아니라, 그리니치에서는 천문대를 구경해야 하고, 웨스트민스터에서는 사원과 버킹엄 궁전을 봐야 하기에.

■ 런던에서는 시티투어2층버스가 인기가 없게 생겼다

언젠가 tv 뉴스에서 보았던 붉은색의 2층버스가 정말로 런던을 누비고 있다. 대중교통버스가 2층이니 얼마나 좋은지는 타본 사람은 다 알거다. 그래서 그런지 시티투어버스

의 호객 직원들이 거리에 있는 게 보인다. 더군다나 숙소에서 10분 정도 걸어가면 있는 Aldgate East Station(Underground=Tube) 근처의 버스정류장에서 타고 Oxford Street로 가는 25번 버스는 24시간 운행이라 더 좋다. 2층버스가 있는 건 스페인과 프랑스에 비해서 영국이 갖는 우위인 반면, 교통 정체는 훨씬 심하다. 오후2시 경에 버스를 타고 가는데 정말 기어 다닌다고 말하면 될 정도이다. 그러니 지하철이 절대로 필요할 수밖에. 하지만 우리부부처럼 적잖은 날짜를 할애하여 시간이 넉넉한 관광객에게는 시내 거리를 구경하는 게 무엇보다 중요하기에 버스가 최고다.

■ Kimchee 라는 브랜드의 한국음식점이 참 특이하면서 고급스럽다

25번 버스를 타고 옥스퍼드 거리로 가다보니 New Oxford St.정거장과 Tottenham Court Rd.정거장, 이렇게 두 군데의 버스정류장 근처에 '김치'라는 상호의 한국음식점이 있는 걸 보았다. 원래는 와사비라는 브랜드의 한식+일식 점포로 가려 했는데 식사를 하러 여기로 가보았다. 색다른 점은 테이크아웃을 염두에 둔 음식점이라는 점(물론 점내 식사도 가능), 그러면서도 실내 장식이 고급음식점 같다는 것이다. 우리부부가 점심과 저녁을 다 여기서 해결했는데, 가격을 보면, 두부비빔밥 5.95, 김치불고기볶음밥 3.55,

〈기업이 아닌 개인이 운영하는 점포인데도 아주 깔끔한 실내외가 맘에 든다〉

두부물국수 5.45, 두부샐러드 5.95, 김치국1.65, 흰쌀밥1.2파운드이다. 다 한국음식 맛이 나는데, 유독 김치국은 현지향기가 난다. 어찌했건 이 정도 가격이면 슈퍼마켓의 테이크아웃 가격과 견줄만하다는 생각도 든다. 국과 밥은 전기국통과 전기밥솥에서, 나머지는 냉장 진열장에 있는 걸 그냥 가져다 사먹으면 된다. 카운터를 보는 여자에게 물어보니, 기업이 아니라 개인이 소유하는 점포로 2개가 있다고 하면서, 와사비 점포 주인과 동일인이라고 한다.

■ 런던과 파리를 성급하게 비교하면

하나, 파리에는 정말 빵집(boulangerie & patisserie)이 도처에 널려 천지인데 비하여 런던에서는 좀처럼 찾기가 쉽지 않다는 점. 둘째, 파리에는 길거리에 개똥이 널렸는데 런던에는 적어도 개똥만큼은 드물나는 점. 셋째, 파리의 세느 강보다 런던의 탬즈 강이 폭은 넓지만, 물 색깔은 탁하고, 볼거리가 강 양변에 적다는 점. 넷째, 파리에는 10회 승차권도 팔고 충전식(Oyster card)도 팔지만, 런던에서는 오로지 충전식만 판다는 점. 다섯째, 파리의 1회 승차비는 1.8유로(10회권의 경우에는 1.4유로)인데 비하여 런던의 1회 승차비는 4.8파운드(충전식의 경우 2.3파운드)로 원화로 환산하면 런던이 3배를 웃돌아 영국 물가가 비싸다는 사실을 여실히 엿볼 수 있다는 점. 여섯째, 파리에는 1층버스뿐이지만, 런던에는 오로지 2층버스만 있다는 점. 일곱째, 런던은 우리나라처럼 상업지구와 주거지구가 분리되어 있는 반면, 파리는 중심가에도 주상복합이 널려 있다는 점. 여덟째, 파리는 일체 서비스 차지가 없는데, 런던은 계산서에 12%(한국, 중국식당은 10%)의 서비스요금을 꼭 추가한다는 점.

■ 웨스트민스터 애비에서 성스런 성체성사를 받다

1인당 20파운드의 입장료는 확실히 비싸다. 성당(수도원)이 스페인의 세비야 대성당처럼 대단한 것도 아니고. 그나마 무료 오디오가이드를 주는데 한국어가 있어서 다행이긴 했다. 관람 도중에 물어보니 마침 12시30분에 미사가 있다 하기에 구경하다가 시간 맞추어 미사에 참석했다. 그런데 여기에서는 성체성사를 신자 여러 명이 맨 앞의 의자 앞에 나란히 무릎을 꿇고(아프니까 푹신한 고무 받침대를 대준다) 있으면 주임신부가 빵을 주고 보좌신부가 포도주를 준다. 한국에서는 신자들이 줄서서 앞으로 나아가 신부한테서 받는데 비하여, 웨스트민스터 애비(Abbey)에서는 신부님이 직접 신자들에게 다가와 축복의 말씀을 해주시고 빵(과자)을 건네주시며, 덧붙여 보좌신부님께서 포도주까지 마시도록 해주시니 참으로 영광스럽다. 애비의 특징은 성당이면서도 많은 영국의 국왕과 왕비들이 묻혀 있다는 점이다. 엘리자베스1세 여왕과 앙숙이었던 스코틀랜드의 마리가 안장되어 있고, 엘리자베스1세가 자식 없이 사망하자 마리의 아들이 영국의 국왕으로 즉위했다는 점도 재미있다.

■ 대영박물관은 참 착하다

프랑스의 루브르박물관은 그나마 있던 매월 첫 번째 일요일 무료입장도 4-9월의 성수기에는 없던 걸로 했는데 비해, 영국의 브리티시 뮤지엄은 연중 내내 무료입장이니 참 착할 수밖에. 유료 입장을 하면 본전 뽑을 생각들에 모두가 붐비기 십상인데, 대영박물관은 복잡하지 않고 느긋하게 음미할 수 있는 게 또 다른 매력이다. 반면 여기에는 그림은 없고, 말 그대로 문명사를 보여주는 유물들뿐이다. 일본은 미츠비시 상사가 후원하여 5층에 전시장을 갖추었는데 문을 열고 들어서면 제일 먼저 보이는 게 "백제관음입상"이

〈위는 일본관의 "백제관음상", 아래는 한국관의 배재대 정해조 교수의 작품과 소개글〉

다. 백제(일본어 발음으로는 '쿠다라')가 제3국인들에게는 일본으로 비추어지는구나. 우리나라는 한국재단의 후원으로 2층에 자리 잡고 있다. 개인적으로 가장 놀란 것은, 배재대 칠예과 교수로 재직 후 정년퇴임하신 정해조 교수님의 작품이 전시되어 있다는 점이다. 그 분의 국제적 명성이 다시금 다가왔다.

■ 사람만이 걸어 건널 수 있는 런던의 밀레니엄 다리

테이트모던미술관(Tate Modern Museum)을 가기 위하여 지하철역 Blackfriars에서 내려 밀레니엄 브리지를 통하여 템즈 강을 건넜다. 템즈 강이 한강보다 훨씬 길이가 짧아서 걸어 건너기 딱 좋은 다리이다. 게다가 밀레니엄 다리는 오로지 사람들만 다니는 인도가 있을 뿐 차도가 없으니 더욱 흥겹다. 테이트모던에서도 3층의 특별전시관만 유료일 뿐 2층과 4층은 무료이다. 4층에는 백남준 전시실이 있다. 어제 대영박물관에 이어서 유럽에서 백남준의 파워가 어느 정도인지를 가늠할 수 있는 잣대이기도 하였다.

■ 해로즈 백화점은 정말 품격 있는 백화점이란 생각이 든다

런던하면 Harrods를 빼놓고 쇼핑을 논할 수 없지 않을까 하는 생각이 들 정도로 해로즈 백화점은 프레스티지 그 자체였다. 외관은 묵직하고 안에 들어가니 가령 1층(우리식2층)의 숙녀복 코너는 International Designer 1, 2, 3, 이런 식으로 칸을 구분해 놓았다. 마치 미술관에 가면 갤러리 1, 2, 3, 하는 식으로. 그렇다 보니 많은 점포들이 번잡스럽게 나열되어 있는 느낌이 아니라 깔끔하게 소그룹화한 인상이 강하여 아이쇼핑하기에도 편하다. 또 하나, 각 층의 레이아웃이 에스컬레이터를 타고 올라가 점포에 들어가면 점포 내부에는 일체 상하 에스컬레이터가 없다. 따라서 다시 에스컬레이터가 있는 곳으로 나와야 하고 자칫하면 찾기가 만만치 않다. 한편으로는 에스컬레이터가 곳곳에 비치된 다른 백화점들과는 달리 차분한 쇼핑을 가능케 해준다는 생각도 든다. 무엇보다 압권은 4층의 홈웨어(Homeware) 부문이다. 와! 크리스탈 식기들로 가득 찬 코너가 한 군데가 아니라 홈웨어 부문 전체가 그렇게 되어 있다 보니 남자인 나로서도 압도당할 수밖에 없는 연출력에 놀랐다. 물론 홈웨어 부문을 지나 다른 부문으로 가면서 그런 압도적 분위기에서 간신히 벗어날 수 있었지만. 재미있는 점은 G층(우리식 1층)에는 화장품 섹션도 있지만, 식품/커피&차/과일/베이커리 부문도 같이 있다는 점이다. 우리나라 백화점은 지하층에 두는데. 그런데도 해당 부문에서는 일체 음식 냄새가 나지 않아서 격조 있는 백화점의 이미지에 전혀 손상을 주지 않는다. 지하1층, 지상6층의 해로즈백화점에서 우리부부가 한 것은 홍차6통을 산 것과, 맛있어 보이는 빵들을 산 것이 전부다.

■ 런던의 교통카드 Oyster Card는 무한리필의 카드라는 게 기특하다

웬만한 런던 시내는 대부분 구간이 2zone이다. 3zone은 거의 없는데, 가령 세계 최대 식물원이라고 한다는 Kew Gardens가 3구간이다. 오이스터 카드는 보증금5파운드를 추가로 지불하고 구매하는데, 이게 존1에서는 1회 인출금이 2.3파운드이고, 존2에서는 2.8파운드이다. 그럼 하루에 3회 대중교통을 존1에서만 이용한다면 6.9파운드이다. 그런데 오이스터 카드는 하루 인출액에 상한선(cap)이 있다. 즉 존1의 경우에 6.4파운드이다. 따라서 3회 이용 시 50펜스가 절감되고, 4회째부터는 아예 공짜로 타는 거다. 정말 역무원 말 그대로인지 확인해보았다. 개찰구 나오고 나서 자판기의 노란색 원에 오이스

터카드를 갖다 대면 잔액이 표시되는데, 역무원 말이 맞았다. 오이스터 카드 재충전은 노란색 원에 갖다 댄 뒤에 충전 금액을 선택하고 현금(또는 카드: 카드만 가능한 기계와 현금 지불 가능한 기계가 함께 있음)을 삽입한 뒤에 다시 한 번 오이스터 카드를 노란색 원에 갖다 대면 재충전한 총액이 표시된다. 모르면 기계 근처에 있는 직원한테 도움 청하면 도와준다.

■ **세계사 시간에 배운 엄청난 기록 두 가지, 스톤헨지와 마그나 카르타를 생생한 두 눈으로**

결국은 누가 주도해서 교과서에 실느냐 마느냐에 따라 탐방 여부가 정해지지 않을까? 스톤헨지와 마그나 카르타는 도저히 나로서는 안 가볼 수 없는 문명의 산물이다. 그런데 두 개가 한 곳, 솔즈베리(Salisbury)에 있다는 사실. 솔즈베리 기차역을 나와 왼편으로 가면 솔즈베리 행 투어버스가 우리를 기다리고 있다. 1인당 27유로에는 왕복교통비와 입장료가 포함되어 있다. 스톤헨지에 도착하면 카페에서 점심을 해결. 특히 오늘의 수프가 맛있었다. 토마토와 붉은 렌틸콩으로 만들었다고 쓰여 있다. 적어도 스톤헨지를 보러 갈 때는 걸어서 2㎞의 넓은 평원을 꼭 걸어갔으면 한다. 도중에 소떼들이 풀 뜯어먹는 모습도 있고. 돌아올 때는 셔틀버스를 타도 상관없지만. 도대체 3톤이나 하는 거대한 돌을 목재를 이용하여 굴려서 30㎞나 떨어진 곳에서 이곳으로 원주민들은 어떻게 가져올 재주가 있었는지? 돌들을 가져오기 전에도 원주민들은 이곳에서 생활하고 무덤까지 만들었다는데. 지금은 그 중 많은 돌들이 없어지고 남은 건 초라한 모습의 몇 개뿐이더라. 생각했던 것만큼 웅장하지는 않았다. 어찌했건 역사의 현장을 확인했으니. 그 다음으로 간 곳은, 투어버스를 타고 돌아오는 길에 두 번째 정류장인 city center에서 걸어가는 솔즈베리 성당이다. 바로 이곳에 영국의 존 왕과 귀족 간에 자유와 정의에 대한 논쟁이 기록된 Magna Carta(라틴어=영어로는 Great Charter)가 바로 성당 안의 Chapter House에 보관되어 있다. 40개의 원본 중 4개만이 남아 있고, 그 중 가장 보관 상태가 좋은 것이 바로 솔즈베리 성당에 있는 것이고, 나머지 하나는 다른 성당에, 2개는 대영도서관에 있다고 한다. 직접 눈으로 본 마그나 카르타는 돋보기 없이는 읽을 수 없을 정도로 작은 글씨로 되어 있다. 아래의 설명에는 63개 clause와 3천개의 단어, 5시간의 필기 시간이 걸렸다고 한다. 직접 세어보니 라인(줄)은 76개이었다. 다만 사진 촬영이 허용되지 않아서 눈 안에 담고 올 뿐이었다. Chapter라는 용어가 성당의 Management Team이라는 전혀 알지 못했던 뜻이라고 쓰여 있다. 하루에 이 두 가지 엄청난 세계사의 기록물을 목격한 감격으로 족한 하루였다.

〈생각했던 것 만큼 웅대하지는 않았던 스톤헨지〉

■ 레일카드 신청에 필요한 여권사진의 제출을 통해서 본 프랑스와 영국의 일처리 방식의 차이

파리에서 월요일부터 일요일까지 7일간 통째로 사용할 수 있는 교통카드를 발급받으려면 21유로에 덧붙여 5유로의 보증금을 내야하고, 여권용 사진을 붙여야 한다. 그런데 역무원이 여권을 복사해 갖고 오란다. 마침 한국에서 컬러로 복사해온 것이 2장 있어서 그 중 하나를 보여주고 가위를 빌려 오린 뒤에 카드에 붙이는 걸로 해결. 그런데 런던의 워털루 기차역 역무원은 친절은 한데, 그건 프랑스 방식이고 자기네는 사진이 필요하단다. Rail Card라고 하는 걸 1년 사용가능한데, 이걸 기차표 구입 시 제시하면 요금이 1/3 할인된단다. 커플이 이용하는 것으로 이름은 Two Together인데, 영국철도 홈페이지에 들어가니 프로모션으로 떠서 알 수 있었다. 어찌했건 역무원 왈, 건너편 11번 플랫폼 위 2층에 가면 드럭스토어(Pharmacy)가 있는데 5파운드 할 거라고. 스토어 직원한테 도움을 청하니 일반 사진 찍는 곳 말고 여권전용 칸으로 안내한 뒤에 촬영법을 설명해주었

다. 5파운드에 즉석에서 5장 나왔다. 머리는 늘어지고 생긴 게 무슨 범죄 집단의 조직원 같은 게 아! 나도 이젠 완전히 한물갔구나. 75파운드(2인 왕복요금)를 50파운드에 샀으니, 추가비용 40파운드(2인 레일카드 30+ 여권사진촬영 10)에 기차비용 절약분 25파운드를 제하면 아직은 15파운드 적자이지만, 다음에 또 다른 곳을 기차로 갈 예정이니 그때부터는 흑자 전환하겠지. 실제로 두 번째 목적지 캠브리지 왕복에서 16파운드 절감하여 이미 1파운드 흑자로 돌아섰다. 세 번째 옥스퍼드 가면서 다시 16파운드 절감했으니 17파운드 흑자. 런던 밖으로 나가는 마지막 행선지인 세븐 시스터즈 클립(cliff)이 있는 이스트본(Eastbourne)까지 왕복기차요금에서 21.3 파운드 절감하여 누계 38.3파운드 흑자 기록. 매표창구 직원에게 출발 플랫폼을 물으니 0번을 말한다. 그런데 전광판에는 11A가 있다. 아! 노인네가 미처 먼저 출발하는 기차를 보지 못했구나. 그런데 11A로 들어가려고 개찰구에 가서 혹시나 하고 서있는 직원에게 물으니, 여긴 완행이고 급행은 0번으로 가란다. 그랬구나.

■ **노팅힐의 포토벨로 마켓**(Portobello Market)

영화 '노팅힐'인가 뭔가, 휴 아무개가 나온 영화를 보고 다들 런던에서 한번쯤은 가보고 싶다고 생각했을 듯. 그런데 어느 주택가 2층에 "조지오웰"이 살았던 맨션이라는 간판은 있으나 영화 촬영지였다는 곳을 발견하지는 못했다. 다만, 여기 포토벨로 마켓은 몇 블록씩이나 걸쳐진 정말 긴 거리의 시장이라서 굳이 물건을 사지 않더라도 한번쯤 시간이 난다면 걸어볼 만은 하겠다. 여길 보니 전에 갔던 코벤트 가든 마켓은 정말 조족지혈이다. 거리 면에서 본다면. 주로 골동품이 많기는 하지만 이것저것 구경하며 먹는 재미도 있을 듯. 끝까지 가다보면 길거리 음식들도 보인다.

■ **캠브리지 대학교 산하의 여러 대학들 중 트리니티와 퀸즈를 슬쩍 들어가보았다**

바르셀로나에서 같은 집에 우연히 묵게 된 서양화 전공 여학생은 박물관을 무료로 입장한단다. 국제학생증만 있으면. 아무래도 전공이 미술이라 그렇겠지. 마찬가지로 학교 선생이 학교에 입장료를 내고 들어간다는 게 좀 그렇다 싶어서 먼저 퀸즈대학(Queen's College) 입구의 여직원에게 신분을 이야기하니까 잠시 사무실에 들어가 보더니 다시 나와서는 그냥 들어가라고 한다(입장료3파운드, 아내 몫까지 6파운드 절감). 정말 자그마한 대학이다. 그래도 입학처 담당직원과 이것저것 이야기도 나누었다. 29개 대학들이 전공에 중복이 있다는 점에서 서로 경쟁을 하는 처지에 있다고도 여겨진다. 킹스 칼리지는 문지기 노인네가 대학 예배당과 캠퍼스(chapel and ground) 입장료 8파운드를 방문객센터에 가서 사갖고 오란다. 도통 말이 안 통하는 사람일세. 뭐가 아쉬워서 두 사람 16파운드를 쓸데없이 쓴단 말인가. 세 번째 Trinity College에 갔더니 정문 앞의 다정한 수위분께서 이야기를 듣더니 정문 안으로 들어가 왼편의 Senior Porter에게 말해보란다. 그런 명칭의 직책이 있는 것도 처음 알았다. 두 명이 앉아 있는데, 영문 재직증명서를 보여주니까 입학처 위치를 알려주었다. 입학처 직원과의 대화에서, 학위수여장에는 Cambridge University와 해당 대학, 가령 Trinity College가 나오고, 학위취득자의 성명과 학위명칭(가령, 문과생들은 B.A.)이 나오지만 전공은 표기하지 않는단다. 아울러 29개 대학 간 학점교환제도는 없어서 다른 대학으로 수강하러 갈 수는 없지만, 공통센터에 가서 여러 대학에서 온 학생들이 특정 과목을 다 같이 듣는 과목은 있단다. 여름방학이 6월 중순부터 10월 중순까지 너무 길다는 생각을 말했지만, 10주간의 3학기가 강도가 세서(intense) 학생들에게 긴 휴가를 주는 것이며, 학생들 가운데는 여름방학에 연구, 조사를 하기도 한단다. 받아온 자료를 보면, 트리니티 대학의 2014년의 입학생들이 지원한 전공을 보면, 자연과학 183명, 수학 182명, 엔지니어링 132명 등 이과 쪽이 620명이고, 문과 쪽은 총 351명 가운데 경제학 85명, 법학 54명 등의 순이었다. 결국 한 학년의 정원은 불과 971명의 소수정예인 셈이다. 놀라운 점은 학비가 의외로 미국대학보다 저렴하다는 것이다. 트리니티 대학의 문과계열은 연간 학비가 15,063파운드(대략 2,500만원), 여기에 방값2850-4200, 식비2500, 용돈(책, 문구, 여행, 유흥, 전화, 학교 밖에서 식사 등)2500으로 나왔다. 그렇다면 1년 유학비용이 대략 23,500파운드, 4천만원 정도이니까 미국의 7만 달러, 대략 7700만원보다 무지 적게 드는 셈이다. 물론 엔지니어링 전공은 학비가 22,923파운드, 의학은 36,459파운드로 상대적으로 높기는 하지만.

■ 런던시내의 옹색한 런던경제대학이지만 내실은 있겠지

우리나라에서 런던정경대학으로 말하는 대학의 영문명은 London School of

Economics and Political Science이다. 즉 경제가 정치보다 앞서 온다는 점, 약자로는 그냥 LSE, 즉 정치학이 빠져있다. 아울러 공립인 London University의 constituent college라는 소개도 있다. Old Building을 통하여 들어가 보니 Connaught House와는 구름다리로 연결되어 있는데, 회계학과, 금융(재정)학과, 국제개발학과, 정부학과(dept. of government: 행정학인가?), 국제개발학과, 사회정책학과 등이 있다. 그런데 강의실은 작고 몇 개 안 보이는 반면, 교수실, 연구실, 박사과정실, 스터디룸 등이 많이 보이며, 각층의 단위 면적은 좁다. Houghton Street를 나와서 Kingsway를 걷다보면 New Academic Building이 보이는데, 여기는 카드를 넣고 들어가야 하고, 여직원이 앉아 있는데 신분을 밝히고 출입을 타진하였으나, 관심 학과와 사전 접촉을 해야 한다고 한다. 이 신 건물에는 법학과와 경영학과가 있다는데, 입구에는 중국인 정씨가 기부했다는 벽걸이가 있다. 그 다음으로는 London Business School(LBS)에 가보았다. 여기는 석사, 박사, MBA만을 다루는 대학원 대학인 셈이다. 예전에 여기 소속의 국제경영학 분야의 저명 교수 중의 한 분인 John Stopford 박사의 일을 잠시 거든 적이 있다. 유감스럽게도 카드 키로만 각 층의 문을 열고 들어갈 수 있어서 그냥 훑어 보고 바로 나왔다.

셜록홈즈박물관이 Baker 지하철역과 LBS사이에 있기에 들어가려 했지만 1인 입장료가 15파운드나 하여 포기했다. 그 정도로 가보고 싶은 곳은 아니니까.

■ 세계 제1의 장서 보유를 자랑한다는 브리티시 도서관의 출입증 발급 신청하기

조용히 책 읽으며 하루 일정을 보내는 것도 재미있으리라 생각하여 대영도서관에 가보았다. 몇 가지 전시를 하고 있었는데, 가장 재밌게 본 것은 소장 전시물이었다. 출판 관련 문화재들이었는데, 구텐베르크가 만든 활자를 이용한 성서, 비틀즈의 폴 메카트니가 작성한 "예스터데이"의 작사 노트, 셰익스피어의 첫 인쇄본, 베토벤과 쇼팽, 모차르트 등의 작곡 노트, 중국과 중동의 인쇄물 등 다채로웠다. 그 중에 우리나라 것이라고는 불교 그림의 인쇄본뿐이었고, 중국의 인쇄방식이 일본과 한국의 금속활자에도 영향을 미쳤다는, 우리에겐 아주 김빠지는 설명뿐이었다. 심지어 옆의 개방된 공간에서 전시된 각국의 수집 우표와 엽서 가운데 유감스럽게도 아프리카 국가들의 우표도 있는 마당에, 우리나라 것이 전무하였다는 씁쓸함을 지울 수 없었다. 이왕 온 김에 도서관 출입증

(Reading Pass)을 신청해보았다. 그런데 신분증만 갖고 되는 게 아니다. 한국 주소가 있는 증명서가 필요하다. 다행히 국제운전면허증과 더불어 국내운전면허증도 갖고 왔기에 보여주었더니, 한글이라서 공증을 해야 하는데 자기네 직원 중에 딱 한 명이 한국어를 읽을 줄 안다고. 해서 전화를 하였지만 직원 왈, 동아시아 담당 최고 큐레이터 토드박사가 15-22일 간 휴가라고 그의 이메일을 주면서 연락해보라고. 다행히도 이틀 후에 인턴으로 있는 한국인으로부터 토드박사님 연락받고 메일 보낸다고. 그래서 다시 날짜를 잡아 가보았다. 그래서 한국인 여학생이 유급 인턴으로 일하여 그녀의 도움으로 주소가 맞다는 확인 서명을 받을 수 있었다. 3년간 브리티시 라이브러리의 회원증을 갖게 된 걸 기념으로 삼았다. 아내의 전공에서 가장 유명하다는 '베버리지 보고서(Sir William Beveridge, Social Insurance and Allied Services, 1942)'를 컴퓨터 화면으로 직접 읽어보고, 아내는 무척이나 뿌듯해했다. 물론 지하 서고에서 원본을 가져올 수도 있는데 1시간 정도 걸린다고 해서 그냥 컴퓨터 화면의 책으로 만족했다. 한 가지 흥미로운 점, 이 여학생 인턴은 한국에서 다른 대학을 졸업하고 이쪽 공부를 하고 싶어서 관련 전공이 있는 특수대학으로 재차 입학을 하여 공부하고 있는데, 워킹홀리데이와 유사한 비자로 런던에 와서 아르바이트를 하던 중에 브리티시 도서관에 인턴 응모를 하였는데, 합격했다는 점이다. 생활비는 인턴 월급으로 충당한단다. 참 대견한 일이다.

■ 옥스퍼드가 캠브리지보다 활기는 차긴 하지만

활기차다는 것은 무엇보다 거리에 사람들이 더 많고 상가 형성이 더 잘 되어 있다는 점에서 알 수 있지만, 우스갯소리로 옥스퍼드역 앞에는 한국식당이 있는 반면, 캠브리지에는 없고, 옥스퍼드에는 아울렛이 있지만 캠브리지에는 없다는 점도 거론할 수 있다. 캠브리지 유니버시티에는 킹스칼리지가 있지만 옥스퍼드 유니버시티에는 없다. 반면 퀸즈칼리지와 트리니티 칼리지는 공통으로 있다. 그런데 똑같은 퀸즈칼리지라도 캠브리지는 신분증 보여주니 무료 입장시켜준 반면, 옥스퍼드는 돈 내란다. Magdalen college (마들렌 칼리지)는 처음에는 2인 8파운드를 요구하더니 캠브리지 퀸즈칼리지 사례를 말해주니까 그냥 입장시켜 주었다. 단, 점심12시부터 입장된다. 그러나 아쉽게도 입학처 직원이 부재중이어서 면담은 못했다. 트리니티 칼리지도 막무가내라서 포기. 여기에 있는 Bicester village outlet은 다른 아울렛과 마찬가지여서 굳이 가봐야 할 곳이라고 할 수는 없지만, 이왕 옥스퍼드 온 김에 가보니, 역시 중국인들 천지다. 영어 공부하기. 기차 안의 전광판에 "Welcome aboard this First Western Service from London Paddington to Oxford calling at Reading and Oxford"라고 나왔다. 보아하니 종착역은 옥스퍼드인데, 리딩과 옥스퍼드에서 콜링한다(?). 아마도 정차역이 두 군데라는 말일게다. 숙소에 와서 네이버 사전을 보니 'call at'이 '정차하다'라는 뜻이 있다. 이걸 이 나이에 런던에 와서 처음 알았다.

■ 버킹엄 궁전의 경비대 교대식은 우리나라 광화문에서 하는 조선군 교대식보다 못 하네

9월부터는 관광시즌이 끝나서 짝수 날에 버킹엄궁전 정문 안에서 교대식이 11시30분부터 있다(궁전 입장은 9월27일에 종료). 해서 가보았는데, 기존 경비대(Old Guard)와 신규 경비대(New Guard) 간의 교대식(Change the Guard)은 20분 정도가 군악대의 연주일 뿐, 교대식은 눈요깃거리가 별로다. 버킹엄 궁전 입장료 20.5파운드는 과하다.

■ 런던에서 딱 한 군데만 시장(마켓)을 가보라고 한다면 단연 캠든 지구의 스테이블 마켓이다

여행책자에서 소개한 코벤트 가든 마켓이나 노팅힐의 포르토벨로 마켓에 비하면 단연 Camden지구의 Stable Market이다. 남대문처럼 길이 여기저기 개방형으로 난 것이 아니라, 골목이 사방으로 뻗쳐 있고, 각종 다양한 상품을 파는 가게들이 많아서, 런던에 왔는데 백화점 말고 시장에 가고 싶다면 여기가 가장 낫다는 생각이다. 아내는 인도가게에 들어가서 쿠션커버를 1장 5파운드, 3장 12파운드에 파는 걸 사갖고 왔다.

■ 아내의 전공을 따라 가 본 토인비 홀

숙소 근처에 있는 두 개의 지하철 역 가운데 Hammersmith 라인이 올드게이트 이스트(Aldgate East)역이다. 이 역에서 몇 번 내리다가 우연히 출구 표시에 Toynbee Hall을 보았다. 아내가 깜짝 놀란다. 사회복지에서 배운 그 토인비홀이란 말인가. 웹사이트에 들어가 보니 정말 Commercial street에 있구나. 마침 9월19-20(토-일) 10시-5시

에 오픈하우스를 한다기에 오늘 가보았다. 내가 알던 역사학자 토인비가 맞다. 그리고 아내가 배웠던 바로 Barnett 부부가 기부를 깊이 관여하였고. 1854년에 시작한 빈민 구제의 복지사업은 이곳이 런던 동부지역의 빈민가라는 점에서 시작하였다고 한다. 부두 노동자들의 불안정한 일자리, 건강 문제 등의 해결에 초점을 맞추었다고 한다. 현재 활동비의 1/3은 Trust Fund로부터 무상지원, 1/3은 정부지원, 나머지 1/3은 자체 수익(건물 공간을 입주자에게 임대하기. 결혼식장으로 대여 등)에 의한다고 한다. 2014년 9월에 승인받은 리노베이션 프로젝트에 수백만 파운드의 펀딩이 진행 중이고. 현재도 400여명의 자원봉사자가 활동 중이란다. 그 밖에 토인비홀과 무관한 질문 하나를 추가하였다. 도대체 런던에 와보니 다운타운 곳곳이 신축건물 공사로 난리인 이유가 뭐냐고. 2030년에는 런던의 인구가 현재의 800만 명에서 1,000만 명으로 증가할 전망이란다. 그래서 주거와 사무실의 신축이 이루어지고 있다고. 아! 런던은 성장 중인 수도로구나. 가이드 투어를 마치고 위쪽에 있는 Brick Lane이 홍대처럼 크리에이티브한 거리라고 여행책자에 소개되어 12시 점심시간에 가보았는데 도통 모르겠다. 밤이 그런 건지.

■ 럭비 월드컵게임이 열린다는 올림픽 스타디움에는 웨스트필드라고 하는 쇼핑몰이 인산인해다

2012년 런던올림픽의 주경기장을 보러 갔는데 다음 주 수요일에 열리는 럭비월드컵게임의 준비를 위하여 일반인 출입이 금지되고 있으며(이미 다른 구장들에서 경기는 진행 중), 11월이나 되어서야 가능할 거라는 건설현장 직원의 말을 듣고 바로 옆에 있는 탑의 입구로 가보았다. 탑까지 엘리베이터를 타고 가서 전망을 구경하는데 12파운드, 거기서 Abseil(자일을 타고 내려오기)이 무려 85파운드나 한다. 마침 내려오는 사람을 보았는데, 그게 본인이 조절하여 천천히 내려오는 게 아무것도 아닌 것 같지만 오히려 단번에 끝나는 번지점프보다 체공 시간이 훨씬 길어서 더 무서울 것 같다. 이곳에는 퀸엘리자베스 올림픽공원도 있지만, 무엇보다도 쇼핑몰 Westfield Shopping Center가 있다는 게 엄청난 집객 효과를 보이는 것 같다. 토요일에 갔는데 정말 사람들 참 많았다. 총 4개 층으로 구성되어 있고, 명품보다는 낯익은 브랜드 점포들이 즐비해있는데, 바르셀로나에서 몇 군데 가보았던 쇼핑몰을 런던에서는 여기가 처음이다. 단지, 스케처스 운동화

는 서울보다 가격이 비쌌고, 자라는 바르셀로나보다 훨씬 비쌌다. John Lewis 백화점과 Waitrose 슈퍼마켓도 있어서 관광객의 원스톱 쇼핑이 가능하다.

■ 105일 유럽여행에서 가장 마음의 평온을 가지게 해 준 세븐 시스터즈 클립

아직 이탈리아 여행이 남아 있는 만큼 잠정적인 결론이라고 밖에 말할 수 없지만, 런던

〈하얀 절벽과 그 위를 거닐어 보면 참 좋다〉

〈세븐시스터즈 가는 길의 일부인데, 목적지까지의 과정도 참 사람 맘 편케 해주더라〉

의 남동부 방향 바닷가에 자리 잡은 Seven Sisters Cliff과 거기로 걸어가는 편도 30여 분의 길은 굳이 긴 여행으로 지치지 않았더라도 내 마음을 온전히 보듬어준 아주아주 소중하고 오래도록 새겨질 추억길이 되고 말았다. 런던의 빅토리아 기차역에서 1시간22분(돌아올 땐 1시간30분) 가면 있는 이스트본(Eastbourne) 역에서 나와 왼편에 진을 친 버스 정류장 중에서 'J'에 가면 12, 12A, 일요일과 공휴일에만 있는 13X(마침 일요일이었는데 13X가 왔다)를 타고 고불고불 아스팔트 길을 30분 가면 '세븐 시스터즈' 정거장에서 하차. 방문객센터에서 지도와 설명을 듣고, 옆의 레스토랑에서 점심 해결. 10파운드의 'Fish'가 아주 맛있다. 꽁치와 연어, 흰살 생선, 그리고 참치 하얀 부위를 으깬 살덩어리, 야채와 빵이 하나의 접시에 담겨 나오는데, 여기에 진저비어(ginger beer: 생강향을 담은 청량음료로 병에 도수 표시가 없는 걸 보니 알코올음료는 아닌가 보다)를 곁들여 깔끔히 마무리. 하얀 분필 같다 하여 Chalk라고 불리는 이 절벽을 조망하려면 방문객센터 앞 도로를 더 내려가 Cuckmere Inn(레스토랑도 있음)의 주차장으로 들어가 나무 출입문을 열고 작은 숲으로 들어가면 된다. 35분 정도를 걸어가면 왼편 언덕에 집 두 채가 보인다. Coastguard Cottages라고 지도에는 나와 있는데, 이 집들 위로 올라가면 왼편에 view point가 있다. 7개의 절벽(봉우리가 일곱 개)을 멀리서 바라본 뒤에 가까이 가려면 다시 방문객센터까지 돌아와서 이번에는 길 건너 왼편의 평원 길로 가야 한다. 이유는, Cottages와 절벽 사이에 Cuckmere River(사실 우리나라로 보면 천(川)에 불과한데, 카누를 하는 애들도 보인다)가 있어서 건너갈 수 없기 때문이다. 다시 35분 정도를 걸어가 절벽 앞에 다다르면 돌백사장이 있는데 맨 끝에 있는 절벽을 걷다 보면 돌백사장은 없고 바닷물이어서 더 이상 갈 수가 없다. 그냥 돌아가기가 아쉬워 절벽 위의 언덕길을 올라가면 절벽을 덮고 있는 경사진 평원이 나온다. 경사를 다 올라가면 이번에는 내리막길인데 여기는 바람이 멈춘다. 사람을 홀리는 글솜씨가 없어서 내가 받은 감정의 낙원을 뭐라 표현하기 어렵다. Cottages로 가는 길은 우리나라 논두렁길과 같은데 좌우가 논이 아니라 평원이 있고 그 위에 양들이 풀을 뜯어 먹고, 강(천)이 있다는 점이 전혀 다른 풍경을 연출한다. 흰색의 절벽을 본 적이 없으니 마냥 즐겁기만 하다. 그러다가 절벽 언덕 위로 올라가 망망대해를 보면 잔잔해진다. 나도, 주위도. 바다와 평원이 함께 있는 곳을 아직껏 못 보았으니 참으로 신기한 체험을 한 것이다. 두고두고 마음에 새기려고 일곱 자매 절벽(아내는 sister가 수녀의 뜻도 있고, 하얀 절벽 모양이 수녀님의 모자 쓴 모습과 비슷하다는 말을 하는데, 듣고 보니 일리는 있지만, 구글 검색에서는 그런 유래의 설명은 없다)을 하염없이 바라보다 왔다.

■ 무역학도라면 누구나 들었을 로이드보험회사의 그룹 건물 앞에서

뉴욕 월가의 증권거래소도 출입을 금지시켜서 밖에서만 보고 말았기에 런던증권거래소도 기대하지 않았다. 세인트폴 대성당 뒤에 자리 잡은 건물의 경비는 사전 약속이 없으면 출입이 안 된단다. 그 다음으로 간 곳은 무역학 관련 과목을 하나라도 들은 사람이라면 다들 알만한 Lloyd 보험회사의 그룹이 있는 Leadenhall(레든홀) 거리다. 종합 금융그룹으로 활약하고 있는 로이드그룹의 건물은 마치 석유화학공장처럼 외양이 디자인되어 있어서 역동적이면서 출렁이는 리스크를 관리해야 하는 업종의 성격을 대변하는 것 같기도 하다. 반 지하 메인 출입구로 들어가니 사람들이 삼삼오오 모여 말들을 나누고 곧바로 게이트가 있어서 출입을 못하고 나왔다.

■ 런던 여행의 마지막을 식물원에서 좋은 공기 마시며 보내길 참 잘했다

세계에서 가장 유명한 식물원이라고 웹사이트에서 자화자찬하는 왕립식물원(Royal Botanic Garden, 일명 Kew Gardens)을 찾아갔다. 지하철 District 라인이 3군데 종착역으로 분산되는데 그 중에 Richmond가 종착역인 지하철을 타면 바로 전 정거장이 Kew Gardens이다. 아침고요수목원처럼 오밀조밀 꾸민 곳이 아니라는 점, 하우스를 제외한 실외에는 수목이 주류를 이룬다는 점 등을 꼽을 수 있는데 뭐 그리 대단한 인상을 받고 오지는 않았다. 상암동의 월드컵공원처럼 꼬마기차를 식물원 안에서 운행하지만, 노인을 제외하고는 굳이 그럴 필요 없다. 그냥 천천히 걷는 게, 그게 좋을 뿐이다. 사진에는 담지 않았지만, 일본 정원이 한편에 있다. 원래 무슨 박람회에 전시되었던 것을 옮겨 왔다고 소개되어 있다.

■ 짐 많은 여행객이 개트윅 공항을 갈 경우에는 빅토리아역보다 블랙프라이스역이 편리하다

동일한 디스트릭스 또는 써클 라인을 타고 가지만, 빅토리아 지하철역에서 기차역으로 가기 위해서는 계단으로 짐을 들고 가야 하니 곤욕이다. 그런데 블랙프라이어스(Black Friars) 지하철에서 기차역으로 이동하는 건 에스컬레이터 혹은 엘리베이터로 가니까 무지 편하다. 물론 빅토리아 기차역에서는 익스프레스로 30분, 블랙프라이어스역에서는 보통으로 45분 걸리기는 하지만, 10.2파운드로 요금도 저렴하겠지. 단지, 내가 갖고 있던 레일카드(Get Together)는 주중에는 오전9시30분 이후에 1/3할인이 이루어지는 거라서 이른 아침에 혜택 받지 못한 점은 어쩔 수 없다.

9. 워낙 명성이 자자한 로마에 입성했는데 왜 이리도 밋밋할까

■ 산타마리아 마죠레 성당의 내부가 참으로 곱상한 모습을 갖고 있다

성모 마리아가 교황의 꿈에 나타나 지으라고 했다는 이 성당을 들어가니 마침 11시에 미사가 있어 참석했다. 성체성사에 신부님께 나아가 빵을 먹을 때 다른 곳에서는 보통 손바닥에 받아 본인이 먹는데, 이곳에서는 사제가 친히 신자의 입에 먹여주는 모습이 다

르다. 스페인 바르셀로나의 사그라다 파밀리아 대성당이 가우디의 작품으로 내부의 화려함이 이루 말로 다할 수 없었다면, 마죠레 성당의 내부는 곱상하고 아름답다는 느낌이 아주 강했다. 려(麗)라는 한자가 저절로 떠오를 정도로 아주 맘에 들었다.

■ 스칼라 산타를 직접 체험해보니 우스개 신자인 나도 감회가 남달랐다

세계 최초의 성당이라고 한다는데 그 모습이 여전히 건장하여 정말 그토록 오래되었나 하는 생각이 드는 산죠바니 라테라노 성당보다도, 성당의 '포르타 죠바니' 광장 쪽 건너편에 자리 잡은 예배당이 가톨릭 신자에게는 더 의미가 크다. 거기에는 스칼라 산타가 있는데, 예수님께서 무릎을 꿇으며 재판을 받기 위하여 올라가다 핏자국이 생긴 계단이라고 하는데, 9월부터는 오후3시 이후에 문을 연다. 1시간을 햇볕을 쬐며 세 개의 문 중에서 가운데 문 앞에서 기다리는데, 좌우가 아니라 중앙문이 열리는 바람에 본의 아니게 맨 앞에서 계단을 오르게 되었다. 예수님의 고통을 체험하려면 신자들도 무릎을 꿇으면서 한 계단 한 계단 올라가야 한단다. 몸은 힘들었지만 기분은 좋은 체험이었다.

■ 판테온신전은 성당 겸용이고 트레비분수는 웬 공사중

판테온은 신전이라고 하지만 가보니 성당 기능을 하고 있다는 점, 특이한 것은 천정 한 가운데에 구멍이 뚫려 있는데, 개폐식인 줄 알고 물었으나 아니라고 한다. 비가 오면 그대로 빗물이 떨어지는 셈이다. 트레비 분수는 로마의 휴일에 나왔다는데 영화를 안 보았으니 잘 모르겠고. 하필 공사 중이라서 분수에 물은 없었다(귀국 후 TV방송에서 공사가 완공되었다는 보도를 봄). 사실 이 두 곳을 가려고 본의 아니게 걷게 되었다. 테르미니 기차역에서 걷다 보니 먼저 도착한 곳이 베네치아 광장 주변에 있는 비토리오 에마누엘 2세의 기념관(Monument for Vittorio Emanuele II)이었다. 건물 안의 직원에게 물으니, 통일 이탈리아의 초대 국왕이 그 사람이란다.

■ 로마 대중교통기관에도 몇 가지 혜택은 있더라

우선 7일짜리 교통카드가 파리보다 낫다. 파리의 7일권은 월요일부터 일요일까지라서 화, 수, 목요일 등 다른 요일에 사면 각각 6, 5, 4일씩밖에 못쓰지만 로마의 seven days ticket은 본인이 버스나 지하철에 처음 개찰하는 요일부터 시작해서 7일간이니 참 좋다. 또 하나는, 파리의 7일카드는 보증금 5유로를 내야 하지만, 로마는 그런 것 따위 없다. 마지막으로 파리의 7일카드는 여권사진(복사한 것도 무방)의 첨부를 요하지만, 로마에서는 일체 요구하지 않는다. 기차 관련 혜택은 지난 번 런던에서 철도 웹사이트에 들어가서 판촉 행사를 본 것이 계기가 되어 혹시나 로마철도에도 있으려나 하여 들어갔더니 (www.trenitalia.com) special 2x1이라는 offer가 있어서 토요일에 한하여 1인표 값으로 2인이 탈 수 있는 것이다. 하여 우선 나폴리 행을 1인 왕복 요금 52유로(2시간 소요, 1시간 소요는 86유로)로 부부가 가는 표를 전날 금요일에 테르미니 기차역에 가서 구매하였다. 로마에서 처음 기차역에 가보니 다소 어리둥절한 점이 있다면, 매표소에 사람들이 줄을 서지 않고 떼 지어 서 있는 것이다. 그래서 한 사람에게 줄이 어느 거냐고 물으니, 줄은 없고 옆의 대기표 주는 곳에서 표를 받으란다. 그래서 옆의 박스에 앉아 있는 여직원에게서 대기표를 받고, 전광판에 자기 번호가 뜨면 해당 데스크로 가면 된다.

■ **폼페이 최후의 날을 찾아가는 데는 현찰, 그것도 잔돈까지 다 맞추어 준비해두어야 하네**

세계사 시간에도 배웠고 몇 해 전에 외화가 상영되어 영상으로 보게 된 Pompei. 베수비오 (Vesuvio)화산의 폭발로 사라지고 남은 흔적이 유적(ruins)이 되어 있는 곳. 나폴리 중앙역에 내려서 밖으로 나가지 말고 에스컬레이터를 타고 지하로 내려가 왼편으로 끝까지 걸어가니 Circumvesuviana라는 사철의 매표소와 개찰구가 있다. 소렌토(Sorrento)행 기차를 타고 도중에 Pompei Scavi역(full name은 +villa dei misteri)까지는 2인 편도5.26유로인데, 잔돈을 거슬러주지 않으니 금액을 맞추란다. 앞 친구는 카드밖에 없어서 퇴짜당하고. 탑승역명은 Garibaldi역. 플랫폼으로 내려가 1시11분 출발 열차를 기다리니, 3분 전에 하나 도착. 그런데 앞면에 종착역 표시도 없고 그라피티로 낙서만 되어 있네. 대기하고 있는 다른 승객에게 물어보니 자기 생각엔 소렌토 행이 아닌 것 같다고. 맞다, 아니다. 정각에 도착한 다음 차다. 그럼에도 사철이 좋은 이유는 요금이 저렴하고 폼페이 유적지 바로 앞에 선다는 점이다. 출발시간은 매 11분, 41분으로 시간 당 2대가 간다. 폼페이 시 중에서 화산으로 소실되고 흔적만 남은 지역을 유적지로 묶어 관리하고 나머지 지역은 일반 주택 지역이다. 이 유적지만 도는데도 3시간이 걸렸지만 다 살펴보지 못했다. 귀족이 살았을 법한 주택 안에는 벽화도 그려져 있고, 상가지역에는 불구덩이가 거리쪽에 나와 있어서 구이 음식을 팔았을 것 같기도 하다. 오디오가이드에는 아시아권 언어는 없고, 인솔 가이드 투어에는 중국어 가이드가 있더라. 그러던 중 지나가는 길에 영어 가이드의 몇 마디를 듣게 되었는데 도로변에 청계천 건널 때 있는 징검다리 돌들이 있는데, 지하 배수구가 없어서 비가 오면 질퍽거려 놓은 돌이라는 말로 내 귀에는 들렸다. 한참 돌다보면 나가는 길이 어딘지 모를 수 있다. 다른 가이드에게 물어보니 출구가 8개나 된단다. 사철 Circumvesuviana 타는 곳이라고 물어봐야 할 것이다. 전시장에 들어가니 화산으로 온몸이 타서 없어져 버린 시신 말고 흔적은 남아 있는 시신이 돌로 굳어져 있는 실상을 보니, 저 몸이 얼마나 고통스러웠는지를 어찌 말로 다할 수 있으랴.

■ 나폴리 최고의 피자집의 피자는 한국에서는 반품 대상인데 어찌 장사가 잘 될 수 있을까

여행 책자를 쓴 저자의 잘못이 아니라 가보니 가게 앞 유리창에는 2012년, 2013년 연속 프랑스의 요리 평점 미슐렝인가 뭔가의 수상도 붙어 있는 집, Antica Pizzeria da Michele. 95번 대기표를 받고 기다리는데 가만히 보니 어떤 대기자는 들어가서 뭐라 대화하다가 그냥 테이블로 가기에, 91번까지 들어가는 걸 보고서 나도 한 번 점원에게 95번 표를 보여주었더니 테이블로 가란다. 아! 이게 이탈리아구나. 허기사 영국에서 이탈리아로 오는데 생전 다른 유럽국가에서 안 하던 여권심사를 하는 게 아닌가. 그런데

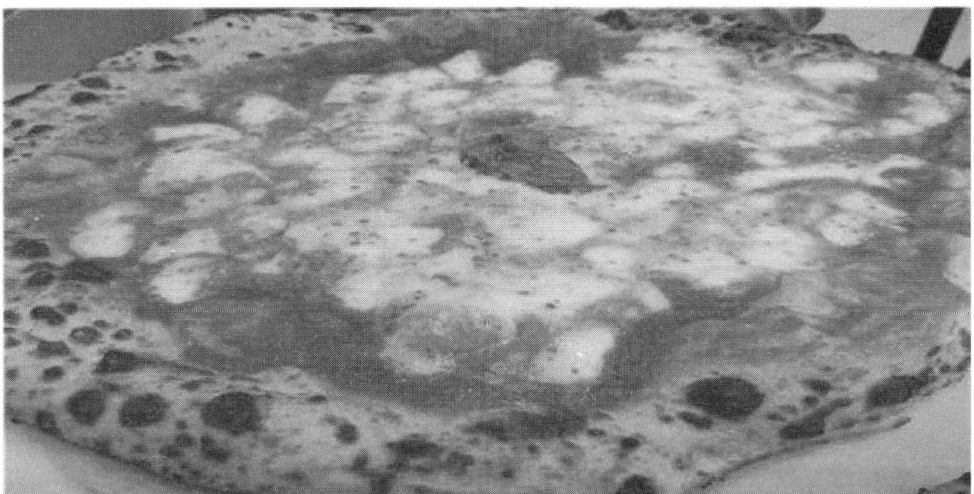

〈저렇게 시커멓게 태우고 질펀하게 만든 마르게리타 피자를 먹으라고?〉

외국인 심사대에서 다른 서양 외국인가족 4명이 쓱 새치기해서 들어오네. 이탈리아에서는 이런 분위기인건지. 좌우지간 마르게리타 피자와 마리나라 피자를 각각 주문. 그런데 특히 마르게리타 피자의 토핑으로 나온 모짜렐라 치즈와 올리브유가 어울려 칼로 조각을 내니 완전 물바다인거라. 와! 이러고도 어떻게 국제평가 인정을 받았다는 건지. 한국에서라면 당장 반품으로 이어져 폐업해야 할 상품인데. 결국 마리나라 피자는 아내가 1/4쪽을 남겼고, 마르게리타 피자는 내가 2/3를 남기고 화가 나서 나왔다. 가격은 그나마 4유로(마르게리타 더블모짜렐라5유로)라서 가격은 저렴한데, 도통 맛은 둘째 치고 제품의 제작 방식이 너무 이질적이다. 우리나라에선 피자가 물기가 없고 바삭하고 고소해야 제 맛인데, 나폴리 피자는 이런 건지 아니면 이 집만 이런 건지, 아니면 우리 테이블만 이런 건지.

■ 나폴리 항구는 아마 옛날 다른 나라 항구들이 별 볼일 없었을 때에 세계 3대 미항으로 꼽혔겠지

1970년대에 중고교를 다닌 사람들이라면 지리 시간에 그리 배웠을 거다. 그런데 막상 가보면 호주의 시드니가 3대 미항으로 거론되는 점은 그 앞의 조개 모양인지 뭔지 음악당이 한 몫 했으리라는 추측도 들지만, 나폴리는 현재 시점에서 보면 그저 그런 항구 아닐까. 지하철 1호선을 가리발디역(기차 중앙역에서 지하로 가면 지하쇼핑거리로 자연히 연결)에서 타고 두 정거장 가서 Municipio 역으로 나와 내려가면 바로 항구이더라. 그런데 카프리 섬으로 가는 페리 선착장의 기능이 주된 것인 듯하고, 다른 한편에는 거대한 유람선이 떡 버티고 있는 정도였다. 선착장 바로 앞에는 프랑스, 스페인이었더라면 야외카페가 즐비할 텐데, 이곳 이탈리아는 달랑 바와 카페 하나씩뿐이다.

■ 벤허의 대전차 경기장은 어디로 갔노

벤허와 중2 중간고사 끝나고 단체로 가서 본 '엘시드'에서의 대전차 경기장을 찾아가 보았지만 정말 무성한 풀밭의 축구나 하면 모를까, 썰렁한 대운동장으로 변색해버린 Circo Massimo. 그 길을 거닐다 위로 올라오면 발렌타인 성인이 묻혀 있는 산타마리아 코스메딘 성당의 출입구 옆 벽 쪽에 있는 '진실의 입(bocca del verita)'이 있다. 줄서서

그 입 안에 부부가 손을 대면 무엇을 말해준다는 건지.

■ 가장 긴 시간의 장엄한 바티칸 대성당 미사

성베드로 대성당, 세계에서 가장 크다는데, 마침 3시10분경에 모든 짐 검사를 마치고 긴 줄을 거쳐 본당에 들어섰다. 경비원에게 물으니 다음 미사가 5시에 있단다. 다른 성당에서도 시간이 맞으면 그러했는데, 하물며 가톨릭의 총본부인 바티칸에 와서 미사를 안 본다면 말이 되겠는가. 교황께서는 미국에 가 계시고 그의 가족들이 미사에 참석한다고 4시58분까지 통제하더니 겨우 입장했다. 그리고 입장하기 전에 그날의 말씀이 간략히 적힌 작은 카드를 하나씩 나눠주어 기쁘게 받았다. 1시간10분. 지금까지 유럽의 성당 미사 중 가장 긴 시간이다. 추기경쯤 되어 보이는 사제께서 미사를 주간하시고, 수많은 그 아래 신부들도 일렬도 참석했다. 집전 신부께서 주시는 성찬성사에는 전속 사진사들이 사진을 찍고.

■ 그런데 왜 로마에서만 시내버스 안의 전광판에 다음 정거장 이름이 안 나오는 건지

바르셀로나, 마드리드(이상 스페인), 리스본(포르투갈), 파리(프랑스), 런던(영국) 이 모든 시에서 버스는 다음 정거장명을 보여주어 외국인 관광객이 편히 내릴 수 있도록 해주었다. 그런데 왜 유독 이탈리아의 로마에서만 이런 서비스가 없는 건지. 전광판 자체가 없다면 후진 도시구나 하겠지만, 있으면서도 안 해주는 이유가 뭔지. 그래서 할 수 없이 정류장에 버스가 정차하면 정류장에 쓰인 정거장 이름을 보고 내릴지 여부를 정하고 있다. 딱 한 번, 신형 버스에서 정거장 표시를 본 게 놀랄 따름이다.

■ 36유로의 로마패스는 이제는 사면 손해보는 패스가 되고 말았다

여행책자에 쓰여 있을 때만 해도 3일간의 로마패스는 Tivoli까지의 왕복 교통비와 티볼리 내의 가든 입장권 무료, 로마 내의 바티간 박물관까지 무료 대상이었으니 좋았겠지. 그런데 지금은 티볼리와 바티간이 제외되어 있다. 책에 나와 있는 대로 그렇겠거니 하고 사고 나서 혹시나 하고 물어보니 아니란다. 자, 그럼 콜로세움12유로를 무료로 입장하고 나면 사실 로마에서는 유료로 들어갈 가치가 있는 곳이 거의 없다. 국립박물관이

나 국립미술관은 이미 프랑스 파리에서 루브르, 퐁피두, 오르세에서 실컷 보았다. 게다가 마드리드의 프라도, 런던의 브리티시 뮤지엄에서 원 없이 보았는데. 그러니 완전히 손해다. 7일권 교통카드를 24유로에 사고, 콜로세움 경기장만 12유로를 내고 들어가는 게 훨씬 득이다. 바꿔 말하면 로마는 의외로 유료로 들어갈 만한 명소가 없다는 이야기이다. 웬만한 성당들은 무료이고, 판테온, 진실의 입, 비토리오 엠마누엘2세 기념관 등도 무료이니 말이다.

■ 국립로마박물관은 발견된 유적지의 유물 중심이라서 크게 볼 건 없지만

그래도 로마패스로 한 군데 더 무료입장이 가능하니, 해서 가 본 곳이 테르미니 역 근처의 박물관이다. 입장객이 별로 없는 걸로 봐서 인기가 떨어지는 곳임을 한 눈에 알 수 있다. 그 중에 그나마 하나 기억할 만한 것은, 전쟁의 여신 미네르바의 석상이다. 얼굴이 굉장히 섬뜩하게 느껴져서 옆의 안내 글을 읽어보니 얼굴과 목이 소실되어(lost), 같은 전쟁의 여신인 아테나의 것을 이식했다고 한다. 이곳 박물관이 테르미니역 앞 버스환승장의 왼편에 있다면 또 다른 박물관인 Terme di Diocleziano는 버스 환승장 위의 중앙에 있다. 여기도 비슷하게 유물들과 석상들이 전시되어 있는데, 그 중에 한 석판 앞에 의자가 있어서 잠시 앉아 쉬다가 그 석판 옆 안내 글을 읽어보니 재미있다. 지주에게 융자를 해 줄 경우 토지를 담보로 연 5%의 이자를 받았는데, 이자 수입은 가난한 집의 아이들에게 쓰였다는 것이다. 그 이유가, 인구 증대를 목적으로 하는데 있다는 기록이 새삼 흥미로웠다.

■ 한국에서도 구하기 힘든 뻥튀기쌀이 버젓이 로마의 슈퍼마켓에서 판매되고 있다

스페인의 바르셀로나 슈퍼마켓에서 둥그런 쌀과자를 산 적이 있다. 이마트의 즉석조리식품 판매코너에 가면 파는 건데. 그런데 여기 로마의 숙소 앞에 있는 '엘리트' 슈퍼마켓에서 정말 놀랍게도 한국의 뻥튀기쌀을 샀다. 하나는 쌀, 다른 하나는 보리쌀, 아! 이게 어찌된 일인고. 100그램에 1.29유로. 한국의 슈퍼마켓에서는 뻥튀기쌀은 아예 없고 팝콘뿐이다. 동네에 일주일에 한 번 정도 들르는 뻥튀기 아저씨를 만나야 그나마 집에 있는 쌀을 가져다가 튀겨 먹는데, 이탈리아에서는 Per Selex라는 업체가 바이오제품으

로 쌀튀기(riso soffiato)와 보리쌀튀기(farro soffiato)를 버젓이 팔고 있으니, 뻥튀기가 우리 고유의 간식이라는 말이 뻥이 되고 만 셈이다. 그러고 보니 군밤 장수들이 길거리에 있는 것도 로마와 서울의 공통점이네.

■ 다이애나황태자비가 갔던 카프리섬과 우리 부부가 갔던 카프리섬

카프리 가는 길은 두 가지가 있다(www.capri.net). 일단 로마 테르미니역에서 나폴리 중앙역까지 기차로 간다. 그 다음에 나폴리에서 카프리로 페리타고 가는 방법과, 나폴리에서 쏘렌토까지 사철(Circumvesuviana)로 가서, 거기에서 페리로 가는 방법이다. 전자는 페리가 45분-50분 정도, 후자는 사철이 1시간-1시간10분+ 페리20-30분이 소요된다. 우리부부는 전자를 택하여 나폴리 중앙역에서 내려 바깥으로 나오지 않고 지하로 내려가 지하철1호선을 타고 2정거장째인 Municipio(1인1유로)에서 내려 'Porto'방향으로 나와서 Beverello항에서 페리를 탔다. 두 회사 중에 하나는 11시30분, 다른 하나는 11시10분이라서 후자를 선택. 배멀미에 취약한 본인도 끄떡 없이 섬에 도착했다. 도착하자마자 "섬일주+ 푸른동굴(grotta azzura)" 매표소에서 12시45분 표를 구입(2인36유로)하고 이어서 나폴리로 돌아가는 페리 5시50분(마지막 페리 6시10분은 매진)을 2인38.4유로

에 구매(오는 표보다 좀 더 싼 이유는 모르겠다). 섬 일주 배를 타고 섬 구경을 하는데 마치 남해안 한려수도와 비슷한 풍경을 보게 된 것은 본인만의 소감인지? 어찌했건 구경을 다하는 건 좋았는데 드디어 푸른동굴 앞에 도착한 순간, 어느 블러거의 말이 떠올랐다. 구경은 5분이지만 1시간은 기다려야 한다고. 슬슬 배멀미 기분이 오는 것 같고, 다행히도 상당수의 승객들이 그냥 돌아가겠다고 하여 일부 승객만을 남겨둔 채 다른 배로 갈아타고 마리나 그란데 항구로 돌아왔다. 푸른동굴을 배타고 가기 싫으면, 그란데 항구에서 푸니쿨라(편도1.8유로) 혹은 버스(1.5유로:푸니쿨라는 직선거리를 가파르게 올라가지만, 버스는 골목길을 오밀조밀 올라가서 더 재미있다)로 카프리 언덕의 광장까지 간 다음에, 거기서 간단히 피자, 스파게티 등으로 점심을 먹고 다시 Anacapri로 가는 버스를 타면 된다. 바다 풍경 멋지게 내려다보는 피자집에서 점심을 먹고 나서는 아우구스토 정원 쪽으로 내려갔다. 이곳에는 명품 점포들도 다들 들어와 있구나. 1유로밖에 안하는 정원은 또 다른 경치를 바라볼 수 있는 전망대 역할을 하고 있다. 누구는 바다에서 요트타고 쉬면서 놀다가 푸른동굴 구경하고, 누구는 작은 배타고 1시간이나 기다려야 하는 처지에서 동굴 구경을 하고. 다음에는 1박으로 와서 느긋하게 섬 산책도 하고, 푸른동굴은 다음날 아침 일찍 가서 대기할 필요없이 보기도 하고 싶다. 로마로 돌아오는 8시31분 출발 기차가 예정시간인 10시34분보다 7분 일찍 도착하다니, 이를 어찌 설명할꼬?

■ 예수회의 IHS를 만나다

서강대학교에 입학하여 학교 배지(badge)를 받아보니 IHS라는 로고가 들어 있었다. 그게 라틴어로 "예수"라는 의미라는데, 당시 다른 대학교보다 공부를 많이 시킨다고 해서 서강대학교를 우스개소리로 IHS=International High School이라고 부르기도 하였다. 그 IHS의 본거지인 로마의 일제수(Il Jesu), 곧 예수회의 본부 성당에서 미사를 보았다. 성당 밖에도 성당 안의 미사 보는 곳에도 IHS가 듬직히 걸려 있는 걸 보고, 비로소 서강대의 뿌리를 찾은 듯한 기쁨으로 충만하였다.

■ 테베레(티베르)강 유람 크루즈에 손님이 적은 이유가 알 만하다

자그마치 24시간 이용권이 1인당 18유로라면 그 정도 값어치는 해야 하는데, 우선 유람선 크기가 작고 선착장도 옹색하다. 무엇보다도 유람선의 왕복 거리가 런던 템즈 강이나 파리의 세느 강보다 훨씬 짧다. 그러니 금새 가면 욕먹을 것 같으니, 배가 아주 천천히 움직인다. 설상가상으로 강둑의 높이가 높아서 바깥 건물들이 제대로 보이지도 않는다. 이솔라(Isola) 섬에서 시작하는 크루즈보다도, 오히려 런던 템즈 강에도 섬이 있듯이 여기에도 섬이 있는데, 그곳을 산책하는 재미가 훨씬 낫다. 게다가 우연히도 강태공의 물고기 낚는 장면도 목격하였고. 섬에 있는 건물이 궁금하여 들어가 물어보니 병원이라 한다.

■ 한국의 족발 비슷한 음식 Porchetta Romana(포르케타 로마나=Roasted Roman Pig)

로마에서 우연히도 일본인이 운영하고 음식을 만드는 일식집 Hamasse에서는 주중 점심특선을 15유로로 하는데, 회세트, 초밥세트, 생선구이세트, 커리돈부리세트 등 어느 것을 선택해도 맛있다. 같이 따라 나오는 반찬까지도. 그래서 한 번 더 갔는데 월요일이 휴일임을 가서야 알았다. 그래서 할 수 없이 스페인 광장의 골목 거리로 들어가 먹은 게 10유로의 '포르케타 로마나'이다. 사진을 보면 어마어마한데 막상 나온 걸 보니 접시에 얼마 되지 않는 양이다. 생긴 거나 맛이나 족발과 흡사하다. 족발은 새우젓이 딸려 나오지만 이건 아예 소금 간이 되어 있는 게 차이점이랄까. 왜 유럽인들이 음식 시키면 와인이나 맥주를 마시는지 알겠다. 우리처럼 딸려나오는 반찬이 없으니 느끼할 수밖에. 그래

서 나도 맥주 한 병 시켰는데 4유로나 한다. 그나마 이 집은 서비스차지를 받지 않아 착하다.

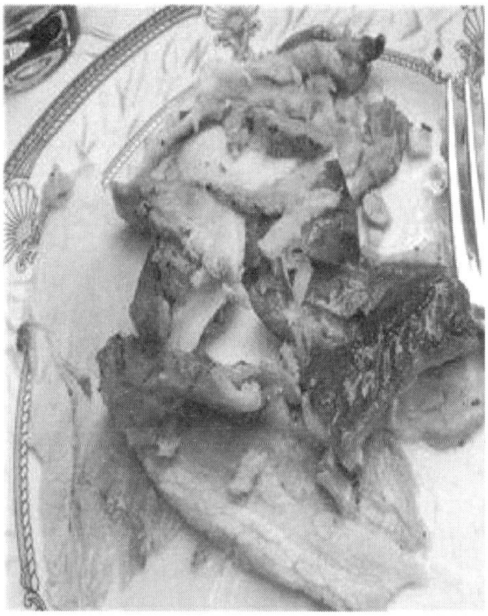

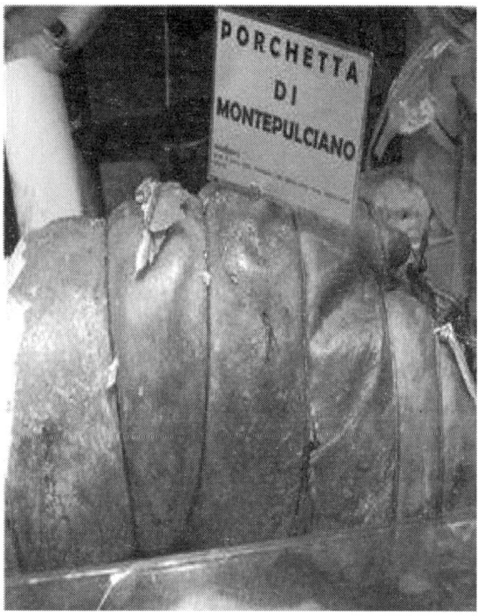

〈이탈리아의 포르케타는 이미 스페인 마드리드에서도 이름은 다르지만 먹어 보았다〉

■ 아말피 해변은 다음 여행으로 미루었다

나폴리에서 사철로 1시간 가서 소렌토, 거기에서 시타 버스로 1시간 30분 가서(24시간짜리 표값 6유로) 아말피 해변. 이건 아니다 싶어서 로마 테르미니 역에서 살레르노(Salerno)역까지 가서, 살레르노에서 시타(Sita)버스보다는 페리로 가는 게 좋겠다 싶었다. 토요일에 가면 special 2x1이라서 1인 요금으로 2인이 갈 수 있기에 당일치기로 갔다 오려니까, 테르미니역에서 오전7시26분 출발-10시26분 도착의 기차를 탈 수밖에. 그런데 3시간씩이나 가야 한다. 그렇다면 29.5유로가 아니라 51.6유로를 1인당 기차요금으로 내고 오전7시35분 출발-오전9시45분 도착으로 할 수도 있다. 그렇게 하면 살레르노의 Piazza Concordia(페리선착장 Porto Turistico "Masuccio Saleritano"까지 도보5분)에서 10시40분(45분 소요) 출발하는 고속페리(편도8유로)를 탈 수 있다. 자! 살레르노에서 로마 테르미니로 토요일 돌아오는 기차시간이 오후7시37분 출발-10시34분 도착(29.5유로)이다. 이 기차시간에 맞추려면 아말피에서 살레르노로 돌아가는 페리를 오후5시45분(45분 소요)에 타야 한다. 그렇다면 아말피 해변에서 즐기는 시간이 6시간, 이 중에 점심 1시간 정도를 제외하면 5시간이다. 넉넉히 즐기기에는 빠듯하고 이번 아내와의 유럽여행의 커다란 그림이 '넉넉한 일정'이라는 점에 비추어, 없던 일로 하기로 했다. 어차피 이탈리아 북부의 밀라노에서 렌터카 빌려서 가는 행선지 중에서 친퀘테레(Cinque Terre)라고 하는 해변 마을이 있어서 그걸로 대체 가능한 점도 취소에 한 몫 하였다. 나중에 이탈리아 또 올 기회가 있다면 그 때 1박2일로 가자. www.sitabus.it에 가면 버스로 살레르노에서 아말피 해변으르 가는 건 SITA 5120번이 6정거장을 서는데 요금은 24시간짜리가 6.8유로이고, 편도 75분 소요되며, 매 30분 또는 60분 마다 출발한다고 한다. www.theamalficoast.net에서는 살레르노의 via Vinciprova에서 오전11시30분 출발-점심12시45분 도착의 버스와, 돌아오는 버스 시간이 아말피에서 오후6시와 7시에 각각 출발하여 75분 소요되는 것으로 나와 있다. 그런 점에서는 시타버스보단 고속페리가 낫다고 볼 수 있다.

■ 이탈리아가 G7그룹에 속했다고는 하지만 곤두박질치는 이유를 우체국 서비스를 보면 알겠다

여행 도중에 이동하는데 장애가 될 것 같아서 스페인 마드리드에서 한국으로 일부 선물을 항공우편으로 보낸 적이 있다. 동네 우체국에 갔는데 영어가 안 되어서 마침 손님 중에 현지인 남성이 영어가 가능해서 부친 적이 있다. 우리나라처럼 우체국에는 여러 크기의 소포 상자가 구비되어 판매되고 있었다. 이탈리아 로마에서 두 번째로 한국에 선물을 부칠 일이 생겼다. 영어가 분명히 안 될 것이라서 이번에는 주인아줌마를 대동하고 오전8시20분 우체국 업무가 시작하기 전에 가서 줄서서 번호표 받고 기다렸다. 아! 그런데 가방 크기에 맞는 소포 상자가 없단다. 작은 것 밖에 없네. 상자 사 갖고 오란다. 주변의 가게, 담배 파는 곳(TABACCI: 타바키) 어느 곳에도 없다. 다시 우체국에 가서 상황을 말하니까 주변에 있는 다른 우체국에 가면 상자가 있을 거란다. 가봤다. 역시 없다. 테르미니 역에 있는 우체국에 가거나 아니면 zama 광장에 있는 생활용품점(Cartaria)에 가면 확실히 상자를 팔 거란다. 테르미니 역에 볼 일도 있으니 거기까지 가봤다. 그런데

이 직원 녀석이 “finish”라면서 레퍼블릭 광장에 있는 우체국으로 가란다. 이 테르미니 역내 우체국 직원들이 열심히 일처리를 하지 않자 한 현지인 남성이 이태리어로 직원들에게 화난 말을 해대지만 소용없다. 자! 네 번째 우체국으로 향했지만, 상자는 없단다. 뭐라고 이태리어로 말하는데 영어는 도통 안 된다. 보다 못한 손님 중 한 명이 영어로 “Tabacchi” 가보란다. 갔는데 역시 작은 상자뿐 여성용 핸드백이 들어갈 만한 크기는 아니다. 결국 처음에 말한 Zama광장으로 가서 Cartaria에 들어갔는데, 계산대 여직원이 Box를 못 알아듣는다. 물건을 넣어서 외국으로 항공우편으로 보낼 거라고 하니까 다른 여직원이 알아듣고 안내해주어 맞는 크기의 상자를 0.9유로에, 테이프를 1.1유로에 사들고 숙소로 돌아왔다. 다음 날 아침 다시 집주인과 함께 가서 3.2kg에 40유로 + 보험료 22.69유로를 카드는 안 된다고 해서 현금으로 지불하고 무사히 끝냈다. 스페인 마드리드에서는 보험에 안 들었지만, 여기 이탈리아 로마는 우체국에 상자도 없어서 안파는 상황이라 영 불안한 마음에 보험도 들었다. 배달 상황은 이탈리아우체국www.poste.it로 들어가서 servizi postali를 클릭하여 다시 cerca spedizioni를 클릭한 뒤에 영수증 바코드 밑에 있는 CP로 시작하는 일련번호를 빈 칸에 넣고 클릭하면 처리 상황이 시간대별로 나온다. 그런데 1주일이 지나도 소포는 로마우체국을 떠나 밀라노 게이트웨이에 머물러 있는 것으로 나온다. 열흘이 지나 불안한 마음에 딸에게 카톡을 했더니, 인천관세청에서 서류를 제출하라는 통지가 왔단다. 자기 나라 떠난 국제우편물의 추적은 안 하는 게 말이 되는지 묻고 싶다. 귀국하여 보니 동일인이 두 달 만에 또 다시 해외로부터 소포를 배달받으니까 무작위 추출에 걸린 거다. 영수증을 첨부하여 이메일로 보냈더니, 20%에 해당하는 13만원 정도를 내라고 한다. 아니, 강남에 사는 사람들이 주문하는 소포나 검색해서 과세할 일이지, 고약한 직원들이다. 우리나라 우체국이 아주 먼 옛날에 그랬다. 소포를 붙이려면 본인이 과일상자든 뭐든 준비해서 소포 넣고 우체국으로 들고 가서 붙이던 때가. 그게 지금 이탈리아 로마의 우체국 모습이다. 8월에 이탈리아 정부가 우체국 지분의 40%를 매각하여 민영화했다는데, 아직도 갈 길은 멀다. 정말 오전8시부터 오후4시까지 이 갈리는 상황 속에 시간을 보냈다. 나중엔 허탈해지니 쓴웃음만 나올 뿐이었다. 아! 이래 가지고야 공공부문의 개선은 하세월이다. 안 되는 조직에는 다 그만한 이유가 있는 법임을 새삼 깨닫게 해 준 체험이었다. 참고로 이탈리아 우체국 홈페이지에는 국제우편의 종류와 대상 물건, 무게, 소요일수 등은 나왔지만 요금이 안 나와 있어서 여주인 동행 하에 우체국에 갔을 때 확인해보니, 국제등기우편(int'l registerd mail)은 2kg까지라서 제약이 있고, 20kg까지 보낼 수 있는 일반국제우편(ordinary overseas parcel service)은 2-3kg는 38유로, 3-5kg은 40유로, 5-10kg는 52유로, 10-20kg은 104유로로 나왔다. 물론 상자포함 무게이다. 재미있는 점은, 무게를 달려고 투명한 유리가 있는 카운터에 상자를 올려놓을 때 가장자리 쪽에 놓으니까 4.1kg로 나오는 것이, 나중에 제대로 재려고 직원이 정중앙에 놓으니 3.1kg로 바뀌더라는 거다. 같이 간 집주인도 날 보고 놀란 표정이다.

■ 티볼리의 데스테 정원이 유네스코 문화유산에 등재되었다고는 하지만 외도만은 못한 것 같다

지하철 B선을 타고 Ponte Mamilo에서 내려 나가면 버스 승선장이 있고 건물에는 매표소가 있다. 여기서 표를 사서 Cotral이라고 쓰인 버스를 2번 승강장에서 타고 50분 좀 넘게 갔더니 예전에 강릉 고불고불한 오르막길 비슷한 코스를 마치고 언덕 위의 평지에 다다르니 정차하는 곳이 Villa d'Este이다. 같이 탄 앞좌석 손님한테 물으니까 내리라고 알려준다. 11유로의 1인 입장료를 내고 들어가니 주로 분수가 많이 있고 나무들이

정렬되어 있는 정원이라고 하기에는 제법 크지만, 수목원보다는 작은 곳이 나온다. 규모는 우리나라 외도의 1/3 정도 되려나. 외도가 역사적 배경이 없어서 그렇지 풍치만 본다면 이곳 데스테 정원보다 낫다는 생각도 든다. 소요시간 면에서 놀란 점은, 빌라데스테로 갈 때 버스는 Tiburtina를 거쳐서 가다보니 50분 조금 넘게 걸렸는데, 지하철역으로 돌아올 때는 외부자동차전용도로인지 고속도로인지는 모르지만 그리로 와서 지하철 역 뒤편의 버스 차고지에 도착하였는데 불과 30분만에 왔다는 거다.

■ 여주인에게서 들은 몇 가지 로마 이야기: 인기 파스타 등등

호텔 투숙에 비하여 에어비앤비는 집주인과 함께 생활하고 특히 우리 부부처럼 적잖은 일수를 같이 보낼 경우에는 이런저런 이야기를 나누어 현지 정보를 입수하는 재미가 있다. 아침에 우체국에 같이 가주어 우체국 직원과 영어로 고생하지 않고 이태리어로 끝냈으니 고마웠다. 마침 우리 부부가 유럽 여행하면서 아침을 나가서 먹은 적도 없기에 브랙퍼스트를 바깥 카페에서 셋이서 함께 하기로 했다. 로마의 아침은 빵 한조각과 커피(에스프레소) 혹은 카푸치노로 간단히 한다는 걸 알았다. 그래서 카페의 바깥 의자에 셋이 앉아서 담소를 즐겼다. 첫째, 로마인들은 아침에 마시는 커피는 에스프레소와 카푸치노 중에서 어느 걸 더 많이 마시는지? 반반 정도란다. 커피에 우유를 타서 마시지만 설탕까지 타서 마시는 사람들도 있단다. 둘째, 로마 빵집에 바게뜨가 안 보여서 로마인들은 파리인들처럼 바게뜨를 먹지 않는 것 같은데?(참고로, 숙소 앞 '엘리트'라는 슈퍼마켓에는 직접 구워 파는 굵기가 빠리보다 가늘고 맛도 좀 못한 바게뜨를 판다) 그렇단다. 아침에는 Cornetto라는 빵을 주로 먹고, 점심이나 저녁엔 Rosetta, Ciabatta(챠바타)라는 빵을 먹고. 셋째, 로마의 대표적인 파스타는? Amatriciana, Cacio e Pepe, Carbonara의 세 가지를 꼽았다. 이 말을 듣고 점심에 앞의 두 가지를 리스토란테(ristorante)에서 먹어보았다. 아마트리챠나는 토마토를 기본으로 돼지고기 조각이 들어가 있고 뜨끈뜨근하였으며, 카쵸에페페는 치즈가 국수를 휘감은 듯, 정말 풍성한 치즈향이 끝내주었다. 넷째, 이야기를 나누다가 그녀가 한 말 가운데 처음 듣는 어휘의 뜻을 물어보았다. Monolocale는 원룸, Capodanno는 12월31일에 새해 초하루를 맞이하는 일이다. 그래서 로마에서 30㎞ 떨어진 시골에 있는 집주인의 단독주택은 1년에 딱 한 번, 카포다노에

는 15-20명 정도가 집을 통째로 빌려서 노는데, 비용으로 1,000유로를 받는다고 한다. 다섯째, 로마는 11월이 되면 추워서 외국인 관광객이 안 온단다. 단, 12월31일 하루는 내가 묵고 있는 숙소의 방 하나의 1일 숙박료로 평상시의 35-40유로가 아니라 100유로를 받는단다.

■ 태어나 이 나이에 처음 보리커피라는 게 있다는 걸 알았고 마셔 보았다

여행책자에 소개되었고 집주인과의 대화 속에서 주인 또한 소개한 집이 숙소에서 걸어서 가는 곳에 있는 Pompi라는 바(bar)인데, 여기가 티라미수가 맛있단다. 아내와 티라미수와 스폰지케익(settemviglie fondente)을 각각 4.5유로에, 에스프레소와 보리커피 caffe d'orzo를 각각 1.3유로씩 주문하였다. 생전 들어보지도 못하고 마셔보지도 못한 보리커피, 정말 보리차처럼 구수한 향이 돌면서 보리차보다 맛있다. 이런 커피를, 커피 마니아가 아니라서 그런 건가, 왜 난 모르고 지낸 건지? 허기사 세상에 내가 모르는 물건이 어디 한 둘이랴.

■ Fassi라는 유명 아이스크림 점포를 한국인이 인수했다는데

www.turismoroma.it라는 사이트에 들어가면 로마의 여러 가지를 소개하는데, 그 중에서 먹거리에는 피자, 파스타, 아이스크림 등이 있다. 아이스크림을 클릭하니 맨 먼저 소개되는 업체가 Fassi이다. Vittorio Emanuele II 역 주변에 있는데, 다른 젤라토 점포에 비하여 가짓수가 더욱 풍부하여 가령 쌀아이스크림(Riso)도 있다는 거다. 먹어보니 맛도 괜찮다. 이 점포의 유리창에는 ROMA와 그 밑에 SEOUL이 있다. 아이스크림을 퍼주는 직원 두 명 중에 남자 직원이 우리말로 "아가씨, 예뻐 예뻐"라고 하지를 않나, 내가 아메리카노를 주문했다고 하니까 "왜 이탈리아노는 아니냐, 왜 코리아노는 아니냐" 면서 운율을 따라 재밌게 말한다. 직원들도 모르는 유리창의 SEOUL 표시는 집주인과의 대화에서 풀렸다. Fassi에 가서 아이스크림을 먹었다고 하니까, 작년에 한국인한테 팔린 걸로 안다고 하네. 그래서 얼른 검색해보니 해태제과가 2014년에 인수한 걸로 나온다. 아! 그래서...

■ 빈콜리 성당은 모세의 이야기로 채운다

작은 성당이지만 콜롯세움 위의 언덕에 자리 잡은 빈콜리(Vincoli) 성당 안 오른편 앞에는 모세의 얼굴상이 있는데 광채가 빛나는 모습을 뿔이 두 개 나 있는 걸로 묘사하고 있다. 그것 하나뿐이다, 이 성당을 찾는 유일한 이유는.

■ 로마 책자에 별로 소개되지 않았지만 먹거리 관련하여 한번쯤은 꼭 가봐야 할 Eataly

여행책자에는 소개되지 않았지만 www.turismoroma.it에 소개된 곳이 바로 Eataly이다. 가장 간편한 접근은 지하철B선 Piramide역에서 내려 지하연결통로로 가는 거다. 건물은 총4층인데, 먹거리 관련 책자, 주방도구, 음식재료(생선, 고기, 치즈 등등), 오픈 레스토랑 등이 갖추어져 있다. 아내는 이곳에서 먹거리 풍년에 뭘 사야 할지 모를 정도라고 하는데. 어제 Pompi에서 난생 처음 마셔본 보리커피(orzo moka) 500g을 단돈 2.35유로에 산 점이 한 건 올린 셈이다. 그밖에 이탈리아 콜라라고 하는 와인색 나는 콜라(병)를 1.5유로에 사보았다. 여기서 먹은 점심으로는 새우와 오징어 튀김(14유로)인데, 우리나라처럼 밀가루 범벅으로 옷을 입히지 않은 점, 주방에 있는 싱싱한 해산물을 바로 튀긴 점 등이 정말 아내가 새우 맛있게 먹었다는 말이 나올 정도였다.

■ 이탈리아 교통기관 매표소 직원의 이상한 거스름돈 돌려주는 법

Ponte Mamollo 지하철 역에 내려서 Tivoli가는 버스를 타려고 매표소에서 2인 왕복을 끊었다. 여행책자에는 편도1인 2유로지만 가는 곳마다 요금이 올랐으니 이것도 더 하겠지 하고 생각. 20유로를 내고 10유로 돌려받았으니 1인편도2.5유로인 셈이다. 그러고 나서 버스정류장으로 가서 표를 보니 2.2유로로 찍혀 있다. 다시 매표소에 가서 직원을 부르니 창구 안쪽에 있는 1유로를 가리킨다. 자기는 주었는데 우리가 급하게 먼저 가버렸다는 말이지. 게다가 11.20유로가 맞는 건데 결국 20센트는 삥땅한 셈이다. 서둘러 버스를 타려는 맘에 20센트까지는 챙기지 못했다. 한국 같으면 지폐와 동전을 같이 주거나 따로 주더라도 그 시차가 거의 없어서 둘 다 받게 된다. 그런데 이탈리아에서는 적어도 지폐를 받고 돌아설 때까지 동전을 안 준다는 거야. 저번에는 거꾸로 나폴리에 가서 지하철 1호선을 타고 2인 편도 2유로를 냈는데 거스름돈이 3유로 동전뿐이었다.

받아들고 가려는데 다시 부른다, 매표소 직원이. 그러면서 10유로를 주었다. 아차! 그런데 10유로가 아니라 15유로를 더 받아야지. 해서 5유로 더 달라고 하여 다 받았다. 이런 식이다, 조심해야지.

■ 슬로 시티 오르비에토의 성급하고 몰상식한 레스토랑 여주인

Orvieto라고 로마 테르미니역에서 중속기차로 1시간10분, 저속기차(Regionale)로 1시간30분 가면 있는 슬로시티라는 곳으로 소개되었기에 로마 마지막 출발 전날의 일정으로 잡았다. 여기 두오모에는 시뇨렐리(Signorelli)가 그린 '최후의 심판'이 있는데, 그 유명한 미켈란젤로의 작품을 바티칸박물관을 가지 않은 바람에 보지 못해서 비교는 못하겠지만, 미사 보는 곳의 왼편 방 천장을 도배하여 그린 모습에는 천당과 지옥이 표현되어 있었다. 그 뒤편 두오모오페라박물관에는 시뇨렐리의 '마리아 막달레나' 그림이 있는데 그저 한 여인의 초상화라고 보면 되겠다. 점심을 먹으러 어느 레스토랑에 들어갔는데(이름 신경 안 쓰고 그냥 손님 많은 곳으로 갔다), 비오는 날이라서 문 앞보다는 안으로 들어가 자리를 잡았다. 식사 마치고 계산서 달라하는데, 그날따라 뭐그리 다들 직원들이 바쁜지. 하여튼 청구서를 받아보고 2x2=4유로 항목을 물으니 이건 테이블차지란다. 카드를 내주니 현금만 된다고. 이유를 물으니, 비가 와서 인터넷이 안 된다나. 기가 막혀서 '비하고 인터넷 결제하고 뭔 상관이 있느냐"고 하니까, 그럼 다른 가게에서 결제하라고 하면서 이 빌어먹을 것이 내 휴대폰과 신용카드를 사무용 작은 테이블에 탁 놓더니 (나는 그녀랑 이야기하느라 서 있었고 아내만이 앉아 있었는데), 우리 자리의 내 좌석에 턱 허니 다른 손님을 앉히는 게 아닌가. "부인, 그 자리는 내 자립니다", 그랬더니 여주인인지 여직원인지 하는 잡것이 "당신 지불할 필요 없으니 그냥 나가" 란다. 10여명 되는 손님들을 한 자리에 모시려니 옆의 커다란 원탁 말고 우리자리가 필요했겠지만, 유럽에서 이렇게 싸가지 없이 손님 막 다루는 잡것들은 이곳 이탈리아의 오르비에토에서 난생 처음 겪는 일이다. 당일치기로 로마에 돌아가야 하고, 다음날 로마에서 밀라노로 이동해야 하니, 여기서 더 실랑이 벌일 시간도 없고. 26유로를 안 내려고 레스토랑에 들어가는 손님이 어디 있나. 다들 즐겁게 먹고 나오려고 들어가는 거지. 아내마저 속이 상한 탓인지 저녁은 얼큰한 육개장과 김치찌개로 화를 풀었다.

10. 밀라노에서 시작해서 밀라노에서 끝나는 이탈리아 북부 여행

■ 바쁜 밀라노 직장생활에 지쳐 보이는 숙소여주인의 세심한 손님맞이

젊은 직장 여성이 할머니가 물려준 아파트(본인은 밀라노에서 6㎞ 떨어진 곳에 별도로 거주)를 에어비앤비로 활용하고 있다. 면적에 비하여 방이 두 개뿐 인 점은, 달리 보면 거실과 부엌의 넉넉한 공간을 말해주기도 한다. 숙소에 도착하니 비로소 서울의 아파트에 온 것인 양, 현대적 분위기가 정말 편안함을 가져다주었다. 이전까지의 모든 숙소(바르셀로나, 마드리드, 리스본, 로마는 정말 형편없었고, 런던은 그럭저럭, 파리는 맞벌이 부부 집이라 그나마 좀 나았을 뿐)에 비하여 확연히 좋은 시설에 기분이 싹 풀렸다. 놀랍게도 이전 집주인들과는 달리, 생수와 탄산수 각각 한 병씩, 작은 빵과 과자, 심지어 쓰레기봉투 2종류(음식물, 기타)까지 주는 게 아닌가. 게다가 일요일이라서 근무를 안 하는 날이라 자기 차로 슈퍼마켓(숙소 근처에는 없는 게 흠)까지 같이 왕복해주니 그저 고마울 수밖에. 세탁기는 오후8시 이후에 사용하면 좋단다. 그 시간 이후의 전기료가 저렴하다고. 그런데 젊은 여성치고는 많이 피곤한 인상이다. 본인 말로는, 밀라노는 바쁜 도시란다. 사람들이 온통 바쁘고, 그래서 자긴 로마가 좋단다. 사람이 친절해서. 그 말을 듣고, 밀라노는 서울과 마찬가지로 바쁜 도시라고 답해주었다. 로마는 행정도시이고 밀라노는 산업도시란다.

■ 밀라노 엑스포는 인파의 홍수일 뿐, 역시 박람회라는 번역어의 느낌 그대로 낡은 이벤트랄까

1인당 39유로를 내고 월요일에 갔는데, 일요일 다음날이니 좀 한산하길 기대한 건 오판이었다. 매표소는 여러 군데 있는데, 표를 사고 나서 짐 검사하는 곳으로 이동하는데 그 많은 사람을 구석 한 모퉁이로만 들어가게 하니 이게 무슨 후진국도 아니고. 이래서 또 한 번 이탈리아의 쇠락하는 편견을 가질 수밖에. 제일 먼저 한국관으로 갔다. 비교적 깔끔한 프리젠테이션을 보았고, 1층으로 내려와서는 테이크아웃으로 7유로짜리 불고기쌈(멕시코전병처럼)을 먹으면서 비비고 레스토랑의 대기자 명단에서 호명되기를 기다렸다. 마침내 들어갔더니 단품 비빔밥도 15유로씩이나 하기에 비빔밥세트(갈비구이 포함)

와 갈비세트(갈비찜포함)를 각각 25유로에 주문. 네모난 쟁반에 한꺼번에 담겨나온 음식은 맛은 무난하였으나, 양과 질에서 볼 때 20유로였으면 좋았겠다는 생각도 든다. 한중일을 비교하고 싶어서 중국관에 갔다가 줄이 너무 길어서 나중에 다시 오기로 하고 마지막 뒤쪽에 자리잡은 일본관으로 갔다. 세상에 한국관에서 1시간 30분을 기다린 끝에 입장한 반면, 일본관은 1시간 30분을 기다리고도 3시간을 더 기다려야 한다니, 그냥 질려서 돌아섰다. 뭐 그리 대단한 걸 보여준다고. 지친 마음에 중국관도 포기하고 토고, 탄자니아 같은 그냥 들어가면 곧바로 나오는 좁은 전시관만 보고 엑스포 구경 종료. 숙소로 돌아오니 밤 9시57분경에 Vidoestar2라는 케이블TV에서 엑스포 특집을 보여주었는데, 채널을 돌리니 마침 한국관 소개를 하여 동영상으로 담아보았다. 이제는 오토쇼, 전자쇼, 패션쇼 등으로 품목별, 업종별 전시회 시대가 아닌가 한다. 전체를 아우르는 엑스포는 그만큼 산만할 수밖에 없지 않을까 하는 객관적이지 않은 주관만 떠안고 출구로 향했다.

■ 밀라노가 로마보다 세련된 건 쇼핑가의 매장들을 보면 알겠다

갤러리아 비토리아 엠마누엘2세의 쇼핑가를 가보니 매장들의 세련미가 로마의 쇼핑가보다 높다. 그 단적인 예가 '라 리나센테(La Rinascente)' 백화점 7층의 식당가에 자

리 잡은 초콜릿 매장의 상품을 보니 알겠다. 무심코 웬 구두 점포인가 했는데 가만히 보니 초콜릿으로 장식한 상품이다. 그밖에 상점가 어느 초콜릿 점포의 창문에는 초콜릿이 흘러내려가는 장식을 했는데 그것도 볼 만했다.

〈이게 다 초톨릿이다, 먹는 초콜릿〉

■ 세계3대 오페라홀이라는 라스칼라의 예약은 했으나 최후의 만찬은 치밀하지 못한 탓에 실패

작품이 무엇이 되었든 상관없이 테아트로 알라 스칼라(Teatro alla Scala)에서 공연을 꼭 아내와 함께 하고 싶었는데, 유감스럽게도 밀라노 체류 기간(10월11-14) 중에는 작품 공연이 없다. 아! 너무 아쉬워 포기할 수밖에 없는 처지에서 문득 떠오른 생각. 이탈리아 북부 여행의 종착지도 밀라노 공항 호텔 아닌가. 그렇다면 10월20일에 혹시 공연이 있지 않을까? 하여 보니, 오페라는 없지만 발레 공연 '잠자는 숲속의 미녀(sleeping beauty)'가 있네. 인터넷 예약을 하려다가 드레스코드가 맘에 걸려서 직접 두오모역(지하철1.3호선)으로 내려가서 예약 매표소로 갔다. 1층의 자리 중에 2자리 연속으로 확보하였다. 2인 가격이 216유로70센트. 두 번째로 비싼 자리이다. 세 번째 이하 가격의 자리는 이미 매진. 서울에서도 이정도 가격하는데, 세계3대 오페라좌(座)라 불리는 이곳에

서 공연을 보지 못한다면 언제 다시 볼 수 있으리, 큰 맘 먹고 쐈다. 그런데 언제 다시 밀라노 올지 모를 처지에 한 가지 칠칠맞게 마무리 짓지 못한 것이 바로 산타마리아 그라체 수녀원의 식당 천장에 그려져 있다는 미켈란젤로의 '최후의 만찬'이다. 사이트에 들어가 예약하지 않으면 아예 입장이 안 된다는데, www. cenacolovinciano.net에 들어가는 걸 게을리하여 밀라노에 도착하고 나서야 체크하였다. 그런데 이상하게 이탈리아어로만 웹사이트가 되어 있어서 도무지 예약을 할 수 없네. 두오모와 라스칼라 가는 길에 수녀원에 들렀다. 영어도 있단다. 저녁에 숙소에 돌아와 다시 들어가니 안보이던 영어도 보이네. 날짜 선택했더니 밀라노공항에서 투숙하는 10월20일은 예약불가. 그런데 밀라노에서 베로나로 떠나는 10월14일 수요일에 4자리가 비었다. 아뿔사, 빈 시간이 오후6시45분뿐이다. 이때까지 렌터카 빌린 채로 밀라노에 있을 수도 없고, 편도 2시간이 걸리는 베로나에서 다시 밀라노로 돌아올 수도 없고. 이건 하늘이 도와주지 않으니 포기할 수밖에.

■ 이탈리아 고속도로 톨게이트의 거스름돈 돌려받기 참 힘들다

1.7유로나 1.9유로를 내는 곳은 게이트에서 뽑은 표를 건네주고 돈을 내는 게 아니니까 별 일 없지만, 뽑은 표를 건네주고 돈을 내는 경우에는 참 불편하다. 밀라노 숙소에서 베로나까지 오면서 두 번 돈을 냈는데, 한 번은 1.7유로를 주고 거스름돈 받아서 되었다. 그런데 베로나 톨게이트에 도착하여 표를 건네주고 4.3유로의 요금을 10유로 지폐로 계산하면 5.7유로를 받아야 한다. 그런데 이게 톨게이트 좁은 창구 안에 있는 직원이 잔돈을 건네주는 게 아니라, 창구 밑으로 거스름돈을 준다. 문제는 그 창구 밑이 뻥 뚫려 있는 게 아니라, 무슨 천 같은 것으로 가려져 있다는 거다. 그러니 잔돈을 운전자가 가지려면 유리창 밖으로 손을 뻗어서 그 가려진 천속으로 손을 넣어 잔돈을 가지는 건데, 움푹 파인 창구 밑으로 손을 더듬다보니 동전을 다 집지 못하고 일부를 놓친다는 거다. 뒤에 다른 차들도 기다리고 있고 마음도 급하니 다 집었다 생각하고 게이트를 빠져 나와 보니, 10센트 하나를 덜 건졌다. 정말이지 이따구로 손님 대해도 되나 싶다. 그렇다고 카드 긁기는 찝찝하고, 현지인이 아니니 고속도로 패스(Telepass)를 사기도 그렇고.

■ 로미오와 줄리엣 중에서 줄리엣의 집 좀 보려고

밀라노에서 베니스(베네치아) 가는 도중에 위치해 있으니 어려움 없이 들르는 곳이 베로나(Verona) 아닌가 하는 생각에, 그리고 로미오와 줄리엣의 여주인공의 집 Casa di Giulietta를 방문하고 싶어서. 입장료도 6유로니까 부담없고. 4층짜리 건물이지만 단일 건물로 이루어진 게 아니라, 2층에 올라가면 통로를 걸어서 다시 이어지는 건물의 2층으로, 거기에서 3층과 4층까지 올라간다. 로미오와 줄리엣을 그린 그림들, 줄리엣의 침대와 두 사람의 복장 등이 두루 소박하게 전시되어 있다. 베로나를 우습게 보았다가 큰 코다친 게, 줄리엣의 집을 나와 위로 조금 올라가서 쥬세페 마찌니(Giuseppe Mazzini)거리로 좌회전하면 기나긴 쇼핑거리가 나온다는 거다. 그런데 여기에 웬만한 브랜드의 점포들이 즐비해 있어서, 베로나가 제법 상업적인 의미를 지니는 곳이라는 생각이 번쩍 들었다.

■ 베니스에 왜 사람들이 오는지 산마르코 광장을 보고서야 실감했다

숙소에서 버스를 타고 25분(돌아올 때는 20분) 만에 다리를 건너 베니스(베네치아)의 로마광장 버스정류장에 도착. 다리는 우리나라 서해안 간척지로 가는 곳에서 볼 수 있는 다리처럼 되어 있다. 산폴로, 산그로체를 지나 산마르코 구역에 있는 산마르코 광장(Piazza San Marco)에 이르러서 그 아름다움에 대만족. 다른 광장들에 비하여 사각형 구조인데, 정면에 성당이 자리 잡고 나머지 3면을 다른 건물들이 채우고 있다. 물론 1층에는 레스토랑이 있고. 그런데 성당 쪽으로 걸어가니 오른편에 다시 두 건물이 마주하는데 하나는 박물관이다. 그리고 두 건물 사이의 정면 공간은 바로 바다. 아! 참 멋있고 아름답구나. 이래서 다들 베네치아에 오고 싶어 하는구나.

■ 셰익스피어의 '베니스의 상인'은 베니스 장사꾼들의 실상을 적나라하게 전혀 과장없이 묘사한 작품이란 걸 여기 레스토랑에서 점심값 치르며 절감했다

로마 광장에서 다리를 건너 '산타 루치아' 기차역이 있는 카나레죠(Cannaregio) 구역으로 먼저 가보았다. 길에 물이 고여 있어서 중간에 높이가 1미터 정도 되는 나무다리를 놓은 것이 이색적이다. 어느 레스토랑을 골라 점심을 먹었다. 오징어먹물 스파게티 11유

로, 해산물 스파게티 8유로, 레몬소다 4.5유로 이렇게 주문. 그런데 나온 해산물 스파게티가 장난이 아니다. 랍스터 한 마리를 반으로 쪼갠 두 토막이 있는 거다. 다른 새우와 조개도 있지만. 그런데 어째 내 먹물파스타보다 3유로가 싼 거지? 나중에 계산서를 보니 해산물 스파게티 값이 48유로로 나왔다. 이거 우리 주문한 거 아니라고 하니까 메뉴판을 보여준다. 메뉴판에는 해산물 스파게티의 내용물 설명이 되어 있고 옆에 가격이 나와 있으며 그 사이에 작은 글씨로 (100g) 이라고 되어 있는 게 아닌가. 아! 우리 속담에 '눈뜨고 코 베인다'는 말을 어려서부터 들었지만 그걸 절감하기까지 56년이 걸렸다. 중학교때 읽은 셰익스피어의 '베니스의 상인'이란 소설에서 주인공 유대인 상인이 지독하게 사람 등쳐먹다 결국엔 판사가 그럼 피고의 몸에서 그에 해당하는 값만큼을 떼어내되 피를 흘려서는 안 된다는 판결을 내린 점이 백분 이해간다. 베네치아1일 패스를 현금 말고 카드로 결제하려면 로마광장에선 안되고, 산마르코 광장까지 기분 좋게 산책하며 거닐다가 산마르코 광장에서 바다로 나아가 좌회전하면 워터버스(vaporetto)를 타는 곳에 매표소가 있다. 저녁7시30분에 문을 닫는데 거기서 카드로 2인 40유로를 결제하고 캄캄한 밤에 워터버스 타고 다시 로마광장까지 천천히 45분 걸려서 편히 오는 게 오전에 사는 것보다 24시간을 효율적으로 활용할 수 있어 좋다는 생각이 든다. 참고로 숙소 근처의 담배 가게에 갔더니 현금만 된다고 하는데, 이 집 주인은 아이패드에 앱을 깔아놓은 것 같은데, 본인이 이태리어로 말하면 한국어로 곧바로 통역되고, 내가 한국어로 말하면 이태리어로 통역된다. 이러니 번역기, 통역기 만드는 회사 다 망하지. 이제 외국어 못 해서 힘들다는 말도 호랑이 담배 피던 시절이 되어 버렸네.

■ 무라노 섬에 가보니 참으로 유리공예제품의 예술성이 매혹적이다

Murano섬에 가는 수상버스 중에서 갑판의 전광판을 보니 가장 먼저 출발하는 게 B부두에서 4.2번 수상버스였다. 안내판은 Nove까지 가는 것으로 되어 있지만 실제로는 무라노까지 간다. 무라노에도 여러 선착장에서 정박하는데 Caranalla인가 하는 곳에서 내리면 유리공예품 점포를 곧바로 볼 수 있다. 정말 탐난다. 특히 초입 부분의 점포에서 보여준 제품들의 예술성은 감탄이 나올 정도였다. 여러 군데를 눈요기로 돌아다니다가 목걸이와 귀걸이 세트가 겨우 5유로밖에 안하는 곳을 발견한 점도 기쁨이다. Cimitilo인

가 하는 곳에 내린 이유는 멀리서 바라보니 멋진 성곽으로 보였기 때문이다. 그런데 들어가 보니 공동묘지(cemetery)이다. 입구에 쓰인 것도 읽지 않고 들어가서 사진촬영을 하는 실례를 범하고 말았다. 우리처럼 땅에 묘비가 있는 것, 우리처럼 납골당으로 되어 있는 것(단독, 분할의 두 종류), 심지어 바닥에 묘비가 쓰인 것도 있다. 물론 공동묘지에는 묘비뿐 아니라 예배당도 있다. 우리네 사찰에서 납골당 관리를 하는 점을 염두에 둔다면 이해가 가는 부분이다.

■ 베니스(베네치아) 레스토랑의 계산서도 가지가지

어제 되지게 당한 레스토랑의 경우에는 세금12%에 자릿세(coperto)를 1인당 2유로 청구하였는데, 오늘 다른 현지 레스토랑은 12%의 세금이 없는 대신, 자릿세를 1인당 2.5유로를 받았다. 도내체 "엿장수 맘대로"라는 우리 속남이 딱 맞는 부분이다. 따라서 메뉴판을 볼 때는 반드시 맨 아래 부분에 12%의 세금을 받는다는 표현이 있는지, 자릿세는 1인당 얼마인지 확인하고 주문하는 것도 나쁘지 않다.

■ 유럽여행에서 맞이하는 두 번째 황당 카드결제 사건

내가 먹잇감으로 보이는지 참 이상한 사건이 또 생겼다. 베네치아를 떠나 피렌체로 오는 길에 고속도로 휴게소에 들러 Autogrill에서 바게뜨 하나를 사고 나서 50미터 떨어진 주유소에서 주유를 했다. 셀프서비스인데 마침 건너편에 직원이 보이기에 불러 도움을 청하였다. 그가 오기 전에 카드 결제판을 보니 5단계의 순서가 영어로 적혀 있어서 그냥 알아서 하려는데 직원이 다가왔다. 카드를 넣으라 해서 넣었고 그 다음 단계는 핀코드 입력 - 기름선택(디젤) - 주유판 번호 선택(pompa 4)을 하고 나서, 주유기를 뽑아 주유 시작. 희한한 건 금액이든 용량이든 먼저 결정할 수 없다는 것이다. 주유하면서 올라가는 용량과 금액을 보고 본인이 알아서 주유를 중단하는 거다. 절반 조금 더 남은 상태라서 20리터쯤이면 어떨까 싶어 손을 떼니 20.18리터에 30.86유로(리터당1.529유로). 마지막 단계가 영수증을 가져가라는 것이어서 뚜껑을 열어보니 다른 영수증 같았다. 그래서 직원에게 말하니까 내 영수증이 아니라면서, 버튼을 누르니 내 영수증 30.86유로가 나왔다. 그걸로 끝난 줄 알았다. 그런데 나중에 현대카드에서 내 휴대폰으로 보내온 문자 결제정보를 보니, 동일한 시간인 오전 11시26분에 30.86유로가 아니라 101유로로 되어 있는 거라. 아! 이건 또 뭐야. 지난번 프랑스 파리의 아비스 렌터카 2중계약서에 의한 부당청구 건이 증빙서류 제출로 현대카드에서 지급 중지되었고 현재 분쟁조정 중에 있다. 렌탈카스닷컴은 아비스에서 연락이 오면 알려준다는데 아직 소식은 없다. 그런 와중에 이탈리아 주유소에서 해괴한 결제 사건을 맞이하다니. 결과가 주목된다. 나중에 귀국하여 현대카드와 통화해보니, 셀프주유소의 경우에는 국내에서도 임의로 5만원 정도를 결제승인 요청한 뒤에 실제 주유액을 결제 청구한다고 하니, 마냥 이상하긴 한데 어찌했건 30.86유로가 결제되었다니 그냥 넘어갈 수밖에.

■ 피사의 사탑은 정말 기울어져 있구나

워낙 귀가 따갑게 들어온 말인데, 정말 가보니 기울어져 있다. 다행히도 안에 들어가지 않고도 밖에서 충분히 기울어진 탑을 구경할 수 있어서 입장료 없이 마무리하였다. 그 다음으로는 Santa Maria Spina 성당에 가서 예수님이 쓰신 가시 면류관을 보려 하였으나, 유감스럽게도 리모델링 중이라서 발길을 돌릴 수밖에.

■ 리오마죠레 한 군데를 두 시간 돈 것만으로도 엄청난 휴양이 되었다

친퀘 테레(Cinque Terre)라고 하는 곳은 제대로 음미할 계획이 아니었다. 피렌체 가는 김에 옆에 있는 피사에 가서 사탑을 보고 밀라노 공항으로 올라가는데, 그냥 곧바로 가기 보다는 여기를 들러서 가기로 하였다. 그래서 겨우 1박. 호텔에 투숙한 뒤 쉬다 보니 벌써 오후 3시다. La Spezia에서 한 군데, 가장 가까운(완행 기차로 13분) 곳인 Rio Maggiore로 가보았다. 역에서 내려 바닷가 가는 쪽으로 걸어가면 바다와 언덕길 둘 다 가볼 수 있는데, 참 좋다. 우선 바다 쪽은 왼편으로 계속 가다보니 숨어 있는 돌백사장이 나온다. 10월19일인데 사람들이 수영복을 입고 선탠을 하고 있고, 아이들은 물놀이. 언덕 쪽으로 올라가니 석양이 하늘에 물들어 가는 모습이 너무 환상적이다. 이 기분, 평생 가고 싶은데. 촬영 중에 바로 아래 작은 레스토랑에 앉아 있는 사람들은 식사를 하는 기분보다 바다를 보는 기분에 더 취해 있지는 않을까. 제주도 둘레길이 좋은 사람들은 이곳 여러 마을들을 기차를 타든, 행군을 하든, 거닐면 참 좋을 터. 아님 우리부부처럼 단

2시간만 거닐어도 치유의 엄청난 온기를 저리도록 느낄 수 있는 곳이라서 정말 와보길 추천하고 싶다.

■ 처음 본 발레 '잠자는 숲속의 미녀'는 괜찮았으나 라스칼라의 좌석판매는 조금 괘씸하구나

동화로 낯익은 작품을 발레로 공연하는 밀라노 라스칼라의 좌석을 지하철역 '두오모' 역 안에 있는 매표소에서 직원의 설명을 듣고 구입하였다. 2인권 216유로70센트라고

하는 적잖은 돈을 지불하고 가서 보니, 1층인 것까지는 좋았다(총6층인데 1층이면 상석이지). 그런데 왜 극장 무대를 보면 일반 좌석이 있고, 사이드에 둘만이 앉아서 보는, 마치 특별석인 같은 자리가 있지 않은가. 거기다, 우리 부부자리가. 그런데, 그 방 같은 곳으로 안내받아 들어가 보니 좌우로 두 자리씩, 앞뒤로 3열이 있는 거다. 맨 앞 열은 등받이 좌석인데, 2열과 3열은 쿠션이 있는 의자이지만 등받이와 팔걸이가 다 없는 썰렁한 의자다. 그나마 좌측 의자에 앉으면 무대가 다 보이지만, 우측에 앉으니 일부만이 보인다(그 방과 무대가 삐딱한 각도로 만나니까). 그런데 표를 살 때, 매표소 직원은 그런 설명을 일체 하지 않았다. "혹시 앞에 기둥 같은 것이 있어서 시야를 가리지는 않느냐?"는 내 질문에 그렇지 않다고 답했을 뿐. 그런 점이, 세계3대 오페라극장 운운하는 점과는 격에 맞지 않는 질 떨어지는 고객대응이라는 점이다. 1시간10분의 전반부 공연 후 20분간의 휴식(목이 말라 공연장 내 음료 판매코너에서 생수를 샀는데 비싸게 팔 줄 알았더니 2유로), 그 뒤 후반부 30분 공연 후에 다시 20분 간 정지(무대 재배치인 듯), 그리고 마지막 30분 공연으로 막을 내렸다. 서둘러 도로 지하에 있는 주차장으로 내려가려는데, 이미 밤11시라서 입구에서부터 문이 잠겨 있다. 당황해하는데 마침 다른 현지인이 내려와서 자기 주차카드를 긁으니 문이 열린다. 이런 것도 알아둬야지. 참고로 극장에는 주차장이 없고 주변 중에 가장 가까운 걸로는 메다 광장(Piezza Meda) 주차장이 있는데, 밤9시까지는 시간당 3유로, 그 이후에는 2유로이다.

■ 이태리를 끝까지 싫게 만든 밀라노 공항의 통과 조치

온라인 체크인을 마치니까 공항의 체크인 코너에 가지 않고 Bag Drop Desk라고 쓰인 곳으로 가서 직원에게 여권과 온라인출력물 보여주고 짐 처리하니 좋은데, 그 여직원이 기내 짐은 1인당 1개라고 말한다. 보통 작은 여행가방 1개와 백팩 정도를 갖고 들어간다. 나는 작은 여행가방에 큰 비닐봉지에 짐, 그리고 백팩을, 아내는 작은 여행가방에 꼬마 백팩과 X자로 맨 가방, 그리고 큰 비닐봉지에 짐을 들고 X레이 검사인지 뭔 검사인지를 받으러 일렬로 가는데, 직원이 아내를 부르더니 짐을 하나로 줄이란다. 그게 되나? 결국 Bag Drop Desk에 가서 작은 여행가방 2개, 80유로를 지불하고 말았다. 온라인으로는 개당 20유로를 냈으니 2배의 폭리. 그래서 너무 많은 개수의 잔 가방들을 몸에 휴대하고 검사대로 가는 건 아니라는 점을 속 쓰려가며 배웠다.

■ 유럽에서 유일하게 이탈리아에만 스타벅스가 없다는 이 놀라운 사실

다른 4개국을 여행하면서 흔치는 않지만 어쨌든 스타벅스를 찾을 수 있다. 그런데 유독 이탈리아에 와서는 볼 수가 없어서 한 번은 점포에 들어가 여종업원에게 물어보았다. 한 매장의 여종업원은, 이탈리아에서는 스타벅스가 필요 없다고 하고, 그래? 하는 생각에 다른 점포에 들어갔더니 그 여종업원은, 자신도 스타벅스를 사랑하는데 유감스럽게도 이탈리아에는 들어와 있지 않단다. 그래서 숙소에 돌아와 구글 검색을 해보니, 문화적 차이의 이유도 있지만, 가격 차이가 크다는 점과 함께 이유는 알 수 없는데 이탈리아 내 점포 개설허가권을 이탈리아 기업에게 팔았다는 거다. 한 마디로 라이센스 계약을 했다고나 할까. 그런데 그 이탈리아 기업은 Autogrill 이라는 음식 체인점을 경영하고 있고, 거기서 판매하는 커피가 스타벅스의 도입으로 제살깎기가 되지 않을까 염려하여 아직껏 아무런 스타벅스 매장 전개를 하고 있지 않다는 설명이다. 밀라노에서 렌터카로 몇 개 도시를 돌아다니다 보니, 정말이지 고속도로 휴게소에는 Autogrill 이라는 편의점+간편식사의 가게들이 가는 곳마다 있었다. 이렇게 라이센시가 지지부진한 활동을 지속한다면, 라이센서 입장에서는 계약을 해지하고 다른 현지업체를 물색해야 하는 거 아닌지. 과연 그 계약기간이 언제까지인지는 알 수 없지만. 귀국한 뒤에 TV뉴스를 보니 밀라노에 1호점을 곧 개점한다는 소식이 나왔다.

■ 해외렌터카 보험은 Rentalcars.com의 New Full Protection을 강력 권한다

이 사이트는 한국인 직원이 있어서 전화를 하면 한국어로 마음껏 통화할 수 있다는 점, 한국에서 전화를 걸면(00798.14.800.8241) 국제통화료는 안 물고 시내통화료 정도만 내면 된다. New Protection을 권하는 이유는, 보험료를 좀 더 내더라도 100% 완벽한 보장을 받을 수 있다는 점이다. 이태리 밀라노에서 Locauto라는 렌트카 회사에서 차를 빌려 잘 돌아다니다가 반납했는데, 나도 모르는 사이에 조수석 문짝 아래에 초록색으로 흠이 나 있는 걸 검사원이 발견. 나중에 이메일로 날아온 수리비는 734.06유로. 거기에는 렌터카 회사의 행정비용(administration) 99.06유로가 포함되어 있다. 만약에

standard protection을 선택하였더라면 이 99.06은 보상받지 못 할 뻔한 것이니까.

■ **교통법규 위반 과태료는 안 낼 수 있어도 렌터카 회사가 청구한 행정처리비(administrative cost) 48.80 유로는 내야 한다**

귀국 후 자그마치 4개월 정도인가 경과하여 Locauto 렌트카에서 카드사로 행정비를 청구하였다. 교통당국에서 내 차량이 도로교통 위반을 한 점을 발견하여 청구서를 보내야 하는데 한국의 내 집주소를 알려주느라 수고했으니 이 비용으로 세금 22%를 포함하여 48.80유로를 달란다. 아니, 어디서 내가 위반했다는 건지, 한국이나 미국에서는 위반내용을 사진으로 보내줘서 인정할 수밖에 없는데, 이태리 교통당국은 그런 입증 사진도 없이 그냥 위반내용을 이태리어로 보냈다. “zona traffico limitato” 라는 이태리어 도로표지를 알 리 없고, 게다가 멍청한 내비가 그리로 가지 말라고 안내도 안해주니. 그러다 한참만에 떠올랐다. 스칼라 극장 가는 길인데, 내비가 오거리에서 우회전하라 하여 했더니, 전철 길이고 막다른 종점 길이다. 할 수 없이 차를 뒤로 빼어 옆의 도로로 나왔다. 거기가 문제였던 가 보다. 위에서 적은 저 이태리어로 된 도로표지 용어는 절대 외워두어야 하겠다.

〈현대카드에서 보내준 이태리의 진입금지 도로표지의 예〉

■ 에어비앤비는 마냥 좋기만 한 숙박의 선택지일까

105일의 숙박비가 정말 가장 커다란 재정 부담을 주게 되어 할 수 없이 에어비앤비를 선택하였다. 막상 결산해보니 하루 평균 30만원 꼴로 지출을 하였다. 105일이면 3150만원. 아무리 에어비앤비를 이용해도 3끼 식사와 입장료, 교통비, 쇼핑비를 포함하니 이 정도 나가는구나. 막상 현지인 가정에 투숙해보니 좋은 점, 나쁜 점을 그대로 몸소 느낄 수 있었다. 좋은 점은, 첫째, 무엇보다도 저렴한 경비. 호텔 숙박비의 1/2에서 1/4수준이니까. 둘째, 밥을 해먹을 수 있어서 식비도 일부 아낄 수 있다는 점. 셋째, 현지인 주인과의 대화를 통해서 현지 문화, 생활상의 실태를 일부나마 파악할 수 있고 정보와 도움까지 받을 수 있다는 점이다. 나쁜 점은, 첫째, 영어가 안 되는 호스트들이 꽤 있어서 사전 문의를 제대로 해야지, 그렇지 않으면 굉장히 불편하다는 점이다. 바르셀로나, 베로나, 베네치아기 그러하였다. 둘째, 위생 상태가 호텔에 비할 바가 못 되는 집들이 많다는 점. 거실, 방, 주방 등의 청결에 적잖은 문제를 노출하고 있는 가정이 많다는 점이다. 마드리드, 리스본, 로마가 그러하였다. 영어와 위생 모두 충족한 집은 파리, 런던, 밀라노, 밀라노공항이었다. 결론은, 7일 이내의 단기 체류라면 그냥 호텔에서 자는 게 상책이다.

■ 부부가 105일 해외여행을 단 둘이서 한다는 것에 대하여

다들 끔찍하게 생각할 것이다. 보통 열흘 지나면서부터 부부간에 마찰과 파열음이 나니까. 나는 105일 간의 부부여행을 31년의 부부생활과 똑같다고 본다. 31년을 좋든 싫든 이혼하지 않고 살아온 것처럼, 석 달 보름의 해외여행도 싸우고 웃고 아껴주고 욕하면서 동반의 길을 거닐었다. 낯설어서 불안하고 때로는 생소하고 그러면서도 국내에서는 도저히 체험할 수 없는 이문화의 경험을 비록 깊이는 얕을지라도 몸과 마음속에 담을 수 있는 소중한 기회였다. 남자들이 한다는 말, “군대는 두 번 갈 게 못 된다.” 나는 쭉 말해 왔다. 장가는 두 번 갈 게 못 된다고. 여기에 아내가 덧붙인 말, 남편이랑 장기 해외여행은 두 번 다시는 갈 게 아니라고. 31년을 지내오면서 파악했다고 보았던 남편의 성질이, 105일 간의 외국 문화에 노출되면서 보여준 남편의 성질머리에는 발도 못 부칠 정도라는 것을 새삼 절감했으리라. 나도 선언했다. 서울 돌아가면 더 이상 당신 눈치 보면서 살지 않으리라고. 더는 눈칫밥 안 먹을 거라고. 그래서 어쩌면 우리 부부는 이번

105일의 해외여행 이후 다시 허니문을 경과한 부부처럼 쨍그랑 소리가 나는 시끄러운 집안을 만들지 모른다.

□ 색인

(ㅁ)

(ㅂ)

(ㅅ)

□ 참고문헌

Ayoglu, F. 2007. Strategies of Japanese car manufacturers in Europe. Lap Lambert Academic Publishing, Saarbrucken, Germany

Codita, R. 2011. Contingency Factors of Marketing-Mix Standardization: German Consumer Goods Companies in Central and Eastern Europe. Gabler, Heidelberg, Germany.

Coletti, P. and Aichner, T. 2011. Mass customization: An exploration of European characteristics. Springer, London.

Grabenhofer, H. 2011. Corporate social responsibility in Spain. Grin, Germany.

Isik-Vanelli, H. 2003. How to do business in Spain. Grin, Germany.

Kernchen, N. 2004. Marketing differences between traditional airlines and low-cost airlines in Europe. Grin, Germany

Lamey, L. 2014. Hard economic times: a dream for discounters. *European Journal of Marketing*, 48(3/4), 641-656

Rudolph, T., Schlegelmilch, B., Franch, J., Bauer, A. and Meise, J. (eds.) 2012. *Diversity in European Marketing*. Springer Gabler, Wiesbaden, Germany.

Santos, C., Ganassali, S., Casarin, F., Laaksonen, P. and Kaufmann, H. 2013. Consumption Culture in Europe: Insight into the Beverage Industry. IGI Global, Hershey, PA.

Suder, G. 2011. Doing Business in Europe. 2nd ed. Sage, Thousands Oaks, CA.

ABC国別情勢研究会. ARCレポート経済·貿易·産業報告書:スペイン. 2014.

今井利絵. 2014. グローバルリテーラー: カルフールの日本撤退に学ぶ小売システムの国際移転. 中央経済社.

楠貞義. 2011. 現代スペインの経済社会. 勁草書房.

中島晶子. 2012. 南欧福祉国家スペインの形成と変容. ミネルヴァ書房.